旧稿拾遗

——上海工厂史料两种

复旦大学历史学系　上海社会科学院历史研究所◎著

陈　雁　马　军◎整理

线装書局

图书在版编目（CIP）数据

旧稿拾遗：上海工厂史料两种／复旦大学历史学系，
上海社会科学院历史研究所著；陈雁，马军整理.—北
京：线装书局，2019.10
ISBN 978 - 7 - 5120 - 3820 - 2

Ⅰ.①旧…　Ⅱ.①复…　②上…　③陈…　④马…　Ⅲ.
①大中华橡胶厂 - 史料②机械工厂 - 工厂史 - 史料 - 上海
Ⅳ.①F427.51

中国版本图书馆 CIP 数据核字（2019）第 238981 号

旧稿拾遗：上海工厂史料两种

著　　者：复旦大学历史学系、上海社会科学院历史研究所
整　　理：陈　雁　马　军
责任编辑：于建平
出版发行：**线装書局**
　　　　　地　址：北京市丰台区方庄日月天地大厦 B 座 17 层（100078）
　　　　　电　话：010 - 58077126（发行部）010 - 58076938（总编室）
　　　　　网　址：www.zgxzsj.com
经　　销：新华书店
印　　制：天津雅泽印刷有限公司
开　　本：710mm × 1000mm　1/16
印　　张：20.5
字　　数：346 千字
版　　次：2019 年 10 月第 1 版第 1 次印刷
印　　数：0001—3000 册

定　　价：78.00 元

线装书局官方微信

走出"史学界" 学子编厂史

——史学专业教育改革的一次有益探索

余子道

在举国上下隆重庆祝中华人民共和国成立七十周年之际,复旦大学历史系决定将完稿于上个世纪五十年代末的《大中华橡胶厂厂史》和《第二纺织机械厂厂史》稍作整理予以出版。这两本厂史产生在半个世纪前令人难忘的意气风发、热火朝天、多快好省地建设社会主义的年代。《大中华橡胶厂厂史》是历史系1957级同学编写的,《第二纺织机械厂厂史》是由前者的学兄即1956级同学编写的。两本厂史的编研工作始终与当时学校的教育革命运动紧紧联系在一起,是历史系师生走出"史学界",与工农群众共修史书而跨出的重要一步,是历史学系专业教育改革的一大举措和一个重要组成部分。同时,工厂企业历史的调查研究和工厂史的编撰,又是当时贯彻史学研究"厚今薄古,边干边学"方针的一个重要途径和一种实现形式。尽管作为史学著作,这两本史书似乎还称不上是精品力作,然而,当年一批大都二十岁出头的在本科就读的莘莘学子,勇于进取,锐意求索,独立地对上海两家颇具典型意义的工业企业,以史学研究的观点和方法,对其历史进行整体性的观察和研究,从纷繁散乱的各类材料中做梳理分析,终于构建两家工厂历史的框架结构,分章分节撰写成书,而成一家之言。这一富有创新意义的工作,在复旦大学历史系教学和学术发展上也称得上是史无前例。

一

这两本厂史分别完稿于1958年和1959年,当时正处于新中国成立后第

1

一次大规模教育革命高潮之际，事实上，它是历史系专业教育改革的一个产物，是大学历史专业改革的一次有益的探索。复旦大学历史系在1952年全国高等学校院系调整前后，整合了浙江大学、暨南大学、沪江大学等校有关系科的力量，形成前所未有的、强大的教学和学术阵容。在院系调整后组成新的历史系的头五年，初步确立了在党的领导下的社会主义性质的教育体制。在这期间，办系的主要路径是提倡"学习苏联"。1953年开始，以苏联综合性大学历史学专业的模式为蓝图，确定专业培养目标，制定专业教学计划课程设置，建立各门课程为主的集体性的教研组等教学组织，编写各课教学大纲，实行教学过程和教学方法的初步改革。这年初开始实施的《复旦大学历史系教学方针与教学计划》，体现了上述各方面的改革目标和要求，是新中国建立后复旦历史系第一个关于教育和教学工作的指导性文件。不可否认，它明显地镌刻着"学习苏联"的印记。

"学习苏联"在当时有其一定的历史必要性，但是对外国的办学理念和经验不应照抄照搬，即使运用外国成功的经验，也必须结合中国的实际。1958年开始，在前五年实践的基础上，在党中央和毛泽东主席"破除迷信，解放思想"重要指示的引导下，在全国社会主义建设的新高潮中，我国高等学校掀起了一场波澜壮阔的教育革命运动。尽管在今天看来，这场教育革命受到"左"倾思想的一些影响，带有种种不足或不妥之处，但它的目标和宗旨是立足本国，借鉴外国，着眼现实，面向未来，在总结历史经验的基础上，努力探索具有中国特色的社会主义高等教育的体系和道路。如果以历史的眼光来看，1958年无疑是一个改革的年代，这场改革在复旦历史系的影响十分广泛，涉及到办系方向、办学道路和方法、史学人才培养、史学研究的方针任务，以及教学与社会、政治的关系等等诸多方面。理论与实际相结合，教育与生产劳动相结合，历史科学要为社会主义革命和建设服务，大学师生要走出"象牙塔"、融入社会，与基层的广大干部共同办学，等等，这一系列理念和认识，在1958年的改革进程中逐渐成为全系师生们的共识。"历史不止在教科书中，不单是在课堂里，也在工厂里、农村里，在社会各界广大民众之中"，当时系里不少同学中发出这些呼声绝非偶然。于是，"开门办学"被提上议事日程。

正是在这场历史教育改革运动的背景下，系党总支在1958年春按照学校党委的指示精神，筹划和组织在读的二、三年级学生，分别到市内的一个工厂边干边学，参加生产劳动，进行厂史调查研究和基层工作的锻炼，计划为期半年。以系主任谭其骧教授为首的系务委员会也对此表示积极的支持和赞同。经过与上海市总工会、上海历史研究所等有关单位的协商，最后选定大中华橡胶厂和第二纺织机械厂这两家颇具典型意义的企业作为基点，以实施上述计划。

　　这是史学专业教育改革的一次全新的实践，是对历史系办学途径的一次探索。参加这一改革的师生在一个特定的时期内，把全部的教学活动基本上从学校转移到了工厂，与厂里的工人和干部实行同吃，同住，同劳动，促进了教师与学生的结合，师生与工厂干部群众的结合，学习书本知识与社会历史调查研究的结合，把人才培养、学术研究和服务社会融为一体。在一个学期的时间里，师生们跟随厂里的班组在车间参加生产劳动，也参与工厂的政治学习和宣传文化活动，而以主要精力和时间投入到对厂史的调查研究，资料的发掘整理和书稿的编写工作。厂史编写工作实行统一规划，集体创作、分工执笔，统一定稿的办法。全体同学人人参加，个个动手，做到大家都有学习和实践的机会，都获得一次锻炼，以有助于增长知识和才干，提高从事史学研究的能力。显然，这两部厂史是两个年级同学们，以及参与编研的教师和两个厂的有关干部群众共同努力创造的结果，是史学专业教育改革的一项硕果。

二

　　《大中华橡胶厂厂史》和《第二纺织机械厂厂史》的编写工作，从另一个视角来看，可以说是复旦历史系贯彻中央"厚今薄古，边干边学"方针而采取的一项举措。如果把其置于新中国史学发展的历史进程中加以观察，似乎可以说，这是 1958 年史学界积极响应和贯彻中央发出的"厚今薄古，边干边学"号召而掀起的宏大浪潮中的一、二滴浪花。虽说这两本厂史在学术层面而言，还只能说是对一种新的史学课题和史学载体的探索和尝试，然而它体现的"厚今薄古"的精神，却是明白无误的。

　　"厚今薄古"是与"厚古薄今"相对而言的，作为历史科学研究工作的一种导向和要求，是针对当时我国史学界存在的一些相当严重的脱离现实、脱离政治的倾向而发的；如果不是对它作片面化、绝对化的理解，本来对史学事业的发展是有其积极意义和正确的导向作用的。

　　1958 年春天，当全国社会主义建设高潮蓬勃兴起的时候，为引导和促进包括历史科学在内的哲学社会科学工作的发展，党中央提出了"厚今薄古，边干边学"的号召。全国广大史学工作者对此表示赞同和拥护，史学研究院所和高校历史系科都以积极的行动，结合单位的实际情况，推出贯彻落实"厚今薄古"的计划和措施。围绕着倡导"厚今薄古"，批判"厚古薄今"，在史学界展开了一场颇具规模和有相当激烈程度的大辩论。

　　复旦大学历史系师生总的来说，对于"厚今薄古"的方针采取热烈拥护和积极贯彻的态度，在国内史学界是站在这场论战前列的。当"厚今薄古"号召发出之初，我国史学界权威学者和领军人物郭沫若、范文澜、翦伯赞等纷纷发文，阐释道理，申述主张，表示鲜明的赞同和拥护的立场，复旦历史系师生积极予与响应。1958年4月开始，在全系范围内进行了一场持续数十天之久的大规模的激荡热烈的"厚今薄古"问题大辩论。这场讨论中，从理论、历史、现状等各方面论述了"厚今薄古"方针的正确性和必要性，揭露和批判教学及科研工作中种种"厚古薄今"的现象，对于纠正和克服历史系在学风上一些问题，端正史学研究工作的导向，是有积极意义的。但是，在群众性的讨论中也出现了对"厚今薄古"作片面性、绝对化的论说，提出一些有关贯彻这一方针的简单化形式化的做法，这当然是不可取的。然而，经过这场全系论战，历史科学要为社会主义革命和建设服务，坚持古为今用、洋为中用，史学研究的重点应当置于近代现代史和当代史的研究上，史学工作者应当关注现实，关切广大人民群众的需求，要将城乡社会基层的历史放到历史研究的重要地位……等等，这些带有根本性导向意义的理念，愈来愈广泛地被师生们理解和认同了。

　　史学界发生的这一新的动向，在复旦历史系，上海历史研究所等单位于1958年夏共同参与制订的上海市史学研究规划中得到充分的体现。这份《上海历史科学工作五年规划（草案）》（1958－1962），关于"历史科学的基本方针"的一项重要规定是："历史科学工作必须为社会主义革命和建设服务，必须贯彻厚今薄古边干边学的方针，发扬时代精神，树立理论与实际联系的好学风，坚持马克思主义的科学工作路线，反对厚古薄今、逃避现实、脱离革命事业的烦琐主义。"同时，"规划"强调提出："历史科学工作要开辟广阔的道路，必须走群众路线，充分发挥群众的智慧；要使广大干部和群众参与到这一工作中来，专业的历史科学工作者与业余历史科学研究队伍结合起来。"上海全市的这一历史科学工作规划，曾对复旦历史系的科研和教学工作发生积极的深入的影响。

　　在教育改革和史学工作革新的大潮下，编写厂史、社史、村史、镇史第一次被正式列入历史系的科学研究和教学工作的计划之中。1958年12月制定的《复旦大学历史研究所、复旦大学历史系、中国科学院上海历史研究所筹备委员会1959－1962年科学研究工作规划》，关于今后四年研究工作任务的规定中，首次正式确立了编写工厂史、公社史的计划，成为四年规划的一个重要组成部分。其中提出："编写工厂史，先从几个中、小型工厂开始（例如大中华橡胶厂、上海第二纺织机械厂），然后进一步对几个有代表性的历史较久、规模较大的工厂（例如不同资本、不同行业的商务印书馆、江南造船厂、申新纱厂等)逐步展开,与各厂党委及有关方面协作……分别编出既能反映历史规律又为群众所爱读的质量较高的工厂史。同时,这一规划还提出要"编写公社史(包括土地改革、合作化、人民公社化)。"先编写上海虹星一分社史,以后选择具有代表性的公社逐步推开。按照这一计划,《大中华橡胶厂厂史》和《第二纺织机械厂厂史》是率先上马的两个项目,两个班的同学经过半年多的努力,最后完成了预定的目标。然而,令人遗憾的是,由于国内形势和有关条件的出乎意料的变化,原定要进行的商务印书馆、江南造船厂、申新纱厂等几个工厂和企业史,以及虹星人民公社史的编研工作未能进行。

三

这两部工厂史的编写,开拓了上海近代现代史研究的一个新领域,是复旦历史系半个世纪之前史学研究工作的一个创新之举。此项研究前所未有地把研究的对象置于上海两家中等规模的有着不同历史渊源和发展历程的工业企业,这对上海近现代工厂史研究是有开拓性意义的。两部厂史就这两家工厂的发展过程、兴衰起伏及其内外因由,进行具体的、历史的观察和分析,系统地梳理其发展演变的全过程,全方位地揭示其作为一个工厂企业的方方面面的真实面貌,分析其作为经济体的资本结构、生产劳动、经营管理和利润分配,记述了几十年激荡起伏,生死交织的阶级斗争历史场景,以及厂内外各个不同性质不同地位的人物的具体表现等等。"麻雀虽小,五脏俱全。"对两个厂史的具体描述和论析,具有某种典型的意义。"解剖麻雀",由小见大,从个别看一般,使我们的研究工作更趋于精细化、具体化,也有助于人们深化对那个时期社会历史的了解和认识。

这两部厂史记叙的各厂历史,是从建厂到 20 世纪 50 年代末的全过程,可以说是一部完整的厂史;其宏观的历史内容则是兼具企业变迁史和阶级斗争史等诸方面,而以阶级斗争(包括民族斗争)的历史为主线。从总体而言,是企图把经济史、政治史和社会史融会结合起来加以研究和陈述,而两部厂史各有其不同的侧重点。

显然,这是同学们当初对工厂史的写法和模式的一种探索,也是一种大胆的尝试。大中华橡胶厂和第二纺织机械厂及其前身,都产生和活动于半殖民地半封建的旧中国,又在新中国历经民主改革和社会主义改造,而获得全新的发展和辉煌的业绩。这一切在两部厂史中都有全面充分的记叙。第二纺织机械厂的前身,先后曾为日本帝国主义侵华产物的上海日资企业内外棉纱厂第十五厂、第八厂和后来生产军火的东亚铁工厂,以迄抗战胜利后国民党官僚资本企业的中纺公司二机厂，始终充满着尖锐、激烈的民族矛盾和阶级矛盾，反帝反封建、反官僚资本主义的工人运动乃是这个工厂解放前，贯穿整个历史的一条主线。这部厂史理所当然地围绕着这条主线进行记叙和论说。大中华橡胶厂有所不同，是一家民族资本的生产民用橡胶制品的工业企业，这个厂的阶级矛盾和经营管理，都有其自身的民族资本企业的特点。编写大中华橡胶厂史的同学们有鉴于此，除了以一定的篇幅展现工人运动的历史外，以较多的章节重彩浓墨地记叙工厂的资本运作、经营管理、劳动生产和市场销售等等各个方面的历史状况，着重揭示作为一家民族资本企业在旧中国内忧外患、战乱频仍、山河破碎的境况下，艰难前行，几经起落的风雨历程，最后在人民共和国时代终于否极泰来，浴火重生，走上公私合营的道路。从这里的历史叙说中，折射出中国民族资本主义的历史命运。

这两部厂史的编写，是高校历史系师生走出"史学界"，踏进社会基层，与基层干部群众相结合，共同调研历史、学习历史、宣传历史的一次实践。在厂史编研过程中，第二纺机厂和大中华橡胶厂的党委和有关部门、工厂工会和共青团组织、许多老工人老干部，以及合营企业资方代表人物，无不给与热烈支持和倾力相助。参加编研工作的师生们从这里学习社会、学习群众、学习历史，获得不少在课堂里和书本上难以学到的知识和经验。史学专业工作者走向社会基层和群众相结合，写群众身边的历史，写许多人亲历过的历史，也有利于让社会各界更为关注历史、学习历史，推动史学更好地发挥它的社会功能。

六十年悠悠岁月匆匆行过，但往事并不如烟。当年我有幸直接参与了这两部工厂史的编研工作，受系党政领导的委托，衔命筹划、组织和协调推进此项任务的方方面面，至今记忆犹新。我蹲点于大中华橡胶厂，与同学们一起学习、劳动、调查研究，几度修订厂史的编写大纲和框架结构，以及文稿的审读。我还负责联系第二纱织机厂厂史的编研工作，自始至终积极参与其事。时至今日，审视几十年前这件工作，自有其值得肯定的方面，似乎也称得上是为后世留下了一些有益的文化遗产，但显然也存在不少不足甚至是不当之处。值此两部厂史出版面世之际，匆匆草成此文，以备鉴察。

余子道

2019 年 6 月于复旦大学历史系

序　言

　　众所周知，我所在的上海社会科学院历史研究所现代史研究室藏有大量的 20 世纪五六十年代的未刊稿件。2018 年年初，我偶然间翻阅到两本油印稿：一为《公私合营大中华橡胶厂厂史》，二为《国营上海第二纺织机械厂厂史》，仔细观之，它们都是 1959 年复旦大学历史系三年级学生在两厂劳动锻炼时集体撰写的初稿，各约十余万字。这是当时推崇"厂史"研究大背景下的产物。我随即与复旦大学历史系副主任陈雁教授联络，得知她从未见过的这两份稿子。

　　20 世纪 50 年代以来，复旦大学历史系和本所一直是上海史学界的南北双馨，相互往来频繁，这种彼失此留的现象并不鲜见。事实上，两家单位在历史上还曾一度合并，情形是这样的：

　　上海社会科学院历史研究所的前身是 1956 年 10 月成立的中国科学院上海历史研究所筹备处。两年后，即 1958 年 10 月，历史所（筹）奉中共上海市委之命和复旦大学历史系合并。名为合并，实际上双方仍保留独立建制，前者既保留原名，又加了一个新名——复旦大学历史研究所。换言之，是一家单位拥有两块牌子。9 个月后，即 1959 年 7 月，历史研究所又从复旦大学划出，于同年 9 月归并新成立的上海社会科学院。

　　尽管上海社会科学院历史研究所和复旦大学历史系先从两家变一家，又从合并到分离，最终成为两条平行线，但是那些年两家之间的学术合作却始终没有中断过。《1927 年以前的上海工人运动史》《1919—1926 年大事史料长编草稿》，以及若干人民公社的社史等，就是 20 世纪五六十年代之交双方合作的成果，通常是历史所方面派出研究人员，历史系方面再派出高年级学生，前者指导后者共同研究。遗憾的是，这些文字大多数没有出版面世。

虽然《公私合营大中华橡胶厂厂史》《国营上海第二纺织机械厂厂史》应该单纯是复旦大学历史系学生的成果，但那是在两家合并时期，从某种意义上说，也是复旦大学历史研究所即本所前身的成果，因为合并后双方曾共同制订 1959 年工作计划，而两书明列其中。

当我将这一历史脉络告知陈雁教授，并提出合作出版的构想时，陈雁教授立即表示支持。之后从筹资到整理文字，再到联系出版社，她都付诸了很大的心力。

在我看来，这两本书的出版至少有两个方面的意义：一方面，纪念两家单位历史上曾经有过的合并与合作，并郑重宣示今天的合作，以此共同推进史学的发展；另一方面，得以将 60 年前的两部学术成果公之于世，尽管它们留有鲜明的时代烙印和不足，但毕竟是重要厂家的重要厂史。

当然，对我来说，本出版品还另有特殊的意义，我曾经在复旦大学历史系求学 8 年，也在上海社会科学院历史研究所工作了 27 年，我个人的史学生涯是由这两家单位构成的，所以我也很愿意将它们的名字联在一起。为此，我感到非常光荣！

马　军

2019 年 5 月 7 日

整理者言

2018 年夏，本科高我两级的学长、现任上海市社会科学院历史所现代史研究所主任马军研究员联系我，说在他们所的资料室里找到三本 20 世纪 50 年代复旦历史系本科生编写的油印书稿，问我有无兴趣来看一眼。我在历史系负责本科教学管理已有四年，听到与本科生相关就来了兴致。第二天，我穿过大半个上海去了历史所，粗翻这三份书稿之后立即对马兄说："我们一起促成把这三本前辈学长们的作品整理出版吧。"

在接下来的一年时间里，三位复旦历史系的学生（倪浩然、王一鸣、陈晓雯）把油印稿录入计算机中（原稿还是有多处辨认不清，甚至无法辨认的），我再在打字稿的基础上逐字逐句校对，并对原书中所有的注释进行了核对补充，还加了一些编者注。对原稿中有少数错别字或不符合写作规范的，略作改动；原稿中的讹误或缺字，也逐一考证补充了，但以尽量保留前辈学长们的写作原貌为第一原则。

在整理过程中，我们最担心的是 20 世纪 50 年代的历史研究作品，其所用的语言还能在现在出版吗？有些论述在今天读来确实不一定准确，比如对于"大跃进"时期工厂革新、生产上冒进做法的肯定，但是我们还是决定把这些词句忠实地保留下来，因为这恰恰代表了当时人们对"大跃进"的看法。更加难能可贵的是，当年前辈学长们在写作时，不仅阅读、使用了大量相关档案，还曾经驻厂数月，展开口述访谈。事实证明，扎实的历史考证、质朴的写作、深入工人中的访谈——这些成果，在六十年后，依然闪闪发光。可惜，因各种原因，三部书稿中有一部书稿无法在这次出版。

　　发现这三部书稿的马军学长、我和我的学生们都是或曾是复旦的本科生，我们像是被"选召的孩子"，穿越时空与六十年前的复旦学子相遇，这种经历太奇妙了，谨以此书的编辑与出版向前辈学长们致敬！

陈　雁

2019 年 5 月于复旦园

目　　录

公私合营大中华橡胶厂厂史

国营上海第二纺织机械厂厂史

公私合营
大中华橡胶厂厂史 ◆◇◇◇

前　　言

毛泽东同志经常教导我们要用"解剖一只麻雀"的方法来分析事实。遵照这个指示，我们在下厂劳动期间，对"公私合营大中华橡胶厂"（以下简称大中华）的过去和现在做了全面的调查和研究，并写出了这部厂史。

大中华创立于 1928 年，至今已有 30 多年的历史，它是我国橡胶工业中最早和最大的工厂之一，发展到现在，它已有四个分厂和五千多工人。它的产品不仅供应了我国城乡人民和工农业的需要，而且远销到欧、亚、非、美等 38 个国家。

但是，大中华的过去是有过痛苦的历史的。当它刚刚成立的时候，它的面前就站着日、美、英、法等帝国主义，它们用大量倾销的办法，企图一蹴而扼杀中国的新兴橡胶工业。1934 年，当大中华制造我国的第一条轮胎时，英国邓禄普公司又串通了国民党反动政府来压迫大中华，弄得大中华几乎倒闭停业。日寇侵占我国期间，大中华又遭到了日寇的严重摧残，有的被占，有的被毁，有的被劫，幸免以存的也被迫大部分停工，1944 年的产值只及战前 1937 年的16.05％。抗战胜利后，由于受到美货的倾销和蒋管区政治、经济总崩溃的影响，生产、营业都不能得到进展。企业本身摇摇欲坠，朝不保夕。

然而，新中国成立以后，在党的领导下，在工人阶级的忘我劳动之下，大中华得到了迅速的恢复和发展，特别是 1954 年大中华接受了公私合营以后，发展的速度更是惊人。例如，以新中国成立前产量最高的 1947 年总产值为 100 计算（实际产值为 65，323 千元），1958 年的总产值则达到了 1220，增加了 1120％。

由此可见，编写这部历史是有很大的意义的，但是对我们历史系三年级同学的水平来说，显然是不相称的。因此，错误的地方一定会很多，我们希望我们的前辈和我们的读者发现以后可以毫不客气地向我们指正，我们热切地等待着大家的帮助。

在编写这部历史的时候，大中华的党委会和工人同志们给了我们不少的帮助，他们不仅向我们提供了各种的死材料和活材料，还积极参与了讨论，所以，毫不夸张地说，没有他们的帮助我们是写不起来的。在此，我们特表示十分感谢！

历三厂史编委会

1959 年 12 月 14 日

第一章 创立及发展时期
(1928年10月—1937年8月)

第一节 企业的创立及资金的来源

大中华橡胶厂是1928年在上海创设的，创办人是余芝卿[①]、薛福基[②]和吴哲生。中国的橡胶工业发展很迟，最早的一家是南洋归国华侨在广州设立的广东兄弟树胶公司，资本二十万元，后曾在广州和上海设有多家分号。上海的工业界，看到橡胶工业利润丰厚，制造技术简单，又不需大量资金，就纷纷投资设厂。1918年，中华橡胶厂首先创办，但一年后即停业。1921年，江湾模范工厂设立橡胶部，生产橡皮鞋底、玩具和人力车胎。因为生产设备的陈旧和技术的落后，出品的质量差，加上外货倾销，无法竞争。到了1924年，因经费支绌而告停闭。以后，又有义昌橡胶厂（正泰橡胶厂的前身）等

---

① 2019年编者注：余芝卿（1874—1941），浙江宁波人，号茂芳。早年在上海当学徒，后积累资金分别在上海和大阪开办和昌盛与鸿茂祥等，经销日、美商品，盈利丰厚。1904年赴日经商，后被推选为旅日华侨三江公所董事长。1925年，遭绑架，以5万元现洋赎回。1928年，投资合办大中华橡胶厂。抗日战争爆发后，避居香港，太平洋战争爆发后返沪，1941年年底病逝于上海。（李盛平等编：《中国近现代人名大辞典》，载《宁波词典》编委会《宁波词典》，复旦大学出版社1992年版，第346页。）

② 2019年编者注：薛福基（1894—1937），字德安，江苏江阴人。幼时读过五年私塾，1907年至上海和昌盛东洋庄当学徒，因勤恳能干，很快提拔上柜管理营销业务，并被介绍给在日本大阪经商的余芝卿。1910年，到日本为余芝卿工作，受余信赖；1918年升任大阪鸿茂祥商号经理，并被推选为大阪中华总商会会长。1928年，余芝卿调度8.2万元资金，委托薛福基筹办大中华橡胶厂。1934年，在故乡青阳镇塘头桥购地18亩，创办"尚仁初级商科职业学校"，自任校董会主席。1937年"八一三"淞沪抗战爆发，次日乘车赴工厂，在途经外滩时，被日军炸弹击中后脑，8月31日于上海逝世。（张连红、严海建主编：《民国财经巨擘百人传》，南京出版社2013年版，第244页。）

厂的开设，但是一般来说大都设备简陋，技术落后，出品和销路也都不够好。这一时期，可以说是中国民族橡胶工业的幼年时期。当时，美国、英国、日本和加拿大的橡胶制品霸占了中国的市场，新兴民族橡胶工业被压得喘不过气来，大都旋办旋废，很少有能站稳脚跟的。这就是大中华橡胶厂创设时的背景。

余芝卿是浙江宁波人，据洪念祖（现大中华橡胶厂私方经理）介绍："余芝卿是学徒出身，开始在一家东洋庄中当伙计，为人聪明灵活，处处留心，在和日本人往来中学会了一口很好的日语，并且善于揣摩日人心理，同行中称他为'日本通'。后来脱离了原店出去开洋货店，自任经理。在一次倒风中垮掉，就收拾残余资金跑到日本去，在大阪西区开设鸿茂祥商行，专门经营进出口业务。"

当时上海专门销售洋货的商店称为洋庄，由于进货国家的不同，其中有西洋庄和东洋庄的区别。西洋庄专销欧、美货物，一般都由外国人在华开设的洋行进货。东洋庄则专销日货，共有百余家，进货方式是由几家店家联合指派一人驻日办货，有的洋庄资金少，就专门与某家进出口商行联系。"日本通"余芝卿虽然没有多少资金，因为善于鉴貌辨色，揣摩心理，就凭这一手买办本领博得了日本人的欢心，鸿茂祥营业渐渐发达，国内的和昌盛、昶记、源茂泰、鸿泰锠、怡源等十几家东洋庄都将资金汇日，委托鸿茂祥商行代办进货事宜。这样鸿茂祥营业越做越大，成为华人驻日开设的最大进出口商行之一，余芝卿本人也因此当上了旅日华侨"三江公所"的董事长，俨然成为驻日华侨的领袖之一。

薛福基是江阴人，原在东洋庄和昌盛发行所学生意（和昌盛主要股份属于余芝卿），余芝卿到上海查察业务时，看上了薛福基，认为此人精明干练、泼辣大胆，就将他带到日本去，在鸿茂祥内任职。薛福基做事巴结，作风泼辣，甚为余芝卿所赏识，就这样逐渐爬上去，终于当上了鸿茂祥的经理。吴哲生原是和昌盛批发所经理尉迟洵炽的外甥（尉迟在和昌盛也有股份），通过尉迟的关系出国到日本，在鸿茂祥担任管账的职务。

据吴哲生（现任大中华橡胶厂私方经理）自述："自小爱好机器，喜欢拆拆装装，到日本任账房期间，因为业务关系，经常进入日本工厂，这时处处留心，注意学习。业余时就买了几架摇袜机，织点小孩童袜，搭在鸿茂祥配货中卖出去。1923年余芝卿、尉迟洵炽、施耕尹等，合资在上海开办鸿裕边带厂，就回国来担任了鸿裕边带厂的经理。"

鸿裕边带厂的出品是和合牌、麒麟牌边带（宽紧带）。创立后的两三年间倒也颇有发展，薛福基、吴哲生也都曾有投资。后来大量外货边带涌进，德、意、英国制造的边带系用人造丝织造，日货边带虽为纱制，但价格非常便宜。这样一来便将国货纱制边带挤垮了。余芝卿、尉迟洵炽一研究，觉得办厂不合算，不如贩卖东洋货有利，就将鸿裕边带厂收歇，资金转业，改设鸿裕发行所，专门贩卖东洋货，仍由吴哲生任经理。鸿裕与和昌盛名义上各自独立，实质上都是鸿茂祥的分支事业，它们都是大中华橡胶厂发行所的前身。

当时，式样新颖的美货套鞋，在上海市场上货源少，卖价高，销路很好。鸿裕发行所的跑街吴一纯买了一双作为货样寄给日本鸿茂祥，鸿茂祥就向大阪的武川护谟（橡胶厂）和Ⓐ字护谟商量，要他们按照美货套鞋式样进行仿制。

武川护谟规模较大，日产量为胶鞋两万双；Ⓐ字护谟规模较小，日产量为五六千双。这两家橡胶工厂的产品全部由余芝卿的鸿茂祥进出口商行包销。他们自从按照鸿茂祥的建议仿制美货套鞋以后，营业大为发展，日本到中国的航程比美国要近五六倍，成本当然比美货低。中国的关税是按价征收的，货价低关税亦低。日本套鞋的售价因此要比美货低三分之一。美货套鞋三元余，日货却仅两元左右。地铃牌（武川橡胶厂出品）和Ⓐ字牌（Ⓐ字橡胶厂出品）套鞋在中国市场上风行一时。两三年间，进口日货套鞋每年增至×①万箱左右，美货套鞋市场尽为所夺，国货套鞋更是奄奄一息。

鸿茂祥在这批套鞋交易中发了一笔大财，但是赚钱更多的是武川护谟和Ⓐ字护谟，当时橡胶（生胶）价格便宜，利润很厚，一双套鞋价两元，成本仅一元左右。余芝卿、薛福基看着眼红，想想这笔钞票何苦让日本人赚去，同时"五卅"运动以后，国内掀起了新的爱国浪潮，抵制日货之风渐盛，对经营日货行业颇有影响，因此就想自己开厂。

鸿茂祥本身资金雄厚（余芝卿在上海被绑一次性付出赎金现洋五万元，即是证明），并且和十几家东洋庄经济上可互通有无，和昌盛、鸿裕两家发行所与全国各地客户都有往来。地铃牌和Ⓐ字牌套鞋就是专由他们经销的，因此资金和销路都不成问题，缺少的只是生产设备和生产技术，于是就由薛福基出面，和Ⓐ字护谟厂主接洽，劝说合资到上海设立橡胶厂，Ⓐ字护谟见有利可图，便答应了。鸿茂祥派了薛仲清、黄伯勤、张鸿寿三人到Ⓐ字橡胶厂中去学制造胶鞋的技术，另外，由薛福基打电报给吴哲生，在上海肇嘉浜附近租下地皮一块，十亩不足。Ⓐ字护谟拆卸了两台炼胶机（一台为十四寸，另一台为十二寸）启运来华。

---

① 2019年编者注：此处原书中不详，无法辨认。

为什么大中华橡胶厂后来并没有成为日华合资的企业呢？据薛仰清（今大中华橡胶厂私方厂长）反映："当时吴哲生在上海租房子，厂房一座，三间写字间，连地基共计每月租金五百七十元。后来电报打到日本，不知怎的搞成了七百五十元。Ⓐ字护谟厂起疑，认为其中有鬼，就变卦，不愿合办。并且将在厂中学技术的三人赶出，机器因为已启运来华，只好作罢。同时，他们认为没有掌握生产技术，机器不过是一堆废铁而已。因此落得口头漂亮，说是看在老交情分上，只算折价赠送罢了。"

据上所述，大中华未成为日华合资企业，似乎完全是一些偶然因素凑合而成的。我们的认识却并不这样，这件事正好反映了中国民族资本主义工业对帝国主义企业的依赖和矛盾。Ⓐ字护谟固然很想利用鸿茂祥的资金和销售网，但是，帝国主义企业毕竟是害怕中国民族资本主义工业的发展，由合作而决裂，乃是必然发生的结果。

余芝卿和薛福基不愿就此作罢，于是一方面由余出独资八万元，命吴哲生在沪安装机器，招收工人。另一方面薛福基出重金秘密聘请武川橡胶厂中技师加藤芳藏为技术顾问，由加藤口中得知配方及熬油过程。加藤之弟共立在神户设有一家小规模的橡胶厂，日产量仅胶鞋三四千双。通过加藤介绍，薛福基出重金，共立合同薛仰清等三人去该厂参加操作，进行实习。料由共立厂轧，薛等自己掌握配方和熬油，做出鞋子再送到共立厂烘间去烘，最后由加藤指导，以求改进。这样一来，就逐渐掌握了全部生产过程。

1928 年 10 月，上海大中华橡胶厂生产设备安装完备，薛仰清、黄伯勤等由日本返国，10 月 31 日正式开工。厂址在上海徐家汇路 1102 号，占地十亩不足，生产设备为炼胶机三台、硫化罐两只，工人八十三人，截至 1928 年年底，共生产胶面鞋（套鞋）56，348 双，平均日产量不足一千双。

第二节　企业的变化和盈利情况

一、前期的发展

大中华橡胶厂刚成立时，经理是薛福基，厂长是吴哲生，技师长是薛仰清，工人是从附近招来的，除了炼胶、上大底用男工外，其余都用女工。当时工人都是生手，便分开好几道工序，由日本回来的薛仰清、黄伯勤等做示范操作，每道工序动作不多，因此工人都很快学会了。为了技术保密，规定各工序之间不得往来，不然轻则处分，重则开除。配方和熬油由技师长薛仰清一人掌握，因为在日本学习时没有掌握住炼胶技术，于是薛福基就托加藤设法解决。加藤找了两个日本失业工人来沪专管炼胶。到了 1929 年春天，随同学习的中国工人已掌握了炼胶技术，日本工人又经常喝酒闹事，薛福基就付了一笔解雇费打发其回日本。至于资金八万元钱开办费不够用，就由鸿裕发行所与和昌盛发行所垫付，两家合计垫付近二十万元，销售产品方面也由这两家包销。大中华橡胶厂并不直接销售己厂出品，它在答复客户的信中就说："……现厂中未立营业部，不能直接交易，贵号如需添购，请与上海美租界东棋盘街鸿裕批发所接洽……"（1929 年大中华橡胶厂信稿簿）。

当时国内外形势对中国民族橡胶工业的发展是较为有利的。一方面，资本主义世界发生经济危机，生胶价格惨跌，以每吨生胶价格计算，由 10,509 便士跌落到 2000 便士。具体见下表。

单位：便士

1928 年	1929 年	1930 年	1931 年	1932 年
10,509（便士）	10,000	6000	3000	2000

（民国二十四年八月《橡胶工业报告书》，全国经济委员会经济专刊第一种）

另一方面，1928—1931 年，银价日趋跌落。市况曾有一度好转。原来经济危机爆发后，欧美各国因系采用金本位，物价先后暴落，世界银价也一齐降低。我国当时是银本位国家，受金贵银贱的影响，国内一般物品市价反见上升，原料价贱，成品价高，这就成为橡胶业发展的黄金时代，于是各地纷纷开设橡胶厂，仅上海一地就有四五十家。以 1930 年全国橡胶业营业情况为 100，则 1931 年为 200，1932 年为 135（见《中国银行 1933 年度营业报告》，第 40—48 页）。

1928 年济南"五·三"惨案发生后，全国掀起了新的抗日高潮，各地成立了反日会等组织，全国人民从爱国心出发，纷纷提倡国货，拒用日货，这一切都是中国橡胶工业发展的有利条件。

在全国抵制日货运动声中，大中华厂生产的双钱牌套鞋、球鞋销路奇佳，供不应求。经常加班生产，据工人回忆："本来规定一月放两天假，因为生产忙，经理薛福基就在星期六下车间，拍拍大家肩膀，说现在生活忙，明天要交货，大家辛苦一下，蹄髈、鸡肉随大家挑，有时也真的买了不少吃的东西，大家那时一天要做十八小时，因为被小恩小惠迷住了，一时也看不出他的真面目。后来有人身体吃不消不愿加班，薛福基就下命令关铁门，不做完加班生活不准出去。"

在剥削工人血汗的基础上，大中华的营业越来越发达，年年盈利。开始几年，赚了多少钱不清楚，但据该厂职工反映，洪念祖在新中国成立前说过："当时经销鞋子，每天银箱中一大捧白洋钱，看了真是开心极了。"（洪念祖当时是鸿裕批发所的经理）。另外，不到三年，余芝卿就和厂中几个高级职员合建了一座华安坊①，有三十幢房屋，共花银二十七万两。从这两件事可以看出，当时的利润是极为可观的，即以 1933 年而言，据公司营业报告书上说："五、六、七、八，四个月之生意萧条为开厂以来所未遇"（《民国二十二年度大中华橡胶厂营业报告书》），可是，公司不仅没有亏本，并且纯利润达二十六万一千七百元。利益分派情况为法定股东红利 176，000 元，法定办事人员花红 76，000 元。

实际上，当年盈余远远不止这些，还应加入以下数字，具体见下表。

公 积 金	200，000 元
基　　金	600，000 元
发行保证金	100，000 元
有货保证金	200，000 元
无限责任股东报酬	90，000 元
职员职工特别花红	141，400 元
合　　计	1，371，400 元

连纯利润共为一百六十三万三千一百元，而资本总额仅为一百一十万元。当然，盈余中除纯利以外，其中有上年度的滚转部分，但于此可以窥知其利润丰厚。

在这种情况下，生产和生产设备，当然也在不断地扩展。早在 1928 年年底，盘进沪江机器厂，此厂原是郑经清、郑经友、郑阿明等兄弟合伙开设，因机修生意不景气，就盘让给大中华厂，郑氏兄弟原班人马都跟进大中华厂，

---

① 2019 年编者注：华安坊位于上海徐汇区肇嘉浜路 856 弄 1—23 号，属于新式里弄，总体上采用联排布避，共三层，前部有狭小的天井。建筑立面为装饰艺术风格，有西洋建筑的砖雕图案，二、三层增多有悬挑阳台，双层屋顶没有老虎窗。（过伟敏：《中国设计全集·第 1 卷·建筑类编·人居篇》，商务印书馆 2012 年版，第 196 页。）

成为机修厂。

1930 年，因为双钱牌套鞋销路好，供不应求，就买进了交通橡胶厂，改名为交通利记橡胶厂。

交通厂原为严纪芳、石芝珊等开设。严纪芳出资金，石芝珊负责技术。开工不及几月，资金不能周转。严原是百货店老板，这次将全部资金放到交通厂上，心中有点发寒，就想转卖。薛福基知道了，就花了十万元钱买下（全部现款）。据薛仰清口述："薛福基当时仅对居间人就花了四五千元钱运动费，并且对我们说'价大无妨，只要几个月就可以赚出来了'。"

交通厂原有工人百余人，炼胶车六部，日产胶面鞋（套鞋）四千余双。原来产品的商标为交通牌，买下来后立即投入生产。

同年年底又建原料一、二厂。薛福基当时雄心勃勃，在大中华橡胶厂改组为两合公司以后，专门从账内拨出一万元（1931 年 6 月 24 日，其时资本额为一百一十万元），以广记名义，由薛福基为代表。此项股票之利益，专作为收买各种技术代价之用。

以前，大中华厂所消耗的化学药品皆由日本购进。这时生产发展每天都要消耗大量碳酸钙、锌氧粉，于是就想自建原料厂。但是技术是一大问题，于是薛福基就分两路进行。据薛仰清回忆："当时薛福基花了很大一笔钱资助一日人，在日本广岛开设白石碳酸钙厂，条件是支援技术。后来派了朱惠人（余芝卿的外甥）去该厂参观，了解全部生产过程，带回全部技术图纸。因为怕看不懂，特地做了全副木头模型带回来。锌氧粉厂的技术来源则为：日本堺精锌氧粉厂中有一账房遭歇，经薛福基联络，答应若能帮助建成锌氧粉窑，给他一笔很大报酬（数字不清楚），于是他买通厂中技术人员，偷绘全部技术图样，同时带了二个技术工人来华，帮助砌窑。"

碳酸钙厂为第一原料厂，锌氧粉厂为第二原料厂，两厂厂址在沪西斜徐路东庙桥路[①]（公私合营后改组为京华化工厂）。建厂时总共拨款十九万元（原料一厂十一万元，二厂八万元）。

到了 1933 年，因为营业发展，鞋子销路好，就又收盘了日商泰山橡胶厂和春华橡胶厂。

泰山橡胶厂创办于 1930 年，厂主为日商淡海洋行。生产设备有 11 台炼胶车（最大为 14 寸），胶鞋商标为 S.T.K，开工后不久，"九一八"事变发生，全国人民激于爱国热情，齐心抵制日货，泰山牌鞋子一双也卖不出去，

---

① 2019 年编者注：东庙桥路，现为东安路。

停工停了一年多，厂中仅剩二十余人，勉强维持生产，而大中华套鞋则供不应求，因此由薛福基出面，花了十万两银子买下，改名为大中央橡胶厂，是为大中华第三厂。并对该厂进行生产改组，添设 14－36 炼胶机 4 台，6－36 小车 2 台，12－25 小车 2 台，马达 200 匹马力，添招工人到 200 人，日产量胶鞋 5000 双左右。品种为大圆口套鞋，主要市场是湖南长沙，鞋子的式样都是根据那里用户的需要而制订的。

春华橡胶厂创立于 1928 年，厂设南市剪刀桥 25 号，厂主蔡春芳，资本六万元，工人 40 人。主要设备有炼胶机 3－4 台。产品为套鞋及跑鞋，商标为宝鼎牌、和合牌及卍字牌。当时因产品销路打不开而出盘，1933 年春天，大中华厂以四万元购下此厂，改添"友记"二字，是为大中华第四厂，同年春华发生火灾，故当年未曾开工，经改装机器，添造设备后，于 1934 年正式开工。

同年，又以六万元在沪西谨记路①斜土路建立织染厂，这时，除了橡胶、汽油及促进剂、防老剂等外，大部分皆可由自厂供给。

大中华橡胶厂在 1928 年创设时资产总值仅八万元，日产量不足一千双，职工八十三人，到了 1933 年，由一个厂发展成为四个制造厂、三个原料厂、一个机修厂。胶鞋平均日产量达到一万九千双，职工 2620 人，资产总值据《大中华橡胶厂两合公司二十二年度营业报告书》记载，已达到三百七十三万九千一百十五元。

至此，大中华橡胶厂在全国橡胶业中已居有独占地位，成为规模最大的一家。据当时记载："国内橡胶品制造厂，投资总额，约为四百万元。就中资本最大的大中华，有一百一十万元，而最小的振华兴则只有五千元，平均资本约五万元。"（摘自《橡胶工业报告书》，民国二十四年八月）

生产的发展，要求增加资金和进行企业改组。1928 年建厂时的八万元资金，系由余芝卿独自拿出。但当时流动资金系由鸿裕边带厂批发所与和昌盛两家垫付。薛福基和吴哲生当时在鸿裕与和昌盛两家都是有股份的。到了 1930 年，薛福基和吴哲生投资入股，成为合伙经营，资金增加到二十万元。1931 年，又由上海、湖南、汉口、江西等经销客户、钱庄和本厂高级职员投资（钱庄投资仅八万元），大中华橡胶厂由合伙经营改组为大中华橡胶厂两合公司，内分无限责任股东和有限责任股东两种。原来合伙经营者为无限责任股东，其他为有限责任股东。当时之所以吸收经销客户投资是互相利用。在

---

① 2019 年编者注：谨记路，现宛平南路。

大中华厂方面，既可使他们忠心为大中华经销产品，又可获得一部分资金。在经销客户方面是见大中华橡胶厂发展快，利润厚，想分尝一羹，同时其也希望能放账和多派货。

为什么要吸收高级职员投资呢？这是余芝卿的一种策略，他认为一方面可以使高级职员忠心耿耿为企业服务不致跳厂。事实证明，大中华橡胶厂在开创时期的全部高级职员，从开创时到公私合营为止，没有一个跳厂或公开在外另办企业的。他们或多或少都握有本厂股票，现在几乎全部都是资本家。另一方面，开始几年花红很多，薛福基生怕资金外流，对企业不利，就采取发股票的方法，使得企业的利润能集中用于扩大再生产方面。所以一直到今天，大中华资本家，还常常夸口："我们大中华资本家与别处不同，勤俭起家，从不乱用，分到的股息和红利都用在企业的扩展上，所以今天才挣下这样一片家业。"

我们认为：大中华的资本家比较其他资本家来看，确实可以说是事业心较强，盈余能不断用来扩充设备，增添工人。因而发展较大，成为全国最大的橡胶企业。这样做的结果，客观上为中国民族橡胶工业的发展打下了一定技术基础，这是好的一面。但是资本家主观上之所以要不断扩大积累，还是为了加强剥削，获得更多的剩余价值。正如工人反映："黄伯勤（今私方厂长）来时一件破长衫，住宅由平房到楼房，新中国成立时已有两幢小洋房、一辆小汽车，哪里来的？还不都是我们工人的血汗！"

二、在风雨中成长

值得注意的是就在这一年，大中华橡胶厂经理薛福基，因购买日本棉纱，被反日会扣押，反日会虽是一个抵制日货的组织，但实际上是被杜月笙系统控制着的，最后，大中华橡胶厂送了20万元股份给杜月笙，薛福基才获释放。从此，杜月笙打入了大中华橡胶厂，当上了董事。杜月笙在大中华虽然后来曾一度被推选为董事长，但在经济上并无实权，对大中华来说主要有两个作用：一是利用杜月笙作为靠山，保护自己不受侵犯，并且通过杜月笙的情面，营业上可获得不少方便和特权；二是利用杜月笙的势力以镇压工人反抗。后来1934年在镇压一厂的工人斗争中，杜月笙曾出了不少力气。

从1932年起，中国民族橡胶工业日渐陷入困难境地。到了1933年以后，境况越来越困难，纷纷倒闭。根据民国二十三年（1934年）《申报年鉴》记载：

"上海因'一·二八'惨变，毁于日军轰炸者有国民、厚生、溢中、福星四家，受'一·二八'影响而亏损倒闭者有大华、大新、大东、普天、中华、明华、华顺、天星、宝通、义生第二厂十家。正泰一厂又于二十二年失慎。目下只旧厂三十家，新厂四家，共计三十四家而已。"①

就是这三十四家橡胶厂也奄奄一息，连勉强维持生产也很困难，具体见下表。

全部开工者	1 厂
五成至七成开工者	5 厂
三成至五成开工者	13 厂
一成至二成开工者	5 厂
停工者	10 厂
合　计	34 厂

注：目下产额，不过全部生产能力 22.7％，而现在存滞货即以套鞋一项而论，达四百三十二万双。②

橡胶工业由盛而衰的主要原因有以下两点：

第一，是由于世界经济危机的波及和银价的回升。当时中国属于资本主义的经济体系，在世界资本主义国家普遍陷入危机之时，作为资本主义体系内的半殖民地、半封建国家，自然难以例外。在经济危机的浪潮中，主要资本主义国家先后停止金本位，采行通货膨胀政策，以挽救其国内物价的倾跌，加以美国银矿资本家对政府施加压力，迫使政府采取有利于银矿资本家的政策，银价回升，中国银圆的购买力也因此提高，于是物价倾跌，据当时记载：1935 年时"上海一隅，有橡胶厂三十七家，专制套鞋、热水袋，因制者大多供多于求，于是彼此竞争跌价，沪战之前，橡胶套鞋，每打售洋十二元半（系照本批发价），迄今每打售六元，此业者无不亏本。现在三十七家中，倒闭者竟达二十五家，仅余十二家勉强维持。"③

另外，原料价格却逐渐回涨，关于这点，当时报纸上曾指出："民国二十

① 《新中华半月刊》，第一卷二十四期。

② 《上海橡皮厂现状》，载《工商半月刊》，第五卷二十二号。

③ 《国货月刊（创刊号）》，1935 年 1 月 1 日出版。

年前后，以原料低廉，投机设厂者达五十余家。盖是时橡胶原料，每磅售两，不过新加坡净一角有奇，以故各厂制品，以跌价竞争。至二十二年（1933年）橡胶价格，逐渐回涨，而产品以生产过剩，不能照原料所涨之价比例增加，于是各厂无利可图，纷纷停歇者亦不在少，此项情形，沪粤两处，大都相同。"①

货价日跌，原料日涨，这是橡胶业之所以不景气的原因。

第二，"九一八"事变后，民族橡胶业失去了东北的广大市场，继之而来，华北市场也渐为日货所控制。据统计，1933年日本胶鞋进口量为5，458，908双，而实际上武装走私、漏税倾销、冒充中国货或未标明国籍的数量当亦不在少数。《大中华橡胶厂两合公司二十二年度营业报告书》中有这样一段记载："鲁燕豫等，皆受日货漏税倾销之影响，尤以闽省秋间军事发生，日货利用此变，致国货无由前往，而燕豫晋鲁自塘沽协定后，日货从长城各口漏税运入华北，以致国货被挤殆尽，前途殊堪忧虑也。"大中华在青岛的华安发行所，即因此而撤销。

日货倾销，国产胶鞋的销售范围局限于长江流域一带，市场狭小，鞋子已嫌过剩，而日货更得寸进尺逐渐深入，1935年时"在全国领土之内，华北之日橡胶，多偷税入内，东三省及华北乃无不为日货势力所侵占，而上海亦遭波及，过去有中国工商橡胶业，所出之橡胶皮料，每打成本十二元，售价十五元，颇有利益，后来日商亦有胶皮鞋运到，日货售价极廉，每打只有六元余，我商厂难与相争，竟致停工，而本市其他之橡胶厂，亦以所出之品，只能销至江浙及长江一带，其他各地均为日货侵据，故而无法维持者甚多，预计最近橡胶业必将逐渐绝迹。"②

在上述情况下，许多厂家纷纷做低档货，以谋廉价推销，在胶鞋价格一跌再跌的形势下，"素抱货品精良，不愿降低货身"的大中华，也只得一再降低价格。1935年上半年，较1934年同期胶鞋跌价10％－15％，球鞋跌价20％。

在这段倒闭的浪潮中，大中华橡胶厂亦深受影响，1934年、1935年两年胶鞋产量较1933年略有降低。但是尽管如此，每年不但不亏蚀，并且还能做到年年盈利，具体情况见1934年盈余分配表和1936年盈余分配表。

---

① 《申报年鉴》，1935年。

② 《国货月刊》（创刊号），1935年1月1日。

（一）1934 年盈余分配表

盈余额	本届盈余	270，463.09 元
	合　计	270，463.09 元
支配额	公积金	30，000.00 元
	股　息	160，000.00 元
	股东红利	40，000.00 元
	董监事酬劳	4，200.00 元
	职员工花红	25，000.00 元
	滚入下期	11，000.00 元
	合　计	270，463.09 元

（《大中华橡胶厂兴业股份有限公司二十三年度第一届营业报告书》）

（二）1936 年盈余分配表

盈余额	本届盈余	211，002.63 元
	上届分余	11，263.09 元
	合计	222，265.72 元
支配额	公积金	20，000.00 元
	股息	160，000.00 元
	滚入下期	42，265.72 元
	合计	222，265.72 元

（《大中华橡胶厂兴业股份有限公司二十四年度第二届营业报告书》）

　　事实上，单根据上表并不能说明全部情况。根据 1935 年损益计算表上所载：营业利益为 727，198 元，而营业费用及各种开支竟达 516，195 元。所谓各种开支，实在是一笔糊涂账，是根本算不清楚的。

　　从生产规模来看，也不断在扩大，鞋类产量虽变化不大，但 1934 年生产力车胎，1935 年生产汽车轮胎，总厂厂基原来不足十亩，经过历年收买附近土地进行扩建后，厂基扩充到了 39 亩。

　　随着生产规模的扩大，资金和企业也有了相应的调整。1934 年，大中华橡胶厂由两合公司改组为股份有限公司，增资到 200 万元。和昌盛与鸿裕两发行所以前虽专销大中华胶鞋，并且股东、经理也都是大中华的股东、经理，经济上尽管可以互通有无，但却都是独立的，至此也就完全合并到大中华厂来，在 1935 年两家发行所合并改组成大中华厂上海发行所。

这次增资改组并没有影响股权的变化，新资金的来源，除了部分是和昌盛与鸿裕方面的资金转来外，大部分皆由盈余中转来。当时记载："新公司资本二百万元，内以老股东为一百四十三万元，新股东为五十七万元。而五十七万元之新股东，悉数前经理发行所之股东与职员，渠等均有相当卓著功绩于本公司者，故此不加计较也。"（《大中华橡胶厂两合公司二十二年营业报告书》）

这次增资的另一个特点，就是由职员入股发展到工人入股。大中华厂的工资制度与别厂不同，月俸工人可以分红。平时工资数目不大，而年底这笔花红数字很大，有时甚至超过全年工资。资本家以此来控制工人和刺激工人生产。但是年底分红时，资本家又不愿拿出现金来，只肯发股票。大中华股票不上市场，买卖无门。这样一方面资本家将工人的部分工资扣住不发，转化为资金。另一方面，又模糊了工人的阶级觉悟，产生了这个厂自己也有一份的错觉，因此厂中工人运动特别不容易开展。经理薛福基当时曾得意地说："大中华欢迎工友入股，就是五元也好，十元也好，他们知道这厂是大家都有份的，要社会事业，不是少数人的私产。历年来工友陆续入股，现在二百万资金中，已有十一万七千元是工友的了，所以大中华几乎分不出所谓劳资的阶级来。"（《大中华橡胶厂工商史料第一集》

大中华橡胶厂兴业股份有限公司成立后，董事长为余芝卿，董事 11 人，名单如下：

余芝卿、薛福基、李济生（恒隆钱庄经理）、余性本（余芝卿之侄）、余介如（余芝卿之子）、朱惠人（余芝卿之甥）、蒋彬贤（和昌盛发行所经理）、洪念祖（鸿裕批发所经理）[①]、尉迟洵炽、杜月笙，施耕尹（监察）、余茂棠、林康侯。

在行政组织方面，尉迟洵炽为总经理，薛福基、吴哲生为经理。重要职位分别担任情况如下表。

---

① 鸿裕批发所经理原由吴哲生兼，洪念祖为副经理。后因大中华业务发展，吴辞去鸿裕兼职，于是由洪念祖升任经理。

总厂长	黄伯勤
总务科长	余性本
营业科长	洪念祖
技师长	薛仰清

其后尉迟洵炽担任不到一年，因制造轮胎事宜与薛福基意见不合，辞去总经理职务，此职即未再设。总务科长一职在余芝卿死后，曾由余介如担任。

公司的重要事务均由行政会解决，行政会议由董事长、经理、总厂长、技师长、总务科长、营业科长等组成。该厂的集体组织系统如下图。

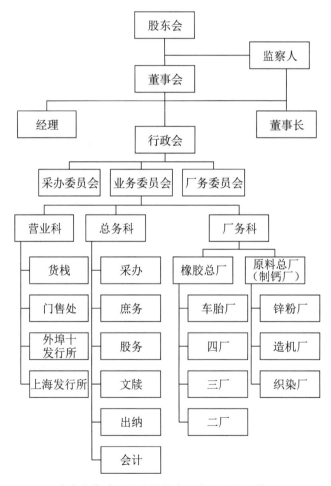

大中华橡胶厂兴业股份有限公司组织系统图

从以上组织机构及人事安排中，说明了两个问题：

第一，大中华资本家在扩展企业方面，确实雄心勃勃。从上列组织系统图上可以看出，他们企图控制从原料到成品的全部生产过程，成为中国的橡胶托拉斯。据职工回忆："当时经理薛福基在车间中曾特意地夸口说'大中华一定要做到棉花进来，轮胎出去。'"事实上，原料厂等兴建，对大中华降低生产成本、保证原料来源方面确实起了不小作用。这也是大中华在风浪中能站稳脚跟且能不断获得盈利的原因之一。

但是，尽管这样，所谓造机厂，只能修理和添配机件，重要机器全赖日本进口。橡胶业的两项最重要的原料——橡胶和汽油也还始终都是仰赖于进口的。谈到橡胶，薛福基当时也还曾亲去新加坡考察，想在海南岛进行种植，至于汽油生产，则是想也不敢想了。后来太平洋战争爆发，橡胶、汽油不能进口，大中华就只好停止生产。由此可见，旧中国的民族工业，由于经济命脉始终操纵在外国帝国主义手中，其发展终是带有很大程度的局限性的。到了一定程度，不仅不能再向上发展，反而将日益走向下坡路。大中华厂在民族企业中可以说是得天独厚，发展特快，却也仍未能例外。

第二，资本家的势力范围也由此确定。吴哲生掌握了机修厂和车胎部，黄伯勤掌握了一至四厂的厂务系统，洪念祖掌握了全部发行所，以此起家。到解放战争时期俨然成为资本家集团的首领，至于财务系统，则始终控制在余介如、余性本手里，在余芝卿、薛福基未死时，由于薛福基大权独揽，余芝卿对他又言听计从，企业内部尚算是统一的。到薛福基一死，企业失去了核心领导人物，就逐渐各自为政，独成天地，这种封建割据的现象，越来越严重，妨碍了企业的继续发展。一直到公私合营为止，此种情况并无多大改变。

三、抗战前期的虚假繁荣

1935年年底，国民党反动政府实行通货膨胀，宣布了所谓"法币政策"。当时正是蒋家王朝占据地盘最广的时候，"法币"的流通面积很宽。从1935年到抗战前夕共发行了14亿元，通货膨胀的严重性还没引起注意；相反地，由于通货膨胀初期的物价还只是缓缓上涨，工商业在物价缓缓上涨的基础上，一直呈现着虚假的繁荣，并在这个繁荣的刺激下，开始发展其营业，加上1936年，各地农业丰收，农村市场活跃，民族工业呈现复苏现象。大中华也获得了很大发展，鞋类产量营业数字增加为8，746，323双，较上年度增加三百七十余万双，达到了抗战前胶鞋产量的最高峰。轮胎产量为208，660条（内汽车外胎14，670条，力车外胎193，988条）。全年营业数字较上年度增加60%以上，本年账面纯益达到936，934.91元。全部资产价值为5，361，

309.52 元，职工达 2660 人。

随着生产、营业的发展，资金也进一步增加。1934 年进行第四次增资，由二百万元增加到三百万元，这次增资的特点是没有吸收任何外来资金，增资部分基本上全部由盈余部分解决。请看 1936 年盈余分配表。

1936 年盈余分配表

盈余额		分配额	
本届盈余	936，934.91 元	公积金	170，000.00 元
盈余滚存	742，265.72 元	股　息	160，000.00 元
		升股本	800，000.00 元
		股东红利	240，000.00 元
		董监事酬劳	25，000.00 元
		职工红利	140，000.00 元
		特别准备金	20，000.00 元
		滚入下期	44，200.00 元
合　计	1，679，200.63 元	合　计	1，679，200.63 元

（摘自《大中华橡胶厂兴业股份有限公司二十五年度第三届报告书》）

从上可见，新增加的资本一百万元中，其中有八十万元是由盈余项下拨付的，即所谓升股。另募的只是二十万元新股。当时董事会决议："此项新股应尽老股东认购，如超过定额，则按认数摊派。"（"民国二十六年第一次董事会议记录"）所以实际上只是一部分股息和红利的转化。

这一时期是大中华橡胶厂的黄金时代，添造房屋，增加设备，同时开始生产再生胶，日产量为三吨。即在此时，卢沟桥战争爆发，抗日战争开始。不久，"八一三"沪战爆发，生产受到影响。1937 年的产量只能维持在 1936 年的水平上。但即令如此，1937 年的盈利仍达九十六万六千元，单是股息就分掉了二十四万元。（"民国二十七年第二次董监会议记录"）

第三节　资金、生产和经营

1928 年以后的这一段时间，对中国民族工业来说，是非常黯淡的时代。

在世界经济危机的冲击下，当时连荣家的申新系统那样的资本家，在中国民族工业界也算是首屈一指的了，却也被逼得摇摇欲坠，其他蚀本关门的工厂不计其数。为什么大中华却能在这股倒风中不断成长，年年盈利，并且规模越来越大呢？固然，大中华厂创立时，正是中国民族橡胶工业的黄金时代，原料价低，货价高，全国人民抵制日货风盛，橡胶工业又是新兴产业，这些都是客观方面的有利条件。但是因何在1932年后橡胶业危机严重，企业纷纷倒闭，大中华厂却仍能安然渡过难关，并且年年盈利呢？我们认为这与它在资金调动和生产、经营方面的特点是分不开的。

一、资金调动情况

在倒风中，大中华得以安然渡过难关，这和它的资金调动灵活是分不开的，大中华资本家常常自诩稳健说："大中华在银行只有存款，没有借款，并且从来不卖期货。"这话虽非完全可靠，却也有一定程度的真实性。它主要往来只有宝丰和滋丰两家钱庄①，而这两家钱庄业都是大中华的股东。据说，大中华每天收下来的支票就随便分一下，存入这两家钱庄，它不很精细计算头寸，多就存放账上，少时这两家钱庄也就得帮它垫付，不过它要人家垫付的时候很少。因为大中华是这样好的一个客户，许多银行、钱庄都想和它往来，但它却不愿意。曾任大中华董事长的杜月笙，曾介绍过大中华发行所隔壁的浦东银行，它也没有去开户，因为一则不需要借钱，二则怕随便存款吃倒账。在抗战以前，它的资金调动主要依靠以下两个方法：

第一是依靠鸿茂祥商业资金的支援。大中华开办时，头寸调不转时就由和昌盛与鸿裕两家垫付，这两家事实上等于是鸿茂祥的分店，后来余芝卿见橡胶厂利润高（一双鞋至少有四分利），资金周转快，就将鸿茂祥的资金逐步抽调过来。到了后来鸿茂祥仅剩下个空架子，只替大中华打听橡胶的世界市场行情而已。在倒风声中，大中华能够不断改组，扩大企业，增加产品品种，而头寸始终灵活，和这点是分不开的。

第二是大中华厂自己开办存户。资本家根据当时国民党政府的《劳动储蓄法》制定了"职工储蓄奖励法"。按照这个办法，每月从职工的工资中扣除一定数额作为提供储蓄的金额，厂主也提出提存金额的50%作为奖励，由厂

---

① 2019年编者注：宝丰、滋丰这两家在钱庄业中属于汇划钱庄一类，它们开的支票汇丰银行照收。宝丰钱庄创立于1916年，属于合伙组织，位于上海天津路128号；滋丰钱庄创立于1922年，由沈锦州等人创办，属于合伙组织；根据中央储备银行调查处：《上海钱庄概况》，中央储备银行调查处，1944年印行，第310、239页。

方的保管委员会办理存支事宜。资本家对工人说，采取这个办法的目的是
"使日后年老退休或中途被辞退的职工得到救济"。其实，这是欺骗手段，强
迫工人把部分工资吸取到流动资金中来。不仅如此，到了后来干脆不准提存，
在该厂的"行政会议记录簿"中有这样一段记载：

"工友储蓄及公司奖励原为工友或有年老告退及退职后谋生设想，本公司
实行以来，每至年底发给，作正当用途固多，而浪费者亦时有所闻，殊失公
司维护工友之本意，自念五年起，工友储蓄及公司奖励，工作满十年后发还
该款。"（"民国二十五年第一次行政会议记录"）

另外，大中华的股东也把他们的部分现金存入大中华账内，按期取息。
对这些股东来说，大中华成为他们的银行，他们是存户；对大中华来说，按
照市场上的存款利率不按照借款利率吸取了大量的现金作为公司的流动资金，
利率既轻，也减少了对银行业的依赖。

上述存款数字相当可观。据记载：1936年各户存款达一百零二万六千六
百九十七元九角五分。另户活期存款五万一千四百三十二元九角一分。上百
万元的现款，保证了大中华在倒风中屹立不摇（以上数据根据《大中华橡胶
厂兴业股份有限公司二十五年度第三届报告书》）。

二、生产和生产管理

（一）生产设备和产量

大中华的一个很大特点便是能够不断地从盈利中分出较多的部分来投入
扩大再生产，这一点保证了它在产量方面和品种方面在市场上占压倒优势
（它生产的轮胎号称国内首创第一）。它在抗战前历年购置的主要设备情况，
具体见下表。

项目 年份	炼胶机 （台）	汽车胎 成型机 （台）	鞋类 硫化罐 （台）	轮胎 硫化罐 （台）	轮胎 硫化机 （台）	力车胎 硫化机 （台）	备　注
1928	3	/	2	/	/	/	该5台炼胶机、2台硫化罐早已损坏报废
1929	2	/	/	/	/	/	
1930	3	/	2	/	/	/	

续表

项目 年份	炼胶机 （台）	汽车胎 成型机 （台）	鞋类 硫化罐 （台）	轮胎 硫化罐 （台）	轮胎 硫化机 （台）	力车胎 硫化机 （台）	备　注
1931	1		/	/	/	/	
1932	8		/	/	/	/	
1933	10		8	/	/	/	
1934	12		/	/	/	27	力车胎硫化机其中12台已损坏，仅剩15台
1935	9	2（棍式）	8	4	8（立式）	/	
1936	7		/	/	/	/	
1937	/		/	/	/	/	
1938							

附：抗战前历年产量、产值、职工人数表

指标 年份	汽车外胎 （条）	汽车内胎 （条）	汽车垫带 （条）	力车外胎 （条）	力车内胎 （条）	胶布面鞋 （双）	产值	职工 人数 （人）	备注
1928	/	/	/	/		56，348		110	
1929	/	/	/	/		1，090，522		310	
1930	/	/	/	/		2，999，996		850	
1931	/	/	/	/		6，380，181		1760	
1932	/	/	/	/		6，045，451		2530	
1933	/	/	/	/		7，551，574		2620	
1934	/	/	/	544		6，661，657		2420	
1935	6937	3748	6937	63，398	42，279	6，427，613		2050	
1936	14，070	11，677	14，670	193，988	146，446	8，746，323		2660	
1937	18，115	17，544	18，115	271，228	157，568	8，712，398		2860	

（二）生产管理

在生产管理方面，开始是很乱的，根本没有一定的操作制度，大概经过两三年，才逐渐摸索出一套方法来。

大中华的资本家和高级职员几乎全部都是旧式店家学徒出身，并且都系来自和昌盛与鸿裕两家店。其中有的过去拉老虎车（如余性本，今私方经理），有的是跑街（如洪念祖，今私方经理），有的是老司务（如顾金法，今资方代理人），互相之间都有师徒关系或亲戚关系。反映在管理制度方面，带有浓厚的封建宗法统治的特点。

大中华最早招收的一批工人，差不多都是经理薛福基的同乡——江阴塘头镇人。他们和资本家或是本家，或是邻居。到了后来，工人多了，资本家就对工人实施分而治之的政策。把工人分为长工和临时工，长工分为月俸和论件，临时工又分为红临时和蓝临时，待遇各个不同。月俸工人的待遇算是最高的，但平均工资一月也不过 7－10 元（膳宿由厂供给），而当时的米价却在 9－13 元。资本家的撒手锏是年终分花红，这笔数字往往要超过全年薪俸，不过发的仍是股票。月俸工人大都和资本家沾亲带故，加上入股的欺骗，就产生了爬上去的幻想。事实上，大中华的全套技术干部和行政管理干部都是大中华自己培养出来的（高级职员则来自鸿裕与和昌盛），差不多都是苦出身，这样就更增加了工人的错觉，认为只要好好干就有出头日子，因此工人运动便不易展开。

件工大都是女工，待遇较低，至于临时工则是呼之则来，挥之则去，工作、生活根本毫无保障，工资最低待遇最差的则是蓝临时。

大中华最重资历，老工人和新工人的待遇相差极大，甚至有达到五六倍的。除此之外，又有厂际的差别。一厂（总厂）的工人待遇高，二、三、四厂的待遇就较低，大中华买进一爿新厂，就要将原有工人解雇一部分或大部分，然后从老厂（一厂）调去一批工人，作为它的基干力量，并且待遇、地位都另眼照顾。资本家这样做的目的是诱使老工人看不起新工人，月俸工看不起件工，长工看不起临时工，以此挑拨分化工人的团结，而占全厂工人总数 80％以上的临时工则被压在最底层，受着最残酷的剥削。

为了保守技术秘密，资本家严禁各部门工人互相往来，轮胎制造部门更是不准任何其他部门工人前往。橡胶厂技术简单，最重要的是配药和熬油。开始几年，配方熬油由技师长亲自掌握，后来生产发展，一人忙不过来，才从亲戚本家中挑了一些人进行训练，分厂的配药由总厂配药间派人去。配方、熬油工人都要立保单："若是泄密，愿受法律制裁"，据工人回忆："配药工人薛福祥因为生活困难，下班后到江南橡胶厂干活，后来被经理薛福基知道了，就派人把他抓来，吊打了半天，还告到法院里，自从这件事情发生以后，配药和熬油就分开在两处进行了。"

大中华资本家规定：每个老工人可以介绍直系亲属一人进厂，一人出事，合家开除。资本家通过这种封建宗法关系，紧紧地统治着全厂工人。

大中华厂年年盈利，资本家年年分股息、分红利，但工人的生活却越来越差，工资逐年降低，胶鞋生产是流水作业法，最初分为三道工序，每道工序各为一分、一分三厘和一分二厘。做成一双鞋子，资本家付出工资三分五厘，1932年资本家将前两道工序合为一道，付给工资一分八厘，1934年又将三道工序合一，付工资二分七厘，那八厘工资就又落进资本家的荷包中去了。那一年共生产了六百六十多万双鞋子，单是这一点，资本家即从中剥削了五万三千多元。

胶鞋经销的季节性很强，冬天雨雪多，套鞋销路好，这是旺季；从端午到八月半，天气转暖，雨天可以光脚，胶鞋销路就差，这是淡季。旺季时，资本家大招临时工，日夜不停生产，等到仓库装满了，淡季也来临了，资本家就大批解散临时工。至于长工呢？资本家指着仓库对他们说："你们看，鞋子堆了这么多，卖不出去，你们还是回去，等生产好转时再回来。"1936年，胶鞋畅销，是大中华厂的黄金时代，但在公司行政会议记录簿上却有以下记载：

"厂务科提议为适应营业科销量起见，拟将各厂生产流转停造，以轻存搁，并于停工期内从速整理锅炉机器，以资秋冬增加生产。议决：由厂务科酌量办理。"

整修机器、免发工资、又有货供应市场，真是一举三得。资本家得其所哉，工人却就大吃其苦了。他们求生不得，欲死不能，天天在饥饿线上勉强挣扎。

资本家对工人的这种残酷剥削，乃是大中华能够在倒风中屹立不移、年年盈利的根本原因。

（三）原料问题

大中华所以能够不断打败竞争者，同原料问题是有联系的。

早在1930年，大中华就开办了碳酸钙厂和锌氧粉厂，以后又开办织染厂。这些厂的产品多供自用，仅有少量出售，原料来源稳定、便宜，这就保证大中华厂能够在生产胶鞋时用料比较考究，产品质量较好，使双钱牌在市场上享有较高的信誉。

资本家对这点非常强调，自诩大中华一向出品认真，讲究质量，经营作风诚实，从不粗制滥造，认为这是大中华发达的主要原因。我们的认识却并不是这样的，大中华对质量比较重视，特别是对于大中华的王牌——双钱牌套鞋，用料、操作都比较考究，这是事实，但这只是在高档货价钱卖得巧时才这样做，若是低档货赚钱时，在粗制滥造上绝不比他家逊色，这里有以下记载可以证明：

"同业今庚布鞋纷纷跌价，本公司出品首受其累，然鉴于消费方面需要，非将价目凑客不可，今加制公民力士鞋适应需要，定价 36/42 大人七元二角五分，31/35 中人六元五角，25/30① 小人六元。"（"民国二十五年第五次行政会议记录"）

另外，在掌握原料进价方面，鸿茂祥确实也起了不少作用。最初因为日本有橡胶的世界市场行情，同时日本政府为了奖励出口，规定进口原料出口时，一律退还进口税，因此大中华所用的橡胶便都由鸿茂祥在日本代购，看行情涨落，机动掌握，后来橡胶消耗量渐大，上海方面经营橡胶进出口的商行也渐多，就也在上海购买，往来较多的有荷兰橡胶公司、南侨公司、法国和记洋行等。1929 年世界经济危机爆发时，中国因系银本位关系，上海又没有橡胶的世界市场行情，故而一时尚未波及。荷兰橡胶公司就乘此机会哄抬市价，每磅生胶价格由银圆四角逐步涨到六角、八角，最高价格每磅一元二角。行情看涨，不少橡胶厂纷纷大量进货。甚至每年仅需三五吨的小厂，一次就订购一百吨，以待高价出售。大中华橡胶厂在日本有鸿茂祥商行，可以掌握橡胶的国外市场价格，又可由其代购橡胶原料，因此没有囤积大量橡胶原料，到了橡胶价格惨跌到每磅一角时，许多橡胶厂都因此破产，正泰橡胶厂的前身——"义昌橡胶厂"就是在这次跌风中出盘。而大中华却因此乘机吞并了交通橡胶厂，扩大了生产规模。

三、经营销售的特点

大中华橡胶厂一开立后，产品即完全由"和昌盛"与"鸿裕"两家包销。"和昌盛"与"鸿裕"当时在全国各地都有客户往来，经销范围遍及全国。大中华从一开始起，就能利用这个现成的销售网来推销产品，这实在是一个为其他任何各厂所不及的有利条件。例如，当时"合众橡胶厂"出了一种新式的女高跟靴，大中华随即依样仿制式样相同的女靴。"合众"是个小

---

① 2019 年编著注：36/42、31/35、25/30 均为鞋码。

厂，资金少，出数少，又缺乏推销力量，一时销路打不开，而大中华则利用现成的推销网而销及全国。后来"合众"被挤垮停了工，大中华的出品却在各地市场上大量出售。

依靠这个现成的推销网，大中华在市场上迅速站稳了脚跟，稳固了基础，不仅积累了大量资金，并且做出了双钱牌这一块名牌。

而后，营业越来越发达。和昌盛与鸿裕便不销洋货，专门经售大中华厂出品。同时，大中华又在汉口、南京、青岛等地设立发行所。1934年，为了加强力量，统一机构，便收回了发行权。和昌盛与鸿裕并入大中华，在经济上便不再独立。1935年，两所合并成为大中华公司的上海发行所，这时大中华在上海、南京、芜湖、汉口、广州、重庆、温州、汕头等地都设有发行所，单以上海而言，即有七个门市部，大中华依靠这个全国范围的推销机构，不仅能在国货胶鞋市场中占绝对优势，而且也因此能同日货相抗衡。

大中华除了有现成的推销网外，还利用资本雄厚的特点，优待客商，开辟新市场。一般来说，有以下几种办法：

第一，赊账。定期为一个月到三个月，到收账期时，若鞋子未卖完，还可拖延到下期。因此，资金小的商店都愿意接受代售。

第二，折扣。一般商店依九六折，对某些推销有成绩的商店，除了九六折外，再有九八折。

第三，分级优待。根据客户推销大中华产品的成绩，是否专销大中华出品、是否在该地首先销售大中华产品等情况，另有特种待遇，利润最低二厘，最高六厘半。

大中华在经销方面的另一特色是充分利用了人民的爱国心理。"济南惨案"、"九一八"事变及"一·二八"淞沪抗战，这一系列事件的发生，激起了全国人民对日本帝国主义的极大愤怒，拒用日货成风。大中华在这爱国怒潮中，到处宣传双钱牌是真正完全国货，除了印发宣传小册子，津贴报馆，参加各种抵制日货组织以外，还专门拍摄了一部胶鞋制造生产过程的影片，派人带到各地去联欢放映，表明大中华的胶鞋确实是地地道道的老牌国货。依靠和利用群众的爱国热情，是双钱牌能够打垮曾在中国市场称雄一时的日货地铃牌、蜜蜂牌和S.T.K牌胶鞋的重要原因。

大中华之所以能在抗战前获得不断发展，除了上述主、客观原因以外，还应看到下述有关情况：抗战前，帝国主义国家倾销到中国来的橡胶制品主要是软胎，胶鞋数量不大，具体见下表。

1927—1934 年橡胶制品进口价值　　　　单位：国币千元

年　份	1927	1928	1929	1930	1931	1932	1933	1934
橡胶靴鞋	2865	4851	5075	4858	2922	5733	3166	1898
橡胶车胎	3657295	5010504	5525281	4681982	7333998	5715413	6168853	5222385

说明（原载）：

1. 输入价值只增进，殊不甚巨，靴鞋与车胎增加同时，其他橡胶制品则减至半数以上。

2. 输入之各类橡胶货品中，除 1930 年及 1932 年外，车胎永居首位，恒占入口总额 35%—60% 以上。

3. 1932 年以后，输入品并减，以前则激增。

（"橡胶品之进口与关税"，材料来源《海关资料》。）

同时，从胶鞋方面来看，进口的主要是日货。而在 1933 年以前，进口日本胶鞋的并不多，一方面是由于中国人民在爱国怒潮中，一致拒用日货；另一方面是这些打入中国市场的日本企业规模也不大，一般多属于二三流资本。例如，出产风行一时的地铃牌胶鞋的武川护谟，日产量仅两万双，而出产Ⓐ字牌胶鞋的Ⓐ字护谟日产量仅五六千双。

正因如此，大中华的双钱牌套鞋才能依赖前述有利条件，顺利地击溃了国内外商业敌手而独霸地位。

但是到了 1933 年，在蒋介石卖国政府对内扩大内战、对外委曲求全的不抵抗政策的刺激下，日本帝国主义继在政治上侵占了东北、控制了华北之后，在经济上也展开了大规模的激烈进攻。当年，进口日货胶鞋从 1932 年的 150 万双跃至 545.8 万双（据"上海市化工局"编写的《上海橡胶工业十年》）。大中华厂在 1933 年以后的历届营业报告书上，经常提到"外货恃其国力之保护，漏税私运倾销各地"等语，在日货倾轧下，民族橡胶工业深受威胁，大中华厂虽在当时号称为中国橡胶工业的巨擘，也只能被迫停工和大量解雇工人。1934 年，大中华二、三、四厂各停工三个月，一厂分二班工作。在经销方面，则一方面在外地增设发行所，加强推销工作；另一方面则为改少放账，尽量求售现款。

在这种情况下，大中华虽然采取了加强对工人剥削的办法，做到了年年盈利，却也渐呈拮据之势。特别是当大中华为了进一步发展企业，进行轮胎的制造时，这个从间隙中成长起来的民族资本主义企业引起了帝国主义的警惕和极度敌视，双方的矛盾越来越尖锐，最后终于通过大中华与邓禄普之战集中地反映出来。

第四节　轮胎的制造和邓禄普之战

一、力车胎与反倾销斗争

大中华厂生产了两三年鞋子后，营业天天发展，年年盈余，经理薛福基就想进一步扩大生产规模，制造轮胎。汽车轮胎生产技术较复杂，就决定先做力车胎（脚踏车胎和人力车胎），早在两合公司时，就在薛福基的提议下，董事会同意拨出二十万元，专供轮胎的试验生产之用。轮胎的制造势将导致大中华与帝国主义企业直接进行面对面的斗争，大中华资本家对此倒还是有预料到的。在《大中华1933年度营业报告书》中有这样一段记载：

"各种鞋类制造渐呈过剩状态，某种特等物（按：系指轮胎）在中国需求方面似亦刻不容缓。然在技术上和资本上自问绝难与英、美、日、法等国可抗衡，倘贸然进行，则牺牲必大，不进则无以图生存。兹暂定二十二年及二十三年份为试办期，限制牺牲金额为二十万元。在试办期内果能略具把握，即刻从事扩充也。"

这里充分反映了资本家的矛盾心理。大中华要获得继续发展，就必须向制造轮胎发展；若是老停留在制造胶鞋的阶段，不仅企业不能进一步扩大，而且有遭吞并的危险。但是在帝国主义国家输入中国的橡胶制品中，轮胎居首要地位，帝国主义企业绝不容许中国有制造轮胎的民族工业出现。因此，大中华资本家在做出这一重大决定时，确实顾虑多端。

早在股东会做出决定以前，薛福基已经在进行力车胎生产的筹备工作了。当时，日本有一家制造力车胎的橡胶工厂倒闭，这家工厂的设备是由日本"中田铁工厂"制造的，而大中华的全部机器也都系向"中田"定制。于是薛福基通过"中田"的介绍，以四千日元购下这家工厂的全套设备（当时的比价约为日金八角值国币一元），装运至沪进行生产。其时适有曾在日本橡胶厂实验室中工作过的日人"大槻"在沪建立物理实验室，薛福基就花重金请他到大中华实验室工作，并负责试制自由车胎（此人在"大中华"工作年余后即离开，担任"正泰"及其他多家橡胶厂的技术顾问）。据今私方厂长薛仰清回忆："开始生产力车胎时质量不好，副、次品要用卡车拉出去。后来日本武川厂的技师加藤芳盛从美国考察回国，途经上海，薛福基请他指导，逐渐改进。同时，德孚洋行为了推销拜耳化工厂的促进剂和防老剂，派了橡胶专家'勒伯拉耶'（译音）来华，到我厂参观访问，提出了一份书面意见，对原材料消耗、操作制度提出了一系列建议，力车胎硫化时间由 50 分钟缩短到 15 分钟，对我厂技术改进帮助甚大。我厂原用 M.D 促进剂，经其指点后，便改用德国拜耳厂的促进剂，一直到新中国成立以后。"我们的认识与薛的看法略有不同，德国的德孚洋行为了推销产品，曾对大中华技术、操作制度的改进有过帮助，但是绝不能夸大这个作用。根据工人反映，实际情况是工人在生产过程中，由不会到会，在摸索中逐渐掌握了整套生产技术，很多技术问题都由是工人自己解决的。老工人姚玉仙、薛春林等当时都曾做了不少技术改进。他们气愤地说："资本家眼中只看到外国人，把他们的话当成了圣旨，究竟他们解决了多少生产问题？我们做的技术改进，搞好了资本家赏几元钱，根本不当一回事，搞不好就要吃排头。"

力车胎生产出来后，销路倒也还好。可是事情不出资本家所料，力车胎的生产很快便引起了帝国主义的嫉视。

当时，中国的轮胎市场全部为英、美、法、日的车胎所垄断。英国邓禄普（Dunlop）橡胶公司（车胎商标为"老人头"）、美国固特异（Goodyear）橡胶公司（车胎商标为"飞脚"）及发施登（Firestone）橡胶公司（车胎商标为 F）与日本普利济斯橡胶公司（车胎商标为 BS），① 都在我国到处设有经销处，特别是英国邓禄普橡胶公司出品的"老人头"牌轮胎，占当时市场的轮胎销售量的 89.9%。在我国设有分公司，在日本和印度都设有分厂，其日本分厂出品即专销我国。大中华双钱牌力车胎问世，首先便遭到独霸中国市场的邓禄普橡胶公司的打击。

斗争在开始时，表现为一场激烈的商业战。大中华双钱牌力车胎在市场上一开始出售时，邓禄普力车胎便马上跌价到每副八元，保用期限由六个月延长到八个月，用不满照退钱，并且可以放账。

面对上述情况，大中华当然不能听凭宰杀，一方面改进力车胎生产技术，在用料方面格外讲究，做到胎面厚，花纹深，力求质量方面不次于邓禄普；另一方面在推销车胎方面也采取了相应措施进行反击。每副力车胎只卖三元二角，保用期限开始为八个月，接着马上延长到十个月，并且派人深入闸北、南市棚户处向人力车夫直接出售。此外，还买了十辆人力车，装上双钱牌力车胎，放到人力车行中低价出租，进行宣传。人力车夫经济拮据，凑钱买副

---

① 2019 年编者注：普利济斯，英文名为 Bridgestone，现一般译为普利司通，普利司通股份有限公司是由石桥正二郎于 1931 年在日本福冈县久留米市创立的轮胎制造工厂，现已是世界最大的轮胎制造商。

车胎很不容易，大中华便做到不仅放账，并且可以分期付款，允许人力车夫用角票付账。

通过上述措施，加上广大人民对国货的支持，人力车夫都乐用双钱牌力车胎。在《大中华1935年度营业报告书》中有这样一段记载："至于人力车胎及脚踏车胎之制造，舶来品倾销固烈，唯系民众直接所销售，现尚逐求推进也。"在《大中华1936年度营业报告书》中且提到"素感不敷分配"。由此可见，双钱牌力车胎已在市场上初步站稳了脚跟。在第一个回合中，大中华算是战胜了邓禄普。

二、汽车轮胎的制造

1931年前后，蒋介石在断送大片国土的同时，积极地进行剿共活动。江西等省公路不断修理，汽车增多，因而轮胎需要量也不断增多。据《中国现代交通史》（张心澄著）所载："一九三零年，中国有公路231条，里程达274，102公里，汽车数为10，420辆。"到了1933年，全国汽车数量增加到43，770辆，而中国根本没有自制汽车轮胎，全部依赖进口，当时历年轮胎进口情况具体见下表。

橡胶车胎进口数量　　　　　　　　（单位：千个）

年　份		1930	1931	1932	1933	1934
打气车胎	汽车用	42	49	39	60	73
	脚踏车、人力车用	530	808	933	1015	908

注：（1）以上皆指外胎，内胎不计在内。
　　（2）材料来源：摘自《海关资料》。

以上表可见，汽车轮胎的进口量在年年增加。据薛仰清回忆："当时大中华经理薛福基经常出外考察，看见公路天天增多，制造汽车轮胎的心情便越来越迫切。"此外，薛福基在给"江南汽车公司"的一封信中也透露了这种心情：

"外胎进口，每年漏卮甚大。大中华轮胎之生产，外商囤积居奇手段或可稍有顾忌，倘能立足于国内外交通界，或不无小补也。"（引自大中华公司信稿簿）

汽车轮胎的利润高，中国厂家又没有制造汽车轮胎的，因此薛福基倒是真心想收回这笔漏卮。现实证明：大中华若要能真正发展成一个能与外货相抗衡的大规模橡胶企业，就必须制造汽车轮胎。因此，薛福基早在筹备力车胎生产的同时，进行汽车轮胎生产的筹备工作。我们认为：大中华资本家制造轮胎的主要动机固然是为了钞票，但客观上在挽救漏卮和发展民族橡胶工业方面，倒也还起了一定进步作用的。

轮胎制造工业属于国防工业范围，技术极端保密，大中华要制造汽车轮胎，首先就得突破设备关和技术关。

据薛仰清回忆："当时，邓禄普橡胶厂在日本设有分厂，为了降低成本和供应方便，全部设备向日本'中田铁工厂'定制，并由邓禄普供给技术图样。1932年，薛福基同中田铁工厂商量，要求供给制造轮胎的机器，中田厂当时答应了，但要一笔很大的价钱（数字不详），薛福基明知吃亏，但也忍痛答应了。"

机器订购后，薛福基为了慎重起见，就决定先在日本进行试验性生产，于是通过加藤关系，把机器放在共立橡胶厂中试制。1932年，大中华派了黄亚民等三人赴日，在共立厂中实习，试制轮胎，商标为钻石牌。

当时日本严禁轮胎制造技术外传，黄亚民等三人为了怕泄露出去惹起祸端，平时都穿日本和服以冒充日本人。但是纸里包不住火，消息终于泄露出去了，这一下引起了日本橡胶界的骚动。昭和九年三月二十日的日本的《ゴム（橡胶）新闻》在头版地位用二号铅字登载了标题为"技术海外移让"的新闻，攻击华人在日学习轮胎制造技术，神户川口警察署为此进行了调查，加藤感到紧张，就叫黄亚民等返国，轮胎生产也因此停止。

据薛仰清回忆："黄亚民等回国后，随即由经理吴哲生为首，带领我和郑延芳（机械技师）、郑经发（机修工）等，借旅行为名，到日本拆运机器，装运回国。机器装置完毕后，因生产技术没有完全掌握，故而无法生产。后由加藤介绍日本邓禄普分厂解雇出来的失业工人四人来华。1932年冬1933年春试制轮胎，品种为32×6、32×5两种，日产量为32×6轮胎3—4只，32×5轮胎4—5只。日本工人工作年余即返国。原因是：'（1）日本硫化工池田脾气太坏，常常打骂中国工人。（2）薛福基有爱国心，不愿雇用日人，宁愿多送解雇费。'"工人反映则与此略有不同，黄亚民说："资本家对东洋人言听计从，天天大鱼大肉，当他们菩萨看待，结果废品做了一大堆，第一只轮胎还是我们中国工人做出来的，加上外面抗日怒潮愈来愈盛，薛福基是惊弓之鸟，大中华又一向靠完全国货做广告，厂内不敢留用日人，因此资本家宁愿多付解雇费打发他们回国。"

1934年，大中华着手开始正式生产汽车轮胎。7月1日行政会议请准董事会拨款五十万元用作小规模的正式生产。就在这时，资本家领导集团内部意见发生了分歧。

1934年大中华改组为股份有限公司后，由尉迟洵炽担任总经理。尉迟洵炽原任和昌盛经理，他在和昌盛与鸿裕两家都有股份。和昌盛与鸿裕正式并进大中华后，因为他是薛福基的先生①，又是大股东，就当上了总经理。据该厂职工反映："尉迟洵炽为人稳健保守，被力车胎惹起的麻烦吓怕了，认为胶鞋生产赚钱，不必冒这么大的风险，因此坚决反对轮胎的制造。"但是薛福基坚决主张制造轮胎，不仅要小搞，而且要大搞。因为他认为汽车轮胎是"橡胶制品中有唯一永久性之事业"；同时，他估计局势，认为太平洋一旦发生战事，外货轮胎不能进口，国内制造轮胎只有大中华一家，这时必能独霸市场，盈利百倍。在《大中华1934年度营业报告书》中，有一段话集中地反映了他的意见。内容为：

"鉴于太平洋风云之不测，有一触即发之危险，太平洋一旦发生变化，势必断绝（轮胎）供应。届时设无国货之代，即我国公私所有之五万余辆汽车顿成废物，不特立时损失二万余元之金钱，同时影响国防交通甚巨，本公司有鉴于此，不得不抱牺牲宗旨，积极谋设备之完善，以虑万一为国家效力，为民族争光。"

在董事长余芝卿（大中华最大股东）的支持下，薛福基终于获得了胜利。董事会继批准发款二十万元之后，又批准拨款五十万元，专供制造轮胎之用。据该厂职员口述："尉迟洵炽为此提出辞职，并要求退股，结果以余芝卿为首的董事会同意离职，尉迟洵炽走时曾抽去资金四十万元。"

我们认为，四十万元恐非确数，但这笔款子的数字也绝不会太小。当时正是大中华的艰困时期。一方面，夏秋之交，套鞋销路不好，而胶布鞋又受日货倾轧，销路呆滞；另一方面，力车胎因与邓禄普跌价竞争，做的是亏本买卖。一下子大批资金抽掉，流动资金自必发生困难。薛福基决心要制造轮胎，就在取得了余芝卿的同意后，把华安坊的房子押掉，借得十万元现款充当流动资金，后来冬季到了，大中华在套鞋生产上捞了一票，才把房子赎回来。

轮胎正式开始生产后，销路一直打不开。当时海关掌握在帝国主义者手中，关税很低。1933年5月前，汽车内外胎进口税率为22.5%，1933年5月后减为20%，到1934年7月起才只改为25%（据"海关资料"），上海市的公

---

① 这是一种旧式的学徒制度，在旧式商店中，学生意都要拜先生。薛福基在和昌盛中学生意时就曾拜尉迟洵炽为师。

共交通事业全部掌握在帝国主义者手中，英商的壳牌汽油站遍及全市，国货轮胎几无插足之地。大中华轮胎一出来后，邓禄普随即采用高额佣金、放账、收买汽车司机等方法，并进行贱价出售。1934 年冬至 1935 年 7 月，轮胎售价降低三分之一。更恶毒的是和国民党政府官员相勾结，各省的交通厅、公路局清一色使用邓禄普轮胎，根本拒用国货。在这种情况下，大中华资本家有些气馁了。在《大中华 1935 年营业报告书》中说：

"本届产量设备与销数比较，实难相埒，故牺牲颇巨，虽政府时时言经济建设及重工业之提倡于上，而采办各机关之观念，因人而异，盱衡前途，一时很难发展，当初以为汽车轮胎之于橡胶制品中有唯一永久性之事业，讵料适得其反，此乃不明国情之所以，然此项损失殊出初料耳。"

尽管帝国主义企业在与国民党官僚政府勾结中取得了压倒优势，但大中华在当时还是进行竭力挣扎的。资本家到处送轮胎，并且规定先用后付钱，保用 12 个月，保用期内免费修理，如损坏不能使用时该胎价就参照使用时期扣算，保用里程则为市内四万千米，长途郊外三万五千千米，此外，还进行跌价和使用高额回佣的办法，规定折扣方面无论如何要比邓禄普、固特异放宽，所谓"彼二四折，我则两三折"。

这样一来，明摆着轮胎是亏本买卖，资本家一方面以从胶鞋生产方面获得的高额利润进行补贴，另一方面对工人加紧了剥削，整天向工人哭丧着脸说："跟外商竞争斗穷了，工钱发不出，三个月里只发饭钱，请大家克服克服。"还威胁说："轮胎制造蚀了本，要关门了。"工人们激于同仇敌忾，也都坚持生产（实际上大中华当年盈利仍达 20 余万元），回乡工人还帮助推销大中华力车胎。工人们这种为了对付共同敌人而做出的自我牺牲，资本家也不能不这样承认："本年市面极度凋敝，营业减退，而以夏令为尤甚。故本厂不得已而停工减俸，唯冬季以来，营业颇见起色。各职工饱尝艰困，多能深明大义，均尚工作得力，勤奋服务。"（"民国二十五年第一次行政会议记录"）

通过上述措施，情况渐渐好转，上海市祥生汽车公司首先采用大中华汽车轮胎，以后江苏、浙江两省公路局在半卖半送的条件下也采用了大中华的出品。但直到抗战爆发为止，轮胎生产仍一直处于风雨飘摇之中，《大中华 1936 年营业报告书》中的记载便是很好的证明：

"汽车轮胎尚难顾及利益，未脱奋斗之境。故售价始终尚在外货之下，甚至不及美国货之三分之二者，充量不及英商在日本制造之四分之三。然使用保证，均属一式，因此全年车胎营业略要亏耗，尚无利益可言。"

三、一场打不赢的官司

大中华力车胎、轮胎营业蒸蒸日上，邓禄普怎肯甘心？商业战失败之后，随即勾结国民党政府施展政治压力，坚决要置大中华于死地。

1935年，邓禄普橡胶有限公司向伪商标局提出起诉，认为大中华出品轮胎的金锭形商标跟邓禄普三钉式（Triple Stud Design）商标相似，"骤视之下，就整个图案观察几乎完全相同，使购置者无以辨别"。要求大中华停止使用，并要求禁止发售金锭形轮胎。

附图：商标图样比较

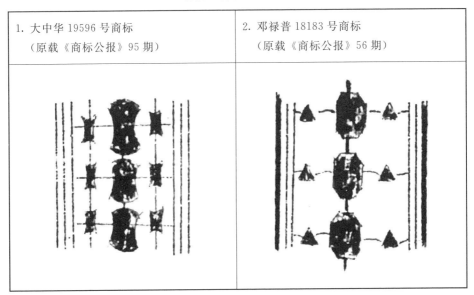

1. 大中华 19596 号商标 　（原载《商标公报》95 期）	2. 邓禄普 18183 号商标 　（原载《商标公报》56 期）

帝国主义企业起诉，当然是一告就准，伪商标局随即于1935年5月14日审定书上判决："本案两方商标虽有细微不同之点，但主要部分，同属三块一组，大小各别成排之图形，意匠构造，亦无显著之差别，谛视两造商标整个图样，实为甚相逼肖，于交易上自有混淆之虞。"

大中华对此决定，当然不服，随即再向伪商标局请求异议再审定。其主要理由为：

（1）两图案花纹不同，商标局对主要部分含糊其词。

（2）花纹为防止滑跌和适合行驶条件之用，只能以方、圆、直条、三角等数种互相交换，本相近似，不可被外商垄断，以近似而不准用。

商标局的眼中只有洋人，哪里会顾到民族橡胶工业的死活？在1935年12月31日的"异议再审定书"上坚持原审定。大中华只得忍气吞声修改力车胎模型，将金锭形花纹改为工字形，邓禄普还是认为近似。只得再耗费大量金钱又将工字形改为长城形。但邓禄普还是认为近似，并且通过律师阿乐满向大中华提出三项要求：

（1）凡中国当局认为敝当事人注册商标近似的商标停止一切之使用。

（2）市面上大中华车胎凡已为中国当局认为与敝当事人注册商标相近似的商标均行撤回。

（3）将中国当局现已认为与敝当事人注册相似的商标模型等件概行销毁。

这三项要求实在恶毒得很，大中华若是完全照办，汽车轮胎和力车胎的生产就得全部停止。不仅如此，中国民族橡胶工业从此永远不能制造车胎，否则邓禄普就可以随时以花纹近似为借口要求停止生产。事实上，自1934—1937年，沪、津、青三地车胎工厂由英商邓禄普橡胶公司认为花纹近似提出起诉而遭撤销者已达数十件，无怪乎大中华资本家要叹说："长此以往，必使华商制造车胎望胎长叹，有胎而无纹，无法使用而被迫停止。"（"大中华行政诉讼副本"）

为了挣扎求存，大中华向伪实业部提起诉愿，要求撤销商标局的异议再审定，主要理由为：

（1）车胎花纹图案不适合于商标法第一条"特别显著及指定所施颜色"的规定。车胎花纹无颜色，因合于行驶条件，无法特别显著，不具备作为商标之条件。

（2）商标局谓"骤视之下，几无区别"不合情理，买物不会"骤视"即买。

（3）大中华与邓禄普两厂出品商标不同，车胎上各有双钱牌、老人头牌及厂名文字等区别。中外厂商所出车胎花纹无虑千种，然皆大同小异，所区别者皆在商标名称及制造厂名之不同。

（4）此争议关系我国车胎工业之存亡。

伪实业部在检查了大中华与邓禄普两公司出品之车胎实物后，决定撤销商标局第三九六号异议决定书及第一二七号异议再审定书。伪实业部决定书中倒还说了几句公道话，承认"两造商标就名称而言，一为华文'金锭形'，一为西文'Triple Stud Design'，固风马牛不相及，即就图案而言，一为锭形，一为粒形，虽同属三粒一组，但构造意匠各有区别，市场交易不致由混淆误认之虞。""车胎之花纹……只有就方、圆、三角、直线及波形等数种形式互相变换而已……倘因大略相似即加以限制，殊不免有垄断之嫌。"（"实业部诉字第二二四号决定"）

英商哪肯就此罢休，马上就向伪行政院提出再诉愿，行政院长孔祥熙对洋人一向奉命唯谨，1936 年 10 月 17 日的"行政院决定书诉字第 86 号"中以"各以横直线互相连贯，即系意匠构造相同"的混账理由撤销实业部诉字第二二四号决定。

1937 年夏，大中华再上诉到行政法院，结果驳回。1939 年 12 月，再次向行政法院上诉，又遭驳回，并训斥不得再行上诉。

这场官司，从 1935 年到 1940 年，前后共计打了五年。胳膊拧不过大腿，大中华终于败诉。但上海自 1937 年后，即已沦为孤岛，蒋政权鞭长莫及，大中华也就趁机不执行伪行政院的"裁定"。但到抗战胜利以后，帝国主义的衷心奴才——蒋介石政府还曾追查过此事，要不是新中国成立，大中华厂还将有更多的麻烦在等着它哩！

第五节 工人生活与工人运动

一、工人生活

大中华橡胶厂从创办起，就迅速发展，并且在帝国主义橡胶产品倾销的情况下，也居然能继续发展，这除了各种主、客观条件以外，最根本的原因就是对工人的残酷剥削。无怪工人说："大中华是由我们的血汗凝结成的。"

（一）招工

资本家在挑选工人的时候，首先要工人赛跑和举石担。录取的标准是年轻力壮、老实能干、能跑能跳、皮肤黑、手脚粗又不识字的人，最好还要带点呆头呆脑，资本家认为这样的人才会听话。挑选女工有所谓"四不要"：怀孕不要、脸黄不要、胖的瘦的不要、衣服好的不要。1936 年招收的 114 个工人中就有几个是因为烫头发而被资本家剔出，招收的新工人都必须是老工人的直系亲属，否则很难进厂。因为这样才便于资本家控制，"一人出事，合家遭殃"。从 1934 年起，资本家又建立了保单制度，规定进厂时要有保人，并须填写保单，保单上规定"听从调遣，遵守各项规章"，若有"对公司不利行动，发生损害等情况时，由保人完全负责"，以后，又要入厂职工缴纳"保证金"，厂法规定："凡经本厂检验录用的临时工，为表示双方诚实雇佣关系起见，每人必须缴纳保证金国币五元，以资郑重。"

为了进行更残酷的剥削，资本家就招收童工。在 1936 年招收的 140 个件工中，就有 64 个是童工，其中最小的才十一岁。

（二）劳动条件

大中华工人的劳动时间几乎是没有限制的，明文规定是每天工作十小时，最多十三小时。但实际上工人的一般工作时间为 13－16 小时，在旺季甚至要做到 20 小时。

制鞋女工全是计件的，一双楦头一双鞋，没有楦头不能干活。资本家为了节省资金和分化工人，有意少置楦头。这样制鞋女工为了争取多做几双鞋子，每天早晨三四点钟就得等在厂门口，厂门一开就进去抢楦头。不少女工都被挤得当场流产，扭伤腰的、挤坏腿的更是常事。

大中华的厂房十分简陋，按照工人的话来说是："外面下大雨，里面下小雨。夏天像蒸笼，冬天似冷宫。"资本家为了使汽油少蒸发，不准工人开窗，因汽油中毒而患头痛症的女工约占全部女工的四分之三，严重的当场晕倒甚至死亡。

厂里机器没有安全设备，工人被炼胶机轧断手臂和手指的很多，每当工伤事故发生，资本家关心的只是机器有无损伤，至于负伤工人，则是给几个钱就一脚踢开，工人张云溪、薛根华就都因轧断手而遭解雇的。

不仅如此，资本家还利用迷信来欺骗工人，谎说机器到了一定时间要吃人。于是每逢初一、十五就在炉子间、账房间摆祭桌，在机器脚边烧纸锭，送怨鬼，一到七月半厂里就要停工"打醮"一天。企图通过上述手段使工人相信断手断脚是命中注定、冤孽惹身。

大中华厂制定了一套严厉的厂规，规定"非规定时间不得自由入厂，工人放工后非经许可不得入厂，连续三天旷工即行开除"等。厂中规章制度名目繁杂，全厂总计有 38 种之多，以致工人动辄受罚，1934 年 1 月下半月即有 64 人受到处分。

厂里常用的处罚方式有以下几种：

（1）开除：凡"争吵""出言不逊""屡次迟到""服务不勤""吸烟"，甚至夹带草纸三张等都要开除。

（2）罚款停俸：凡"工作大意""口角""迟到"都要罚款。工人无意损坏机器，或轧坏一只螺丝都要照价赔偿，连做鞋子出了一双次品也要罚款二元。

（3）罚停工：凡"不听调配""高声叫喊""擅自搬取楦头""下班后没有扫地"等都要受"罚停工"的处罚。

除上述以外，尚有记过、留厂察看、写悔过书等，花样百出。更恶毒的是罚立正、双手侧平举等人身处罚，甚至把工人双手反缚，敲锣打鼓到各部门去游街示众后再开除。

（三）生活条件

抗战前，大中华厂工人的工资水平略高于棉纺厂工人的工资水平，但较五金厂工人的为低。

建厂初期，月俸工约占三分之一，月俸工伙食与住宿由厂方负责，另发工资 7－14 元不等，年终可发红利。件工的工资每月从十余元到三十余元不等，年终无红利。临时工一般约为十八元一月，童工的工资最低，每月只有三四元。

在开始时，月俸工的待遇还算好，但后来资本家逐渐降低红利甚至不发。据 1932 年 604 个月俸工的统计，全年工资加红利平均每人每月还不到十元。此外，资本家还力图减少月俸工的人数，尽量多招临时工以代替月俸工，1934 年，月俸工人数就比上年减少三分之二。

大中华厂年年盈利，工人的工资却在逐年降低。1931 年因扩大厂房，月俸工人搬出厂外，膳宿自理，厂方每月贴膳费九元、房金三元。1933 年营业清淡，月俸工房金取消，其后即未再加。1935 年，资本家又借口金融困难，营业清淡，规定："月俸工十元以上致十五元者工资打九五折，十五元至廿元者打九折"，计件工资也同样降低，长筒球鞋每双工资由六分降为四分，短统球鞋每双工资由四分降为二分。

工人的住宿条件极为恶劣。住在厂内的工人一百余人挤在一间房间中，床铺是三层的，有家眷的工人则多住于工厂附近肇嘉浜两旁的茅屋中；吃的就更差了，油条泡开水就算是油荤了，饭因为是用厂中的废气蒸的，吃到嘴里又黑又苦。

因为生活艰难，女工们的孩子大多不是送进育婴堂，就是溺死。工人生了病，厂里规定要扣工资，借钱还要付利息。包淦泉的妹妹十六岁进厂，做工一年生肺病，没有钱治病，只得带病上班活活被折磨死。

二、工人运动

大中华厂工人在资本家的残酷剥削下，生活日趋恶化，工人们逐渐明确必须组织起来进行斗争。1933 年 3 月至 1934 年，工人们曾经进行了两次组织工会的斗争，但由于没有党的领导，两次斗争都失败了。

（1）第一次组织工会

1933 年，工厂经常停工，停工期内不发工资，停工日久引起工人极度不满，就推举代表与资本家进行谈判。为了加强力量，大中华工人于 1933 年 3 月推举代表与附近义源橡胶厂组织"二区橡胶工会"。

3 月底，义源工人首先遭到解雇。5 月，大中华资本家两度贴布告要解雇工人，工人们置之不理，照常上工。资本家就停发工资。5 月 15 日，工人与资本家谈判破裂，于是群上国民党上海市党部请愿。市党部推诿由社会局协同解决，社会局则根本来个拖延不理。工人进行了绝食的抗议行动，社会局怕把事闹大，就只得被迫进行调处，工厂总算复工了。

开工不久，资本家就把坚持组织工会的工人调往他厂，或者提升为"职员"以进行笼络。第一次工会的组织活动就这样被搞垮了。

（2）第二次组织工会

1933 年底，大中华厂在大底部工人李道和等十人主持下，组成了工会筹委会，并取得了社会局和市党部的执照，并定于 1934 年 2 月 1 日开工会成立大会。

资本家得悉此事后，认为"将来不胜其烦，事事受工人钳制"，于是胁迫十位筹备委员的保人退保，然后以"保单手续不符"，解雇了这十名工人。

这一下，大家都被激怒了，全厂工人组织了一百余人的请愿团前往社会局请愿。伪社会局局长见来势汹涌，便施展了缓兵之计，发下了一张"复工密令"，并做了"倘厂方拒绝，本局自有办法"的空头保证。

12 月 27 日早上，工人们持"密令"进厂复工，资本家不仅宣称"拒绝复工"，并且撕毁密令，于是双方发生冲突。最后，法国捕房开来囚车，抓去了十名代表，并由伪法院以"强暴胁迫，妨害他人行使权利"的罪名，各判处有期徒刑两年，缓期执行，觅保开释。

被非法判决激怒了的工人纷纷以做做停停来表示抗议，资本家就请出杜月笙来调停，说什么"暂缓三个月再谈复工"，"缓冲期内贴补十人救济费三个月"。

资本家满心以为撵走十名代表，从此可以太平无事，哪知工会仍如期于 2 月 1 日开成立大会，并扩大组织。

不久，厂方在 7 月 6 日决定从高档货胶鞋改做低档货胶鞋，从而把球鞋部女工每双鞋子工资从六分减到四分。11 日，在工会理事王殿盛等组织下，发动三百左右工人于谨记桥荒地开群众大会，会议由谈判代表杨小妹主持，共同签名反对做低档货，在工人们齐心团结的压力下，厂方只得被迫取消低档货。

　　资本家当然不肯就此罢休，过后不久，就借故将工会组织者王殿盛、石清泉等开除出厂，以为这一下工会该垮了。事情发展适正相反，王殿盛等在厂外坚持活动，厂内又由邓开世、杨芳奎等人起来负责。这样一来，内外呼应，声势更为壮大。一时，参加工会的工人几乎占全厂职工的90％。在这种情况下，资本家就酝酿了更大的破坏阴谋。

　　1934年10月4日上午，工会在厂内贴布告收会费，资本家养的探捕随即上来撕布告，存心挑衅。当工人责问时，居然手持木棍行凶。于是激怒全体工人，把十余名探捕包围起来，探捕见势不佳，就逃进了账房间，愤怒的群众抬起榀头和石头就往里面抛，探捕们和经理薛福基都吓得躲在桌子底下。

　　当天，法国捕房开了两辆囚车来抓人。工人们齐喊"要去一齐去"，全部爬上囚车，连司机仓车头上都挤满了人，捕房无法，只得空车开回。

　　事情发生后，资本家随即一面联络"国货橡胶制造品同业公会"和"中华国货维持会执委会"等单位向市党部、社会局要求"严惩首要"，一面停厂关门，开除工人。

　　10月5日，厂里七百余工人至市党部请愿，市党部被迫派代表季灏生来处理，季灏生见工人人多势众，便假说要工人派信任的代表来谈判。工人们便推王殿盛为谈判代表，与季同往厂内调查。行至中途，事先布置好的资本家走狗即用闷棍将王打昏，并送进捕房。

　　工人们见领导人被捕，群龙无首，就只得去要求伪总工会介入解决，伪总工会则一味拖延，欺骗工人要"严守秩序，静候党政机关依法解决"。

　　大中华厂工潮惊动了坐镇南昌行营的蒋介石，蒋亲自批示，要伪上海市市长迅速查明；国民党实业部也下了同样命令，社会局接令后随即加紧镇压，伪法院审讯了王殿盛和其他被捕工人，以"破坏治安"为名，非法判决了他们三个月和四个月的有期徒刑。

　　在蒋介石反动政府的支持下，大中华资本家对工人也加紧了镇压活动。1934年10月18日，董监会召开临时紧急会议，由杜月笙提议通过了五项办法。其内容如下：

　　（1）尊重社会局劝令，先行开工，以维持善良工友之生计。

　　（2）缉获之暴徒分子由法院惩办，其逃匿未获者，应即开除。

　　（3）事先事后参与捣乱者开出名单，请求党政机关依法解雇。

　　（4）此次一厂暴动，善良工友一千三百余人中，论件工无辜被累，实堪怜悯，据各部检查，令各班管理员等请求救济，酌予补助。

　　（5）无论月俸工及计件工，须另行订立契约。

　　大中华厂工人自从这次斗争失败后，一百余名工人遭开除，很多月俸工都被降为临时工，力量遭到很大摧残，一时活动停顿。直到 1937 年后，厂里有了党的领导，工人运动才重新活跃起来。

第六节　小　结

从 1928 年起，世界经济危机爆发，但在中国，由于受金贵银贱的影响，在一段时期内，物价反而上升，形成了中国民族工业短暂的繁荣。同时，由于生胶价格的猛跌，虽则老厂纷纷倒闭，新厂却在纷纷建立。原料价低，成品价高，对橡胶工业发展非常有利，大中华橡胶厂即于此时建立。

大中华橡胶厂的资金来源系带有一定买办资本性质的民族商业资本。它自建立起，由于依靠商业资金的不断支援，一个现成的全国范围的推销网，最根本的还是对工人进行残酷而巧妙的剥削，加上全国抗日高潮的有利形势，终于迅速地在市场上站稳了脚跟，巩固了基础，并能在倒风中继续发展，不断扩大企业规模，成为中国民族橡胶工业中举足轻重的最大企业。当时，它的规模达到了这样的程度：资金占全国橡胶工业的四分之一，产值为三分之一，产量则约占五分之一。（《申报年鉴》）

但是，在半封建半殖民地的旧中国，民族资本主义企业即使能在间隙中获得了一时的发展，但最终还是逃不了被扼杀的命运的。大中华在 1933 年以后，在日货胶鞋的倾销下已经深受威胁，仅仅依靠对工人加紧剥削，才继续维持了高额利润，而当企业进一步发展到制造轮胎时，终于不可避免地遭到了帝国主义从经济到政治的全面迫害。

大中华与邓禄普之战，集中地反映了民族资产阶级与帝国主义矛盾的一面。在这场斗争中，帝国主义充分地利用了它的经济优势，企图一举而扼杀这民族橡胶工业的幼苗，而当经济攻势不能达到其目的时，随即施展了政治压力，强迫停止生产。而代表中国买办阶级和大资产阶级利益的国民党反动政府，则在这场迫害民族工业的丑剧中扮演了丑恶的帮凶角色，并且充分暴露了它卖身投靠，出卖中国民族利益以讨好帝国主义主子的奴才相。

这场打不赢的官司，说明了即使像大中华这样各方面都具备着有利条件的民族资本主义企业也难以躲过被扼杀的命运，其他民族资本主义企业也就可想而知了，在半封建半殖民地的旧中国，中华民族没有前途，中国的民族资本家也同样没有前途。

大中华资本家为了捍卫自身利益，在生死存亡关头，被迫和帝国主义企业展开了尖锐的斗争，竭力扩大了企业规模，对中国民族橡胶工业的发展做出了一定的贡献，这是资产阶级进步的一面。但是大中华的能够维持、发展和年年盈利，是以工人的重大牺牲作为代价的。资本家为了高额利润，不断降低工人的工资水平以加紧剥削，并且为了保持对工人的残酷统治，和国民党反动政府与帝国主义殖民者（如法捕房）相互勾结，共同对工人进行镇压，这又充分暴露了资产阶级反动的一面。

这就是本章的简短小结。

本章附录

抗战前全上海橡胶厂正常时期生产情况与大中华的比较

项　　目	全上海橡胶工厂的生产设备与生产量	大中华的生产设备与生产量	百分比
橡皮混合车	494 部	93 部	18.82％
马力	23324 匹	4450 匹	19.07％
用电量	3352590K.W.H	794185K.W.H	23.68％
布面鞋	4684000 双	450000 双	9.60％
胶面鞋	3230000 双	920000 双	28.50％
长筒鞋	75300 双	13000 双	17.25％
汽车内外胎		6240 副	100％
自由车内外胎	135260 副	52000 副	38.43％
人力车内外胎	141080 副	15600 副	11.05％

（橡胶同业公会 1935 年调查：转引自"上海情况较好工厂典型调查·上海橡胶公司"）

第二章　抗日战争时期
（1937 年 9 月—1945 年 8 月）

第一节　"八一三"事变后企业的变迁

一、三厂的被占，三个原料厂的遭损，木箱工厂、德元小学和各地营业所的被毁

在 20 世纪 30 年代的头几年，资本主义世界的经济危机还未恢复的时候，1937 年又爆发了新的经济危机，美、英、日等国工业生产普遍下降，由于国内外矛盾的尖锐，日本帝国主义重新发动了带有最后挣扎性的冒险战争。在侵占我国东北以后，1937 年 7 月 7 日又发动了卢沟桥事变，接着，在同年 8 月 13 日大规模地进攻上海。

日本发动的这次战争是极端野蛮的侵略战争，因此每到一地就进行了大肆的破坏和劫掠，在人类历史上留下了极其可耻的一页。

在战事爆发以后，上海的橡胶工业和其他工业一样，亦遭到了空前的浩劫，据当时统计，直接毁于炮火之下和被劫的物资计达 600 万元（伪法币）之巨。沪东区之大陆、正大、大康、正泰、华通、华兴、大同、大安、益昌、利亚、上海实业，沪南区之大上海、民生、义和、培明，沪西区之四达，以及北汇之大生、华商、信大等各厂，幸免者只有大中华总厂、义生、大新荣、南洋等几家。但在这个时期，大中华也遭受了严重的损失，先经理薛福基就在"八一三"的第二天中流弹而死；地处沪东、沪南的分厂、原料厂和设在各地的营业所，也随着战争的推移而先后遭到了洗劫。

第三分厂在虹口（现在的杨浦区）宁国路锦州路口，日寇侵占该区后，就把厂里的工人全部赶出，接着又无数次要挟大中华"合作"，目的未遂后，

日侨淡水洋行又通过冈本乙一律师出面，胁迫大中华拆迁机器，厂房乃被占用，改为华中蚕丝公司工场。

在谨记路上的木箱工厂和废物利用部，过去是为公民训练队借用过，日寇一占领该地后，就把其设备和物资尽数捣毁，与其临近的职工子弟学校——德元小学被夷为平地。

南市斜徐路东庙桥处的制钙厂、制锌厂及加硫油胶原料厂也都因日寇入侵而遭兵灾，剩下的一部分机器设备迁入法租界后在徐家汇路另组了一个美泰化工厂。

谨记路上的原料染织厂也遭到了兵灾，剩余机器迁出后，在陕西南路设立了德福布厂，而原来的厂房则被日寇的"祝村棉业会社"所占用。

南市剪刀桥路的第四分厂（春华厂），虽有部分机器抢迁入租界，但厂房及一部分设备被日寇付之一炬而成瓦砾。

不仅如此，而且大中华分设在全国各地的营业机构和保存在香港、越南的等地的物资亦先后被毁或被劫。

总计，大中华在抗战初期被占、被毁、被劫的物资，共达当时的伪法币6，149，138元。这个损失是巨大的，它较1942年12月大中华总资产伪法币2500万元的四分之一还要强。

现将大中华橡胶厂在抗战初期直接的损失，按照时间、地点、原因等项列表后。

抗战初期大中华的损毁一览表

损毁日期			损毁地点	损毁原因	损毁价值（单位：伪法币元）
年	月	日	上海市宁国路第三分厂	沦陷后被占用	211，600
1937	8		上海谨记路木箱工厂和废物利用部	被敌捣毁	56，620
			上海斜徐路东庙桥路制钙厂制锌厂及加硫油胶原料厂	被占被抢	397，790
	8		上海谨记路职工子弟学校	被敌炸毁	32，750
	8		上海谨记路原料染织厂	被占被抢	117，614
	8		上海河南路市商会商品陈列所	被抢	1179
	8		上海平凉路467号零售处		2101
	8		上海小西门蓬莱市场零售处	被抢	3812

续表

损毁日期		损毁地点	损毁原因	损毁价值（单位：伪法币元）
	8	上海太平路营业所	被占被抢	3317
	9	24	南京发行所	炸毁	9104
	12	5	芜湖发行所	沦陷后被占	8611
1938	8	南昌发行所	被毁	1000
	10	22	广州发行所及太古仓库	沦陷后被占被抢	91，334
	11	12	长沙发行所	长沙大火	3117
	11	27	汉口发行所	沦陷后被占被劫	5809
1939	2	2	沅陵	内迁遇散兵拦劫	16，031
	2	4	贵阳发行所	炸毁	8123
	5	4	重庆发行所	炸毁	34，809
	6	7	万县发行所	炸毁	3287
	7	27	上饶运销处	炸毁	29，761
	8	19	重庆发行所	第二次被炸毁	10，000
1940	4	20	温州发行所	沦陷后被占被劫	37，429
	12	8	香港办事处及九龙仓库	沦陷后被占被劫	191，181
1941	6	越南同登那岭两车站	内迁机器被劫	415，000
	6	海防、河内栈房及国际仓库的原货	被劫	4，447，759
总计			被劫、被毁、被占	6，149，138

二、二厂、原料厂及永安街仓库等由德美商人的掩护

在战事发生前，大中华生产用的化学原料多仰给于德国德孚洋行和美商恒信洋行，从营业较往比重看，前者占75％左右，后者占25％左右。于商业上的关系，大中华的资本家早已和德人、启新磁场负责人——纳粹党徒施哥慈（G. Schulz），德孚洋行负责之一——同济大学化学教授巴尔台（K. Bartilt）和美国人——恒信洋行负责人台维生（Fay. Leonard Davidsou）相熟，并颇多往来。

日本侵华战争爆发后，德、美与日本的矛盾由于互争市场而加深，大中华资本家就利用这一机会"到处寻找牌头掩护"。（"洪念祖在上海市第一届人

民代表大会第三次会议上的发言"，载1955年12月28日上海《新闻日报》）

1937年8月，大中华正式出面请求巴尔台和施哥慈"接办"处于日寇势力控制下的美泰化学厂、织染厂和沪西的二厂。11月11日和1938年5月间，巴尔台和施哥慈等为了乘机进一步拉拢和控制大中华，也就欣然答应了大中华的请求，签订了"让与"和"质与"的合同，提议美泰厂改为"德福化学厂"，染织厂改称"德福布厂"，二厂改为"交通利记橡胶厂"，厂门口挂起了德孚牌子，扯起了卐字旗帜，德国大使馆还发了执照，俨然德国企业。

太平洋战争爆发前，大中华又与德孚洋行订立了一个"一厂全部厂房机器抵押给甲方（指德孚洋行），后者有权随时接受前者"的"合同"。这些"合同"直到1942年5月德国下令禁止德人再做这项交易时才被废除。

1941年5月，大中华的永安街仓库也以恒信洋行台维生的名义，挂起了"美商维新仓库"的招牌。

三、四厂内迁遭遇和总公司的迁徙香港

"七七"抗战爆发以后，国民党反动政府迫于全国人民的舆论，8月10日通过了一项内迁的决议，7月28日蒋记资源委员会便派林继庸[①]、吴两[②]二人

---

① 2019年编者注：林继庸（1897—1985），广东香山人，1907年入广州军事学校习陆军，曾被选为孙中山护卫。1912年，入北京大学理工科预科（与张国焘同学），1919年，肄业于天津北洋大学采矿系（与陈立夫同学）。1920年赴美留学，入纽约州壬色利理工学院（Rensselaer Polytechnic Institue, Troy, N. Y.），攻读化学工程。1924年，在美国担任化工厂工程师。1925年，往美国西部开垦农场。1926年回国，在上海与族人亲友合办"大南皮革厂"，失败，其间曾任广东化学工业委员会委员。1927年，任复旦大学兼职教授，1928年任化学系系主任兼理学院院长。1933年，访欧陆各国，被捷克斯可达工厂聘为工程师。1936年，国难当前，毅然回国，出任资源委员会专门委员兼工业联络组组长。1937年8月，任行政院上海工厂迁移监督委员会主任委员；11月，任军事委员会工矿调整委员会厂矿迁移监督委员会执行组组长。1938年3月，任经济部工矿调整处业务组组长；11月，任经济部技正。1843年4月，任新疆省政府委员兼建设厅厅长。1945年8月，任粤桂闽敌伪产业审议委员会主任兼处理局局长。抗战胜利后，曾主办天山工业公司及中国农业机械公司。1949年去台湾后，曾任"国大代表"、"行政院善后事业委员会"秘书长、台湾师范大学教授、"光复大陆设计委员会"委员等职。1985年7月，病逝于台北。有专著《民营厂矿内迁纪略》、译著《生之欲》等。（万仁元、方庆秋、王奇生主编：《中国抗日战争大辞典》，湖北教育出版社1995年版，第419页。刘绍唐主编：《民国人物小传》第9册，上海三联书店2015年版，第92—96页。）

② 2019年编者注：原书稿中为"吴两"，但编者未找到当时在上海接洽工厂内迁的资源委员会成员有此名者，根据后文推断，此处"吴两"，应指在大中华橡胶厂经理吴振生。

来到上海接洽迁厂事宜，8 月 11 日，上海工厂迁移监督委员会成立。

大中华是军需工业，因此被命令将制造"汽车胎部分迁往湖南湘潭设厂"，但大中华对此一开始就抱着犹疑观望的消极态度，8 月 7 日讨论迁厂问题的董事会议上充分反映了这方面的情况。会议决议上曾这样说：

"制造汽车轮胎之各种机件大多笨重，不易搬拆，一拆需时 8 个月以上不能办妥，且有连续使用关系，如一经搬拆即将全部停顿……若设立分厂需款 65 万元，银行业一时无贷款，即使迁出，恐内地亦无一千余匹马力之电力供给。"

以后，日寇发动了"八一三"事变，大中华在沪东、沪南的分厂也分别被占或被劫，在这一种情况之下，大中华考虑到自身的利益和为了"不自绝于国人之外"（吴振生"勉尽本位应付环境实况"），态度稍稍有了改变。1937 年 9 月 8 日的行政会议上就做出了这样一个敷衍了事的决议：

"本公司制造厂（指一厂）迁移种种困难较别厂尤其（巨），且当此交通阻滞更难进行，唯政府既一再督促，亟应于可能范围内着手先将第四厂机器拆卸及将一厂尚未装置机件一并列表向上海工厂迁移委员会登记迁移。惟于地址需声明将自往择定。"

11 月 5 日，大中华在国民党政府的一再催促之下，便将"制造汽车胎机械之重要车及南市剪刀桥路第四厂全部机器，一部分原料及汽车轮胎 60 余只，胶鞋 1 万余双合共 120 余吨，从南市日晖港起运"向内地迁发。但船航行到沅陵等地时，就遭到了散兵的拦截，并损失了相当大一部分物资，剩下的机器等物乃由汉口运抵长沙，但长沙发生大火，于是又改由湘桂路，经越南同登那岭转运去内地。但当机器运抵同登那岭时，日寇也已从越南登陆，法国在越南的维希政府迅速投降，运抵同登那岭的机件物资遂于 1941 年 6 月全部被劫，内迁乃告失败。

下列两表之内迁物资及其损失地点的说明。

大中华橡胶厂内迁物资损失统计表一（损失地点裕溪口至巢湖一带）

机件及货名	数　量	
（胎压）车胎压胎机全套	6 件	
（胎）车胎大烘灶脚螺丝	6 件	
（面）5 匹小马达面子车小滚筒	5 件	
（裁）全新裁断车	2 台	21 件
旧裁断车	1 台	

续表

机件及货名		数　量
（炉）	锅炉	1 件
	炉子门	1 件
（14 车）	14 寸大滚筒	7 件＋2 件
	14 寸油开关	3 只一件
	马达零件	1 件
（传）	40 匹马达	1 只
	90 匹来司登	1 只
	油开关来司登	1 件
	34 磅 40 磅油开关	1 件
	搪盖	1 件
	冷磅	11 件
	5 匹小马达	3 只
	34 匹小马达	1 只
（14 车）	14 寸蒲司	2 件
	14 寸底脚螺丝	1 件
（18 车）	18 寸车脚连蒸头	4 件
	18 寸平齿盆	1 件
	18 寸滚筒蒲司	1 件
	18 寸捋板制头螺丝	1 件
	18 寸地轴蒲司	1 件
	18 寸管筒水管	1 件
	18 寸搁木盘横螺丝	1 件
	18 寸开关拉手	1 件
	18 寸滚筒牙齿	2 件
	18 寸滚筒小牙齿	2 件

机件及货名		数　量
32×6 汽车外胎		40 只＋30 只
橡胶鞋		390 打＋458 打另 4 双
（14 车）	14 寸大牙齿	4 件
	14 寸车脚	6 件
	14 寸车脚夹板	4 件
	14 寸车盖	1 件
	14 寸底盘	3 件
	14 寸蒲司拊板	33 件
	14 寸零件	3 件
（12 车）	12 寸轧车一部	6 件
（出料车）	出料车	4 部
	三扣滚筒面子车	1 部
	各式小滚筒	18 只
（烘灶）	搁鞋线棒	3 件
	套棒车	2 件
	零件	1 件
（管）	水汀管子	5 件
	牙齿罩链条	3 件
	减速机	2 件
	减速机牙齿	2 件
	大地轴	3 根
	皮带盘零件	5 付
（炉）	烟囱	12 付
（灶）	方大烘灶	3 只
	盛气缸	1 只
	盛水箱	1 只
（浆）	新打浆桶	3 只

续表

机件及货名		数　量
（18 车）	18 寸大牙齿轮	2 只
（胎）	车胎大烘灶底下工字线	2 件
时值共计法币		23，200 元＋31，040 元 54，240 元

大中华橡胶厂内迁损失物资统计表二（同登那岭，损失地点越南）

机件名称	数　量
车胎大烘灶壳	1 只
车胎大烘灶心	1 只
车胎下的壳	1 只
车胎灶盖	1 只
车胎灶底盖	1 只
车胎灶底盘	1 只
车胎灶圈	1 只
车胎灶心座盘	1 只
120 磅大减速机一组	3 件
大园烘灶	1 只
18 车底盘连蒲司	2 件
18 地轴考不村	2 件
18 车大滚筒	4 只
壳拉子地轴牙齿	2 件
面子车盖头	1 件
面子车脚	2 件
面子车底盘	1 件
面子车大牙齿	1 只
90 匹大马达	1 只
共计时值	415，000 元

　　注：此表系根据大中华橡胶公司 1946 年 1 月 10 日填报的"民营工业财产直接损失汇报表"而编成。

随着战线的推移，日寇对大中华的要挟也越来越厉害了，为了避其锋芒，保全资本家的生命财产，余芝卿董事长便在"沪战发生后不久，毅至避居香港山林道七号"去了。1938 年 5 月 16 日的行政会议上又决定将公司迁移香港乍畏街 84 号，直到 1940 年 12 月 8 日[①]，日寇占领香港后，全体职员方始回沪。

四、云南橡胶厂筹建的失败

抗战期间，国民党官僚资本集团，乘民族工商业罹难之时，借假抗日为名，大肆进行其吞并民族工商业的勾当。1937 年所设立的蒋记工矿调整委员会（起先由蒋记军事委员会领导，后来隶属于蒋记经济部，并改为工矿调整处）就是适应这一个需要而设立的，在这个所谓工矿调整委员会的主要职责，第二项中就曾这样露骨地供认："对于原有或新设立之民营厂矿采用接受或加入政府股份的，由政府统筹办理或共同经营之。"（转自湖北大学政治经济学研究室编：《中国近代国民经济史讲义》，高等教育出版社，1958 年 12 月第一版，第 443 页，着重点是编者所加）云南橡胶厂就是在这种政策指导下开始其筹建活动的。

1938 年冬，工矿调整处就派了副处长李博侯秘密来沪与大中华接洽谈建厂的事宜。1939 年 6 月，工矿调整处便正式邀请了蒋记交通部、富滇新银行及大中华等负责人开了一个会议，说是了国防上的需要必须在内地迅速建立橡胶制造厂。会上曾冠冕堂皇地制定了一项"筹设云南橡胶厂计划书"，该计划书中这样道：

"查国内所用各种橡胶车胎，多仰洽国外，为年漏□如额甚巨，尤以抗战而还，不唯外汇高涨，车胎价格奇昂，上供给亦时不继，影响交通，关系甚巨。复查橡胶事业，除车胶外，尚有其他物品，各橡皮浮舟，防毒面具等项，均与国防息息相关，目前后方，均尚无大量制造工厂，兹值抗战方殷，需用个亟，即为奠定国防工业永久基础起见，亦应急起直追，迅速设厂制造。"

为便于控制大中华，会上"公推"大中华橡胶厂经理吴振生为筹备主任。

7 月 15 日，筹备会在昆明正式成立。决定厂名为"云南橡胶股份有限公司"，资本总额定为 140 万元（法郎）。厂址决定设在昆明城北郊的黑龙潭附近之森林，并拟建厂房八大座，建筑费 60 万元，用三万五千英镑向英国订购以下机器。

---

① 2019 年编者注：此处原文为 1940 年 12 月 8 日，应是笔误，太平洋战争爆发，香港为日寇占领应为 1941 年 12 月 8 日。

①60寸×22寸对径大混合机三组计六部，②68寸×24寸对径三滚筒式大卡林达一部，③7寸×5寸径管子押出机各一部，④52寸（径寸×144寸（长）及52寸×78寸高压力外降大烘胎缸各两只，⑤立式内外胎烘缸8只，⑥7寸×7.0寸150Atm水压蓄力机一座，⑦150Atm及30Atm高压力水磅浦各一部，⑧制胎机廿二部，⑨66寸×18.0寸管子锅炉两座。

1940年5月31日又（在）川盐银行一楼蒋记经济部会客室开了第二次筹备会议，出席这次会议的有以下各方面代表人物，具体见下表。

航空委员会	陈子茂、董筑新（已代） 朱家仁（刘敬宜代）
工矿调整处	张兹闿、林继庸、李景潞
交通部	李法瑞
富滇新银行	周淑昌、杨少泉（以上吴振生代）
大中华	吴振生、杜月笙（吴振生代）

会议上又决定增资200万元，分配情况见下表。

航空委员会	80万元
交通部	60万元，连同过去认股20万元，共为80万元
经济部工矿调整处	10万元，连同过去认股60万元，共为70万元
富滇新银行	10万元，连同过去认股20万元，共为30万元
商股（大中华）	40万元
共计	300万元

会上还选出了张兹闿①为董事长，吴振生为总经理。

当他们得到了这一批钱以后，便购进了大批黄金和外汇，因此到后来结束的时候得到"银行存息计 8000 余元"，"贩进英金项下最近售出计得纯利益 137，000 千元"，"损益足可相抵"并且"还略有余数（纯益 1，467，401 元）拟分派于多股东作为股息。"（"本公司筹备处中止进行取消近筑合同及结束账务报告"——1940 年 9 月 7 日筹备会的报告书）好一个为了国防之需！

是年 9 月，这个所谓云南橡胶厂，就以"滇越铁路已截"为名，正式宣告解散了。这就是国民厂的办工业的真相。

大中华资本家在对待云南橡胶厂的这个问题上，内心是十分矛盾的。一方面他们很想靠排头来发震他们的势力；另一方面他们却又很惧怕被四大家属②所吞并。1939 年 4 月 23 日一次专门讨论参加云南橡胶厂的行政会议，充分反映出了这种矛盾的心情。一方面，他们在会中推出了他们的总经理吴振生和总技师薛仰清作为出席重庆会议的代表；另一方面，他们却也确定了与国民厂合办橡胶厂的十一条原则，其要点如下：

（1）另用厂名，另用商标，能不标明官商合办，避免牵涉为最重要。

（2）投资以 40 万元为限，要以在途的一部分机器（指内迁机器）来抵充，并且要以个人名义代表出面或另用记号。

（3）出品得保证与沪厂相等。

（4）出品以汽车胎 200 只设备为准，人力车胎、自由车胎、胶鞋等均由沪厂出品，即或内地须要制造，应先由本公司优先承办。

（5）人事、购料、经济均由本公司负责人完全独立主持等。

以上事实，有力地证明了中国民族资产阶级对待反动政府的两面性。

---

① 2019 年编者注：张兹闿（1900－1983），广东乐昌人，1925 年毕业于南开大学。1928 年，入北平中华教育文化基金会任会计。1931 年，由该基金会派遣赴美国纽约花旗银行实行，研究证券市场，同时入纽约大学进修工商管理，次年兼硕士学位，旋赴伦敦政治经济学院学习。1933 年回国后仍入中华教育文化基金会服务，同时兼任北平交通大学教授。1938 年，任经济部工厂调整处副处长兼财务组组长。1944 年，调任战时生产局材料工业处处长。1945 年，任经济部苏浙皖三省及京沪两市特派员，主持汪伪工矿产业接收工作。1947 年，参与筹建中国石公司，1948 年出任总经理。1949 年赴台后，先生任"财政部政务次长""经济部部长""台湾银行董事长""外交部顾问""美援运用委员会委员""中央银行监事""光复大陆设计委员会委员""中美经济合作策进会理事长"等职。1983 年 5 月 1 日逝世于台北。（《广东省志》编纂委员会编：《广东省志（1979－2000）·人物卷》，方志出版社 2014 年版，第 80 页。）

② 2019 年编者注：原书稿为"四大家属"，应为"四大家族"。

第二节　企业的生产经营和利润

一、生产和经营状况

抗日战争时期，大中华的生产可分为两个时期，即太平洋战争以前的基本维持和太平洋战争以后的急剧下降。

"八一三"沪战爆发前夕，上海橡胶工业已恢复到1931年时期状况。统计当时上海之大小橡胶厂共有31家（大中华的4个厂算作1家），资本总额在500万元以上。其中尤以大中华发展最快，独占500万元的百分之三（300万元）①。其他都是5万、10万、20万元的小厂，最大的也不过是55万元（正泰）。因此，大中华在中国当时的橡胶工业中可称一霸，资本家洪念祖曾这样骄傲地说："我……凭借自己实力，运用资本主义竞争手段，……挤垮和吞并了同业工厂，吃了不少小鱼。"（洪念祖在上海第一届人民代表大会第三次会议上的发言，载1955年12月28日上海《新闻日报》）

随着大中华企业的迅速发展，资本家的野心也越来越大。过去的树胶主仰南洋输入，往往因原料的波动而影响了整个厂的生产，于是资本家就想自己经营树胶，为此先经理薛福基曾亲到新加坡考察种植橡树实况，1937年夏又赴琼州（海南岛）去调查气候土壤，准备在本国境内扩大种植面积，以达到其从原料到销路的垄断之势，但是，随着日寇之侵略中国，大中华的这一场美梦被惊跑了。

1937年8月13日，日寇侵占上海后，在战区的大中华各机构先后遭到了破坏和强占，总厂设在当时的法租界，因此未遭直接破坏，但由于市面震动，流弹频闻，职工不能安心工作，于是也仓皇停工，直到九十月以后方始局部复工。但由于交通阻塞、货运隔绝、电信汇兑的统制等原因，因此生产被迫一减再减，甚至出现过一星期只能开工两三天，一天只能工作两三小时的情况。

虽然如此，但是，大中华在1937年到1941年的生产却并没多大的下降。不仅这样，力车内外胎的产量还曾有过一个不少的增长，若以1937年的产量为100（428，796条），那么，1940年的产量则为170.59（731，477条），三年纯增70.59％，这是什么原因呢？

第一，"八一三"以后，上海的大部分橡胶厂的情况是：或被毁于炮火之

---

① 2019年编者注：此处原文如此，应有误。

下，或遭到了严重的劫掠，据民国三十三年度（1944年）的《申报年鉴》统计，沪战爆发最后，上海橡胶工业十之七八都已被毁、被劫，"直接间接之损失当在六百万元之谱"，但大中华一厂由于当时地处法租界，因此保全无损，并得工人乘隙而起。

第二，战前各洋行向国外订购的原料，自1938年下半年起，就已陆续到达，但这个时候，"全市各厂十分之七八已毁于炮火"，因而到货卖不出去，各洋行又不得不急求脱手，然而因为销量锐减的原因，只得贬价求现，像橡胶战前每磅要卖华币七角余，现在则每磅只要六角多"（文倚："橡胶工业调查记详"，1938年8月5日，《新闻日报》）。大中华乘此机会吃进了大批廉价原料，从中得利不少。

第三，1939年年底到1940年，上海曾出现了一个反常的繁荣，橡胶工业也卷入了这个旋涡，这是因为日寇为了积极准备扩大侵略战争，因此必须要有大量的橡胶制品。另外，欧洲大战这时也已爆发，西方帝国主义一时无暇东顾，因之"福建及南洋新市场……销售极旺。本年（1941年）春季欧洲曾有大批橡胶制品向沪购办"（1941年"上海工商业"）。因此，当时曾出现了一股不大不小的橡胶制品投机风，一时，胶鞋等制品成了大家"争购的物品"。这样，就大大地刺激了大中华的生产，1941年大中华还增添了200多工人，甚至不惜用加班加点的办法来迫逼工人赶开夜工，因而使1940年左右的生产达到了很高的水平。从下表中，我们就可以看得更清楚。

附：1937—1941年大中华橡胶厂职工人数/产值和主要产品统计表

项目 \ 数字 \ 年代	1937	1938	1939	1940	1941
职工人数	2860	2220	2320	1610	1880
总产值（单位：伪法币千元）	44，50128	37，75139	28，48863	33，15514	7，71521
产品种类 各种胶鞋（双）	8，712，398	8，181，578	7，420，814	5，591，272	6，655，178
轮胎内胎（条）	18，612	7000	6423	6722	5919
轮胎外胎（条）	19，044	7325	8042	7501	7976
力车内胎（条）	157，568	305，070	387，315	328，438	249，997
力车外胎（条）	157，568	249，537	333，447	403，049	386，688
橡皮线（磅）				33，251	33，351
其他各种胶制品			7，186 $\frac{2}{12}$	34，727 $\frac{1}{12}$	10，746

　　第四，1940 年以前，上海对内地的交通还没有完全被阻，沪闽线可取道裕沽与兴化照常航行，由沪至浙，也有沪甬、沪温二道为通，所以沪市工业的一时繁荣，赖此不绝如各线之交通特多，这样也便利了大中华的暂时苟延残喘。

　　但是太平洋战争爆发以后，在生产情况却出现了一个一落千丈的境况。

　　这是因为太平洋战争以后，与内地和南洋的联系完全被隔绝了，"马来半岛复禁止橡皮出口"，因之橡胶原料飞涨几倍，由至六角一磅增加到二元许。与此同时，日寇便在 1941 年 12 月 8 日进驻了上海的外国租界，并以暴力胁迫图谋夺取我中国人民的一切财产，禁止移动物资，封闭仓库。橡胶工业是军事工业，更是日寇掠夺对象。当时恰有越南西贡进口之一批橡胶运到，全部被敌人扣留，连厂里积存的一点原料也一概查封。接着日寇更散布其要占有一切工商业的论调，日人橡胶厂更派人四处活动，到处宣称如"同兴亚院交涉"，"可发还生胶 8000 吨"。在这种情况之下，大中华的资本家为了"不被没收"，为了怕"企业绝命"，便"不得不虚与委蛇"向敌人求和，"结果以每磅日金一元零五分的价格被收买去了 25%，计 193 吨，而本公司（大中华）名下被收买 64 吨 625"。（吴振生"勉尽本位应付环境实况"）

　　此后兴亚院更进一步把原料、汽油、墨灰及制成品宣布完全统制。于是华商的工厂几乎全部被迫停工歇业，大中华总厂也在 1942 年 1 月 25 日全部停工，除留有 207 人（其中有职员 63 人要管厂房机器外，将全部工人一体解散。直到 11 月配到了生橡 380 吨和少数汽油后，才召集了一部分留沪工人部分复工。但是，自此以后，大中华的生产几乎全部为日寇军需服务了。到 1945 年 5 月以后，大中华更与日伪订立了合同，专门为日寇承制军用品了。这一件可耻而可悲的行径，连大中华的资本家也不得不承认。大中华的橡胶厂的经理洪念祖曾在上海市第一届人民代表大会第三次会议上的发言中这样说："我们在日寇汪伪胁迫下，曾承造了一批车胎和军鞋，使企业和个人蒙上了危害民族利益的可耻污点。要不是抗战胜利，早被日本帝国主义吃掉了。"（见 1955 年 12 月 28 日上海《新闻日报》）

　　现将 1942 年到 1945 年日寇配给大中华的原料、燃料等列表。

年　份	橡胶（吨）	汽油（加仑）	燃煤（吨）
1942 年	380，555		
1943 年	204，□□□		

年　份	橡胶（吨）	汽油（加仑）	燃煤（吨）
1944 年	169，5□□		
1945 年	47，□□□		
合　计	801，055	60，424	2972

配到的这一星半点原料，对大中华这样一个大规模的橡胶厂来说，那简直不足填齿缝，四年合计配到的原料只敷平常月余之用。因此，大中华在这个时期，已是病入膏肓，而奄奄一息之地。看了下面这个 1942 年到 1945 年的统计表更可以一目了然，可怜我民族工业受害之重。

1942 年—1945 年大中华橡胶厂职工人数/总产值和主要产品统计表

项目＼数字＼年代		1942	1943	1944
职工人数		640（注）	490	380
总产值（单位：伪法币千元）		7715^{21}	5443^{56}	2956^{48}
产品名称	各种胶鞋（双）	1，672，079	830，360	15，210
	轮胎内胎（条）	125	1808	7002
	轮胎外胎（条）	264	1486	6620
	力车内胎（条）	137，175	92，728	56，305
	力车外胎（条）	168，687	68，417	57，238
	球胆（只）	526	650	
	其他各种胶制品（打）		28，975$\frac{1}{10}$	15，210

注：1942 年的职工人数是按照年平均计算的，其实从 1942 年 1 月 25 日大遣散以后，留厂的职工只有 200 多了。

在这种不完全的情况下，大中华资本家是不愿把资本闲着的，于是就在 1943 年年底办了一个以商业为主的"大中国企业股份有限公司"，并于同年 12 月 21 日的第九届第六次董监事会议上决定将"交通厂（二厂）借以育发化学制造厂股份有限公司"，投资二百万元（法币）与之合作"制造葡萄糖和葡萄糖钙。"

二、增资和利润

尽管如此，但是，大中华在抗战期中也曾数度增资，并且获得了很大的利益。增资的来源可分两类：一类是被称为"法定公积、特别公积、盈余滚存"的（总称盈利滚存）；另一类是从房地产等的升出和从纯利中转为资本的，现在分别说明如下。

第一类是从盈利滚存中转为资本的，历年的情况见下表。

1937 年	97，563 元（伪法币）
1938 年	609，186 元（伪法币）
1939 年	842，254 元（伪法币）
1940 年	1，018，157 元（伪法币）
1941 年	1，130，194 元（伪法币）
1942 年	821，582 元（伪法币）
1943 年	2，545，137 元（中储券）
1944 年	5，030，010 元（中储券）
1945 年	4，351，668 元（伪法币）

第二类是从房地产的升出和纯利分配中转为资本的。这一类有过两次。

1942 年 11 月 22 日董监事会上决定增资伪储券 2350 万元。这一次的增资就是新纯利分配的转移中变为资本的，其中属于：

1941 年度的股东股息 24 万元

1941 年度的股东红利 675 万元

1941 年度的职工奖励与花红 520 万元

1941 年度的董监酬劳 105 万元

另外，又将房屋机械升出的 750 万元归股东转为资金；余额 300 万元原来的股东及董监事认股。

1945 年 5 月董监事又决定增资 2189 万元（法币），这一次增资完全是由漕泾区的一块地产经浙江兴业银行估价后升出的。

总计到抗战胜利前夕，大中华的资本，根据账面材料，总额已达伪法币2500万元。

抗战期间，大中华的生产，整个来说是大大萎缩的，但由于加紧对工人的剥削榨取，由于它担任了同业公会会长而得到了原料的优先配给，也由于市场的波动而乘机牟取暴利，因此，大中华每年的利润还是相当可观的。根据立信会计事务所核实的"大中华橡胶厂兴业股份有限公司决算报告"的统计，历年的盈利（纯利）情况见下表。

1937 年	291，466^{70}元（伪法币）
1938 年	575，352^{53}元（伪法币）
1939 年	1，163，566^{27}元（伪法币）
1940 年	1，808，036^{69}元（伪法币）
1941 年	5，178，971^{59}元（伪法币）
1942 年	16，443，455^{12}元（伪法币）
1943 年	21，696，154^{36}元（中储券）
1944 年	115，445，177^{75}元（中储券）
1945 年	109，513，376^{14}元（伪法币）

三、大中国企业股份有限公司的开创

前已交代，太平洋战争爆发以后，由于日寇的加紧控制，由于原料来源的断绝，因此 1942 年以后，大中华的生产犹如山泉之水直泻而降。但是资本家是不愿意把资本闲着的，于是在"商不如工""以商代工""以商养工"的指导之下，便在 1943 年 12 月 5 日创办了一个以经营"华洋百货、工业原料、房地产和仓库"的"大中国企业股份有限公司"。公司设在上海南市方浜中路 37 号，资本为伪中储券 1000 万元，其分配情况如下：

（1）大中华资本家共 500 万元，其中吴振生、李济生、余性本、黄伯勤、薛仰清、顾全发、蒋彬贤、洪念祖 8 人各 55 万元，余介如为 60 万元。

（2）其他股金共 500 万元，其中宝丰、滋丰钱庄各 150 万元，年丰、金源两庄各 100 万元。

在总公司之下，1944 年又在原来大中华的经销店中分别设立了下列 8 个支店。

顺昌路支店（简称一支店）

福建路支店（简称二支店）

巨鹿路支店（简称三支店）

长宁路支店（简称四支店）

山海关路支店（简称五支店）

正阳路支店（又称万里支店）

西藏路支店（又称大世界支店）

梵皇渡路支店（又称百乐支店）

1945年在方浜路又设立了一个零售处。

这个公司在以后的数年中曾有过数次增资，1944年就曾增资2000万元（伪储券），大中华从1943年12月到1949年5月的不到6年就曾8次拨款去充实它的实力，前后资本累计共达伪储券13，365，595[6]元、伪法币57，368，159元、伪金圆券96，000元。

1952年12月31日，该公司全部结束了它的业务。是时共有剩余财产总额为人民币491，367，866元（旧币），该项资财已统统转入大中华厂账下。

在该公司营业期间，除了新中国成立前后有所亏损以外，是有相当大的利润的，现将新中国成立前历年的盈亏情况及利润分配列表。

新中国成立前历年的盈亏　　　　　　　单位：元

1944 年	纯益	3，972，818[09]（伪储券） （折合法币 19，864[09]）
1945 年	纯益	6，337，468[17]（伪法币）
1946 年	纯益	11，770，007[35]（伪法币）
1947 年	亏损	185，889，178[17]（伪法币）
1948 年	纯益	74，114[49]（伪金圆券）
1949 年	亏损	2，120，622[81]（人民币）

利润分配情况以1944年为例　　　　　单位：伪法币元

公债	1589[68]
存货跌价准备	3967[41]
股东股息	3000[00]

续表

股东红利	6784[20]
董监酬劳	1130[70]
职工分红	3392[10]
合计	19，864[09]

从上表中我们可以看出以下几个问题：

第一，所谓利润的分配，实质上就是资本家的分赃。我们若把股东股息、股东红利和董监酬劳三项合计起来，那么总共为 10，914[90] 元，则占总利润的 54.38％＋；如若把公积金一起算在内的话，那么就占 63.75％＋。那么我们要问，股东是些什么人呢？董监事又是些什么人呢？一句话，就是我们前面讲的那 9 人。例如，1944 年 1 月 3 日选出的董监事就是这样几个人，董事为吴哲生、李济生、余性本、洪念祖、余介如、薛仰清、顾金发等 7 人，黄伯勤和蒋彬贤则为监案。

第二，职工们虽是辛辛苦苦地劳累了六年，但是所得微乎其微，就以 3392[10] 来算（实质上没有这许多，因其中要扣了所谓"代储蓄"和"代转股份"等）也不过是占 17.08％－。

第三节 对日寇的妥协

一、从参加汪伪的橡胶同业公会到参加日华护谟会

太平洋战争爆发后，日寇的战线越来越长，于是日本国民经济畸形发展的弱点也愈加暴露，国内的生产发生了严重的困难，许多工业，特别是轻工业，由于原料来源的断绝而几乎处于停顿状态。若以煤的供应量来说，1945 年就比 1941 年减少了三分之二，即大约减少了 60 万吨，所以日本煤炭工业管制会长杜氏在 1943 年 2 月 17 日的国会上曾大叫大嚷地说煤炭供应十分紧张。（《日本时报》，1943 年 3 月 9 日）棉织品的生产情况那就更加可怜，仅从 1927 年到 1942 年这几年就降低到原来的十二分之一，即 18，242 万码。

在这种情况下，日本军国主义为了摆脱其经济危机，为了做最后的垂死挣扎，便加紧了对其本国和邻国的殖民地与我国被占领区的掠夺。1940 年 10

月，日本国会通过了一个所谓"适地适产主义"的决议，提出了"以战养战""以华制华"等办法。1943年3月汪伪政府奉其主子的命令成立了一系列以掠夺和控制中国人民财产为目的的"物资统制审议委员会""商业统制会"和"物资调查委员会"等机构。为了把"统制"深入各业基层，在地方上又组织了各种名目的同业公会，日本人还单独各种"日华组合"，这样一来日寇的魔爪就深入各行各业，把我国被占领的地区工农商业完全受其控制，他尽兴地进行着搜刮。

日寇为了控制上海的橡胶工业，也组织了什么"日华护谟（日语，即橡胶）会"，1943年5月日寇更以一旦有"联合之组织"即系"配给原料"为诱饵，诱使大中华、正泰等资本家组织了一个所谓"上海特别市橡胶工业同业公会"的傀儡组织，大中华橡胶厂的副经理余性本就被汪伪"全国商业统制总会"任命为该同业公会的理事长，大中华的资本家为了获取日寇的残羹剩饭，也就不顾民族利益而欣然出任了。同年9月余性本又被"公推"出席了在日本召开的所谓"大东亚共荣圈护谟大会"。1944年7月7日"日华护谟组合会"举行理事会的时候，大中华的资本家薛仲清、洪念祖也出席了该会，并被推为该会的副理事长，以后，吴哲生还担任了汪伪上海市贝当区区长等职，从此，资本家已和日寇完全相勾结了，连洪念祖也不得不承认他"本人蒙上了危害民族利益的可耻污点"。

但是，日寇并没有因为资本家对它的妥协而对它放松，相反地，当1943年5月同业公会一成立的时候，日寇就露出了其凶恶面目，把原料等统统控制在"日华护谟组合"之手，而对中国的企业却拒绝配给，"日华护谟组合"理事长川原田幸在1943年7月22日的一次会员大会上这种露骨地宣称："因运输困难，所有船只尽供军用……新会员因得不到橡胶原料配给，将来老会员也不能配给。"1944年8月，日寇又用剪断电路的办法胁迫大中华资本家集中"联营"，专为日寇军需生产服务，大中华等虽为了"确保各个利润"而与日寇进行过"斗争"，可是在日寇的如不听命"将由军事部门直接经营"（以上引文都见"橡胶同业公会记录"）的恫吓下完全屈服于日寇了。

二、出卖民族利益，为日寇承制军用品

早在太平洋战争爆发以后，大中华的资本家就大批大批地为日寇侵略军专门制造军用品了。据我们统计，那个时候从日寇军政机关发来的订单信件差不多每三天就有一件多，在1943年4月到8月的五个月就有这种订单来信59次。涉及的日伪机关有日本海军、陆军、保安司令部、三国商工株式会社、

警察局、监察院等。产品品种也多是专供侵略军用的车胎、飞机用攀根①、长筒靴、胶鞋等，总计达车胎 8103 只（条）、长筒靴 379 双、飞机用攀根 250 个、胶鞋（包括套鞋和布鞋）5823 双。

1944 年 6 月，大中华又与汪伪政府的"南京经理总监部被服总厂"签订了一次以利润 10% 的定制军鞋合同，总共答应为日寇承制 15 万双的军用鞋，1945 年 4、5、7 月大中华又与日寇侵华军海军部和田大佐、铃木书记三次签订了承制轮胎的合同。具体情况见下表。

第一批	汽车内外胎各 1000 只
	自由车内外胎各 3000 副
第二批	汽车内外胎各 1380 只
	自由车内外胎各 2000 副
第三批	汽车内外胎各 2000 只
	自由车内外胎各 2000 副
三批共计承制了	汽车内外胎各 4380 只
	自由车内外胎各 7000 副

当第一批制成后，大中华的资本家曾以利润小而表示过不满，但在日寇答应其"配给物资制成后，一部分可得善价在黑市出售"以后，他就非常乐意地接受了第二、第三批的任务，为了隐瞒其卑鄙的行径，避免工人起来反抗，资本家还用了"严守秘密……不得泄露和……妄想揣测"的办法来保守秘密，甚至偷天换日地说是去"支援抗日的"。然而，狐狸狡猾，还是逃不脱人们锐利的眼光，工人们积极地行动起来了，因而使很大一部分产品一拖再拖地没有给日寇弄去。

以上事实说明了什么呢？这些事实再一次说明了资产阶级的唯利是图和软弱性。为了利润，他们可以效忠于民族的敌人，充当间接屠杀中国人民的刽子手——承制军需品。历史事实证明，他们反对日本帝国主义的斗争实质上是为了利润，而投靠日伪也是为了利润，利润、利润、利润就是他们的灵魂，离开了利润而去爱国是不行的。所以在日寇的威迫、利诱之下，他们也

---

① 2019 年编者注：攀根应为英语 packing 的音译，意为密封填料。

就不得不"抱残守缺"地妥协了。毛主席说得好，他说："中国的民族资产阶级是带两重性的阶级。一方面，民族资产阶级受帝国主义的压迫，又受封建主义的束缚，所以，他们同帝国主义和封建主义有矛盾。……但是又一方面，由于他们在经济和政治上的软弱性，由于他们与帝国主义和封建主义并未完全割断经济上的联系，所以，他们又没有彻底的反帝反封建的勇气。"（《毛泽东选集》，第二卷，第610—611页）。

第四节　工人的生活与斗争

一、苦难的工人生活

日寇一占领上海，就对我上海人民实行了极其野蛮的烧杀奸淫和掠夺，上海人民顿时陷入了十八层地狱之中。大中华的工人在这种情况下也过着极其悲惨的被奴役生活。

首当其冲的是地处沪东、沪南的三、四分厂和原料厂的工人。当日寇的铁蹄一踏上两地的时候，日寇就把这些厂里的工人赶出厂门，700多个工人于是无家可归而流落街头，更有些工人做了日寇的牺牲品，在这种情况之下，664个工人就第一批被厂方遣散回籍了。

接着，日寇便对上海实行了严密的封锁，大中华橡胶厂的原料和燃料来源便日益下降，于是一、二厂便从1939年9月起实行了轮班工作制，两个月轮流一次，使1800多个工人处于半失业状态。1941年太平洋战争爆发以后，这种情况就越来越严重，1942年1月25日，便实行了一个突然大遣散，资本家一早就请来了大批全副武装的法国巡捕，把厂门死死地关上，厂门口贴出了一张布告："原料来源困难，本厂一律解散……"就这样，具有1378个工人的一厂，经过这一次大遣散后只留下了207人（其中包括职员63人），二厂也只留下了几个看门人。大批工人遭受着失业的痛苦。

在这一种情况之下，大批大批的工人就流落各地，有的乞讨，有的做小买卖，更多的人便结伙跑单帮，但就是这样非人生活，日寇还不容许。女工李四妹和她的丈夫都是被遣散出来的，遣散出来以后，由于贫病交加，她的丈夫不久就死了，于是她就和邻居一起冒险去七宝背米，可是当她在一个风雪交加的严寒夜晚，从七宝背了两斗多米回家时，被鬼子伪军用铁丝网拦住了路，她转来转去兜了两个多钟点都转不出去，她实在感到太疲倦了。于是就躲在一个树林里躺了下来，由于过度的疲倦，一躺下就昏迷地睡着了。当醒来时，全身已被冻得僵硬，她用尽了气力慢慢地移动了起来，但当她刚刚移动时就被敌人发现了，鬼子一个箭步地走到了她跟前，刺刀对准她的心口，嘴里喊着"刺啦刺啦地""花姑娘的，好来喜！"这时，李四妹气得眼睛都红了，鬼子一不防，她就纵身一跳，跳入了河里，鬼子连忙拿起了机枪直向河里射去，水面上激起了点点的水花，幸亏她水性好而逃了回来。

工人王银根，被遣散回到家乡江阴后，上无片瓦，下无寸土，租田租不到，有气力肯给人家当雇工还没有人肯收留，只得和他的哥哥一道，依靠其父亲遗留下来的一条破船，到处流浪，一天日寇出来扫荡就遇上了他们，硬说他们是"八路军"，把他的哥哥强拉走了，而把他绑在一个破庙的大树上，打得皮开肉绽，后来经过同村人出了三元钱，才把他放了下来。

物价的飞涨给工人带来的痛苦那就更大了，以人人不可缺的米来计算，1937 年 6 月上海的米价是每石 11.3 元，而到 1945 年就涨到 150 万元一石了，即上涨了十三万二千七百倍。但同期大中华工人工资的工资情况怎么样呢？1937 年 6 月每个工人每月的平均工资是 22.16 元，可买大米 294 市斤；而 1945 年 8 月每人每月的平均货币工资是 81，270 元，只可买大米 8 斤 2 两。至于临时工的处境那就更惨了，他们不仅工资比长工要低三分之一到二分之一，而且按照资本家的意图"随时辞歇，各无异言"，"保单"和"契约"（工人叫它卖身契）上还规定不准"罢工或对甲方（指资本家）为其他敌对行为"，也不准"聚众做任何要挟"等。总之，临时工的一切人身权利，资本家统统给取消了，因此当时的临时工有这样一首歌谣：

> 做起活来在前头，
> 工资拿的是零头，
> 弄得不好还要吃排头。

在日寇的统治之下，工人是这样的苦，然而资本家却还不甘心，他们把在战争中的损失用尽办法向工人身上转移。1938 年 1 月 9 日，大中华橡胶公司的一次行政会议上，以"克服困难，以维大局"为名，决定普遍降低工资如下："月俸 10 元以下者不减，10－15 元减为九五折，16－25 元者九折，25－50 元者减为八五折，51－100 元者减为八折，100－150 元者减为七五折，151 元起减为六五折。"对待计件工的工资，也大大地降低，由每做一双胶鞋可得工资五六分，降到二分半。

除了降低工资以外，资本家还用"代为储蓄"为名加以克扣，1938 年，资本家就在月俸工人的工资总额 141，279 元中，扣去 13，808 元的"储蓄"，占工资总数的 9.8%。

1944 年又实行了所谓"全厂职工留职停薪办法"，规定从 1944 年起对尚留厂的工人一律停发现金，而各以制品（主要是胶鞋）代之，因此街头上顿时出现了很多叫卖的工人，如若卖不出去的话，就只得勒紧裤带饿肚子。在这种情况下，很多工人及其家属只得以野菜充饥；很多工人及其子女就成了饿殍，四厂女工艾秀英的四个孩子，就是这样死掉的。

除此以外，资本家还用加强工人的劳动强度等种种办法来压榨工人的血汗，1943 年 2 月，资本家贴出了一张布告，要胶底烘嵌部工人每天延长工时 3 小时，并规定在 3 小时内每人得增上鞋底十打，否则就要扣工资。接着，1944 年 2 月 2 日规定取消星期日例假制度。说是星期日没有休息的必要，只要在每月初一和月半休息两天就行。在如此恶劣的工作环境下，铁打的人也纷纷病倒了，有的工人甚至由于过度疲劳而在车间晕倒，人身伤亡事故不断出现，仅 1940 年一厂的统计，重大的伤亡事故达 31 次之多，其中有 15 人死亡。

更加惊人的是 1940 年发生的一次榻浆间起火案。一天，时间还刚刚是黄昏时分，突然，"呼"的一声西北角蹿出了一团大火，火舌熊熊地喷向女工，工人们的身上着火了，这时哭喊声震天动地，有个工人心生一智，大喊了一声："逃啊！"于是人们慌慌张张地直奔门口而去，但正在这时，资本家已赶到了现场，他一看形势不对，连忙命令道："不准出来，把门窗统统关上！"就这样，一个女工就活活地被烧死在里面了。直到今天，工人们一谈到这事的时候，都要感到心酸流泪，然而资本家却以"鬼作怪""运气不好"而不了了之地结束了此事。因为照他的说法是"死人不要紧，工厂烧掉才是大事"。看！这是多么残酷的事呀！

在这一种情况之下，工人要得活命的出路何在呢？工人们在长期实际生活体念中得出了这样一个结论："我们工人实在苦，鬼子老板都欺侮，要得性命只有一条路，拼！拼！拼！"于是，工人的斗争便在党的直接领导和影响下，轰轰烈烈地展开了。

二、党在大中华的生根和半小时集体罢工

由于党的直接领导，在这个时期，工人的斗争是很活跃和频繁的，单以有文字记载的来说，前后共达八次之多，如第三次工会的组成、两次被解雇工人要求复工和救济的斗争、件工为反对降低工资的斗争、要求恢复月俸的斗争、半小时的集体小罢工和十三天大罢工等。下面我们就把其中几次影响较大的斗争来做一简单介绍。

党在大中华的生根对这个时期和以后的大中华工人斗争是有特别重要意

义的。为了更好地领导抗日斗争,早在 1939 年前后当时的上海市地下党组织即派王大中同志来到大中华联系,同年年底,大中华工人的优秀分子徐振宝同志(后来到苏南抗日根据地去担任天上区区委书记,1942 年光荣牺牲)第一个参加了中国共产党,1940 年中国共产党就在大中华建立了支部。党在大中华的生根和成长给大中华的工人带来了新的力量,工人的斗争便出现了新的面貌,斗争由前一阶段的自发性,一变而为自觉性的行动,因此每次斗争都取得了一定程度的胜利。

党领导工人斗争的第一件大事就是组织第三次工会。1939 春,汪伪政府在上海开始了其所谓"和平运动",卖国贼狗腿子为了控制工人,便乘机在工人中到处活动组织伪工会。党研究了这一情况以后,为了利用合法斗争的手段,便决定发动群众先下手组织工会,于是第三次工会就在 6 月正式组成,当时的工人积极分子夏发法、邱新培等同志(他们都在 1940 年入党)都被选入了工会领导机关。

工人组织工会的事,曾经引起了资本家的极大恐慌,于是用了他们过去惯用的收买办法企图来瓦解这一次工会,资本家曾这样阴险地对邱新培说:"嘿嘿!我说老兄啊,何苦呀!你每天少钱可以到我那里去拿。"可是这一招这一次完全失败了,资本家得到的答复是:"去你的,哪个稀罕你的臭钱。"当资本家碰了一鼻子灰以后,便马上换了一副面孔。7 月底,他便公开贴出了一张杀气腾腾、连骗带吓的布告。布告上这样宣布道:"工会组织与厂害多利少,且党同伐异……殊属欠妥。"现在正值"非常时期,市政当局禁止集会结社"。显然,资本家的企图是想威迫工会自动解散,然而,他的这一招又失败了,工人们在党的领导下并没有受骗和吓倒,相反,不到一个月的时间,一、二厂的 1800 多个工人几乎全部参加了工会。

接着,党领导工人进行了为改善生活条件的斗争。为了争取资本家的抗日,为了保持"劳资的协作",9 月 1 日党以工会名义派出了薛菊生(党员,现叫薛英,现任无锡市工会女工部长)、徐振宝、夏发法(党员)等 11 人为代表去与资本家谈判,说明"现在米、球(煤球)万贵,房租高涨,食住两项时感恐慌",为了"以利生产","要求设法将米平籴和增加米贴"。并且说明:这种合理的要求"沪上厂商已有先例"。然而资本家对工人的这些正当要求置之不理,一味推说"有困难"而不予解决。党组织在这一种情况之下,为了维护工人阶级的利益,为了给资本家实际教育,为了达到从"斗争达到团结"(《毛泽东选集》,第二卷,第 717 页)的目的,便决定在 9 月 8 日下午一、二厂联合举行半小时的集体罢工。

罢工以后,资本家看着苗头不对,为了"息事宁安",便乖乖地答应了工人的全部要求。9月24日与25日分别颁布了平籴米和增加米贴的办法，规定从9月起一、二厂的工人大多可以享受"每月一次，每次二斗米的平籴"和"每人每月加米贴2元"等，斗争胜利了。

斗争是胜利了，但资本家却并没有甘心，1940年1月28日的行政会议上，资本家通过了一次由洪念祖提交大会的，所谓"巩固中心以安大局案"，这个提案中除规定了一些所谓"公司之利害高于一切""严纪律、明责罚"等之外，特别规定了要加强对工人的控制，说要"调查"工人的"厂外行动、家庭身世、品性"等，并决定要加强对工人的奴化教育，以达到其"消化无形，转病（指工人的斗争）而求医为佳"。（着重号都是原来就有的）这项提案欺骗工人说：工人"不外劳苦两字"，而不应有其他的"不规"。

三、十三天大罢工

过去的几次斗争虽然取得了胜利，并在一定程度上改善了工人的生活，但随着时间的推移，随着物价的进一步飞涨，工人斗争的胜利果实无形之中被消失殆尽了，工人的生活比过去更苦了，特别是"临时工"的遭遇更是不堪回顾，他们一批一批地被踢出了厂门。怎么办呢？实践告诉他们，只有斗争，于是在党的领导下爆发了这次轰轰烈烈的大运动。

早在1940年的8月下旬，党又以工会名义出面推派了陆凤翔、邱新培（党员）和薛菊英等13人为代表去与资本家谈判，要求资本家为了顾全大局，自动起来改善工人的待遇。11月上旬，党根据各部门工人的要求又具体地向资本家提出了"工人要求十三条"，这些要求如下：

（1）日工月俸加十元，夜工亦然。

（2）件工工资加三成。

（3）夜点心的钱，每夜改为三角。

（4）男工临时工满六个月者改为月俸计算，女工亦然。

（5）每月平籴米男女一律加四斗。

（6）不得无故开除、解雇工友。

（7）承认本会（工会），并月贴500元作为工会费。

（8）因公受伤不扣工资。

（9）延长工作每小时以三角计算。

（10）星期日例假，若欲工作者，须双工计算。

（11）工友非无意损坏机件，不负赔偿之责。

（12）服务满一年者，退职时发给退职金月俸两月之值，满二年者，退职时发给退职金三月之值，余类推，满十年以上者，一律以一年计算。

（13）女工生育期间，应照发工资 42 天。

但是这些条件向资本家提出以后，资本家初则一概拒绝，后则玩弄两面手法。伪社会局为了拉拢资本家，也匆匆地做出了对资本家大大有利的所谓"裁定"，"裁定"上对工人的合理要求不加理睬，仅以"以奖励代之"，而一了了之，但却规定必须开除工人领袖邱新培和薛菊英两同志。于是当这一个不合理的"裁定"传出以后，全厂工人怒火冲天。党研究了这一情况后，便决定罢工；但为了不放过谈判的机会，为了争取资本家的悔悟，党决定再派代表去与资本家进行谈判，企图做最后的努力来达到和平解决，然而资本家却仍执迷不悟，于是罢工指挥部于 12 月 3 日下午二时正式发出了罢工的命令，顿时，一、二厂的工人都离开了工作岗位。车间和广场都成了一片沸腾的海洋。

事发以后，伪工会的蒋兆祥和伪社会局的丁兆祥、黄惕人等家伙都曾出来做"调解"！他们威吓工人说："你们的罢工是不合法的，扰乱了社会治安"，因此必须"立即复工""否则……"接着他们又将派去谈判的代表王顺裕予以扣押。然而这些威吓却并没有吓倒工人，相反却起了火上加油的作用，工人们一致表示"不达目的决不复工"，"宁愿同死合墓台，不愿屈服偷残生"。于是，斗争的火苗越来越旺，附近的唱片厂、五州固本厂和申新六厂等工人也热情地送来了面包等食物。在工人阶级团结一致的英勇斗争下，资本家恐慌了，12 月 16 日被迫全部答允了工人的要求，签订了"劳资信守协定"。并放回了被扣留的王顺裕，至此，坚持十三天的罢工，又以工人的胜利而告终。

但是资本家对工人的这次重大胜利同样地睡不着了，于是就寻衅报复。1941 年 2 月 16 日，资本家以"整理平籴米，防止顶替"为名，要每个工人各拍一张二寸的半身相片送交厂方，显然，这是资本家企图勾结日伪镇压工人的预兆，于是工人坚决反对，邱新培和薛菊秀同志便领导工人在 17 日下午召开了一个"反日抗议大会"，然而资本家以"本厂为遵守法令及防止意外"和"工作时间随意停工，影响生产和蓄意捣乱秩序，存心破坏厂规"等罪名把邱、薛两同志开除出厂了。

但是资本家却没有预料到，对一个革命者来说，开除出厂并不能阻止他与工人的联系，更不能阻止他的革命工作，相反，在某种意义上说来，却更便于他们集中精力去搞革命工作，事实也是朝这方面发展的。当邱、薛两同志被开除以后，厂里的工人马上就集合起来，凑集了几百万元的资金，在徐家汇同仁街 52 号创办了一个"大中华工人消费合作社"，邱、薛两同志就在那里借着做买卖之名干着革命的工作，许多工人有事没事都愿意去合作社走走、坐坐，听邱新培同志为他们讲岳飞抗金和抗日战争的故事，"合作社"已成了工人的俱乐部和政治学校了。

通过合作社，大中华的党组织还输送了唐忠林、张永吉等20多个工人去抗日根据地参加"新四军"，这些被输送去的同志大部分在抗日战争中表现了英勇不屈，徐振宝、唐忠林、张永吉（都是党员）等同志就是在与日寇作战中光荣牺牲的。

四、反抗为日寇承制军用品的斗争

太平洋战争爆发后，日寇为了垂死挣扎，便于1944年和1945年四次勒令大中华为其制造军用胶鞋和军用轮胎，对一项不光彩的任务，资本家为了获取利润便乐意地接收了下来，为了掩人耳目，资本家还把这些可耻的事隐瞒了起来，企图不让工人知道。但是大中华的工人却与资本家采取了完全不同的态度。当工人们一听到这一消息的时候，就偷偷地把汽油埋藏在泥里，有的就干脆把分配下来的汽油倒入阴沟洞里，使肇嘉浜的河面上漂浮着厚厚的一层油花。因而曾发生过这样一个故事：一天，一个人在河浜上吸烟，烟头无意中丢入了小河，突然"轰"的一声，河面上燃烧起了熊熊的烈火，火苗一直从阴沟里蹿到了厂里，几乎把厂房也烧毁，弄得日寇哭笑不得。

以后，日寇就加强了对工人的控制，日本海军部和日大佐、铃木书记官曾为此亲自到厂做威吓性的"视察"，但工人们并没有在它的威吓之下屈服，他们想出了这样一个办法，就是在车间的隐蔽处派上暗哨，工头来时，就暗暗地通知工人起来应付一下；工头去时，他们就放起了空车，大胆地睡觉和谈天去了，更有一部分工人干脆用借"病假"的办法来拒绝上班。因此，生产量很低，以致做出来的也大多是些不能使用的次品或废品，结果一拖再拖，使大部分的承制产品没有来得及被日寇运走就胜利了。

第五节　简单结论

20世纪20年代开始的日本侵华战争，是日本军国主义发展的必然结果。因此，当日寇一跨进中国大门的时候，就极尽其野蛮掠夺的能事，实行了所谓"烧光""杀光""抢光"的三光政策。使我国人民的生命财产遭受了空前的浩劫，大大推迟了我国社会经济的发展。

中国民族工商业，在这场残酷的掠夺战争中也同样遭到了严重的罹难，大中华橡胶厂虽未被完全摧毁，但也遭受了严重的损失。战争开始的头几年中，大中华的分厂、原料厂和设在全国各地的营业机构先后被占、被毁或被劫，损失总值达伪法币 6，149，138 元，等于抗战胜利前夕大中华的总资本2500 万元的四分之一还强。

以后，特别是太平洋战争爆发以后，由于日寇的进一步掠夺和控制，大中华的生产几乎完全被迫停止。若拿 1937 年与 1945 年的总产值做一比较，那么 1945 年只及 1937 年的十四分之一还不到。在这种情况之下，大中华的资本只得从生产转到了商业，1943 年创办了"大中国企业股份有限公司"。这是多么沉痛的事，充分说明毛主席的这样一个论断："在一个半殖民地的、半封建的、分裂的中国里，要想发展工业，建设国防，裕利人民，求得国家的富裕，多少年来多少做过这种梦，但是一概幻灭了。"（《毛泽东选集》，第三卷，第 1104 页）。

这一点，大中华的资本家也是有深刻体会的，洪念祖（经理）在上海第一届人民代表大会第一次会议上曾意味深长地说过这样一段话，他说："几十年来……千方百计，挣扎图存要发展企业。但事实恰恰相反，在旧中国遭受到帝国主义和蒋介石国民党残酷掠夺破坏，几乎陷于艰危。……在半殖民地、半封建命运下，无论进行斗争也好，甚至屈辱求存也好，都逃不出帝国主义和反动派的摧残。"（1955 年 12 月 28 日，上海《新闻日报》）

但是大中华的资本家，在这种情况之下，不是积极地抗日，而是逃避和妥协。"八一三"后，董事长余芝卿马上就避居香港，但是随着日寇的加紧控制和物质诱惑，大中华的资本家就走上了妥协，甚至为了获取利润而不惜牺牲民族的利益，为日寇承制了大批的军用品来屠杀中国人民，而且还担任了汪伪政府的要职。所有这一切，充分地反映了当时中国民族资产阶级的两面性。

由于党在大中华的生根，这个时期，大中华的工人运动出现了蓬蓬勃勃的新气象，工人的斗争由自发转到了自觉，而且发生了十三天之久的大罢工运动。因此，党在大中华的建立与发展，在大中华的工人运动史上是有其重大意义的。

但是，1942 年的大遣散，却把党的队伍打散了，因此使后来的大中华工人失去了党的直接领导，斗争于是处于低潮。一直到 1948 年，大中华才恢复了党的组织。

历史事实证明，工人阶级不仅是民主革命和社会主义革命的先锋，而且也是民族革命的先锋。早在"九一八"事变以后，大中华工人就曾以"布衣宿舍"的实际行动来捐款购买了卡车、轮胎、鞋子等支援东北义勇军。"八一三"以后，许多工人又曾冒着枪林弹雨抢运物资到内地去，并且有很多工人参加了新四军直接与日寇做斗争，在为日寇承制军用品的时候，也展开了巧妙的斗争，所有这些在大中华的历史上留下了光辉的一页。

第三章　解放战争时期

第一节　企业的迅速扩展和停滞收缩状况

一、抗日胜利初期的形势与大中华企业主的幻想

抗战胜利以后，美帝国主义变本加厉地侵略中国，蒋介石政府愈加疯狂地统治白区，企图在全国建立更加黑暗的统治，在美帝国主义极力支持下，蒋介石政府发动了反共反人民的内战，并继续强制实行罪恶的通货膨胀政策，以求勾销浩大军事开支，使享有各种特权的美国资本和官僚资本趁火打劫，大发战争横财。中国人民就这样再一次被投入战争的灾难和破产的深渊，工人、农民处在水深火热的痛苦生活，民族资本也覆灾遭殃，许多工商企业纷纷倒闭，少数尚未破产或者胜利初期暂时尚能发展的民族资本也埋下了潜伏的危机，处境日益恶化和危险。1947年年底以后，随着蒋介石政权愈加疯狂的反动统治尤其是临总崩溃前夕的垂死挣扎，这些少数的民族资本越来越深地被卷入危机的旋涡中，直到党领导解放军来解放为止，它们才被拯救出来。这就是胜利以后、解放以前的国民党统治区阴险形势的总趋势。

另外，胜利初期的形势确实也有过一度暂时有利于橡胶工业，特别是对企业较大的大中华。英帝国主义的橡胶品，由于遭到第二次世界大战的破坏，一时不能及时来华倾销；战败的日本帝国主义，其橡胶商品在中国市场已完全绝迹；美帝国主义在太平洋战争爆发后，来自东南亚的生胶原料被封锁，其橡胶品也是有限的；国内的官僚资本，当时正忙于以"接收"为名吞并敌伪财产和挤垮其他民族资本，再加上他们在上海的橡胶企业较薄弱，因此暂时无暇顾及大中华。至于上海同业除正泰、义生外，在战时所受损失较重，恢复较慢，再加上胜利初期，原料及时自由输入，各地交通相继通行，市场

暂时相对扩大，大批失业工人和破产民众组成了廉价的劳动力，所有这些对于已享有盛誉的大中华双钱牌产品的生产和销路，提供了有利的客观条件。但这些客观条件，只是相对的和暂时的。

胜利初期的大中华，其经济实力还是相当雄厚的，除四厂和几个外埠发行所受到严重损失外，其他基础尚得保存，并且抗战期间还有收入，据洪念祖副经理回忆抗战期间，说："购置了金门街房产，闸北和龙华等处基地，又拨部分资金设立大中国百货公司，把各门市部改为大中国的门市部，陆续购买了日用百货，分置以上各处和仓库……厂内还存有布匹鞋帮和化学原料相当数量，西南重庆、贵阳也有一些物资。"此外，还曾拨款投资育华化学厂，若再加上一厂、二厂接受日本帝国主义的订货，维持一定数量的生产和利润，则胜利初期大中华的资本在上海同业中是首届一指的，为胜利后大中华企业迅速发展提供了有利的主观基础。

胜利初期的大中华，虽然拥有雄厚资金，但企业主对胜利以后的形势认识不清，他们只是片面地看到某些暂时有利于橡胶业的客观因素，尤其对国民党统治区阴险形势的总趋势认识是不足的，他们不仅没有看到美帝国主义和蒋介石政权的反动本质，并且被国民党所谓"重见光明，自由发展"的口号所迷惑，对帝国主义和反动政府抱着幻想，天真以为和平已定，发财时机已到。就在抗战胜利后，在新选出的董监会的第一次会上，确定了企业发展方针，是"及时兴起恢复旧规与发展新计划同时并进"。提出了几个主要措施，"力谋恢复扩展，增定新机器，吸收新技术，补充新人才"，最后还决定增加资本，从原有的 2500 万元增到五亿元。所有这些，正如今天资本家所会议所说的"我们当时的目的，企图捷足先登，以达蓄谋已久的愿望，建立一个能垄断全国橡胶业的托拉斯集团"。

二、大中华企业主趁机大肆发展企业规模的经过

大中华企业主就是根据第一次董监会所确立的发展方针，来不断扩大企业规模，胜利以后，立即发挥一厂、二厂、美泰和德福原料厂的生产能力，并在 1946 年 1 月顺利地恢复了南京、长沙、重庆、汉口、南昌等发行所，由于业务很好，利润很厚，资金积累很快，于是在 1946 年 11 月大中华又增资 275 亿元（约值美元 4 万余元）连同过去的五亿元重新估价，成为拥有 300 亿元的资本，其实真正价值是大大超过 300 亿元法币，这样为大中华扩大企业规模提供了雄厚资金。另外，大中华企业主不断增强自己的政治势力，除了对付工人运动外，使企业规模能方便得到发展，大中华企业主就这样凭借雄厚资金和玩弄政治手腕，收回产权，标进国民党廉价拍卖的敌伪财产。并乘

人之危以廉价的款购进破产民族资本家的厂房。其经过情况分别叙述如下：

1945 年年底，伪行政院颁布所谓处理敌伪产业条例，规定凡工厂被日寇强占的，可以申请发还，大中华立即在 1945 年 11 月 30 日具文向伪经济部上海区敌伪产业处理局申请发还产权。"一、是被敌商中华蚕丝公司①强占的三厂（虹口宁国路 241 号）房屋及其地产权，共五亩五分二厘七毫，另一是被敌商淡海洋行强占的原染织厂，准备出价承买。1946 年 6 月伪苏浙皖区敌伪产业处理局准予发还与承购批示，原属该厂所有被日侨租用之房屋基地设备（铁架厂房及基地）除增益部分外准予发还。二、该厂所向日商租地造屋部分者已出售与敌，依照规定该地基房屋及增益设备（敌产木架厂房及土地）应收归国有，予该厂以优先承购权。三、所有敌商中华蚕丝工场遗存全部增益设备原料等物均收归国有等语在案。"

1946 年 10 月 21 日伪苏浙皖区敌伪产业局估价敌厂增益部分，厂基（5.527 亩）为 54，717，300 元，建筑设备 93，441，820 元，总计为 148，159，120 元法币。在 1947 年 2 月 8 日接到缴款通知，同时通知大中华垫缴接管费用 25，447，373 元，到 7 月时按比例大中华应付接管费用 83％计 5，472，222 元。

其实当时国民党中华蚕丝公司在 1947 年 2 月允许大中华先搬进前半部的厂基，安装机器，7 月全部移交给大中华时，还有一只敌产炉子和其他零碎的剩余物料，当时炉子只估价有 32，500，000 元，再以 750 万元行贿给中蚕公司的陈国忠，大中华就这样轻易吞下。其到不在此，由于三厂能够立即投入生产，因而得了不少国民党分配的外汇。

至于谨记路的原料染织厂，是在 1946 年 8 月 13 日接到敌伪产业处理局的批示"染织原料厂，系租与日人应准发还产权，敌遗一部分收归国有，并准具呈人（大中华）优先承购"。当时原来估价伪币二亿元，大中华行贿 5000 万元给估价员杨某，因而在 1946 年 12 月 23 日重新估价为 105，959，300 元，并于 12 月 29 日缴讫，移交时，在所谓"26 台旧织布机，拆卸零件"中检出

---

① 2019 年编者注：1938 年 4 月，14 家日资企业在上海设立中支蚕丝组合，以日华蚕丝公司名义在华经营，1938 年 10 月改名为华中蚕丝股份有限公司，对中国丝织业进行掠夺、垄断与破坏。1943 年 11 月 5 日宣布解散，转交汪伪政府，改名为中华蚕丝公司，汪伪政府占股 51％，日方占股 49％。抗战胜利后，国民政府派员"苏浙皖蚕丝复兴委员会"名义接收中华蚕丝公司及其在各地的敌伪蚕丝业资产，并于 1946 年 1 月 1 日成立中国蚕丝公司。（《上海丝绸志》编纂委员会编：《上海丝绸志》，上海社会科学院出版社 1998 年版，第 203－206 页。）

有两台不完整的轻纱机头，还有一台变压机，大中华就这样优先承购廉价财产。

胜利不久，国民党政府除以"接收"名义大肆吞并大部分敌伪遗产外，将一小部分的敌伪财产标售给工商业者，当时由于大中华派了刘学文、张汴增二人，以技术员的身份参加敌伪产业处理局的技术顾问，因而得知该局内部准备出售部分敌产的消息和了解内部生产设备的底细，即在 1946 年 2 月 25 日具文反动派，要求优先承购国民党准备标售的部分敌伪财产，"查杨树浦路 1504 号明治产业株式会内有一部分残剩橡胶制造机器……"又唐山路 1100 号上海护谟工业株式会社及江湾 272 号福昌公司护谟工厂厂基机械等在决定处分时请准予尽先承买，俾得逐渐恢复。"

1946 年 5 月 29 日伪经济部公布标售唐山路 1100 号敌产上海护谟工业株式会社，大中华巧取标得该厂。据洪念祖回忆，"抗战胜利以后，接收敌伪财产曾借调大中华两个人（张汴增、刘学文）帮同接收，因此对四厂原来做胶皮丝和胶皮管的设备有了解机会。当时只独家生产，且利润很高，利之所趋志在必得，大中华决定投标 531，000，000 元，因当时去看厂的人颇多，仍防被别人得标，故用取巧手段，以个人名义另投一高标，价为 719，000，000 元，待开标之后，得悉二标三标只四亿余元，故将头标押金 719，000，000 元放弃，以第二标承受，在 1946 年 6 月 21 日付款，将厂移交"，从此大中华又增了一个制造厂。

胜利后的大中华，其生产业务发展很快，北方销路甚旺，为了就近生产就近供应，以实现其在全国建立垄断的橡胶工业，企业主蓄意在北方设立工厂，1947 年得悉伪产业处理局准备标售齐鲁胶皮厂①（今国营二厂），据《橡胶工业材料》称：该厂是日商普利司通所设，简称青岛胶皮厂，商标 BS，建立于青岛沧口，范围甚广，占地数十亩，出品以汽车胎、自行车胎为主，销

① 2019 年编者注：齐鲁胶皮厂，是日本人在青岛所开设，1933 年，日本护谟株式会社在青岛沧口征用土地筹建青岛太阳鞋场，后又增建普利司通制胎场和帘子布场，并在 1944 年 2 月合并为青岛护谟工业株式会社。该公司除了生产各式胶鞋和轮胎外，还生产 V 形皮带、机械用皮带、输送带、各种胶管、棒球、皮球、绝缘胶布、医用手套，甚至已经开始生产乳胶避孕套。抗战胜利后，该厂先后由国民政府军政部、经济部、青岛敌伪产业处理局和齐鲁企业股份有限公司接管，如文中所说"结果落入官僚资本之手"。1949 年 6 月，青岛解放后，由青岛市军管会接管，改为青岛橡胶厂，本书写作期间该厂名为国营第二橡胶厂。1994 年，以青岛第二橡胶厂为主体组建青岛黄海橡胶集团。参见中国轮胎商业网"黄海橡胶的前世今生"：http：//www.chinatiredealer.com/news/show－37854.html，2019 年 4 月 4 日登录。

售对象为北方各省，结果落入官僚资本之手。1948 年 3 月，又得悉河北伪平津敌伪产业处理局要标售天津总站敌产兴满橡胶厂，大中华即派吴哲生、薛仰清亲自前往购买，以 21，486，350，000 元法币得标，于 3 月 15 日付款，交款后，因原主有异议，所付银行支票未收去。据 1948 年 10 月 23 日董监会记录称：于三月河北平津区敌伪产业处理局标售天津总站敌产兴满橡胶厂，由吴哲生经理、薛仰清技师长，亲往察看投标，以二百五十亿元得标，正在办理缴款期间，原业主高丽人提出异议，行政院令局缓交，后经孙鹤皋①董事（国民党老党棍）代为折冲，于 8 月 7 日已接竣事，正在办理修缮整理，该厂占地 5.287 亩（厂房 3.571 亩，宿舍 1.716 亩）建筑物存有楼房 88 间、平房 87 间、宿舍 39 间。

大中华就这样通过孙鹤皋的政治势力和一批费用标进该厂，据当时在美国留学的张汴增来信说，吴等赴津标购兴满厂至为低廉合算，较为美国机器特价有 20 与 1 之比。

大中华企业主的野心很大，他们并不满足于从伪政府那里获得廉价的厂房，由于生产业务发展迅速，资金积累很快，需要不断扩大企业规模，胜利后有许多企业，由于长期战争的破坏，再加上美国资本和官僚资本的压力，处境困难，无力再求发展，大中华企业主就乘人之危，把它标进来。1947 年 4 月 21 日，通过南侨原料行张载奋要求，大安橡胶厂商让，受买大安维新橡胶厂之基地厂房，机器生产工具水电设备电话以及牌号一切权利等项，一并作价国币 33.5 亿元。双方立约规定"卖价于立约日先付六分之四"，4 月 30 日移交办妥时由大中华付总数值六分之一，其余六分之一在 5 月初，由大安厂房提出殷实铺保，保证大安厂房履行过户手续时照付甲方（大安厂）。与此同时，大中华还在 5 月 1 日再出六亿元，向大安厂主购未估价的许多原物料。

大中华资本家就这样轻易剥夺了大安厂优先承购权，占了优先权以取得廉价的厂房，再加上当时分批付款，也省下了不少的存款利息，即把大安厂

---

① 2019 年编者注：孙鹤皋（1889—1970），浙江奉化人。日本长崎高等商业学校卒业，在日本参加同盟会，并追随孙中山革命。也在此时，结识同乡蒋介石。曾任武昌关监督，京沪杭甬两路管理局、津浦路管理局局长，浙江省政府委员，铁道部参事，大来银行董事长，中华碾铜厂总经理，四明商业储蓄银行总经理，上海绸业商业储蓄银行董事，天一保险公司监察人等职。中华人民共和国成立后，积极支持人民政府对民族工商业的改造，公私合营后，出任大中华橡胶厂私方董事。1970 年 4 月 12 日，病逝于上海。（宁波帮博物馆编：《近代上海甬籍名人实录》，宁波出版社 2014 年版，第 100 页。）

改为大中华第五分厂。大中华就这样在上海建立了五个橡胶制造厂,并因当时该厂生产能力强,生产供不应求解决了部分矛盾。

此一时期,大中华不仅增加了几个橡胶厂,为获得机器制造设备的独立性,为制造厂添置和修理机器,大中华还趁别人破产时标进振隆机器厂,1947年2月霍山路的振隆机器厂原主求申请发还产权,但无力继续生产,大中华托周琨律师经办,以八千万元法币购买该厂原主的优先承购权和一切经管使用权,连同敌伪产业处理局对该厂增益财产的价格,共324,000,000元,于1月29日缴讫,移交时,内尚有V形空气压缩机座连同气筒一只漏了(登记)上册,约值人民币750元,该厂在1947年3月投入生产到12月止,利润不少,据该厂1936年账面纯益为121,677,104万元,当时该厂资产重估为677,097,774元,由于年内币值变化不少,实际利润是难超过账面利润。

大中华并不以(标进)振隆机器厂感到满足,企业主深知旧中国机器厂的技术是落后的,为了要有先进机器设备,大中华从1946年9月到1948年先后17次汇款至美国伯明罕公司,在1946年9月17日就向美国伯明罕机器厂驻上海代表邓以诚订造了11号混合机一部,26″×84″混合车连切条机一部,12″塑化机一部,22″×60″混合车六部,切碎机一部,3滚筒压延机两部,滚洞四十六只,减速机五部,铣床机一部,原共定价375,870美元,订期十二个月至十四个月交货,合同规定价交货时调整,运到杂费另加,因而大中华为这部机器花去449,200元,由于伯明罕厂屡次延期,反动派又迟迟不发输入证,直到1949年4月6日才批,4月26日交发证费用后才拿到手,但上海已处于混乱状态中,不久上海解放,美帝封锁,东西不得入口,直到现在该机器尚在美国。这个事有力地证明了毛主席的英明论断"帝国主义列强侵略中国的目的,绝不是要把封建的中国变成资本主义的中国,帝国主义列强的目的和这相反,他们只要把中国变成他们的半殖民地和殖民地"。

1947年大中华曾向美商慎昌洋行定购马达一匹,当时纽约交货价格计美金12.6万元。该货正值上海解放时到达港口,另加运什费9143.19美金,才得幸免落入帝国主义之手。

综上所述,胜利以来到1948年3月标购天津兴满厂为止,大中华主要是通过政治势力与资金积累和资本不断雄厚的力量,来收回产权,标进许多廉价的敌伪财产,单是三厂的炉子染织厂重估减价一半和四厂的剩余物料的标购就便宜了约值12196元新人民币(见在"三反"运动时坦白的资料);若再加上当时该厂房的实价——如天津兴满厂实际就是便宜了95%;大中华就是这样分享国民党的"劫收"财产。其次,大中华还趁别人破产时买进大安橡胶厂和振隆机器厂，并用分期付款和承买别人的优先承购权，来扩大自己的财富，大中华怀着很大的野心，对帝国主义存在幻想，企图依赖帝国主义的机器来装备自己企业，但帝国主义侵略中国的目的不是为了帮助中国建立资本主义国家，因而大中华企业主的美梦终于在美帝和官僚资本的勾结和封锁下，几十万美元付诸东流。

胜利以来，随着企业生产设备和生产业务的不断增加，大中华的营业机构也不断扩大，除本市的总营业所和大中国企业有限公司以及 10 个门市部立即建立，在 1946 年 1 月，南京、汉口、长沙、重庆、南昌等发行所当即恢复营业，同年 5 月和 8 月，温州和广州的发行所也告恢复，1947 年杭州、天津发行所也电告恢复，并增设台北发行所，大中华就这样在当时拥有十个外埠的发行所和十个本埠门市部以及二个营业发行总所。

三、大中华企业的危机暴发和危机时期的收缩状况

从 1947 年年底开始，我军迅速发动全面进攻后，蒋介石政府随着军事的节节失败，更加猖狂地血腥统治人民，整个国民党统治区的经济已陷入混乱状态，再加上美国资本、官僚资本和通货膨胀政策的摧残下，工人和农民的生活极端悲惨，曾经一度迅速发展的大中华，也难于立足，开始动摇了，胜利以来潜伏的危机终于爆发了，尤其是反动政府强制实行币制改革，限制物价，冻结资金，大中华 270 大条黄金和三万美元的库金被迫兑换金圆券，在限价期间大中华被迫继续照原产量生产来供应市场，约以 1948 年平均日产量计算，在 70 天的限价期间，单单是上海总计损失轮胎外胎 300，轮胎内胎 2760，自行车内胎 5000，自行车外胎 5580，鞋 1，320，000 双产品。由于损失相当惨重，无法收回成本，再加上市场货物由于抢购之风大起，发行所无法维持而被迫停业。据董监事会记录："8 月 19 日经济改革方案实施以来，经济出现忙乱以及原料日缺无法补进，而各地发行所及本市各零售处，征购者应付俱穷，存货大减，整个上海市场在抢购风潮下，货物奇缺，原料几乎断绝，企业无法再补进原料，不仅不能继续正常生产，而且生产大大下降，发行所也因无产品供应而停业。"在这样风云的危机中，大中华企业主提心吊胆了，立即改变过去的企业发展方针，把资金投入非生产性的活动，正如余性本副经理回忆所说的："我厂经此打击后，就开始提心吊胆了，抱着多存货少生产以求保本保值，等待时机，东方再起，我们把资金变换黄金、外钞、银圆、房屋、地皮及其他什货等，我们还电令各地发行所，把售货之款立即变卖黄金和外钞，同时控制生产，解雇一部分工人。"根据资料统计单是 1948 年 12 月就买进了 14 亩土地，1948 年 10 月 23 日花 500 多亿盖建重庆发行所，

此外还购进上海金陵东路洋房，汇至国外的款额也很大，单是托香港培丰公司的存货就值 5.5 万美元，254，252 元港币，178，826 元新加坡币。显而易见，大中华逃资，囤积财产，不再增加企业规模，1948 年以后的危机时期大中华虽然增设了杭州营业所和汕头发行所，但其目的不在营业而在存货和套购外钞、黄金之用，根据"五反"坦白资料，当时最小的汕头发行所在新中国成立前夕存有 88.174 市两黄金，港币约二万元，还有各种鞋子约 200 打，显而易见，单在增设的发行所，实际上就是半银行、半仓库。

总之，胜利以来至 1948 年 3 月为止，大中华企业规模达到了建厂以来未有过的庞大，从胜利初期的两个制造厂、两个原料厂、一个机器厂，发展到六个制造厂、三个原料厂、两个机器厂，若再加上至今尚在美国的 38 万元机器和为这些机器准备的厂房建筑材料，大中华则共有七个制造厂，此外，还有 11 个外埠门市部。

1948 年危机爆发后，大中华虽然在 3 月购进第六制造厂，以及增设杭州、汕头发行所，但并不是为了扩大生产和营业，抽转资金买进不少的房子、土地、黄金、外钞及其他货物等，所有这些并不是真正扩大生产而是逃避资金，囤积货物。

四、解放战争时期大中华企业的组织状况

由于企业规模的不断扩充，企业的组织规模也随着变化，但是由于大中华资本雄厚，股本从不上市，因为作为大中华的领导机构的股东常委会和董监会的人员基本上与抗战时期一样，只是为了增强政治势力，来对付工人和谋求企业发展的方便，邀请所谓重庆抗日分子大流氓杜月笙担任董监会的董事长，至于下面的组织机构大体上也是一样的，分设经理、厂务、总务、财务和营业四科，各科的主要负责人没改变，只是由于企业规模的庞大，因而人员也随着大增。1945 年职工人数 370 人，1946 年职工人数 2200 人，1947 年职工人数 3420 人。

1948 年因购天津厂职工人数曾增到四千人，但此时由于危机爆发，资本家为了把灾祸转嫁给工人，竟惨无人性，不顾工人死活，解雇了一批工人，到解放上海为止，大中华企业的职工人数只剩 3490 人，至于过去为了应付旺季生产的临时工，在危机时期却被资本家一脚踢开。

第二节　企业的生产经营管理

一、生产经营管理的迅速发展和利润激增状况

1945 年 8 月抗战胜利后，到 1947 年年底，大中华企业的生产和营业是遵循着董监会确定的"恢复与发展同时并进"的方针进行的。由于当时客观形势暂时有利于橡胶工业的发展，因此当原料获得自由进口时，一厂和二厂就恢复像战前的生产经营那样通过加强剥削工人来充分发挥了生产能力，使 1946 年的生产总值为 33，726.53 元人民币，比 1945 年增加 11 倍半，1947 年收回三厂和染织厂，同时廉价盘进四厂、五厂和振隆机器厂，使企业的生产设备大大增加，生产费用不断降低，产品销路畅通无阻，资金周转非常灵活，这一年的生产总值达到 65，323.24 元，比 1946 年增加将近 5 倍，创造了建厂以来所没有过的纪录，为了要说明这个问题，除了上面已经介绍的许多暂时有利橡胶工业的客观因素外，此一时期大中华生产经营管理有以下几个特点。

首先，在第一节里已经介绍过，大中华获得许多廉价的厂房机器等生产设备，使他们能用更多的资金来剥削工人，同时又相对地比同业工厂等机器消耗更为便宜，再加上增添振隆机器厂，及时修理和添置橡胶制造厂等机器和零件，通过剥削制造机器的工人来减少机器消耗的成本。再从当时生产设备的能力来看，在上海的 5 个厂共有大车（10 寸以上的车）94 部，占全上海大车总额 457 部的 1/5 强。除一厂、二厂和五厂的机器设备是抗战期间保存下来以外，三厂在收回厂基以后，装备了 11 部 12 寸以上的大车，其中 18 寸的有 2 部，14 寸的有 2 部，若按当时同业公会分配原料的外汇限额，每月生胶需要量为 65 吨；四厂共有 8 部 14 寸的大车和 2 部 12 寸的大车，按同业公会分配原料原则，每月生胶需要量为 47 吨；五厂共有 10 部 14 寸的大车和 4 部 12 寸的大车，每月生胶需要量为 64 吨；天津厂共有 22 寸 2 部、16 寸 2 部、14 寸 4 部、12 寸 1 部共 9 部，每月需要生胶 67.5 吨。

厂名	10 寸以上的车数	按当时上海橡胶同业公会分配原料的外汇限额每月生胶需要量
三厂	11 部	65 吨

厂名	10 寸以上的车数	按当时上海橡胶同业公会分配原料的 外汇限额每月生胶需要量
四厂	10 部	47 吨
五厂	14 部	64 吨
天津厂	9 部	67.5 吨

若加上厂内的许多小车，则生产能力更大。

振隆机器厂共有 8 部大车床、16 部小车床、2 部大刨床、2 部小刨床、2 部 16 寸磨床、1 部 4 寸锯床、1 部闸床，仅 1946 年 3 月刚刚开始投入生产到 12 月底结算时，其生产总值累计起来达当时法币 23 亿元。

染织厂机器大体上与战前相同，供应制造厂大部分的布材料。

以上各厂的机器大部分是国货，也有少数是日本货，机器虽然不是完全很新，但也并不是太老，大部分都是保持经常生产，也即大修较少，小修相对地比大修为多，比起当时同业来说还是较好些。总之，此时期大中华的生产设备的特点是价廉、车多，再加上振隆机器厂能承担修理和部分添置工作，通过剥削机器工人减少修理和添置的费用。这样使大中华比其他同业的机器设备来说，对于相对提高生产效率多少起了较大作用，从而为橡胶产品降低了不少生产费用。染织厂也同样由于大部的织布自给，从而也大大降低成本费用，增加利润收入。大中华的生产技术相对来说比同业为好，据洪念祖副经理说："技术比同业一般稍古，且一向保守秘密，没有人脱离外出开厂，牌子响，得利条件较同业一般价格要高 20%—30%，因而相对地获得了较多利润。"

其次，大中华虽然生产设备和技术水平比同业相对要好，并多少也提高了生产效率，但是由于腐朽的半封建半殖民地制度，其技术的提高非常有限，此一时期并没有什么大发明，显然大中华生产效率提高的秘密在于增强劳动强度，加强残酷剥削工人的结果。随着企业规模增加，工人人数也增，1945 年有 370 人，1946 年增 2200 人，1947 年达建厂最多纪录有 3420 人，在 1947 年工人的劳动强度也是建厂以来从未有过的罕见。根据资料统计 1945 年每个工人每年产值为 7860 元人民币，到 1946 年提高到 15,330 元人民币，1947 年则达到 19,100 元人民币。又如 1947 年的生产总值比 1946 年增加将近一倍，但是工人却只增加 50%，由于劳动强度达到极点，安全设备又坏，不少工人健康受到损坏，甚至死亡。薛福根工人刚进厂门时，资本家看他又高又大，把他当作"双料"看待，由于长期不停地干重活，他终于病倒，但资本家还要他继续干活，他为了养家，不得不带病干重活，背着沉重的货，终于晕倒而死去。资本家不仅增强工人的劳动强度，他们趁着当时社会有大批的失业工人和破产的市民和农民，压低工人的工资，尤其是国民党执行反动的通货恶性膨胀，币制贬值厉害，物价狂涨，但是生产指数每月只变两次，使工资水平大大低于物价狂涨，从而大大降低工人的实际工资收入，以达到降低直接人工费用，换取高额利润。显而易见，大中华企业所以能这样迅速发展，主要是工人辛勤劳动的成果，是工人血汗的凝结物。

再次，遭受帝国主义侵略和官僚资本压迫的旧中国经济是落后和畸形的，橡胶工业品的主要原料生胶，完全是依靠国外输入的，其他如汽油、化学药品等原料也大都依靠国外来供应，日本帝国主义发动太平洋战争后，原料来源断绝，橡胶工业几乎陷入绝境。

胜利以后，原料立即恢复供应，从国外自由输入，大中华趁机利用自己雄厚的资金，立即恢复大肆生产。但从 1946 年 11 月起，发动政府实行限制输入，采用限制配给外汇限购进口原料，企图扼杀民族资本，这对橡胶工业来说是个严重的打击。但是由于大中华拥有雄厚的资力、几个原料厂以及政治势力，大中华企业主拉拢了几个较大的橡胶厂，共同占据同业公会的外汇配给原料的分配权。大中华的几个经理股东都是同业公会的常委，洪念祖是公会的主席，他们就这样和几个企业较大的企业主共同控制公会的领导权，商定出有利于大厂的外汇配给原则。据当时公会的配给章程资料的规定："分配标准依据会员实际使用十寸以上之主要机械混合车之数量，并经查案之平面方寸，更须制造有关国防民生与现今必需品之完全连续设备，经查明确实生产开始后有三个月实绩者。"从这个资料可以看出，这种规定对大中华是非常有利的。因为大中华十寸以上的车是占全上海 1/5 强，同时还有关涉"国防"的轮胎生产。按当时每期（三个月）配给购进进口生胶的外汇，除第一期的 56 万美元和第二期的 96 万美元外，其他各期均在 70 万－72 万美元。大中华每期约可得 17 万美元，占总数 22%－24% 左右，至于其他汽油、锌氧粉及促进剂等的化学品辅助原料，大中华每期约可得 17，000 美元左右，也占总数的 24% 左右，大中华就这样从国民党那里，分得一部分掠夺劳动人民血汗的便宜外汇。尽管大中华分得不少，但它只能供应生产需要的 40%，还有 60% 要照市价向生胶商行购买。由于外国资本和官僚资本的压力，往往在年终时，某些困难或破产的中小企业由于逼债很紧不得不廉价出卖生胶和其他入口的辅助原料，大中华就这样乘人之危，买进比市价便宜 10% 的原料，再加上由于大中华有三个原料厂可以完全供给帆布、碳酸钙和一部分的氧化锌，因而大中华使自己的原料成本比同业各家为低，从而获得更多的额外利润。为了避免原料价格的波动或断绝，大中华借着自己雄厚资金，平时至少要囤积生胶供三个月生产需要量，至于贵重的化学药品往往囤积供一年生产的需要量。此外，大中华还可以通过香港的办事处或者培丰公司（某些大中华股东参股的公司）代办购买国外的橡胶业的必需品。

大中华由于资金雄厚，加上业务销路甚旺，因而企业生产的资金周转非常灵活，尤其更重要的是大中华资本家恶毒地用工人的工资存放银行和钱庄，取得了40多家大小银行钱庄信贷，这些有利于大中华企业生产的发展。当时来往最多的是四明银行、滋丰、保丰等钱庄，中国银行也有少部分贷款给大中华，大中华就这样能随时调动企业资金，解决企业各种需要和急款，这比其他同业来说自然更加有利的。同时，用支票发给工人工资，获得了更多的存款利息，在当时通货恶性膨胀下，利率很高的，大中华就这样在工人身上压榨了更多的血汗。

大中华企业除在生产上极力剥削工人和降低其他物质或成本费用外，为了能独吞工人创造的利润，此一时期与过去一样，抽出部分资金来包销双钱牌的橡胶商品，这是其他同业力所不及的地方。由于双钱牌已享有很高的威信，除在上海建立营业总所和十个门市部，并立即恢复外埠十个发行所外，在1947年还增设台北、广州两个发行所。当时双钱牌的销路极佳，确有供不应求的现象，各地经常来信要求购买双钱牌橡胶品。当时外埠发行所的销货量占总额的40%，尤其以重庆、天津、南京为多。还有60%是由营业总所直接售给批发商，其中40%商品是供应来自没有发行所的各省批发商，上海实际供应量只有20%。此一时期营业机构比较庞大而严密，共有职工口70人。上海各门市部和外地发行所的营业价格和销货数量都受上海营业总所指挥，为防止币制贬值，当时负责营业部门的洪念祖说："售得之款随时汇到上海，由上海统一收总账，后来由于币制一日数贬，为免吃亏，由总公司电令各地把所得之款，变换为外钞黄金或电汇上海。"除此之外，又据余性本说："当时我们也采用私商订货办法，双方立约，先付款，后取货，这样更可以保证避免币制贬值的损失。另外，我们还采用变换外形，以'新产品'的名义来提高价格"，如新产品长成自由车胎与原来的普通自由车胎相比价格较高，但过了不久，却和原来普通自由车胎一样高的价格。大中华当时的价目单从1945年9月到1947年12月一共改变了22次的价格，各种商品每次价格的变化，若折美元计算，则是很稳定的，甚至有的价格还要高些。尤其是当国民党反动派限制原料进口时，当时市场原料曾一度高涨，因而圆口男鞋1945年9月第一次价格6.75美元，到1946年10月16日价格抬高为20美元。以后限额输入开始分配后，在 1947 年 2 月 10 日就降到 12 美元左右，到 5 月又降到 7 美元左右，就这样使得大中华在通货恶性膨胀下，不断抬高物价，来达到高额利润。

大中华不仅运用以上的巧妙手法来获取营业的高额利润，更重要的是大中华采用黑账的营业活动，每年拨出约占全年总产量的 20%（据余性本副经理说有 50%）当作Ⓐ字货，此批货销售之款全部记为黑账。据有Ⓐ字货的资料记载是"历年得依章程分配与各股东及职工，并及时添补原料与机器"；据余性本副经理称"一方面是为了应付国民党的重税，另一方面，将该货所售之款，套购外汇黄金，保存实价，作为分红、增资、添购机器和原料等"。可以看出，此一时期大中华的盈利是非常巨大的，从部分黑账的资料记载，从 1946 年到 1948 年，大中华前后分红七次，增资两次。

次数	时间	分红总额	备注
1	1946 年 7 月 10 日起发	418，436，300 元（法币）	
2	1946 年 11 月起发	979，365，700 元（法币）	其中包括增资 475，000，000 元
3	1946 年 12 月起发	2，438，490，848 元（法币）	
4	1947 年 10 月 24 日起发	10，003，380，000 元（法币）	
5	1947 年 12 月 31 日起发	18，000，000，000 元（法币）	其中包括增资 75 亿元
6	1948 年 6 月 25 日至 7 月 5 日	100，004，219，000 元（法币）	
7	1948 年 10 月 29 日至 11 月 23 日	674，410.25 元（金圆券）	
总计			

上面两次增资都是一次拨清的，至于红利分配是分批拨付，但大部分都是在决定拨款起的数日内拨清，据当时分批拨付之款，以上七次红利和两次增资约值美元 801，516.81 元。其中大中华的利润远远超过以上数目。

胜利初期到 1947 年年底，大中华企业主趁着当时客观上还暂时有利于橡胶业的时机，用上面种种取巧的生产经营管理，压榨劳动人民和消费者的血汗，使生产迅速上升，利润急增，详看下表。

历年生产量产值纯益表

年份	汽车轮外胎（条）	汽车轮内胎（条）	汽车垫胎（条）	力车外胎（条）	力车内胎（条）	胶面布鞋（双）	生产总值新人民币	历年账面纯益法币
1945	2105	2907	2105	73,400	68,440	377,549	2,908,450	105,913,376.14
1946	13,702	10,534	13,702	340,020	288,165	6,052,658	33,726,530	5,629,694,091.08
1947	27,072	26,954	27,072	541,068	577,652	11,827,978	65,323,240	117,448,948,738.32
总计	42,879	38,395	42,879	954,488	934,257	18,258,185	101,958,220	123,184,556,205.54

说明：（1）生产总值是按1952年不变价格计算；
（2）账面纯益是历年年底总结账，由于币值贬值，该数不是实价。

历年纯益分配情况表

年份	1945	1946	1947
法定公积	10,600,000 元	5 亿元	100 亿元
股东股息红利	25,000,000 元	30 亿元	600 亿元
职工花红	12,500,000 元	15 亿元	300 亿元
其他	681,666,667 元	0	0
余利滚出下届	4,166,670 元	5 亿元	100 亿元
	67,683,672 元	13037092780 元	757,931,966.12 元

注：其他栏内是指垫发股东、职工红利利所缴税款。

　　从上面两个表格中看到，这几年大中华的生产是迅速发展，1946 年的总产值比 1945 年增加了 11 倍多，而 1947 年的总产值又比 1946 年增加将近一倍，年年的利润也不断上升，由于币值贬值厉害，该价数实在是巨大，单是黑账估计，在 1947 年 12 月以前共分红五次，增资二次，据当时拨款的时间计算，约值美元 74.7 万多元，若从资本家口述的占总产值 20％的Ⓐ字货价值来计算，单黑账历年收入就值二千余万人民币。大中华的雄厚利润大部分是由工人和劳动人民的血汗换来的，但是在已经贬值了的账面利润中，职工合起来的花红只占 30％，若扣除职员的花红，工人所占的比例更少了。再加上分发时间往往要拉长几个月时间，每个工人的收入已微乎其微了。

二、危机时期的生产剧降和营业瘫痪状况

　　大中华企业的危机已在上节叙述过，从 1948 年起大中华的生产已停滞不前的下降，尤其到 1948 年 9 月 18 日蒋介石政府强制实行币制改革后，大中华的三万元美元和三百条黄金被兑换金圆券，以及（实行）70 天的限制物价。若以 1948 年每日平均供应上海的产量（占每日产量的 60％）计算，70 天的限价中，被迫出卖 300 条汽车外胎、2760 条汽车内胎、5880 条力车外胎、5000 条力车内胎、320，000 双胶布鞋。这些产品的价格都比市场便宜六倍左右，损失六分之五，即无代价的损失了 250 条汽车外胎、2330 条汽车内胎、4650 条力车外胎、4165 条力车内胎、1，100，000 双胶布鞋。若以 1948 年每日平均产值 168，465 元人民币，70 天产值共 117，912，550 人民币，再以 60％作为上海市供应量计算，值 7，075，530 元，再于六分之五作为此黑市价格的损失计算，计损失 5，896，275 元人民币。此时大中华的元气大受伤。再加上由于抢购风潮数起，市场货物奇缺，民族资本无法正常进行生产，大中华企业主为了保存实力，主动控制生产量，因而到 1949 年初大中华的生产量比 1948 年降低一半。总之，在危机时期的大中华生产量逐渐下降，到 1949 年年初剧降 50％。据 1949 年 3 月 18 日上海《大公报》刊载：著名之大中华、正泰等厂已减产过半，此外可以从下表看出当时生产剧降状况。

1947 年到 1948 年历年历月各种产品产量产值表

时间	汽车轮外胎（条）	汽车轮内胎（条）	汽车垫带（条）	力车外胎（条）	力车内胎（条）	胶布鞋（双）	生产值人民币（元）
1947 年产量	27，072	26，954	27，072	541，068	577，652	11，827，978	65，323，240

时间	汽车轮外胎（条）	汽车轮内胎（条）	汽车垫带（条）	力车外胎（条）	力车内胎（条）	胶布鞋（双）	生产值人民币（元）
1948年产量	22，930	24，954	22，930	486，220	571，862	11，322，564	61，489，760
1949年产量	5877	5207	5877	271，643	218，561	6，478，955	32，809，510
1948年每月平均产量	1912	2025	1918	47，655	47，655	943，547	5，124，140
1949年每月平均产量	428	458	489	22，637	18，213	539，916	2，734，120

1947年年底我军全面进攻，蒋介石军事节节失败，1948年双钱牌的市场比1947年大为缩小，但是1948年大中华的产品只比1947年降低4%，这绝不能说明大中华的潜伏危机尚未爆发，相反地说明了大中华的企业危机已日益明朗化了。因为这不是正常现象，大中华的产品已不是正常供应消费者，主要是蒋介石的钞票已不得人心，广大人民都抱着重货轻币思想，再加上市场投机囤积活动兴风作浪所造成的结果，因此这是虚假繁荣，是当时工不如商的表现，也是商业投机大肆猖獗的表现。

大中华企业主面对着危机的灾难，惊慌失措，为了不愿坐视受损立即改变生产经营的措施，除在上节里已叙述的大量逃避资金从事囤积货物、套购黄金外汇、买房屋地皮等外，积极紧缩生产，为了把国民党压在自己头上的灾祸转嫁给工人，趁国民党强制实行币制改革，冻结工资，使工人的工资停在冻结水平，并把付款给工人的工资存放钱庄来夺取高利息。当时发给工人的工资大都是支票，工人拿到工资往往要过六天才能领到钞票，这样从钱庄那里获得了利息率高的额外收入。另外，降低物料成本，粗制滥造，据当时汕头发行所存的产品，有不少是废品，以此来达到剥削消费者。其次大中华借原料来源困难，不顾工人死活，解雇一批工人，其实大中华的外汇配给限额一直到新中国成立前都没有变化，而当时市场上还是可以购进，再加上香港有办事处，随时可以为大中华购买原料的，一直到新中国成立以后大中华存在培丰的生胶还有200多吨。但当时被解雇的工人是不少的，据1949年4月4日向上海同业工会报告职工人数时，大中华尚有4048个职工，但不久则降到 3490 人，解雇了五百多人。

随着生产的紧缩，企业主还在营业方面采取"惜售商品待价善沽的营业方针"，正如洪副经理的回忆所述的"少售多存"的方法，据当时营业总所会计主任杨东林所说的："当时所里存货不少，我们往往只供应批发商要求量的 20%－30%，除非好价，方肯多售。"尤其 1949 年年初，派人到各发行所疏散货物，据"行政会议记录"称"南昌来函童主任去赣州设法将货散"又"派朱秉兴去汕头来电已安抵"等。此外，还托各地发行所套购黄金外汇，甚至连股东私人写信也托自己的手下套购黄金外汇，大中华企业主就这样千方百计地保存实力，力图挣扎，幸亏人民大军迅速解放上海，大中华才从危险的旋涡中被拯救出来。

危机时期的大中华，尽管遭到反动政府的沉重打击，由于企业采取以上措施，把灾祸转嫁工人和消费者，使其不仅没受损失，而且还有盈利收入。据"账面资产负债损益表"，1948 年全年纯益为 59，531，783.53 元伪金圆券，1949 年 1 月至 8 月纯益为 2，036，198，600.61 元。据黑账部分资料，大中华曾在 1948 年 6 月 25 日至 7 月 15 日分红 100，004，219，000 元，约值四万美元；1948 年 10 月 29 日至 11 月 23 日又分红 674，410.25 元伪金圆券，约值三万美元；若以占总产值 30%的Ⓐ字货数额计算，从 1948 年 1 月到 1949年 5 月约有 15，000，000 万元人民币的黑账收入。

三、解放战争时期的资产膨胀状况

解放战争时期的大中华，盘进许多廉价的厂房，由于不断降低生产费用，独资包销双钱牌的商业活动，特别是对工人的残酷压榨，使大中华的资产大大膨胀。除去历年所得的利润外，大中华 1945 年的全部资产 330，902，655.87 元法币，约值美元 278，936.2 元，但到 1949 年新中国成立止，据同年 8 月资产估计，单是固定资产达 13，507，256，092 元人民币，再加上厂内存货11，817，520，737 元，共计 25，324，776，829 元，此外据当时各地发行所在地重估各该所的资产，约值 1746，102，395.58 元人民币（台北发行所未估价）。国外还有一大批资产，此一时期先后汇至美国准备购买机器的款就值572，000 元，汇至慎昌洋行购买马达之款有 12.6 万美元，托香港培丰公司存货有 5.5 万美元、254，252 港币、178，826 新加坡币，兴中行尚存1，454.06 美元、680 英磅，向联孚预定的货，尚存 3427 元。初期台北发行所曾向香港培丰公司汇款 52，700 元，其他零零星星等不估价，单是以上的几项货物和存款，数目相当可观。这些庞大的款资就是劳动人民血汗的凝结物。

第三节　企业主对反动政府帝国主义的
幻想依赖和矛盾日益恶化

一、企业主对反动政府帝国主义的幻想和依赖

胜利初期大中华企业主对国民党统治区形势的日益恶化趋势认识不足，他们为当时客观形势暂时有利于橡胶工业而得意忘形，再加上国民党提出了所谓"重见光明，自由发展"的口号，天真地幻想国民党能成为自己的靠山，让大中华能达到建立一个垄断全国工业的梦想，因而在胜利到来不久，就积极四处寻找政治势力，增强大中华的政治背景，梦想用政治势力来压迫工人、弹压工潮，以及迅速增强企业经济实力。于是在 1945 年 8 月 31 日的董监会上就通过决议，欢迎大流氓"杜月笙先生返沪"，并在次年首次的董事会上便"一致公推杜月笙先生为董事长"，董事长是"抗日派的重庆分子"，这是很有后台影响的事，大中华企业主们多少可以沾点"光荣"。并且董事长又是闻名的反动势力头子，门下的徒子徒孙、流氓打手多得不计其数，这对于大中华在上海各厂、各发行所的"安全"是有作用的，会上还通过继续"挽留孙鹤皋为董事"，孙鹤皋又是蒋介石做投机事业时的交易所老板之一，还做过四明银行的官僚资本的代理人，通过他可以直接与反动政府发生关系。但是大中华不以这两个反动头子感到满足，于是在 1948 年大中华建厂 28 周年纪念，董事会决议致书蒋介石，"请赐题训"，"以此鼓励而俾遵循"。企图投靠反动政府"而谋扩展"。并且可以用来威吓他人，这封信就是由孙鹤皋书面交给蒋介石的私人秘书毛思诚的。

大中华有了杜、孙二人做政治靠山，并通过他们不断地达到增强企业的政治势力和经济实力，这两个反动头子确实也为大中华企业主效了不少力。当时上海工人运动到处掀起，大中华为了要达到随心所欲地压榨工人，就在 1946 年 8 月 6 日董事会上请他们两人策划对付工人运动问题，"会上通过一条决议"："事业之兴替端在人事，而人事之执行端在纪律……决议人事管理，首要明是非，严赏罚，此后……切实执行，勿积瞻询"，这里所谓"人事""纪律""是非""赏罚"无疑都是压迫工人的重要手段。另外，在谋企业扩展方面，孙鹤皋的政治手腕很灵活，如在购买天津兴满橡胶厂发生异议时，经孙鹤皋书面给他的下属——河北平津伪敌产业处理局的大员张楚后，以二十比一的廉价把该厂轻易拿到手里。除此之外，大中华企业主只要有隙可乘都

不放手，利用政治势力，如在上节里大中华就是利用上海伪敌产处理局借大中华技术员张汴增等来探听内幕消息，洪副经理还亲自出马担任伪同业公会主席，控制公会势力，做出有利于大中华企业的种种规定。大中华企业主投奔国民党政治势力的幻想一直到大中华被国民党的币制改革和限制物价的打击下，经济危机时期还是存在着，如在 1948 年 5 月 24 日张汴增从美国来信说："翁文灏长行政院，理应明白工商的苦衷，但恐力量不够。"据资本家黄伯勤回忆说："战争时期我们时刻等待着，准备伺机再起的。"一直到解放前夕，大中华发生工人运动时，资本家仍然投靠反动政府，勾结反动军警和黄色工会来镇压工人运动。

大中华不仅对国民党反动政府，而且对帝国主义也是存在幻想，为了使自己的企业能装备美国的"先进"机器，先后汇款美国 572，000 元，向伯明罕订购机器，并还派了张汴增到美国留学，企图学习先进技术而谋企业的发展，他们并没看到帝国主义侵略中国的本质，是在于扼杀民族资本，使中国变为他们落后的殖民地，结果几十万美元至今尚被美帝国主义冻结。

综上所述，大中华企业主在抗战胜利初期，对反动政府和帝国主义存在幻想和依赖，企图投靠他们的势力，来达到发展企业镇压工人的梦想。

二、企业主对帝国主义和反动政府矛盾日益恶化

随着战后形势日益向恶化的趋向发展，民族资本在官僚资本、美国资本和通货恶性膨胀的打击下，生活日益困难，处境日益危险，大中华企业主早在收回厂房时就碰过鼻子，三厂的收回是从 1945 年 11 月 30 日直到 1947 年 8 月才全部移交完毕，因为官僚资本中蚕公司企图吞下这笔财产，迟迟不发所造成的结果。在标进天津兴满厂时，也有同样的遭遇，尤其是争购齐鲁橡胶厂时，大中华被挤在一边。大中华虽曾厉声要求移交天津兴满厂，责备伪政府在"不应有此措辞之苦暂缓交款"，"维护商民合法权益，在不久有所变更"，但都没结果，"幸"有孙鹤皋的作用，花了一笔巨款，才拿到手。

大中华企业主受到第一次最大的打击，就是反动政府颁布限制原料进口的法令，当时报纸经常呼吁"盼望输入限额放宽"，这是赤裸裸地看出国民党所谓"自由发展"的口号完全是骗人耳目而已。原料的限制输入，对营业很好、资金雄厚、利润很高的大中华企业来说，是一个沉重的打击。

1947 年年底以后，我军全面进攻，蒋介石军事一败涂地，节节败退，国民党统治区日益缩小，反动政权已势如破竹地走向最后总崩溃，但是反动政府并不甘心于失败，他们越来越疯狂地进行血腥的军事政治统治，继续强制执行已破烂的通货膨胀政策，用高压的政治手段发行金圆券，此时对大中华

来说是最沉重的打击，在上面的几节里我们已经叙述过，大中华当时的损失相当惨重，元气也受大伤。生产和营业都陷入瘫痪境地。大中华对国民党的迫害是不满的，但不敢正面反抗，只是采取逃资的办法对付，却在工人身上出气，把灾祸转嫁给工人。反动政府不仅从经济上打击了大中华的要害，而且还明目张胆地用武力敲诈，采用司空见惯的手段，就在 1948 年上半年"伪沪警备司令部奉国防部令传讯副经理洪念祖、上海发行所主任顾金法有资通共之嫌"，结果被敲了一笔巨款才放回，此外反动军警经常要摊派所谓"保安费"等，以国防需要为名义劫走大中华的大批钢筋水泥建筑材料，该材料原打算为向美国购买机器建筑厂房之用。

大中华向美国订购一批机器，由于反动政府迟迟不发输入证，而美帝也趁机拖延交货时间，就这样到现在尚在美国，原派张汴增向美国学习技术，但据张汴增来信"进入大学并非容易"，"参观工厂美人大忌"，这已是赤裸裸地看出美国所谓"援助中国"的本质，是在于阻塞中国工业发展，使中国永远成为落后国家，企图达到成为他们殖民地的梦想。

解放前夕时，帝国主义的橡胶工业也开始恢复旧观了，若不是党领导人民迅速解放上海，双钱牌也将在享有种种特权和垄断全国经济命脉的邓禄普和古德意①的大量倾销下而掩埋。显而易见，大中华当时的处境已极危险的，继续下去势必使大中华落在外国资本和官僚资本的虎口。

总的来说，在解放战争前期，大中华企业主虽然对反动政府和帝国主义有一定矛盾关系，但是这一时期主要还是对他们抱着幻想和依赖，这个幻想和依赖虽然逐渐淡薄，但一直到解放前夕尚有存在的，特别是在对付工人运动上的表现。解放战争后期，由于蒋介石政府发动自绝的反共战争的迅速失败，它的反动统治越来越猖獗，美帝国主义的公开侵略越来越疯狂，他们再一次地摧残民族资本，企图扼杀和吞并所有民族工商业，此时大中华所受的压力日益沉重，从而与反动政府和帝国主义的矛盾日益深化。

第四节　工人的生活和斗争

一、工人生活的极端恶化

中国人民在中国共产党的领导下，经过八年的英勇艰苦斗争，终于赶走

---

① 2019 年编者注：古得意，现称为固特异。

了日本帝国主义，此时长期龟缩在大后方的蒋介石政府却大肆出动掠夺所谓"接管敌产"的人民财产，并引狼入室，让美帝国主义代替日本帝国主义骑在中国人民头上，他们狼狈为奸地发动内战，强制推行已破产的通货膨胀政策，严重摧残城市和农村的经济，民族资本在美国资本和官僚资本的压迫下，处境非常困难。至于一贫如洗的工人和农民的处境，尤为悲惨，生活在饥冻死亡的边缘，大中华工人原以为胜利会使自己生活变得好一些，但是事实正好相反，他们的工作时间、劳动强度、生产安全、就业保险、工资收入、人格地位等一切一点都没有改善，反而越来越坏了，这些在第二节里只是皮毛地叙述过。其实此一时期工人生活的处境，是建厂以来所没有过的惨不胜惨，特别是反动政府罪恶的通货极端膨胀政策，黄色工会的横行霸道，以及资本家的苛刻剥削等的压榨下，简直是人间地狱。胜利后物价日益飞涨，但是工人的生活指数每月只公布两次，工人的实际工资的急降和物价的疯狂飞涨形成剪刀差。据调查：1947 年 1 月工人月俸平均 265，461 元到 12 月增加了11.4 倍，但是同期米价却上涨了 18.3 倍，无形之中工资被打了六折；到1948 年处境更加恶化，据调查部分工人工资的统计：1946 年 5 月每人平均工资可买米 2.492 石，经过两年到 1948 年 5 月只能买米 0.889 石，下降了64.33%；至于发行金圆券以后，至于限价期间反动政府实行冻结工资，黑市价格都涨五六倍，这无形中工人的工资打了 5/6 折。

工人的这样低微工资，并不是马上可以到手，资本家为了更多地榨取工人的血汗，以结算账目困难为借口迟发五天，并且发的都是本票，到南京路宝丰钱庄去兑换又得花一天，物价日跳夜涨，而工资迟发了六天，工人的损失可想而知。据调查铁车部 152 个工人，1948 年 6 月 16 日到 7 月 15 日每人平均工资为 2160 万元，可买米 7.85 斗，过去六天只能买 5.92 斗，损失 1.93斗来作为资本家的存款利息。包扎部的 39 个工人也在同期内每人损失了 2.13斗。不仅如此，而且还扣掉兑款的一天工资。能在六天拿到现款还算好运，当时伪上海银钱信托业在 1948 年 4 月 9 日实行"改计营业与交换时间办法"与缩短营业时间，规定每天上午九时到十一时半为兑换本票时间，这样有些工人被迫在白天停工去兑，稍有迟缓还兑不到，要隔日再兑。在币值剧降物价急升下，为了要领工资半夜在账房间门口排队，甚至还要拼着命分秒必争地早日领到工资。大中华一个女工俞叶氏在发工资那一天图章放在被锁的车间里，账房间硬要她盖图章，迫使她冒着生命危险从二层楼的窗户下爬进车间，结果不幸摔下而死，这种惨不胜惨的血泪是不胜枚举。工人拿到现款后还要出奔购买东西的难关，由于投机囤积猖獗活动，市场的货时有时无，在物价一日数变的情况下，当工人买到东西时，币值又大大降低了，二厂一个女工兑到一个月工资后，四处奔跑买米。只过一天，一个月工资只够买五升米。那时能买到米混几天还算运气，不少工人在半夜里去排队轧痛筋骨，还买不到户口米。有的工人米买不到，身体又轧坏，不能去上工，只能眼看手里的一叠钞票要变为废纸而发呆流泪。至于工人的衣食住行比以前更坏，三厂有一个工人借来了一个月工资只能买十数斤甘薯，半个月也混不上，天天饿着肚皮硬着头皮上班，至于工人家里老小，无依无靠，女工李小妹狠心让孩子在街上流浪行乞。这是资本家狠心，不顾工人的家庭生活，一个女工周林妹因家里有孩子，下班后匆匆出厂，不留心袋里存有几张草纸被资本家察觉，就一脚踢开。失业工人的生活更为凄惨，开除数目很大，仅是一个小小的二厂，曾在三个月的时间里，开除 24 人，尤其在企业危机全面爆发后，被开除的工人更多了。失业工人生活比就业工人更为悲惨，一家大小被迫流浪行乞，惨不忍睹。

反动政府和资本家连这样坏的环境，也不允许工人太平过去。1946 年 5 月 26 日，伪社会局视察陈曦支持工贼邱富宝、黄福生、孙大宝成立黄色工会，强迫工人入会，使他们有更多的会费挥霍。平时仗势打人，恃强威逼，还吓死工人薛贵如。在厂外和反动军警特务合流，到 1948 年 1 月更加猖狂，这批公贼组织了护工队，并成立国民党直属区分部，以后还加入了伪上海工人福利会特务组织，1948 年年底出卖了工人的"年奖运动"，从资本家那里"借到"合米百余担的六万元金圆券后，即翻转面孔来痛打要求年奖平等的工人。

此一时期大中华工人在资本家的压迫下生活极端痛苦，再加上反动派的恶性通货膨胀和黄色工会的横行霸道，迫使工人走投无路，为了求活，不得不起来展开搏斗。同时，还从反动派黄色工会的敲诈威逼中得到了反面教育，觉悟逐渐提高，看透这批家伙的狰狞面目，反抗他们的压迫，不少工人坚持不加入黄色工会。尤其是 1948 年年奖被出卖后，工人的觉悟更加提高了，从而增强了工人的斗争力量。

二、工人的反饥饿斗争

这个时期，大中华除五厂外，由于没有党的直接领导，由于反动势力加强对工人的控制，使工人运动的开展受到一定的影响。但是尽管这样，工人的斗争从未停止过，特别在 1948 年以后，工人生活水平剧降到濒于挨饿的地步，经常硬着头皮，空着肚皮上工，尤其在 1948 年年底蒋介石实行反动的冻结工资，领来工资只能混几天，再加上市场抢购风行，粮食几乎断绝，严重威胁工人生活，工人家里米缸已空数日了，眼看就要挨饿地死亡。但是厂内仓库却堆了不少发霉的米，并且还是整十整百担地装进去，账房间内日日白饭鱼肉，工人再也不能忍受了，受苦最深的一群临时工首先开始了抢饭斗争，走进账房间开饭，一连吃了几天；但是家里大小还是挨饿，于是部分工人，首先是女工冲开仓库，用围巾兜米，男工把整包大米搬出，大家共同兜米回家去。资本家怕剩下的米都被抢光，放进套鞋里企图搬走，但被工人拦住，来个彻底清仓。于是资本家请来反动军警，企图逮捕领头抢米的工人，当时参加抢米的所有工人拦住军车，并反抗地喊："要抓一起抓，反正我们没有饭吃。"警察在声势浩大的工人面前吓坏了，匆匆忙忙地拿了资本家的礼物，狼狈地开着空车回去，这次斗争就这样结束了。

三、五厂工人的斗争

1948 年 10 月，五厂已经有了十个党员，上级党组织就决定在该厂建立地下党支部，丁月仙、蔡雪芳、郑振清当临时支部委员。当时国民党政府已摇摇欲坠，上海人民陷在水深火热中。

年关快到了，物价仍是狂涨，五厂工人的最低生活也无法维持，工人的希望都寄托在年奖上，只靠这笔钱还债、买米、混混地过日子；但是资本家却没人性地在 12 月 24 日规定：男工年奖发一个月，女工发 24 天，件工发 21 天，立即激起工人特别是女工和件工的极大愤慨。

党支部立即决定发动工人起来斗争，当时为了尽可能求得协商解决，派徐人瑛同志（地下党员）发动一部分女工向黄色工会交涉，黄色工会理事黄炳坤企图阻挠，并阴谋摸底，但终于理屈词穷，夹着尾巴跟随工人和厂方谈判，黄色工会的几个代表在谈判中逃跑，只剩徐人瑛等几个代表坚持与厂长谈判，厂长无可奈何地答应向总公司交涉。但资本家一直拖延，再加黄色工会从中破坏，谈了几次，没得出结果。当时女工斗争仍强，采取怠工办法斗争，党支部决定发动男工来增强斗争力量，提出了"男女工人是一家"的口号，大大增强了工人的斗争力量，迫使厂长在 12 月 31 日上午和工人再谈判，但仍无头绪。于是党支部决定从中午开始全厂总罢工，拥进账房间，厂长和总管吓白了脸，工人和气地与厂长讲理，厂长却以为工人可欺，威胁说："你们难道不怕坐牢吗？"激起了房内外工人愤怒，纷纷大喊要揍（厂长），厂长见势不妙，企图叫伪军警，但电话线早被工人瞿金龙剪断了。周围的工人激怒要上前揍厂长，党从长远考虑，立即阻止大家，当夜工人在厂里过夜监督资本家。

次日资本家在群众压力下，口头上答应工人的要求，党已知道这是资本家的缓兵之计，为了更好教育、组织群众和争取资本家的觉悟，就解围复工了。

　　复工后，资本家翻脸不认账，于是全厂又展开了罢工斗争。黄色工会千方百计设法破坏罢工，并放出风声："领导罢工的都是共产党，跟共产党是没有好下场的。"好心的工人就来劝徐人瑛，徐人瑛听了故意高声地说："噢，帮工人说话是共产党，帮资本家说话就该是国民党了。"这样达到了教育工人的效果，工人纷纷地说："对，共产党就共产党，总比帮资本家说话的国民党强！"

　　资本家见破坏不成，就去求伪警备司令部派人镇压，但那时工潮遍地掀起，司令部的宪兵忙着出去镇压了，只好派了一队海军陆战队来。党看到红车子要来，立即派党员和积极分子分头到工人中去宣传："只要团结紧，坚持到底，他们是无法的。"一面派徐人瑛和郑振清带领积极分子去对付反动军警，这批家伙枪弹上膛，利刀出鞘，车上还架起了机枪，要冲进铁门里来。郑振清和其他工人守住铁门，只准他们派一个人进来，进来的伪军官企图耍威风，吓唬工人说："蒋总统有令，罢工者一律格杀勿论，你们知道吗？"工人们沉着与他说理，但这个家伙态度傲慢继续威胁他们说："若不复工，要负扰乱社会治安的罪名，统统都要关起来！"这下可气坏周围的青年工人，将他团团围住，卷起衣袖说："官逼民反，我们都豁出来了。"伪军官一看见工人发怒，就转口风说："不过，兄弟我一向是很同情劳工的，这次来主要是替你们调解的，有话慢慢谈好了。"听了工人诉苦讲理，知道自己理屈词穷，就皱皱眉头说："对对，你们老板无理。不过，你们罢工也不对，好吧！你们明天复工，年奖的事包在兄弟身上。"狼狈地逃了。

　　第二天，资本家答应女工、件工各加四天发放年奖。为了避免过分暴露党的力量，就在取得了一定的胜利情况下复工了。然而事情并未就此罢休，复工后没有几天，伪警备司令部就根据资本家提供的黑名单，将徐人瑛等八个工人一起逮捕。徐人瑛被送到特刑庭，反动派虽然怀疑她是共产党，但无证据，关了一个多月后，在党的营救下于1949年3月初被释放了。

　　此时人民解放军以雷霆万钧之势席卷了中国长江以北地区，渡江南下，指日可待。上级指示要收集企业和职工情况，并酝酿保护工厂，五厂的党员同志们就一面写信、寄宣传品给资本家，解释党对城市工商业的政策，同时劝告他们要规规矩矩不得破坏；一面教育职工提高认识，告诉他们"工厂是我们的饭碗，上海解放了，如果厂被破坏了，大家无法生活"。到4月中旬，就在群众中公开提出护厂。工人们由于经过了年奖罢工斗争后，已进一步认清反动派的真面目，更加相信和靠拢党了，不少积极分子参加了地下的"护厂"组织。因此，一下子就有60多人响应号召参加护厂队。

　　4月21日，解放军百万雄师渡长江。喜讯传来，工人们高兴激动地说：

"东方红了""我们出头日子到了",人人都喜在心里,笑在梦里。资本家虽接到了党的宣传品,但对党还是半信半疑,主动去找徐人瑛、郑振清同志搭讪说:"你们要翻身了,不劳者不得食,我们要没饭吃了。"郑振清同志向他们解释说:"你也可以参加劳动的,用不着恐慌。"并继而对他们说:"不要听信谣言。共产党来了,民族工商业受到保护。日子只有好过,不要瞎担心。"厂长听了将信将疑地点了点头。

5月上旬,解放大军向上海进发,为了防止机器受到破坏,护厂队员们搬进厂里住,此时参加护厂的人已有一百多了。但是工贼黄炳坤企图破坏,硬要工人回家去,党组织马上在群众面前揭穿他们企图盗窃器材、破坏护厂的阴谋,坚决住在厂里,保护了工厂,直到上海解放为止。

27日清晨,解放军尚未进入沪东地区,街上还有蒋军的残兵,郑振清和护厂队的小伙子们,佩戴"人民保安队"的臂章,上街区维持社会秩序,迎接解放。他们就这样赤手空拳,缴获残敌的手枪3支、步枪20余支、望远镜1只、子弹和手榴弹数箱。

其他各厂的工人,也在解放前夕,积极地进行了护厂斗争,迎接解放。革命烈士穆汉雄,就是在1949年春通过工人夜校的教师在一厂发展了"工协"会员40余人,从此一厂工人在党的直接领导下,展开了极活跃的护厂斗争。他们还根据党的指示,收集黄色工会的活动情况,宣传党的政策,把油印的《新民主主义论》送到总经理吴哲生手里,教育资本家。此外,还组织了纠察队,在工厂的要害部门日夜值班保卫,防止敌人破损,他们还出动剪断反动派的军事电线,破坏敌人的通讯,配合我军解放上海。

大中华工人就是这样在党的领导和教育下,以战斗的实际行动来迎接解放。

本章小结

抗战胜利以后到全国解放,是半封建半殖民地的旧中国总崩溃时期,处在这个总崩溃社会里的大中华,就在胜利初期,已潜伏了危机,这个危机是随着蒋管区社会日益趋向崩溃而明朗化。但是大中华资本家并没看清这个阴险形势的总趋势,对反动政府和帝国主义抱着很大的幻想和依赖,趁着胜利初期暂时有利于橡胶业的客观形势,大肆发挥其雄厚的资金,并依靠政治势力,分享国民党的"劫收"财产,吞并某些破产的民族资本,通过残酷地压榨工人,使企业不正常地突然扩展。但是"好景不长",随着美国资本和官僚资本的不断加强掠夺，随着蒋介石政府越来越疯狂的统治，随着通货越来越恶性的膨胀，大中华的危机也日益严重地爆发，生产剧降，营业瘫痪，从而对反动政府和帝国主义的矛盾日益加深。但是大中华已越来越陷入不能自拔的旋涡中去，幸而创造大中华企业的工人，在党的领导下，展开护厂斗争，有力地配合大军迅速解放上海，才使大中华从危险的灾难中拯救出来。

第四章　解放后企业的改造

第一节　解放初期企业的困难及其克服过程

一、企业的困难及其原因

1949 年 5 月，上海解放后，党积极贯彻了"发展生产、繁荣经济、公私兼顾、劳资两利"的城市工商政策，大大推动了上海工商业的恢复与发展。但是，由于国民党匪帮在解放前夕的疯狂掠夺，造成了上海的金融、市场的严重混乱，以及工商业奄奄一息的局面。解放后，美蒋反动派对大陆的封锁轰炸，给上海经济的恢复带来了暂时的困难。在这种情况下，再加上橡胶行业和大中华本身的许多弱点，在解放初期，大中华橡胶厂的经营发生了比较严重的困难。

1949 年 9 月 13 日，资方给有关部门的信中，对当时的生产、营业、原料等情况作了如下的陈述。

（一）生产状况

寻常每星期工作六日，每日工作十小时，更有若干部分日夜分班，唯自四月来因营业萧条，每星期工作减为三天，每日实际工作仅五六小时，生产数量仅及寻常的 20%，如下表。

（产品及原料耗用情况表见下表）

（二）营业销路状况

营业历来以外埠为大宗，总厂在全国各商埠皆设有发行所推销，自今年四月以来，因交通阻滞，货运不畅，致营业一落千丈，……全部产品销售仅占 30% 而已，销售量既大减，为求款迫切，致售价亦一蹶不振，全部营业收入仅及常时的 15% 而已……

产品及原料耗用情况表

年月	汽车胎（只）	力车胎（副）	自行/三轮车胎（副）	套鞋（打）	布鞋（打）	电力（度）	生橡胶（吨）	汽油（加仑）	工人（人）
1948 年 12 月	2115	2924	38,876	54,080	23,699	479,720	294.1	41,377	2994
1949 年 1 月	53％	63％	73％	72％	63％	432,810	201.3	29,615	2793
1949 年 2 月	56％	57％	69％	77％	77％	400,460	266.5	33,782	2849
1949 年 3 月	60％	—	81％	79％	92％	428,500	225.3	36,529	2829
1949 年 4 月	20.6％	—	76％	64％	91％	325,000	173.9	30,198	2870
1949 年 5 月	7.4％	—	32％	26％	33％	118,730	72.16	11,534	2724
1949 年 6 月	6.9％	—	31％	25％	68％	151,890	78.9	15,786	2707
1949 年 7 月	8.5％	—	36％	27％	74％	161,310	116.3	15,156	2821
1949 年 8 月	4.1％	—	23％	33％	57％	146,600	88.1	17,754	2963

主要产品销售情况表

年月	汽车胎（只）		力车胎（副）		自行/三轮车胎（副）	套鞋（打）	布鞋（打）	橡皮线 P
1948 年 12 月	1396	100%	1686	100%	10,690	55,064	19,380	1800
1949 年 1 月	926	66	1704		6695	34,407	16,690	1500
1949 年 2 月	1037	74	1582		14,581	28,678	14,307	1190
1949 年 3 月	485	35	2730		10,556	40,329	19,130	500
1949 年 4 月	422	30	826		3368	28,696	12,251	—
1949 年 5 月	154	11	23		3477	4561	2127	—
1949 年 6 月	63	4.5	690		4648	11,261	16,296	500
1949 年 7 月	75	5.4	846		10,268	16,398	6987	—
1949 年 8 月	41	2.9	131		2483	7354	1610	—

售价情形表

年月	汽车胎	圆口套鞋	力士布鞋
1948 年 12 月	100％	100％	100％
1949 年 1 月	51	66	59
1949 年 2 月	58	85	75
1949 年 3 月	97	95	89
1949 年 4 月	71	98	95
1949 年 5 月	62	61	60
1949 年 6 月	73	83	82
1949 年 7 月	49	53	53
1949 年 8 月	39	52	52

（三）开支情况

1—4 月四个月中原料、物料之支出，恒在全部收入 80％以上，工资在 12％左右；自 5 月起，原物料之支出（比重）降落一半以上，工资和其他支出上升几倍。

（四）原料情况

若干主要原料，如生橡胶、汽油、埃及棉花等皆仰给舶来，其中生橡胶、布匹等照最近 22％的生产量，尚敷二月余之用，如照上年 12 月之用量，不足一个月，唯汽油一项所存无几……8 月底止，商厂所存汽油为一万一千余加仑，仅敷数日之需。最近政府颁布管理办法……查本市橡胶工业目前油配会查定月需二十四万加仑，商厂占四分之一强，月需六万加仑，最近华东区国外贸易局油配处表示支前第一，全市橡胶厂最近月配三万加仑，商厂可希望者为六千余加仑，仅及往常十分之一，而又无其他可代，故不得不按汽油配量而定生产计划。简言之，必须照最近生产量再减半，以 12.5％生产，而欲负担 100％开支工资，实苦力不从心。

1950 年上半年，由于匪机的"二六"轰炸[①]，电力供应减少，生产更受

① 2019 年编者注：1950 年 2 月 6 日，溃退到台湾的国民党空军派出四个编队、17 架飞机轰炸上海，自 12 时 25 分至下午 1 时 53 分，向杨树浦区、嵩山区、卢家湾区、蓬莱区、江湾、吴淞等地倾泻六七十枚炸弹，炸毁房屋 2000 余间，上海五大电厂中有四座遭到不同程度破坏，炸死炸伤市民 1464 人，5 万多民众受灾，财产损失无法估计。（张犇：《1950 年上海大轰炸》，上海社会科学院出版社 2017 年版，第 48—49 页。）

影响，具体情况见下表。

"二六"轰炸前后主要产品的生产情况

产品	1月	2月	3月	4月	5月	6月
汽车胎（只）	285	73		8	163	
汽车胎（副）	14，367	4470	580	994	6890	13，095
胶鞋（打）	67，577.5	14，796.4	11，644	29，071.2	51，469.8	41，784.8

造成大中华在解放初期企业经营困难的具体原因是很多的，但主要是以下三点：

第一，美蒋反动派的封锁轰炸，造成了解放初期企业经营上的困难。这是因为在半封建、半殖民地的旧中国成长起来的橡胶工业，基础是极端脆弱的。它的主要原料全依赖外国进口，上海解放后，敌人封锁海口，原料进口中断，这就严重威胁了橡胶工业生产的恢复和发展，加以美蒋匪机轰炸，电力供应暂时减少，更使生产受到影响。

第二，由于新中国成立前的经济崩溃，市场极度混乱，物价飞涨，投机商人囤积居奇，造成了虚假的社会购买力。大中华曾在这假象繁荣中盲目发展，它的销售机构遍设全国十几个大城市。新中国成立以后，人民政府对各种投机活动，采取了坚决打击的措施，市场渐趋稳定，过去的虚假购买力已不复存在，再由于当时全国交通和生产贸易尚在恢复过程中。因此，大中华虚胖臃肿的弱点就更容易暴露，当时的产品销售发生了一定的困难。

第三，资本主义企业经营管理上的腐败，无疑也是造成困难的主要原因之一，机构组织凌乱，职责不明，特别是技术管理混乱，更造成生产上原物料的极大浪费和产品质量的低劣，给企业带来了不少损失。例如：技术室两个技术人员调作行政工作，而配料无技术人员顾问，一次就配坏了自行车胎料50多车。又如：嵌压部大批光皮堆积在潮湿的地方，任其霉烂，无人处理；大车间压坏弹簧底400车、光皮15车、沿条十余车、中底……

在质量方面，有的三轮车胎烂脆得像豆腐渣，而所谓"标准"内胎，一打气就"大肚皮"或爆裂，因此形成大批退货。而胶鞋也不例外，温州发行所给公司的报告中这样写着："此处解放前之到货之加皮之大力士球鞋一批，顾客每每穿两三日后，布面即支离破碎，撕撕如败絮……现在我们已停止出售……"因此，大中华的仓库和各地发行所堆满了制成品。

由此可见，解放初期企业所产生的困难，是旧社会留下来的遗毒和敌人的封锁轰炸，以及资本主义生产经营所固有的弱点所造成的。

二、企业困难的克服过程

在解放初期企业面临暂时困难的阶段，大中华资方态度消极，缺乏克服困难的信心，处处强调困难，1949 年 9 月提出"三班工作，每班工作一个半月，未轮及者酌贴川资，俾回乡生产以及取消津贴米五斗"等精简办法，这实质上是要疏散三分之二的工人，"二六"轰炸后，更坚持"至少要疏散三分之二以上的工人"，"非此不可"，表示毫无协商余地。总厂长黄伯勤先生对来协商生产问题的工会代表说："不谈搞生产，要先解决疏散才有办法！"

然而，工人群众坚决反对疏散，现在有党的领导和政府的支持，1942 年的惨剧再也不能重演。他们深信毛主席指示的"有困难、有办法、有希望"的话，紧密地团结在党和工会的周围，千方百计地为克服困难、维持生产、渡过难关做出了重大贡献。"二六"轰炸后，电力供应暂受影响，厂内生产完全停顿，残余的反革命分子乘机造谣、破坏，气焰颇为嚣张。为了保护工厂，防止敌人破坏，工人群众在党的直接领导下，于 2 月 11 日组成了护厂队，他们积极操练，日夜放哨巡逻，2 月 28 日，由于护厂队的高度警惕，迅速扑灭了橡皮间的火灾，粉碎了敌人的恶毒阴谋，确保了全厂的安全。

同时，工人遵照党的"劳资两利"政策，一面对资本家进行团结教育工作，批评其疏散工人的消极态度，一面主动减薪，提出"同舟共济，渡过难关"的口号，来团结资本家共同克服困难。

3 月初，电力供应恢复，工人的生产热情高涨，克服困难的信心百倍，他们在党和工会的组织领导下，针对腐败的生产管理所造成原材料的巨大浪费及产品质量低劣的严重情况，开展了一个轰轰烈烈的厉行节约、反对浪费运动。工人们提出"一块橡皮一块肉，一滴汽油一滴血"的节约口号，清理废胶的全厂大扫除运动，使陈年堆积在车间墙角里、工作台底下、荒场上，被人们当作垃圾的几吨橡胶、光皮、沿条等废物，都做了很好利用，而以前只是看作"废胶"的都送入"红门"（炉子）烧掉。在反浪费运动中，工人们一面积极向资方提出改进生产管理、防止原料浪费和提高产品质量的合理化建议，一面以主人翁态度订立了劳动公约和保证产品质量的技术操作规程和节约原料的制度，并自觉遵守。他们说："劳动公约是当家人，谁破坏它，谁就是破坏生产。"

反浪费运动大大节省了原材料的耗用量，如套鞋部的汽油用量由原来的九千双用油五十加仑下降到二万双用油六十加仑，将近节约一倍。鞋类的原料节约25％，反浪费运动也大大提高了产品质量，如力车胎副号率由16％下降到1％－2％，而内胎损坏率也由20％下降到1％－2％，胶鞋副号率由每天500双下降到150双。不仅如此，反浪费运动还大大提高工人的政治觉悟，加强了劳动纪律，初步树立了新的劳动态度，促进了企业生产管理的初步改善，提高了劳动生产率，使企业面貌初步改观。在这巨大的成绩面前，资本家黄伯勤先生也点点头说："我们厂工人确实有办法。"

工人群众一系列的实际行动，对企业克服困难起了重大作用，也教育了资本家，提高了资本家的积极心。就在这一困难时期里，人民政府对私营企业的政策照顾和大力扶助，是大中华迅速克服困难的主要原因。早在1949年夏天，上海刚解放，市军管会就向大中华定制了大批军鞋，解决了当时胶鞋销售淡季的困难，而国家1949年、1950年向大中华收购的轮胎，均占企业全年销售量的一半以上。自1950年1月起，当时的国营日用品公司又开始收购橡胶制品，特别是在"二六"轰炸以后，如果没有政府的订货和收购，企业的生产是无法维持的。

在原料供给方面，虽然当时全国大陆尚未完全解放，要保证前线所需汽油的供应，但仍然尽力照顾到私营企业的生产，进行了汽油、生胶的计划分配，此外，国家还以汽油、生胶、埃及棉向大中华交换轮胎。这对当时维持生产起了很大作用，而制造防老剂的原料厂，尤其在国家的帮助下，扩大了生产。

1950年下半年起，承制军鞋的任务增多，企业生产日趋恢复，同年7月，中央轻工业部在北京召开了橡胶工业会议，大中华资方也出席了。这次会议指出了公私营橡胶业总的生产方针：在国家计划的指导下，有步骤地发展生产资料的生产，而生活资料的生产则应价廉物美，面向农村，力求大众化。对于私营橡胶工业的业务经营方针，指出必须改造以前的散漫性、落后性和传统的依赖性、投机性，走上自力更生的道路，在管理上要实施民主管理制等。会议按照"公私兼顾"的政策，东北和青岛国营厂的生活资料生产一再减少，以照顾私营企业。这次会议给大中华指明了发展方向，提高了资本家对克服困难、搞好企业经营的信心。资本家回沪后，立即着手扩充制造轮胎的生产设备。当时添置的汽车胎模，计有35×7十七副、600－16四副、900－20五副、900－16四副、10.00－20八副、10.50－20一副。

此后，轮胎产量猛增，企业生产情况迅速好转，具体见下表。

解放初期企业产值、主要产品产量及盈亏情况

年份	总产值（千元）	轮胎（只）	力车胎（只）	胶鞋（只）	盈亏情况（千元）
1949	32，809	5877	271，643	6，478，955	－37，372
1950	28，209	5330	245，763	5，294，147	＋2914
1951	50，673	35，617	367，230	7，558，881	＋13，924

这样，解放初期企业的暂时困难，终于在人民政府正确政策的鼓励和互助下，以及全厂职工的积极努力下得到了克服，并随着全国大陆的全部解放，交通运输的恢复，以及国防建设的需要和土地改革后农村经济的开始高涨，企业生产很快恢复，而1951年汽车轮胎产量更大大地超过了历史上的最高产量。

第二节　企业的初步改造

一、抗美援朝运动对企业经营的有利影响和生产的恢复与发展

1950年下半年，全国掀起了伟大的抗美援朝运动，大中华厂工人热烈响应了党支部"提前完成军棉鞋，全力支援志愿军"的号召，他们说："志愿军在前线立功，我们要在生产上当模范"，"后方多流一滴汗，前方少流一滴血"，各部门展开了"质量好，协作好"的竞赛。轮胎工人和机修工人一下班就来布鞋部参加义务劳动，工人陈道生做了夜班后也不休息，就赶来参加义务劳动，妻子又在坐月子，无人照顾，别人劝他回家，他回答说："军棉鞋事大，家里事小，要不打走美国狼，我陈道生就过不上好日子。"

1951年轮胎加工订货的任务加重。为了多生产轮胎和增产节约，捐献飞机大炮，支援前线，工人们订立爱国公约，展开生产竞赛运动，使轮胎月产量由2500只翻到5700只，并和资方订立了增产捐献合同：

（1）增产利润：65％由劳方捐献，25％由资方捐献，10％作为工人福利金。

（2）节约利润：劳资双方各捐献40％，20％作工人福利金。

结果，八个月的增产节约捐献运动，共捐献了人民币669，688元，超额三倍完成捐献计划。

　　这一伟大运动，对企业的经营产生了极有利的影响，促进了产品质量、劳动生产率的提高和原料的节约与产品成本的下降。在这运动中很多工人多方面找窍门、挖潜力，为提高产品质量、节约原材料做出了很大成绩，技术工人周龙泉同志经过长期的苦心钻研，发明了主要原料墨灰的代用品，这样在轮胎制造中可节约墨灰三分之二以上。单就1951年五个月计算，节约了人民币45万元。而且产品质量还大大提高，过去全部用墨灰制成的，衬胎性质僵硬，容易龟裂，而发明的代用品有耐高温、耐磨、性质柔软等优点，并且制作便利，生产时间缩短，以及减轻了工人的劳动强度。

　　这一伟大运动也教育了职工群众，提高了他们的觉悟，上述运动中所取得的巨大成绩，是工人群众自觉行动的结果。同时，抗美援朝使大中华资本家也受到了一定的爱国主义和国际主义的教育，他们在生产、捐献、支援前线的斗争中也出了一分力量。

　　由于党和政府对大中华的扶助，供给原料和收购产品，特别1950年下半年的中央橡胶工业会议以后，政府积极鼓励发展轮胎生产，1951年又向大中华进行大量加工、订货和收购轮胎，以及全厂职工的努力，使大中华轮胎的年产量达到35，617只，超过新中国成立前（1947年）最高产量27，072只的32.35％（而且尺寸规格比新中国成立前大），而比1949年、1950年增加六七倍。胶鞋生产也有增加。至此，企业的生产基本恢复，而为国家经济建设和国防建设所需要的轮胎生产更是飞跃地发展。1951年企业的财务情况也得到了根本好转。这一年企业获得了13，924，000元的巨大盈利。

新中国成立前后数年的轮胎产量

年份	1946	1947	1948	1949	1950	1951	1952
轮胎（只）	13，702	27，072	22，930	5，877	5，330	35，617	42，834

二、资本家向国有经济和工人阶级的猖狂进攻

　　新中国成立以后，党和工人阶级对于有利于国计民生的资本主义民族工商业采取"公私兼顾，劳资两利"的"利用、限制、改造"政策（利用其有利于国计民生的积极一面，限制其有害于国计民生的消极一面），对大中华在解放初期的困难，进行了大力扶助，使企业生产迅速恢复和发展，但是唯利是图、损人利己的资本家，竟以怨报德，向党和工人阶级进行了猖狂的进攻。他们一面不愿接受国营公司的加工订货和工会监督，要求追逐自由市场，牟

取暴利，一面对国家的加工订货进行偷工减料、虚报成本、偷税漏税、行贿干部等违法活动，来盗窃国家财产，又用秘密赏收买技术人员，为他们的偷工减料保守秘密，在劳资协商会上，常常和工会"顶牛"，或拖延时间，使讨论问题不能解决，结果往往以"呈报上级处理"为结束。对工会在生产业务方面的建议也不认真接受，又借口资方代理人名义用高薪任用私人，派遣亲信到外埠各发行所，并且挑拨工人和工会、政府的关系，资本家对工人说："在福利问题上只要工会同意，我们没有意见。"又由于资本家的偷工减料、不顾质量，经常造成加工订货产品大量退货，在退货时，资本家就乘机对工人挑拨说："你们做得很辛苦，鞋子做得很好了，退货多是因为百货公司验货太严，国家用料不好"，"只要工会向百货公司讲一下，就可解决"。

资本家的上述种种违法活动，是资产阶级对工人阶级国家领导权的进攻，是资产阶级要求保持旧的资本主义的巧取豪夺一套经营方法，不愿接受国营经济领导和工人阶级的监督，是对国家的"利用、限制、改造"政策的剧烈反抗。

三、"五反""民改"运动对企业改造的作用

不打败资产阶级的进攻，不使资本家服从工人阶级的领导，企业的改造就无法进行，私人资本主义就难以为国家的社会主义建设服务。为此，党对资产阶级发动了反偷工减料、反偷税漏税、反盗窃国家经济情报、反盗窃国家资财、反行贿干部的伟大"五反"运动。

1952 年 3 月，大中华在党的直接领导下，对资本家的"五毒"行为进行了猛烈的反击。在全厂职工举行的"五反"誓师大会上，技术人员和职员焚烧了卖身契（终身的技术保密书和保证书），坚决与资产阶级划清思想界限，老工人对资本家的残酷的压迫剥削进行血泪控诉，当时，群情激愤，誓要打退资本家的猖狂进攻，"五反"运动不获全胜决不收兵，大会当场收到揭发资本家"五毒"的检举信一百余封。

党和工会对资本家采取多样的斗争方法，工人控诉大会的扩音器接到资本家办公室里，让他们听听工人们愤怒的吼声，对资本家的家属也进行了教育工作，在四面围攻的形势下，在大量事实面前，资本家只得老老实实地彻底坦白。

在市"五反"总结坦白大会上，资本家洪念祖交代了"五毒"行为。会上工人代表发言，揭发了资本家的唯利是图，毫不关心工人生活的丑恶面貌，并且根据资本家的坦白态度，建议政府给予减轻一级处理，政府同意了工人的建议，这使资本家大为激动，再次要求发言，表示今后一定服从工人阶级领导、建立企业民主管理制度、公开技术秘密、改革会计制度、健全人事制

度……搞好生产的"实际行动来答谢政府和工人同志们的恩情"。

根据资本家自己坦白的"五毒"数字,共达 1200 余万元,党和政府以实事求是的精神,经详细核实后确定退款数字为 594 余万元,其中盗窃国家资财(虚报车胎成本、抬高售价、以次货充好货),比重最大,达 399.7 万余元。人民政府根据工人建议给予宽大处理,评为基本守法户。

打退资产阶级猖狂进攻的"五反"运动,在大中华取得了伟大胜利,它对企业改造创造了极为有利的条件。

第一,通过"五反"运动,完全确立了工人阶级在企业内的领导地位和监督作用。党支部通过工会帮助资本家进行了经营管理的改革,并抽调一批干部充实科室,加强党对生产的领导。

第二,"五反"运动彻底揭露了资本家的丑恶面目,搞臭了资产阶级,使职工群众受到一次极其深刻的阶级教育和阶级斗争的锻炼,从而提高了阶级觉悟,划清了和资产阶级的思想界限。有的工人由工人和资本家关系是"瞎子靠棒,棒靠瞎子"的模糊认识,懂得了过去受苦的根本原因,认清资本家剥削工人的残酷毒辣,高级职员也加入工人阶级队伍,这就大大加强了对资本家和资本主义企业的监督力量。

第三,"五反"运动也教育了资本家,使其开始认识到只有老老实实接受国营经济领导和工人阶级的监督与领导,循规蹈矩地经营企业,才有广阔前途,才能对国家工业化起一定的历史作用。此后,资本家不敢也不能大翘尾巴了。

"五反"运动结束以后,接着就开展了民主改革运动,吐苦水、挖穷根,全厂职工控诉反动派统治时期工贼、特务、工头迫害工人的罪行;有些职工交代了自己的历史问题,向大家低头认罪,重新做人。通过诉苦运动,进一步提高群众的觉悟。在运动中,工人斗倒了恶霸工头,废除领班制度,选出了自己所爱戴的优秀工人翁慧珠等当生产管理员,工人称民主改革是"第二次解放"运动。经过这次运动,加强了工人内部的团结、纯洁了工人阶级的队伍、大大提高了职工的思想认识,积极分子大批涌现,他们纷纷要求入团、入党。因此,这次运动以后,壮大了大中华的党、团力量,为企业的社会主义改造,奠定了坚实的群众基础。

四、"五反"运动后企业面貌的初步改变

"五反"运动一结束,大中华党支部委员会即决定通过劳资协商会议来团结资方,督促资方改革经营管理制度,在"五反"运动后的第一次劳资协商会议上,就提出"订立加工订货生产计划、健全组织、建立分层负责制、改进会计制度为建立成本会计制度做好准备、统一技术领导、公开配方、健全采购制

度、做好五反退款计划等"一系列建议,积极推动并协助资方进行改革。

同时,自"五反"运动以后,政府加强了对大中华的资本主义企业改造,自 5 月起,汽车轮胎生产由交电公司加工,力车胎、胶鞋由中百公司订货,手套、球胆由贸易信托公司订货,这样,产品自销部分缩小,企业生产初步纳入国家计划轨道。具体情况见下表。

1952 年全年主要产品拨出情况

主要产品名称	计量单位	合计	其中					
			加工		订购或收购		自销	
			产品数量	占合计（%）	产品数量	占合计（%）	产品数量	占合计（%）
汽车外胎	条	40,083	24,966	62.28	11,865	29.6	3218	8.02
力车外胎	条	337,808			201,859	59.75	123,587	36.58
汽车内胎	条	37,088	24,080	64.9	11,785	31.78	1588	4.28
力车内胎	条	257,411			173,994	67.59	76,365	29.66
胶面布鞋	双	6,933,946	687,000	9.91	4,819,673	69.51	902,237	11.37

在此情况下,外埠各发行所业务日少,已无存在必要,资本家在工会督促帮助下,为改善企业的管理,于 1952 年下半年陆续撤销了本市的售零处和外埠发行所,精简机构、人员,充实了生产部门,并推行了成本会计及原始记录等制度;确定了组织系统,人事做了统一调配;成立了生产管理处,职工开始参加企业的管理工作。这使企业的制造、业务和会计三方面互相配合得也较好。

为适应生产发展需要,添置了些生产设备,主要有布鞋工场十间、力车胎新工场、磨衬胎机一架、900－16 及 900－20 车胎模型各一、16 寸混合车沿及其他等。而以前一直没有很好解决的安全卫生设备,如炼胶车安全紧急刹车、地轴、齿轮、电机安全防护罩、各厂工人食堂、淋浴室、托儿所等,也在 1952 年得到了解决。这对生产带来了极有利的影响。

党和工会在推动和帮助资方改善企业经营管理的同时,还密切注意到加工订货任务的提前完成和产品质量的问题。由于党对生产的积极领导和工人生产积极性的提高,"五反"运动后劳动生产率有很大提高。个人产量方面汽车轮胎提高 30％，胶鞋提高 20％。

这些都说明"五反"运动以后，大中华企业有了很大变化，面貌逐步改观。新中国成立后大中华企业面貌的变化，从下表可以看出。

产值、产量、质量、盈利等状况

年份	产值（千元）	利润（千元）	劳动生产值（元）	产量			质量（正品率％）		
				汽车胎（只）	力车胎（只）	胶鞋（双）	汽车胎	力车胎	鞋
1949	32，809			5877	271，643	6，478，955			
1950	28，209	2914		5330	245，763	5，294，147		94.89	
1951	50，673	13，924		35，617	367，230	7，558，881		94.54	
1952	45，848	−5550	15，718	42，834	284，053	6，343，588	85.52	94.11	96.47
1953	55，485	2323	18，415	34，422	353，219	9，196，098	88.95	97.69	96.62

注：1952 年亏损原因主要是原料和制成品跌价，1951 年年底原料、半制成品及成品总共结有 2322 元，跌价损失 300 万元以上，其次是生产任务较 1951 年减少，产品自销减少，国家加工比重增大，利润受到一定限制。

但是，企业的生产毕竟还是在资本家的直接控制下进行的，所以还不能根本摆脱资本主义企业的腐朽面，加工订货的任务不能按期完成。从 1952 年 9 月到 12 月共脱期 15 次，累计日数 135 天，而且质量也不能保证，球鞋脱胶现象严重，1952 年的一批交货中，沿条脱胶占 14％，影响了国家计划的完成。这说明私营企业越来越不能适应国家的社会主义建设事业的发展，要解决这个矛盾，唯一的办法只有根本改变企业的生产关系。

第三节　公私合营的胜利完成

一、公私合营的必然趋势和资本家对合营的态度

加工订货等国家资本主义形式对大中华的改造具有一定的作用，但这不能根本改变企业的生产关系，生产资料仍归资本家所有，企业依然按着资本主义方式经营。资本家为了追求利润，只重视数量，不重视质量：1954 年反

映质量不好的人民来信达 2081 封，产品副号率比国营高达 2.3 倍。积压物资，浪费严重：合营前积压的原材料达 100 万元以上；用料无标准，一条汽车外胎常有一千克至三千克的幅度。制度混乱，人浮于事：职员二百五十名之多，负责生产的仅有两人。重视钞票，忽视安全：从 1950 年到 1954 年即发生工伤事故 341 次，平均五天一次。更严重的是生产无计划，并且完不成国家计划，交货脱期，1954 年罚款达 8000 余元。偷工减料、积压成本就更为常见。这种局面完全是由于腐朽的资本主义生产关系和资本主义的经营管理制度存在所致。这时，我国正处在第一个五年计划时期，国家要求高速度、有计划地发展国民经济。橡胶业是国计民生中重要的工业部门，而大中华又是我国橡胶厂中最重要的橡胶厂之一，因而把大中华的生产纳入国家的经济轨道，高速度的发展生产力，已成为迫在眉睫的任务了。但由于上述情况存在，就使大中华的生产不能有计划地高速度发展，这就与国家的要求产生了矛盾。另外，新中国成立后由于党的教育，工人阶级的觉悟逐步提高，他们坚决要求摆脱资本家的剥削，工人和资本家之间的矛盾也日趋尖锐化。综上所述，势必要改变大中华的生产关系。大中华广大工人群众从其阶级立场出发，坚决要求改变企业的资本主义生产关系，因此他们积极推动资本家走上公私合营的道路。这是推动大中华公私合营的基本动力。

经过"抗美援朝""民主改革""三反""五反"等运动对资本家进行了一系列的教育，从而为公私合营创造了有利的条件。特别是经过过渡时期总路线的宣传和教育，他们对资本主义企业进行社会主义改造有了一定的认识。更主要的是他们看到了公私合营这条道路非走不可，已经是大势所趋、人心所向，因而他们有公私合营的要求。但对交出这样大的一个企业，也并非完全甘心所愿，资本家洪念祖就曾对其代理人说："假如工人丢掉一支钢笔，要不要心痛？……"（意思是说，这样大的企业合营了，他们更是要心痛的）所以他们一面在申请合营，一面又在暗中进行反改造的活动。表现如下：

（1）安插亲信，拉拢资方代理人，企图与党争夺领导权。例如，请酒、加薪、提级。曾准备提拔自己的亲信为襄理、副厂长、副科长等十四人。

（2）企图控制财政，以便从中获利。合营前总公司已有 35 人，企图要扩大到 59 人，好把各分厂的亲信会计安放在总公司。洪念祖还在星期日亲自召集各厂主办会计会议。其目的是要在合营后，越过厂的领导，直接控制财政，从中获利。

（3）想以股息分红，抽逃资金。1954 年年初他们分了 1950 年未付股息二厘，计 24 亿元（旧币），并且还要分 1951 年的红利和股息，到 1953 年实际已经没有盈余了，去了"五反"退款等尚亏损 56 亿元。

（4）企图提高私股比重，重新高估固定资产。围墙造价本来是四千万元，抬高为一亿元。电线实价八千万元，自估为三亿元……

（5）拉拢职工，打击工会威信。例如，通过其亲信对工资较低的职工说："资方肯加工资，工会不同意。"引起了职工对工会的不满。

以上事实雄辩地说明了，改造资本主义工商业，即使是通过和平的道路，也仍然是一场深刻的阶级斗争。

二、合营前的准备到正式合营

在公私合营前，大中华厂已有了党的坚强领导。党群工作也有了一定的基础，从而就保证了工作的顺利开展。大多数工人经过总路线的教育，对社会主义的优越性有所认识。但也有少数的工人，特别是高级职员中，还是模糊不清，他们对公私合营既高兴又顾虑（恐怕合营后减薪）。党针对这种情况，展开了"挖穷根，长富苗"及社会主义美好前途的教育。使工人们巩固地树立起了社会主义的思想，认清了资本主义制度是万恶的根源，明确了合营后他们是企业的主人。绝大多数职员的觉悟水平也有显著的提高，他们控诉了资本家的罪恶，表示要与资本家划清界限，从而孤立资本家。

对资本家及其代理人，采取了既团结又斗争的政策。对于他们要求公私合营的积极一面加以鼓励和肯定，对他们暗中抵抗改造的一面予以批判。同时，对他们进行了爱国守法的教育，使他们看清祖国远大的光明前途，消除他们对合营的种种怀疑和顾虑。以上就为公私合营奠定了思想准备。

同时，在组织上培养与锻炼了约1500名新老积极分子，发展党员130余人，为今后的工作打下了牢固的基础。

根据《公私合营工业企业暂行条例》的规定："对于企业实行公私合营，公私双方应当对企业的实有财产进行估价……以确定公私双方的股份。"这就需要进行清产定股的工作。清产定股的目的主要是为了摸清企业底细，确定公私股权，通过清产定股发动群众提高主人翁觉悟，为今后进一步加强财务管理和企业改造创造有利的条件。根据上级指示，坚决贯彻"公平合理，实事求是"的方针。党以此方针向干部和工人群众进行了教育，使清产定股工作有了可靠的基础。于1954年9月12日由私方、工会代表、车间老年技工、科室职员、工程师等组成了大中华清产定股委员会。9月28日，顺利地完成了清点工作。对于资本家在此之前所抬高的固定资产价格不予以承认，一般按1950年重估价格为基础做重点调整，经过公私双方充分协商，于11月11日达成协议，具体情况见下表。

股份	金额（元）	百分比（%）
全部资产	136，521，041，918	100
私股	104，787，328，723	76.75
公股	31，092，706，866	22.78
其他股	641，006，329	0.47

注：（1）公股来源："五反"退款 30，179，370，150 元。接管代管股 913，
　　　　336，716。
　　（2）其他股：合营银行投资及未登记股共 641，006，329 元。

　　资本家洪念祖等表示同意，认为公平合理，在清产定股工作中，对资本家也是个很好的教育。以前资本家对定股很有顾虑，如总厂四层大楼底层的地上安装机器的基础，私营时账上没有记载，私方人员估计公方代表不会承认，又怕税局说是偷税，补起来又吃不消，因此不敢提出。公方代表知道此事后，就主动提出解决四层大楼的估价，打消了资方的顾虑，将原账面价格提高了 30 万元。在企业整个清产定股的时候，资本家十分担心公方杀价，情绪紧张，曾试探性地提出："过去大中华的资产比正泰橡胶厂大一倍，正泰合营时定了 300 万元，大中华可定 600 万元。"以后公方根据资产清估的实际结果，提出私股应当为 1047 万元，比资本家原来要求高出 74%，这些事实都感动了资本家，他们深深地体会到政府政策的正确和执行中的公平合理。

　　人事安排方面，资本家原来准备的大量安插亲信的方案，没敢拿出来。经过公私双方协商，根据"量才使用，适当照顾"的原则，对私方实职人员做了适当的安排。私方经理吴哲生担任第二经理，洪念祖等三人担任副经理。八个厂长中有两个由私方担任正职，其他资方实职人员也多担任原有的职务。还有两个老年资方代理人要求退职，依照《职工劳保条例》给他们退休，一般做到"皆大欢喜"。

　　合营的一切准备工作就绪后，1954 年 12 月 14 日，上海市人民政府轻工业管理局与大中华橡胶厂兴业股份有限公司签订了"合营协议书"，规定"合营日期定为 1954 年 12 月 1 日并自同日起接受上海市人民政府轻工业管理局领导"，协议书上还规定"合营企业名称定为公私合营大中华橡胶厂股份有限公司"，简称"公私合营大中华橡胶厂"。至此，这个已有 27 年历史的大中华橡胶厂走上了新的阶段，它的性质改变了，社会主义成分占了领导的地位。全厂职工都以无比兴奋的心情来迎接自己企业的新生。在党和公方代表的领导下，全厂职工劳动热情空前高涨，社会主义思想大放光芒。这就为进一步

提高生产率和发展生产力创造了有利的条件，也为企业的进一步改造和对资本家及其代理人的改造奠定了有利的基础。

第四节　合营后企业的进一步改造

一、民主制度的建立和机构的改革和调整

合营前大中华仍是资本主义生产关系占统治地位，它的管理制度自然是建立在这样一个基础之上的，其目的是为资本家剥削劳动者攫取最大利润服务的，工人根本无权参与企业的管理。合营后，大中华的生产关系改变了，工人成为企业的主人，因而旧的一套管理制度根本不适用了，必须以社会主义的民主管理制度代替之。只有这样，才能更好地发挥社会主义成分对企业的领导作用，才能更进一步树立起职工群众在企业中的主人翁的思想，从而激起他们生产的积极性。为此，大中华建立了工厂管理委员会和职工大会，领导上按月、按季向职工报告生产工作情况，布置生产任务，发动群众讨论生产问题，监督行政。同时，又建立了周会和班后会等制度，让职工们讨论生产问题，开展批评与自我批评。领导人员也发扬了民主作风并贯彻了群众路线，对生产及其他各种问题经常同群众商量，引起了职工对工厂更加关心。在全面节约工作中，仅一厂职工对浪费现象，就揭发了 317 件，在提合理化建议时，全厂共提出 1146 条（从合营后到 1955 年 9 月），这都大大地推动了生产的发展。

在民主制度建立的同时，又对原有的组织机构进行了改革和调整。过去公司机构臃肿，有些职员闲着没事做，在办公室里打扑克、下棋、听收音机，可是各厂还要雇用一百多名临时工。合营后，把公司多余人员全部分配下厂工作，完全不用临时工，并对机构做了如下的改革和调整：

第一，将公司并入总厂，撤销了发行所和五大处。以精简机构，提高工作效率。

第二，将职能制逐步改变为区域管理制。划分车间、工段，建立生产小组，由于责任制度的建立就克服了无人管理的现象。

第三，根据社会主义经营管理的需要，建立了计划科、技术安全科、生产技术科、原料检验科等 17 个新的科室。同时，还从优秀的职工中提拔了 68 个科长、车间主任以上的干部，提拔一般干部 167 人，加强了社会主义成分的领导地位。

二、各种生产制度的改革

伴随着企业生产关系的改变，也必须对原来资本主义的经营方法加以改革。大中华根据"改善经营管理，节约原材料，提高质量，降低成本"的方针，对生产经营管理制度做了以下几项改革。

第一，加强技术管理，推广先进经验。

过去大中华所产的双钱牌的轮胎和胶鞋的质量较好，销路很广。但是在接受国家加工订货后，由于资本家偷工减料，质量不断下降。合营前，胶鞋副次品率高达 17%。从 1952 年到 1953 年，由于汽车轮胎质量不佳，赔偿用户损失费达五十余万元（新币），力车胎用户经常排成"一字长蛇阵"要求调换。1954 年反映质量不好的人民来信达 2081 封。合营后，党对群众进行了提高质量的教育，使工人认识到提高质量是对人民负责的表现。要提高质量首先必须加强技术管理，推广先进经验。

合营前，所属各厂都仅有一个工务科管理生产，有的厂甚至连这一组织都没有。以一厂工务科来说，虽分为轮胎、鞋类两部分，但全部人员仅六七人，而要掌管从原材料到成品的所有工作，以致生产上极为混乱。合营后成立了生产技术科，内分产品设计、轮胎工艺、鞋类工艺、定额技术与组织措施及合理化建议管理五个部分来管理生产。关于原材料与半成品的检验工作，则由技术检验科加以控制；安全生产方面，则由技术安全科专职负责；计划科则掌握生产计划与调度工作，并在技术管理方面建立了以下的制度：

（1）制定各种产品的工艺过程及工作指南：通过工艺规程的制定，有了较合理的技术标准，使混乱的操作趋于一致，并为检验工作的展开确定了基础，如过去打浆的浆皮与汽油配合比例，操作同志可以随时变更，工艺规程就规定了浆胶的可塑度标准和浆料的搅拌办法，并制定出了浓度标准，这样，操作趋于统一，随意变更配合比例的情况没有了。此外，工艺规程是从生产顺序、设备条件、技术标准与制造规则方面有系统着手进行的；通过详细的测定工作，使参加这一工作的工人与技术人员也提高了技术水平。

（2）建立了原材料、半成品的检验制度：①根据中央规定暂行技术条例及参照本厂实际情况制定了原材料的暂行技术条件，并订立了原材料入厂检验及使用合规卡制度。②素炼胶全部推行可塑度检验制度。③混炼胶增加快速检验项目，进一步控制半成品质量。④初步建立了原材料加工制度。⑤在车间建立了三检制度（层检、互检、目检）。

（3）建立机器定期检修制度与衡器及仪表的检验制度：①各车间的机器设备，由机修车间采用分段包干维护及定期检修制度，从而保证了正常的生产工作。②全厂所有的磅秤，每月均进行校验一次，以保证配方的正确性，各种温度计及压力表随时进行校验。由于上述制度的建立，就使生产建立了正常的秩序，克服了过去的混乱现象。

（4）大力推广先进经验，仅1955年就推广了大小经验111条，已有专题总结的计有25项：①球鞋海绵底一次硫化；②分段素炼法；③母炼胶；④鞋类成型用传送带进行流水生产；⑤套鞋用缝中底布套楦；⑥密闭式汽油罐；⑦个体硫化机解决轮胎硬边；⑧逐步升温冷却启模；⑨人造胶使用；⑩汽车内胎平接头；⑪汽车外胎低湿长时间硫化；⑫密闭抽风刷浆罩；⑬自动打眼机；⑭解决套鞋面子起泡的经验；⑮提高布鞋沿条密着力的经验；⑯力车内胎解决气门嘴胶布垫起泡的经验；⑰汽车外胎解决钢丝圈起瘤；⑱汽车内胎解决黑印、厚薄不均绉裥的经验；⑲水胎提高使用次数；⑳力车胎汽门嘴小橡皮管的生产经验；㉑汽油回收机；㉒燃煤操作；㉓机器设备分路检修制度；㉔雨鞋亮油的制造经验；㉕氧化锌中金属锌的试验方法。

由于上述措施的推行，产品的数量不断增加，质量却大大地提高。轮胎行驶里程由两万四千多千米提高到两万九千多千米，达到了当时国产轮胎中最高的行驶里程数，合格率由98％提高到99.4％，胶鞋合格率由83％（55年上半年）提高到99.4％。不仅质量提高，而且新产品也不断地涌现，合营后试制成功约三十种新轮胎。其中特别像10－28、900－36、8－32等拖拉机轮胎，正是目前我国急需的。100－16无内胎轮胎的试制成功，更是我国轮胎制造史上的一大进步，这种轮胎目前在世界上也是一种先进的技术。此外在1958年试制成功许多种人造丝的轮胎，并且正式投入了生产。这些成就的收获，是与苏联的帮助分不开的。1400－20最大卡车轮胎的设计，就是在苏联专家阴捏里金的热情指导下试制成功的。这种轮胎是目前我国唯有大中华所独有的。

第二，建立了节约制度。

大中华在合营前浪费现象十分严重，大量积压物资。1954年积压物资价值达100万元以上，这是资本主义生产方式所决定的，也是与资本主义的经营思想分不开的。厉行节约是社会主义企业经营管理的重要原则。因而在合营后，大力开展节约，并把节约和提高质量作为劳动竞赛的主要内容。同时，建立了定额管理、采购、领料、发料、退料和仓储保管等制度，并发动职工订立节约指标，推广节约的先进经验。具体的节约措施共有16项，这些措施都收到了良好的效果。例如，将汽车内胎调整配方，从原来的含胶率78％改为68％，1955年第一季度即节约了生胶2，806千克；球鞋弹簧中底底增加再生胶，把含胶自14％降为5％，1955年第三季度就节约了4836.6千克，把人民球鞋内铅条的宽度自28毫米改为23毫米，每一季度即可节约生胶1370

千克。又如，改进了套鞋棉毛布样板及裁切法，使利用率提高了8％左右。由于上述节约先进经验的推行，使成本大大地降低，利润增加，并为以后推行经济核算制创造了有利条件。1955年节约数字情况见下表。

1955年节约数字情况表

名称	数字	单位	占全年总数	说明
生胶	498	吨	97％	占全国节约生胶1/3
汽油	250	吨	27％	
煤	2527	吨	29.85％	
总节约数	579	万元		占全厂总资本41.7％

第三，建立安全检查制度，改善职工劳动条件。过去资本家对职工的生产安全漠不关心，工伤事故很多，新中国成立后五年中，仅一厂发生的工伤事故达341次。合营后，工会小组建立了安全检查制度和安全活动日。增添了安全设备，逐步建立了安全操作制度，进行了降温、保暖等工作。实行了苏联专家关于隔离、换气、密封等建议，解决了橡胶行业中长期未得解决的汽油中毒的职业病。工伤事故减少了50％左右。

第四，对企业改革工作的主要内容之一是实行计划管理。合营前生产无计划，不能适应国家的需要，国家在治淮工程中需要人力车胎，资本家因利润不高，不肯接受。同时也造成了各工序生产的不平衡和半制品的积压，白色球鞋曾一度积压了几十万双。更严重的是不能完成国家的生产任务，交货脱期。1954年脱期交货的鞋子有三万九千多打，力车胎有二千八百多条，罚款达八千元。合营后，根据社会主义经营管理原则，建立了计划管理制度，由计划科按期编制生产计划和作业计划，克服了生产经营中的盲目混乱现象，压缩了原材料及半成品的储备量，提高了设备及人员的利用率，从而保证生产按时、全面、均衡地完成和超额完成计划。具体情况见下表。

合营后计划完成和计划均衡率情况表

数目 品种 　　年份	计划完成情况			计划均衡率（％）	
	1955	1956	1957	1956	1957
汽车外胎	100.74％	100.75％	100.31％	99.27％	96.87％

续表

数　目 　　年　份 品　种	计划完成情况			计划均衡率	
	1955	1956	1957	1956	1957
汽车内胎	102.11%	100.51%	100.46%	95.66%	96.52%
汽车垫带	100.32%	100.31%	100.24%		99.66%
力车外胎	101.92%	112.48%	105.53%	99.58%	98.60%
力车内胎	101.12%	103.93%	103.28%	98.71%	99.40%
胶鞋	101.33%	102.49%	103.26%	98.69%	98.98%

　　注：1955年本厂计划均衡率没有统计，1956年汽车垫带计划均衡率也没有统计，故表内没有此数。

　　从上表可以看出，自从合营后，大中华每年都超额完成了国家计划，而且均衡率也有提高。例如，1957年除汽车外胎外，其他各项的年均衡率都略有提高。

　　以上各种制度的建立，就使社会主义的经营管理制度从根本上代替了资本主义的经营管理制度，社会主义经营思想在大中华树立起来了，新的生产秩序得以逐步地确立，这就为生产力的发展开辟了广阔的远景。公私合营的优越性很明显地表现了出来，连资本家洪念祖也不得不承认社会主义经营管理制度的优越。

三、对私方人员的团结和教育

　　改造企业和改造人的工作是紧密结合、互相推动的。通过改造企业，发挥了合营企业的优越性，同时也教育了私方人员，使他们心服、口服地接受改造。合营后公私之间仍存在着斗争，一方面是权益的斗争：有的私方人员认为"干部文化低，没技术，不好领导"，对这种看法给予了有力的批判，并用事实教育了他们；另一方面是社会主义经营思想和资本主义经营思想的斗争：该厂1955年利润已超过1954年将近三倍，可是资本家在同国营经济部门研究加工订货合约时，还要求提高工缴。该厂公方代表向他们分析了实际用料和人工费用情况，说明国营经济部门所提出的工缴价格是合理的，不应要求过高。通过耐心地讲清道理、分析利害，以提高他们的认识，结果使他们放弃了原来不合理的要求。

　　合营后，一些私方人员在思想上还有消极的一面：工作不肯大胆地负责，事无巨细，问题无大无小，均向公方请示，以免搞错，受到批评。实际上是对自己的职权尚有怀疑。党委发现后，找他们谈话，鼓励他们积极负责地进行工作，如果工作中有困难，可多找工人们商量。此后，他们确实能负起责任来，并且工作热情也大有提高。

在企业改革和搞好生产的实践中，对私方人员进行教育就更为重要，只有这样才能使资产阶级分子更清楚地看到资本主义唯利是图的反动本质，认识到资本主义经营管理腐败和落后。合营初期党发动群众以提高质量为中心来改造企业，当时私方人员薛仰清对这一措施信心不足，但后来胶鞋质量显著提高，副次号从17％降低到5％。对他的教育很大，使他认识到工人阶级智慧的丰富和合营企业的优越性。在推行计划管理的时候，私方人员起初认为"样样都搞计划，太呆板，行不通"，但后来由于推行计划的结果，使生产建立了新的秩序，并推动了生产的发展。在事实面前他们承认了："从前生产为利润，生产上混乱无秩序，合营后按计划生产，企业有了迅速提高的条件。"同时，通过各种具体政策的贯彻，也减少了私方人员的许多顾虑，增加了他们对政府政策的信任。例如，在清产定股工作中，就是很好的一例（详见本章第三节）。

在对他们进行教育的同时，对他们积极一面加以肯定和鼓励，调动一切积极因素。例如，资方代理人刘学文，合营后努力试制新产品，获有成绩，党及时对他进行鼓励和表扬。此后他更加积极，并使他认识到：只有合营，企业技术力量才能充分地发挥。又根据私方人员的特长，充分发挥他们生产的技能和管理经验。例如，吴哲生熟悉机械，分配他管理基本建设和兼管机器厂、原料厂；洪念祖一向是商务经理，使他分工负责供销工作。在节约运动中除了工人参加领导工作之外，也吸收私方人员参加领导。在实际工作中支持他们行使自己的职权，发挥他们的作用，帮助他们及时总结工作，改进工作方法，从而加强了他们的工作责任感。

此外，组织他们进行学习和参观各项社会活动，也是改造私方人员的重要方面之一。合营后，根据企业改革的需要，组织他们学习了《工厂企业组织和计划教程》（中国人民大学教材），使他们初步了解了些社会主义企业经营管理知识。还组织他们学习了政治经济学，以便使他们认清社会的发展规律，早日放弃剥削思想。同时，又推动他们参加群众的生产竞赛和各项社会活动，发挥了他们的积极性，使他们的思想认识有了提高，如薛仰清在节约运动中把存在国外的七十两黄金汇回，为国家节约了外汇。私方代理人刘学文在生产竞赛中积极试制新产品，对大中华的生产技术发展有一定的贡献，因此被评为先进生产者，于 1955 年 5 月出席了全国先进生产者代表大会，给了他深刻的教育和鼓励。在大会上表示"争取到工人阶级队伍里来"。回厂后愿献出股票，争取早日摘掉"帽子"。事实证明，在党的领导下和工人群众的监督和影响下，是可以把资产阶级分子改造成自食其力的人。经过各种教育，大多数私方人员都有了进步，但也有少数私方人员的思想还是原封不动的，因此还必须予以进一步的教育和改造，使他们放弃剥削阶级立场。

四、从"四马分肥"① 变为定息②

企业合营后，大中华的私方人员在党的教育下，虽然有了一定的进步，但资本主义与社会主义两条道路的斗争依然在进行着。有些私方人员一切以钞票为纲，十分留意"四马分肥"，为了每年能多拿几百元钱的股息和红利，"宁愿社会主义慢慢来"，生活上留恋糜烂的个人至上的资产阶级享乐生活，平时铺张浪费，挥霍腐化，奢侈虚荣。可是他们竟认为"企业已经交出"，万事大吉，又认为经过"五反"运动，"已改造得差不多了"，"和工人阶级没啥两样"，因而"觉得还叫我资产阶级分子，太冤枉了"。事实证明，这些人虽然交出了生产资料，但他们的立场仍未改变，在思想上与生活上与劳动人民尚有很大距离。在他们中间还存在着资本主义与社会主义何去何从的严重问

---

① 2019 年编者注："四马分肥"是对公私合营企业利润分配形式的一种形象说法，即将企业利润分为国家所得税、企业公积金、工人福利和资方红利四个部分进行分配。1953 年 9 月 7 日，毛泽东在同民主党派和工商界部分代表谈话时指出，有关国家资本主义企业的利润分配，国家所得税为 34.5%，工人福利为 15%，企业公积金为 30%，资方红利为 20.5%，这就叫"四马分肥"。随后李维汉在全国工商联代表大会上宣布了这一方案。随着公私合营工作的逐步展开，1954 年 9 月 2 日，国务院通过的《公私合营工业企业暂行条例》对公私合营企业利润的分配方式做了明确规定，要求企业公积金、奖励金、股东股息红利三方面按照以下原则分配：股东股息红利，加上董事、经理和厂长的酬劳金，占全年盈余的 25% 左右；企业奖励基金参照国有企业的有关规定和企业原来的福利情况，适当提取；支付股东股息和提取企业奖励基金之后的余额，作为企业公积金。（中共中央党史研究室第二研究部：《〈中国共产党历史〉第二卷注释集》，中共党史出版社 2012 年版，第 89—91 页。）

② 2019 年编者注：鉴于全行业公私合营，企业性质已改变，1955 年 11 月 16 日，中共中央召开资本主义工商业改造会议，陈云主张公私合营后应推行定息制度。对于资本家的利息，起初考虑为年息 1%—6%，行业之间保持不同的利息率，后统一定为年息 5%（除个别情况外），这个利率略高于当时银行的存款利息。从 1956 年 1 月 1 日起计息，七年不变。到了 1963 年，又决定延长三年，一直到 1966 年 9 月停发定息。（中共中央党史研究室第二研究部：《〈中国共产党历史〉第二卷注释集》，第 91—92 页。）

题。大中华的公方代表及工人群众向他们的资本主义思想及时地进行了严肃的斗争，批判了他们那种不劳而获的剥削阶级思想，使私方人员的认识又有了进一步的提高。

1956 年社会主义高潮到来，企业实行了全行业公私合营。这是当时对资本主义企业进行社会主义改造的新形式，同时也是我国国民经济有计划发展所要求的，全行业公私合营的形式更有利于贯彻国家对私营工商业的全面规划统筹安排的方针，对各企业的人力、物力做统一调配，合理使用，在行业之间、地区之间做适当的调剂。充分发挥以大带小、以先进带动落后的作用。因而在全行业合营时，企业的生产组织都进行了改组和合并。橡胶行业中有些小厂也先后地并入了大中华：中孚橡胶厂、义顺铁工厂、康记、臣记、四海、宝记、新生、恒兴、蒋合记、李合记、赵协记、沈佳记和光明鞋帮厂等十三个厂并入大中华一厂，伟大橡胶厂并入二厂，中国和大兴橡胶厂并入三厂，失业工人生产自救鞋帮厂并入五厂。同时，大中华的原料一厂并入地方国营京华二厂，原料二厂并入国棉二十厂。大中华所有系统尚有一厂、二厂、三厂、四厂、五厂和机修厂共六个厂。

全行业合营以后，为了适应社会主义改造的新阶段，在私股分配利润的问题上，国家推行了以定息代替"四马分肥"的办法。原来的"四马分肥"到这时已不能适应新形势的要求了：它与进一步发挥工人的积极性和发展社会生产力造成了矛盾，同时也不利于社会主义经济成分的增长，而资本家所得利润的来源也越发显得不合理。以 1955 年为例，全年盈余总额为 3，802，755.23 元。利润分配情况如下：

（1）股东股息红利，加上董事、经理和厂长等人的酬劳金占全部盈余的 20％：760，551 元（公股为 18.34％，私股为 81.38％，其他股为 0.24％）。80％以上红利为资本家所得。

（2）交纳所得税 38.39％：1，460，131.11 元（实交数）。

（3）企业奖励金 10.5％：399，289.30 元。

（4）企业公积金 31.11％：1，182，783.77 元。

利润的来源，主要有以下几方面：

（1）国家商业部门规定给企业的产品利润全年共 2，485，500 元，占本年总利润 61.42％。

（2）取消了职工的变相工资和不合理的福利，一年约有 313，000 元，占总利润 7.05％。

（3）很重要的一方面是合营后，在党的领导下，发动全体职工对旧企业进行了一系列的改造，经营管理得以改善，职工以企业主人翁的态度积极地为提高质量、节约原材料而努力，一年就节约了 1，247，700 元，占总利润的 30.85％。

综上所述，资本家所得利润的来源更显得不合理。所以有些职工说："我们辛辛苦苦，可还是为资本家服务。"就连资方人员吴哲生、洪念祖也觉得这样算法不妥当，他们也不得不说："企业的节约部分不应算作企业的利润，应该交给国家，因为节约是由于党的领导和广大职工努力的结果。"

再看一看大中华在合营前的盈余情况。由于资本主义经营的腐败，自1950 年至 1954 年，这五年中经营的结果，账面上虽有些盈余，但除去历年所得税及"五反"退款等，两项相抵，尚亏损五十多亿元（旧币）。而合营后的第一年就盈余了三百八十多万元，这雄辩地说明了，合营后企业利润的增长主要是由于在党的领导下改善了经营管理，职工劳动热情高涨的结果。如果不改变"四马分肥"的办法，随着生产的不断发展，资本家将获得越来越多的利润，即所谓"水涨船高"。这不仅有碍于发挥工人的积极性，而且也不利于限制资本主义成分的发展。因此，必须以定息来代替"四马分肥"。

定息和"四马分肥"都是党和国家对资本主义工商业实行赎买政策的一个方式，但定息比"四马分肥"前进了一大步。定息虽然也仍然意味着从工人所创造出来的价值中分出一部分给资本家作为赎买的代价，但定息把资本家的利润固定在一个利率上，即年息五厘，这样资本家就丧失了对于生产资料的支配权，企业管理的统治权和分配企业利润的处理权。而资本家生产资料所有制的内容，只剩下一个取消定息的权力了。这是对资本主义工商业实行社会主义改造的一个重大步骤。它保证了社会主义经济成分的不断增长，有利于工人劳动积极性的发挥，同时在企业里也能更好地贯彻社会主义经营管理原则。这就为将来把公私合营企业变为全民所有制的企业创造了有利条件，对资本家说来也是有利的。定息后无论企业盈亏，每季可拿到固定的股息。例如，大中华的私股股东在定息后每年仍可拿到六十余万元。

第五节　企业合营后生产的增长和职工物质文化生活的提高

一、生产上的成就和基本建设的发展

合营后，由于生产关系的改变和企业改造的胜利完成，就为生产力的发展提供了无限的可能。工人们成了企业的主人，阶级觉悟提高，生产积极性空前高涨。仅 1955 年一年全厂就有 1638 人（约占职工总数的 40%）在生产上立功受奖。为了充分发展生产力，他们开展了以提高质量、节约原材料为中心的劳动竞赛。同时，他们又与保守主义进行了顽强的斗争，千方百计地为改进劳动技术而努力。仅就 1955 年 1 月至 9 月的统计，全厂共提出千余条合理化建议，被采纳的占 80% 以上，大大地推动了生产的发展和技术的改革。例如，缩短了汽车外胎硫化时间，使 1000－20 外胎产量提高了 20%，900－20 外胎提高 8%，增加了鞋夹硫化缸的每灶容量，使胶鞋产量提高了 37%。鞋帮打眼机改革用电动打眼机，使工作效率提高了三倍。类似这样的例子，在大中华是举不胜举的。劳动模范周龙泉一人在七年中就提出了四十项重要的合理化建议，为国家节约了一百八十五万元。

由于党的正确领导和工人们英勇地劳动，劳动竞赛取得了辉煌的成就。1955 年一年就节约了 579 万元，成本降低 12%；质量也大大提高，轮胎行驶里程由合营前的二万三千千米提高到二万九千多千米，达到了国产轮胎中最高纪录，物理性能方面一般都达到或超过了中央规定的标准。大中华的轮胎不仅在国内闻名，而且在世界上享有盛誉。胶鞋的质量也显著地提高，副次品率从 17% 下降到 5% 左右；1957 年生产的球鞋，经全国试穿，学生平均穿 170 天，运动员平均穿 133 天，质量达到了全国的第一名。合营后，产值逐年增长，生产率大大提高，产量猛增，成本率锐减，利润率不断上升。从下表中统计数字中即可一目了然。

（合营前后主要经济指标对比表见下页）

合营前后产品外观合格率对照表

年份 项目	合营前	合营后			
	以 1954 年为例	1955 年	1956 年	1957 年	1957 年为 54%
汽车外胎	98.17%	99.21%	99.72%	99.87%	101.67%
汽车内胎	97.99%	98.41%	99.47%	99.84%	101.89%
力车外胎	98.79%	99.74%	99.77%	99.97%	101.19%
力车内胎	99.73%	99.96%	99.97%	99.87%	100.14%
胶鞋	89.47%	99.09%	99.42%	99.94%	101.70%

公私合营前后主要经济指标对比表

类别	合营前以1954年为例	1955年	1956年	1957年	1957年为54%
生产率（元）	18,613	23,433	27,599	259.51	139.45
产值（条）	61,608,000	72,829,000	86,967,000	1,036,080.00	168.17
汽车外胎产量（条）	49,113	36,799	79,914	847.71	172.6
汽车内胎产量（条）	39,782	32,555	77,153	916.21	230.25
力车外胎产量（条）	341,495	357,148	474,662	6,331.91	185.42
力车内胎产量（条）	341,449	334,648	407,408	5,783.54	169.44
汽车垫带产量（条）	49,113	36,799	79,914	914.16	186.13
胶鞋产量（双）	8,395,734	10,251,499	10,782,186	138,888.85	165.47
利润（元）	1,087,763	3,802,755	5,065,855	111,167.54	1,025.75
利润率（%）	100	350.88	467.43	102575	
成本下降率（%）	100	87.33	84.29	7995	

注：(1)从此表上看生产率1957年要比1956年低，实际并不低，并且还提高了。原因：

①为了1958年大跃进新招进新工人几百人，但都是之徒没正式投入生产，故在计算时把平均生产率拉低了。

②过去三厂生产元宝雨鞋，今年却生产轻便鞋，因此同要比生产元宝鞋多。

实际是提高了，如三厂提高1956年平均每人日产44双，1957年是54双；而1957年是54双；拉丝化工消耗时间，1956年每双30.26分，1957年为25.65分。

(2)1955年有些产品比1954年略微减少，这是由于国家计划减少的缘故。

分。又如三厂刷后浆工人从1956年的189双提高到269双。

合营后大中华的扩建和基本建设的发展也是相当迅速的，从 1955 年到
1957 年三年就完成了 269 项基建和扩建项目，投资总额为 839，737.32 元，
新中国成立后大中华的工人人数也大为增加，特别是合营后增加得更快。新
中国成立初——1950 年时，仅有工人 3480 名，到 1954 年增至 3867 人，合营
后到 1957 年时，已增加到 5139 人，为 1950 年职工数的 148%，为 1954 年的
133%。设备也不断增加。新中国成立后至 1954 年，六年中共买进各种机器
17 台，而合营后 1955 年到 1957 年三年就买进了 20 台。特别是一些主要机器
增加得非常迅速，如硫化机从开厂到 1954 年，27 年也不过买了 10 台，合营
后三年就买了 8 台；炼胶机从 1949 年到 1954 年买了 6 台，合营后三年中就买
了 6 台。综上所述，可见大中华在合营后基本建设方面也有了很大的发展。

公私合营前后主要设备购买对照表 单位：台

年份 \ 项目		汽车胎成型机	鞋夹硫化罐	汽车胎硫化罐	汽车胎硫化机	力车胎硫化机	炼胶机
合营前	1949						
	1950						
	1951			1	1		
	1952	3					3
	1953	4					2
	1954	2			1		1
合营后	1955	2	1	1	7		4
	1956	1		1			2
	1957				1		

二、职工物质文化生活的提高

在新中国成立前，工人的生活毫无保证，他们常常受着失业、饥饿和死
亡的威胁。他们虽然每天工作长达十二小时以上，但仍是过着衣不遮体、食
不果腹的贫困生活。新中国成立后，这种痛苦的生活一去不复返了，由于党
的关怀，工人们的生活有了改善和提高。但在合营前，由于企业还在资本家

手里，工人们仍受着剥削，生活的改善和提高受到了一定的限制。合营后，由于生产关系的改变，生产率不断提高，产品大增，成本不断下降，利润增加，这就为逐步提高职工的生活水平，奠定了物质基础。

职工物质生活的改善和提高，主要表现在工资收入的增加和集体福利范围扩大等方面。

合营后，对旧的工资制度进行了改革。旧的工资制度极端不合理，产生了许多混乱现象。例如，同工不同酬，高低悬殊：汽车外胎硫化车间里同样是五级工，可是有的每月收入 109.75 元，有的只拿 55.3 元；在同种的科室人员中，工资高的每月达 250 元之多，低的只有 40 多元，级多差少的现象也很严重，在 1065 个计件工中，就有 250 级。小的级差连一角钱都不到，轻重倒置就更为不合理：轮胎车间的六级工每月的工资只有 60.84 元，而铁车部中底工却能够拿到 142 元。此外，变相工资的项目多至七种。工资享受的规定也极不公平，往往根据进场的先后，或者根据职工与资本家关系的远近。至全行业公私合营后，一些小厂并入大中华，致使工资制度更加混乱和复杂。由于上述情况的存在，使职工之间的团结受到了一定的影响，劳动组织调配碰到许多困难，给财务计算上也带来了许多不必要的麻烦。更重要的是影响了工人的生产积极性，多劳者并不多得，甚至还少得，少劳者并不少得，反而还多得。这种不合理的现象存在，怎么能使工人发挥生产的积极性呢？因而对合营前遗留下来不合理的工资制度势必要加以改革。

职工对工改有这样三种思想情况：①高工资怕减低工资；②工资低的想通过工改得到一笔可观的补助工资，同时希望高低拉拉平；③工资适中的对工改则不闻不问。党委根据上述思想情况，对职工进行了许多的宣传和教育，如做动员报告、发动职工进行讨论等，使其弄清工改的意义和目的，澄清错误思想。同时，还进行了一系列的准备工作，成立了工改办公室，党委副书记亲自挂帅，各个车间也以党政工团负责人为中心成立了工改小组。各方面的条件都成熟之后，于 1956 年 11 月 3 日正式开始了工改，到 12 月 30 日胜利完成。

通过这次工改，全厂职工平均工资增加 4.38%，即工人每人平均增加 3.20 元。以一厂为例，在此次工改中有 589 人增加了工资，占总人数的 31.03%，有 1179 人保留工资，占总人数的 63.06%，计件工中 473 人有定期补差，占总人数的 24.92%，占总件工人数的 90.27%。工改前后的对比可从下表明显地看出。

工改前后的工资对比表

时间 金额 项目	合营前	合营后	
	1954 年	工改前	工改后
全厂平均工资（元）	80.00	80.38	83.65
计件工资平均数（元）	77.44	77.66	83.32
计时工资平均数（元）	69.84	69.88	73.99

经过这次改革后，过去不合理的工资制度得到了较合理的调整，从制度上保证了职工群众的个人利益与国家的利益的一致。从而加强职工的团结，提高职工的劳动热情。例如：鞋类车间的拓浆工，本来每人每天只能拓 200 双，工改后，提高到 250 双，甚至达到 300 双。上大底的工人也从（每人每天）500 双提高到 600 双，其他的工人生产率也均有提高。

职工生活的改善不仅表现在工资的增加上，而且还表现在集体福利的增加上。几年来，由于党的关怀，集体福利事业有了很大的发展。仅以一厂为例，1957 年福利费支出达 630，360.00 元，平均每人每年可享受到 122.61 元的集体福利费。从而使病、伤、残、老、死等各方面的问题都能得到妥善的解决；对于一些人口较多、收入较少的职工，也给予适当的补助，1956 年一年就支出困难补助金 28，537 元，职工的住宿条件逐步得到改善。1957 年一厂为职工建造了一座三层楼的单人宿舍，可容纳四百余人。同时，又为职工家属建造了一个面积达 3600 平方米的家属宿舍，楼阁两层，设备齐全，新颖适用。此外，对 1956 年遭受台风袭击已坍坏的职工房屋，也进行了修正，计 319 户，用去人民币 8500 元之多。

医疗卫生事业，也有很大的发展。保健设备不断地完善，保健经费逐渐增加：1952 年为 45，593 元，到 1957 年却增加到 191，681 元。为了照顾职工的健康，于 1956 年开办了三个营养食堂（孕妇食堂、肺病食堂、胃病食堂），专门供给孕妇和患有肺病、胃病的职工用膳。此外，还在龙华路建造了一座职工疗养所，初建时只有 80 多张床位，至 1950 年已增加到 100 余张床位。每年都有大批的职工愉快而舒适地在那里疗养。据统计到 1956 年 6 月为止，已经接纳了 1219 人次入所疗养，平均每年有 300 人前往疗养。

对女工的保护是十分重视的，规定怀胎七个月的孕妇，如果原来的工作较重，就要调为轻便的工作；原来工作更重一些的，甚至四个月后即可调换，满七个月的孕妇禁止做中、夜班。初孕到四个月的孕妇可吃营养菜，产前休假 7—14 天，产后休息 42—49 天，休息时间工资照发，并且还可以得到另外一些补助。还规定凡有哺乳未满六个月婴儿的女工，禁止加班加点做中、夜班，凡有 8 个月以下婴儿的女工，每天在工作时间内给予哺乳时间两次，每次半小时。同时，为了照顾女工的工作和婴儿良好的发育，还开办了一个可容纳 200 多个婴儿的托儿所，厂里拨出 16 万元作为经费。此外，又增加了一个托儿站，水电费全由厂负担。寄托的儿童每人每月尚可享受到 3 元的津贴费。为了照顾女工的工作方便，厂里有两辆交通车专门护送怀孕的和路远的女工。实行上述措施之后，就使女工的健康和工作完全得到了保障。

除了上述之外，对退休的老年工人也是照顾得十分周到，现在他们正度着幸福的晚年。退休女工薛兰珍对这样幸福的生活深有体会，她说："我活了五十几岁，从没有过这样好的生活，我们夫妻两个人都退休了，可是每月还拿到一百三十多元钱，用也用不完。现在每天除了抱抱孙儿、理理家务外，还时常和我的老伴一道去逛逛公园、看看电影……"可是当她回忆在新中国成立前的生活时，却是十分心酸的。那时，不用说看电影、逛公园，就连肚子都吃不饱。她生了十个孩子，饿死、病死的就有七个。新中国成立后，由于党的领导，使老人们也获得了幸福的晚年。

职工不仅在物资生活上得到了改善，而且在文化生活上也翻了身。新中国成立前，由于贫饥的生活所迫，职工根本就没有读书、识字的机会。新中国成立后，党对职工的文化提高十分关心。1950 年厂里就开办了一个职工业余小学，当时学员尚不到 200 人，至 1957 年已发展到一千余人。1956 年厂里又开办了一个职工业余中学，当时仅有三个班，学员 158 人，到现在已发展到七班，学员达 300 名之多，并且还有了高中部。除此而外，还大力开展了扫盲运动，经过扫盲使许多人从瞪眼瞎变成了文化的主人。对于技工的培养也是十分重视的。合营后已经培养了千余名艺徒，不仅为本厂培养了艺徒，而且为各兄弟厂培养了许多艺徒。仅 1958 年一年就为各兄弟厂培养了 627 名艺徒。同时 1958 年又创办了一所橡胶中等技术专业学校，学员 118 人，这是专门培养橡胶业技术干部之场所，在我国说来这还是第一所。此外，厂里的文化设备也在不断地改善和扩大。现在全厂共有五个图书馆，藏书达二万多册，报纸 28 份，杂志 56 份，每天大约有 200 个职工借阅，职工的文化生活是丰富多彩的。厂里有了专门供职工们开展文体活动的俱乐部，里边有京剧组、宣传组、杂技组、足球队等组织。他们的水平很高，许多杂技团员是上海徐汇区的杂技团的成员，足球队是有名的上海红旗队的骨干力量。俱乐部的设备齐全，里边有各种球类、棋类、画报，还有电视，职工们每天下班后可以在这里快乐地消度他们的余暇。

以上的事实充分地证明了，在党和毛主席的领导下，工人们的生活水平在不断地提高，他们的生活日益美好，为了使生活过得更美满，为了那璀璨的明天，工人们正在日夜辛勤地劳动着。

第五章　大跃进的 1958 年

第一节　为赶上"邓禄普"而奋斗

一、三年一定赶上"邓禄普"

1957 年，这是不平凡的一年。国际上，正像毛主席说东风已经压倒了西风。在国内，一方面胜利地超额完成了第一个五年计划，为国民经济的进一步发展准备了更好的现代化的物质条件；另一方面彻底粉碎右派分子的猖狂进攻，取得了整风运动的伟大胜利，从而大大激发了人民群众建设社会主义的积极性和主动性。

在党的领导和总路线的光辉照耀下，大中华橡胶厂从 1957 年 12 月正式展开整风运动后，全厂职工意气风发，劳动热情大大高涨。他们一方面努力全面提前和超额完成着全年的各项生产任务；另一方面又开始千方百计，提高产品质量，延长使用寿命，并节约原材料，扩大新产品，以展开社会主义劳动竞赛。并在党中央提出要在十五年左右把我国的钢铁和其他重要工业产品产量赶上并超过英国的号召以后，根据大中华橡胶厂历史上曾和英帝国主义殖民政策"邓禄普"做过殊死斗争的关系，进一步坚定地提出了，要在十五年内把轮胎的质量赶上并超过英国"邓禄普"。当 1958 年元旦，大中华代表在上海市一万多先进生产者举行的庆祝大会上宣读了这个倡议，当时在场的市委第一书记柯庆施同志问："把轮胎质量赶上英国'邓禄普'能不能再缩短一些时间？"列席大会的该厂党委、行政、工会负责人和总工程师立即又回厂和部分老工人进行了详细的研究。柯庆施同志的提示给他们极大的启发和鼓舞。摆事实，摊条件，通过各种因素的分析和对比，决心用最大的革命干劲，修改了原定倡议，决定要在五年就把轮胎质量赶上英国"邓禄普"。

　　这一战斗的口号，更加激发起全厂职工的热情。"我们扬眉吐气的时候到了!"出席大会的老工人蔡文彬激动得手都拍肿了，"好，这下可有奔头啦!""看吧，世界上的名牌，将由我们大中华来制造了!"全厂职工无不欢欣鼓舞，意气风发。但是，另外，也有些人表示怀疑，"五年，以这样短的时间赶上'邓禄普'，不敢设想!"就是在这次运动中曾做过相当努力的刘学文总工程师，最初对党委提出五年赶上"邓禄普"也感到没有把握，信心不足。他们认为，"邓禄普"不仅是英国的名牌，也是国际市场上的名牌。这个厂创于1888年，共有九十七家工厂，五十三个实验室，三百多个工程师，原料供应、机械设备都非常优越，并且初创时就是以技术精湛闻名于世的。而大中华创设至今不过三十年，原料、设备都不如人家。① 因此，当他们听到不论在技术或设备各方面都比大中华差得很多的正泰橡胶厂，提出要四年赶上"邓禄普"的消息，就更大吃一惊，责问："他们有什么'科学依据'?!"怀疑他们是不是"太冒进"了!

　　是的，他们选定了与之较量的对手的确是世界上最强大、最凶恶的敌人之一。早在抗战以前，"邓禄普"轮胎差不多垄断了整个中国的市场，也对中国民族橡胶工业竭尽了压迫摧残的能事。"大中华"一出车胎，它马上就压价倾销，想把我国民族工业扼杀在摇篮中。后来，更无耻地借口"大中华"轮胎花纹和他们相似，向反动政府提出控告，要挟伪政府不准"大中华"生产，打了十几年官司，使大中华企业处于奄奄一息的境地。工人一连几个月拿不到工资。但是，这样的时代已经永远过去了。如果把我们今天同"邓禄普"的较量与当年大中华资本家与"邓禄普"的斗争等同起来，显然就大错而特错了。某些人所以觉得自己矮得很，别人才是"丈二金刚"，恐怕不是什么科学上的缜密态度，而是还存在着长期被压迫而遗留下来的自卑心理。

　　针对这种情况，党委和大家一起，充分全面地分析了敌我形势，认为我们的确在五个方面不如"邓禄普"，主要的就是他们用的强力人造丝、高耐磨炭黑和高级橡胶原料，这些我们暂时还没有，但我们却有十二个有利条件。第一，我们有伟大的共产党和毛主席的英明领导，有无比优越的社会主义制度，这是他们根本不能具备的;第二，我们有许多经验丰富的老工人，他们都是亲手制造我们第一批轮胎的老将;第三，上海是我国化学工业的基地，做轮胎用的几百种原料可以就地得到各兄弟厂和合作部门的大力支持。至于原料供应问题，也不像有些人想象那样——我国第一个五年计划的辉煌成绩，为"双钱牌"赶上"邓禄普"创造了一切有利的条件:我国自制的人造丝厂明年就可以正式投入生产;高耐磨炭黑，四川隆昌炭黑厂正在生产;帘布浸

---

　　①　《刘学文答记者问》，《解放日报》1958年1月2日。

浆用的乳胶，海南岛已有生产，机械化、自动化、连续化，在第二个五年计划里也就可以做到。况且，早在抗战以前，"邓禄普"轮胎垄断了上海市场，大中华处于风雨飘摇境况的时候，只靠职工群众的努力，不断改进技术，以延长轮胎行驶里程，也争取了市场，从他们的魔掌中摆脱了出来。新中国成立以后，特别是合营了，在党的领导下不断学习苏联先进经验，几年来职工的技术水平更有了飞跃的提高，副次率一年一年地下降，有些轮胎在改进了结构设计后，行驶里程比新中国成立初期一般都增了一倍以上。1000－20在浙江地区已行了八万千米了。更重要的是企业性质改变以后，技术已经成了全厂共同的财富。合营以后，厂里有三四百工人担任了生产小组长、工段长和车间主任等职务，两年中，全厂提出四千多条合理化建议。1955年，全厂就涌现出1600多位生产能手。厂里的资方代理人、总工程师刘学文也成了全国先进生产者。这是一股巨大的智慧力量，是无穷无尽的财富源泉。再加上，最近党提出了十五年赶上英国的号召，全厂职工鼓足了干劲，生产上气象万千……

有充分的物质基础，再加上同志们冲天的干劲，一个小小"邓禄普"有什么能为？炼胶车间的工人说得好："我们跟'邓禄普'的战斗，不仅仅就是'双钱牌'赶过'老人头'，而它正是关系到整个国家在十五年赶上和超过英国的问题。"因此四年、五年的争论，实质是意味着建设社会主义是"多、快、好、省"，还是"少、慢、差、费"的大是大非的问题。我们是一个大国，我们一穷二白。我们必须尽量加快建设速度。经过努力可以做到的事情，我们一定尽量努力去做。有些同志顾虑重重，缺乏信心，就是不做科学分析，看不到形势的要求和发展的趋势；或者脑子里还有许多迷信，一味拜倒在洋教条、技术陈规和国际名牌的脚下；同时更重要的是，他们不相信群众，看不到群众的力量，因而觉得自己总不是敌人的对手，而被敌人暂时表面的强大束缚住了。

当年，备受外国资本"邓禄普"压迫的痛苦，大中华的工人都还是记忆犹新的。与上面那些人相反，如老工人蔡文彬等说："一想起过去受尽英国人的压迫和'邓禄普'对我们的欺侮，我就恨极，因为恨，我们就不但要在三年内赶上它，而且一定要在三年内压倒它！"元旦以后，厂里召开了"三老""四青"① 会议，接着就在全厂形成了一个"摸对手底细，提赶英措施"和"精工细作，提高质量"的轰轰烈烈的群众性运动。全体职工满怀信心，斗志昂扬。老工人纷纷表示为了赶上"邓禄普"保证不计工时，不嫌烦，帮助技

---

① "三老"，即老工人、老职员、老技术人员；"四青"，即青年工人、青年职员、青年技术人员、青年艺徒。

术人员反复进行试验。青年们提出"三清""四好"的口号，保证苦学苦练，学会老师傅的拿手本领，轮胎成型工段大搞"精工细作"，炼胶工段也提出了"脚不蹭胶料，胶料不着地"等口号。

技术人员跑遍全国九大城市的图书馆、资料室，到处收集各方面有关的资料，并决定在业余时间完成原因力量不足，年度计划不拟列入的750－16三轮车胎新产品的设计。生产技术科的工作人员下定决心，保证要和工人兄弟同甘共苦，解决生产上的关键问题，生产上碰到重大难关，就把铺盖搬进车间里去睡，不解决问题，铺盖不搬出车间。

各车间生产上都出现了欣欣向荣的气象，一个新的生产高潮已经形成。厂行政为了站在高潮的前列更好更快地促进这一高潮，在上级局和公司的领导下，厂长室组织各科室根据新的形势，重新制定了生产指标；技术部门也决定将很多既能提高质量又能降低成本的技术措施——如乳胶浸浆、轮胎高定仲配方等——提前投入了生产，并在广泛发动群众以后制定了118项技术上的改革和措施（1958年完成46％）。

五年赶上"邓禄普"，这是一个革命的创举。其时，像这样具体地提出了几年赶上英国某某的，在全国还是第一个。大中华的这一行动，在全市乃至全国亦产生很大的影响。同时，它也得到各方面大力的鼓舞和支持。消息在报纸上一发表，化工原料公司的橡胶原料商店便两次派代表到大中华来了解原料需要情况，回去后，花了两天半时间专门研究了供应的办法，并派出专人到南京等地化工厂联系，要那里特为大中华生产市场供应困难的原料。负责供应大中华轮胎帘布的国棉二十厂职工和技术人员听到这个消息，决定今年就先用进口的人造丝试织强力人造丝帘布。隆昌炭黑厂也从遥远的四川打电报来表示要全力支援。特别是正泰橡胶厂的职工，听到大中华五年赶上"邓禄普"消息，更干劲冲天，马上研究了他们厂里的情况，提出四年赶上"邓禄普"，打着锣鼓来向大中华挑战。不久，一个大中华由三十多个老工人、工程技术人员和管理人员等组成的代表团，在党委书记夏时同志的率领下，去正泰厂"比先进，学先进"。正泰厂的许姓工程师向代表团介绍了他们四年赶上"邓禄普"的技术规划，两个厂的总工程师交换了各自掌握的"邓禄普"技术资料。正泰厂的厂长陈锄和赵福田都说：两厂的技术力量应该组织起来，经常交换情况和资料，充分利用目前协作厂和商业部门正在大力支持的有利条件，争取以更短的时间赶上"邓禄普"，大中华党委书记建议成立大中华、正泰和中南等三个橡胶厂的"战胜'邓禄普'联合行动委员会"，领导和促进三个厂的技术合作，一致行动，共同击败"邓禄普"。双方就这个建议进行了详细的商谈，并在电话中征得中南厂的同意，当即成立了"联合行动委员会"。

多方面的大力援助，不仅在物质、技术等方面提供了有利条件，而且更大大地鼓舞了大中华一厂全体职工的斗志。

生产质量上出现了空前的奇迹。秦开福小组一天攻破了十道极其复杂的质量关。[①] 这是过去做梦也想不到的。出胎面的老工人蔡文彬千方百计，和技术人员一起，解决了有碍轮胎质量的胎面起泡的问题。短短两个月，全厂出现了 604 个崭新的纪录，并在帘布差级、冠脚歪斜角、帘线密度均匀度三个工艺标准上超过了"邓禄普"。三个厂的技术力量结合起来，在短短两个月中，由于全厂职工干劲冲天，生产上出现了一个一个的奇迹；又经过周密的对比、分析，"联合行动委员会"便进一步把原来的指标修改为"三年"！

二、"双反"运动推动生产高潮

新的战斗指标又激起了大中华工人更大的热情，加上各兄弟厂之间展开了相助挑战、相互促进的友谊竞赛，跃进的苗头首先在轮胎成型工段冒了出来。甲班秦开福小组一马当先，创造了 900－20 轮胎 25 只、600－16 轮胎 70 只的空前纪录。乙班高福顺小组也不甘示弱，原来每班完成生胎 157 只，现在一下子就跃进到 243 只，几天之内，产量就提高了 30％。

成型工段的跃进，给供应工段带来了繁重的任务，厂里 12 台炼胶机日夜不停地转动，也只能供应三分之二的熟胶。而且矛盾随着生产跃进越来越突出，这时有少数干部认为炼胶跟不上是实际问题，指标不能再提高了；有的认为生产应该跃进，但认为炼胶能力 1957 年就利用 98％了，解决胶料供应，主要办法只有依赖外面加工。其实，根据老工人的经验，改进操作办法，该厂的炼胶能力是可以供应成型需要的。但是大家怕违反了"工艺规程"要检讨，因而也只在暗地里着急。有一次，一个工人积极想办法在一班时间里炼胶十一车，打破了按规定班炼九到十车的纪录，检验的结果质量完全符合标准，可是工长说他违反了工艺规程，破坏劳动纪律，并且说过："工艺规程就是工厂的法律，谁违反工艺规程就是违反政府法律！"

过去，大中华的技术一向是"稳扎稳打"的。所谓"稳扎稳打"就是保守的表现，单轮胎成型工段工艺规程，就有 120 多条，把工人从上班到结束每一个动作都死死地规定了。而这些工人是丝毫不做更动，就是有些别的厂实践证明有效的经验，他们也是不大容易接受的。现在，随着生产的大跃进，越来越明显：过时的规章制度、思想的迷信保守，束缚了工人潜力的发挥，给生产跃进造成很大的阻碍。

---

　　① 1.胎面起泡；2.胎面铲齐；3.胎脚做得平伏；4.600 号沿条贴得圆；5.胎面接头不脱开；6.胎面不上歪；7.钢丝不上歪；8.帘布筒不上错；9.600 号帆布沿条接着不超过 5 毫米；10.铲里子不伤内层。

1月下旬，整风运动转入以"反浪费、反保守"为中心的专题鸣放。全厂共贴出16万多张大字报，猛力地冲击了厂内各方面的浪费和保守。

党委抓住整改这环节。在技术方面，根据大家的意见一下子就把原来的422条规章制度中过时的破除掉200多条。

为了解决炼胶料供应，领导决定进一步依靠群众。把矛盾在全厂大会上向大家摊开，向炼胶工段提出："供应胶料翻一番，自力更生不求人"的号召，并且书记厂长亲自到炼胶车间开"诸葛亮会议"。在党的鼓励和支持下，老工人苏卯生提出建议，打破操作规程，并根据他十几年来操作的经验（降低滚筒温度，缩小滚筒距离，迟加硫磺），把每小时炼3.5－4车提高到每小时炼6车，提高40％左右。质量完全符合标准。全厂推广以后，一年就可多炼600多吨混合胶，从而解决了混合胶供应不上的困难。

现在硫化工段跟不上了。本来这个厂的轮胎硫化一向采用"低温长时"，虽然人家的经验证明："高温短时"行之有效，总工程师却以"没有理论根据"，始终拒绝采用。前年8月，有一灶32×6轮胎早出了一个钟头，虽经理化室切断分析证明，物理化学性能都符国家标准，可是工程师还是坚持一定要把这批轮胎报废，最后是打上"副次品"的印子廉价卖出做实际行驶试验了。哪晓得这些轮胎在浙江地区竟跑了四万千米，最高有达五万千米以上的（一般是三万千米）。当工人们知道这个消息，硫化工段的工人就集中批评工程技术人员思想保守、迷信书本、迷信外国，要求进一步缩短硫化时间。成百张大字报的冲击和十四只轮胎事件的教训，促使总工程师不得不重新考虑，觉得自己过去确实保守思想严重，决心进一步学习苏联和国营厂的先进经验，改进了配方，采用了"高温短时"的方法，使硫化时间缩短了一半以上。例如，900－20轮胎的硫化时间就从200分钟缩到105分钟，最后缩短到70分钟。

另外，在"双反"运动中，还反出了大量物力、人力的浪费，单财务科李端生、徐黎明揭发的一项，原材料积压价值就达一百多万元，炉子间工人揭发煤库多达九百吨，由于产品质量不高而赔偿的费用，年年都达几万元。一厂原来有十七个科室、七个车间，机构臃肿，人浮于事，这次一下子就裁掉十一个科室，把七个车间改为四个车间，科室人员精简了50％，干部下放108人（后有9人回科室）。

轰轰烈烈的"双反"运动，猛烈地冲击了浪费和保守，生产上立即呈现出一片蓬蓬勃勃的景象。

3月的轮胎生产量一下就由5609条增加到8800条，提高57％，4月又比3月计划增加40％。

1958 年产量统计表

品名	2 月	3 月	4 月	5 月	6 月
汽车外胎（条）	5609	8800	10，039	12，055	13，903
汽车内胎（条）	7004	7878	11，825	12，887	12，969
汽车垫带（条）	5559	8437	9816	12，866	13，368
力车内胎（条）	5，5393	7，1439	82，851		
力车外胎（条）	60，942	82，343	88，378		
胶鞋（千双）	3005.576	420.996	434.926		
总产价（千元）	4，057.06	5，879.54	6，472.21	6，627.78	6，995.64

　　第一季度有 700－16、650－16 三轮卡车轮胎，750－20 烟斗花纹内外胎，1100－20 内胎等新产品投入生产，上半年试制完成或已正式投入生产的共有 11 种之多。

　　产品的质量也有了很大的提高，具体情况见下表。

1958 年产品合格率表

品名	计划（％）	完成（％）
汽车外胎	99.70	99.89
汽车内胎	99.60	99.69
汽车垫带	99.90	100
力车外胎	99.70	99.81
力车内胎	99.90	99.96
胶鞋	98.86	99.23

　　对于许多技术标准，工程师们估计需要五年才能赶上"邓禄普"的，想不到新年提出之后，职工们日夜开动脑筋，有些项目很快就达到了。轮船船圈结构的差级，两个月就赶上了，帘布密度均匀已经超过了"邓禄普"，其他在物理性能上的耐磨耗、剥离力、帘绒强力、老化系数等七项指标也都赶上或者超过了它。

　　短短几个月里，就取得了很大的成绩，这些成绩大大鼓舞了职工们的士气，增强了一定能战胜"邓禄普"的信心，就是原来有些怀疑的人们，这时也清楚地看到了，"赶上邓禄普的时间，固然不要十五年，就五年、四年，甚至三年也可以不到了！"

第二节　总路线的深入贯彻和生产大跃进

一、深入开展整风运动

经过1957年开始的"整风运动"和1958年的"双反运动"，特别是在建设社会主义总路线光辉照耀下，全厂职工意气风发，劳动热情空前高涨，在思想上和生产上出现了从来没有过的大跃进局面。但是运动的发展不是平衡的，而且随着事物的发展，旧的问题解决，新的矛盾又会产生，因此，从8月下旬开始，厂党委在组织生产高潮的同时，又深入发动群众大鸣大放，继续深入地展开了整风运动。

在这次运动中，大字报的数量虽然不多，却有力地冲击了干部的"三风""五气"①，把厂里存在的问题基本上都揭发了出来。领导又在群众推动下、紧紧抓住了大正大改的环节，和群众一起，两天之内，就把170条意见改掉了150多条。整个一万多张大字报中的意见，能够马上改的也就马上改掉了90％以上。基本做到"条条有交代，件件有着落"。为了进一步依靠群众，并以普通劳动者的姿态出现在群众中接受群众的监督，各级领导干部分别在全厂和车间，科室的群众大会把厂内和干部间的问题（包括干部之间的团结等群众一般不能太知道的）全盘托出，向群众"摊牌""交心"。全厂职工深受感动，如鞋类车间主任陆灿明同志在车间向群众检查过去有严重的"管人"思想，好几个工人都感动得流下了眼泪，很多工人都说："领导上向我们说了知心话，我要把红心拿出来，保证把生产搞好。"

所有干部都实行了跟班劳动的制度，或者参加炼钢。党委书记、厂长等住进集体宿舍，深入群众，和群众同吃、同住、同劳动，青年工人陈兆华说："我和党委书记一起抬一块铁，我劲头就特别大。"干部和群众关系之间的隔阂打消了，一种新型的同志式的人与人、领导与群众的关系建立起来了，大

---

① 2019年编者注：1958年3月3日，中共中央关于开展反浪费反保守运动的指示中提出，运动可以有力地揭露出一些干部思想作风上的主观主义、官僚主义和宗派主义的危害性，就可以迅速地打掉官气、暮气、阔气、骄气和娇气，这就是"三风""五气"。

家彼此"老×""同志"相称，指名道姓批评，共同讨论问题。这就进一步激发了全厂职工劳动的热情。

领导干部直接参加一部分体力劳动，工人也参加一部分管理工作。过去，厂一级领导权力抓得比较多，各车间、小组的主动性发挥受到一定的限制。现在厂级领导决定把一部分权力下放到车间小组，如1958年第四季度的生产任务计划指标、措施都交给工人认真讨论。基本上贯彻了"两参一改三结合"的管理企业宪法，这就使车间、小组的生产积极性和主动性能得到进一步发挥。同时，又提高了工人当家做主的思想，以主人翁的态度对待生产和工作。

通过整风运动，职工群众的共产主义思想也大大发扬，鞋类车间的女工们说："我们劳动是为了国家争点家当，为了替子孙万代造福！""大跃进是为了建设社会主义，我们不能钞票挂帅。"因此，自动提出取消了几十年来本厂一直沿用的计件工资，炼胶车间有个工人名叫周仁久，过去是"做一天和尚，撞一天钟"，现在积极开动脑筋，从原来一天炼胶130车增加到190车，把工作效率提高46%。

二、生产大跃进

赶"邓禄普"所取得的巨大成绩是破除迷信、保守，批判了少、慢、差、费，坚决贯彻了党的"鼓足干劲，力争上游，多、快、好、省地建设社会主义"的总路线的结果，同时也是大中华职工1958年大跃进的起点。8月中旬，上海市委发出了"工农商学兵，跃进再跃进"的号召以后，党委马上发动并组织全厂职工进行了深入的学习。厂领导首先下放到车间，改变领导方法，分工负责包干。党委书记和副厂长到轮胎车间挂帅，厂长到设备科机修车间挂帅，副书记和工会主席在鞋类车间挂帅，原来各车间的领导干部深入到工段小组中去，如鞋类车间主任王洪生和支部书记翁慧珠更是和工人在一起，好几天都搞到深夜两三点钟，自己以身作则，同时组织和领导群众。不久上海市副市长许建国同志来厂种试验田，接着市委万人检查团大中华工作组也来厂。

在市委"再跃进"号召以后，通过伟大整风运动的深入展开，全厂职工劳动热情越发高涨，马上掀起生产跃进的高潮。全厂开了跃进大会，人人争向大会献礼献力。搭起了"关键台""献计台"，比思想，比智慧，比先进，比多快好省。这时共产主义风格与各种保守落后思想又展开了一场激烈的斗争。当时有一些干部认为在春季大跃进中，产量已提高了60%左右，硫化问题虽然解决，成型设备无法增加，产量增加可能性不大，即使增加了也难持久，因此指标虽订了要比1957年翻一番，他们还是顾虑重重。然而，工人们在市委号召的鼓舞下，却以实际行动给了这种保守思想有力的答复，如轮胎成型工段的工人们自己改进了劳动组织，提出了取消沿口、减少帘布层等技术革新项目，这些轮胎设计上本厂特别多的部件原是"稳扎稳打"的保守思想的具体表现，过去要变动设计，会议不知开多少，而且结论总很难做出，但在这样热火朝天的形势下，工人发扬了共产主义风格，终于冲破了迷信保守，而这些改革对质量并无影响，却大大提高了劳动生产率，节约了原材料，再加他们在思想上政治挂帅，生产上发挥了更大的干劲，车间如战场，成型就如异军突起冒了上去。

轮胎车间为了适应形势的要求，1958年5月，成型工段进行了改组，实行三班制。由原来两个小组抽出一部分来组成"李启贵小组"。这时，老将秦开福一马当先，高福顺小组紧紧跟上，李启贵小组却好几次完不成跃进的指标，这里成了跃进薄弱的环节。党委书记下车间，首先就来到这里，他和组里同志们分析情况，觉得这个组人力不差，技术也蛮好，问题出在有的同志劲头还没鼓足，人力也没有组织好。于是首先使这个组里的同志思想插上红旗，然后在人力搭配上也进行了调整。由于大家政治挂了帅，他们在一班时间内，总共完成了367只生胎，大大超过了其他两组，接着又创造了440只生胎的纪录和放出日产6只1400－20大胎的"卫星"。

高福顺小组一看形势，马上赶了上来，在一班时间做8只1400－20轮胎，比原来每班2只提高了四倍。

这回秦开福小组迟到了一步，可是老将哪有示弱的时候，他们急起直追，继破10只1400－20大关，马上又创造了班产449只生胎和12只1400－20的空前纪录。不久，各个小组在32×6等大小规格的成型产量上，也都比原来提高了一倍以上。三班总成绩最高达到日产1332只，这是过去从来不曾有过的。

成型工段你追我赶，生胎一天天多了起来，定型机来不及了，解决这个问题，成了大跃进的关键。于是厂长下来挂帅，发动机修工人，七天造好一架定型机，又苦战一天一夜，把它安装好。

定型机刚刚解决，硫化工段又来不及了，党委书记到车间和工人一起商量，鼓励大家进一步解放思想，大闹技术革命。让硫化成型并肩前进。党委向硫化工段提出"分秒必争，时间就是轮胎"的口号。并决定权力下放，于是工人们个个动脑筋、想办法。首先把原来升温过程从半小时减到十分钟以内，接着又把铁模十来只又粗又大根本失去保险作用的铁螺丝减为六只，从而也节省了不少人力和时间。可是生胎的数字还在不断增加，工人们一方面自动提出加做一个夜班，另一方面想尽办法要把人力进行了适当调整，使进出灶时间又平均缩短了1/3，然而问题仍没有解决，成型送下来的生胎堆得像小山一样。硫化设备不足已成大跃进中关键性问题，必须增加硫化罐。可是洋罐没有怎么办呢？厂长亲自动手，组织力量，用土法把鞋子卧式罐调来，奋战五天，造好一个新的硫化工厂，1958年（仅三个月）利用这两个灶就增产了小规格轮胎34，000多条。

轮胎车间的跃进，带动其他各部分，鞋类车间的女工也在8月放出日产两万双的"卫星"，其他如各科室、食堂、托儿所也都千方百计地为大跃进服务。在以钢为钢、全面跃进推动之下，全厂出现了一个轰轰烈烈的生产大跃进的高潮。9、10、11月的轮胎生产都是超额完成，其逐月增长的情况见下表。

品名	7月	8月	9月	10月	11月
汽车外胎（条）	14，748	18，062	19，865	27，158	31，788
汽车内胎（条）	16，325	22，912	28，455	24，843	28，264
汽车垫带（条）	16，755	21，319	19，204	23，339	24，351

不但如此，而且大胎的数字，也越来越增加，具体情况见下表。

品名	6月	7月	8月	9月	10月	11月
1400－20 大胎（条）	150	172	251	321	348	487
1100－20 大胎（条）	336	503	599	699	620	587

本来最后40天的任务很紧，计划科在编排计划时，即使连星期天也排上，还有2000条轮胎无法完成，但是在车间跃进大会上把年底生产任务交给工人大家讨论后，一致保证完成跃进的指标。会后，每天的日产量都超过定额，最后是提前19天在12月12号就完成了全年的生产任务。

三、大闹技术文化革命

1958年，从一开始，就给大中华的职工提出了一个问题：生产大跃进，设备能力跟不上，首先就是炼胶不能满足成型的需要，后来硫化又吃不下成型送下的生胎。要跃进，单有冲天的干劲还不行。除了苦干、实干之外，还要巧干，必须动脑筋、革新技术，才能保持跃进成绩，不断推进生产高潮。

通过伟大的"整风运动"和轰轰烈烈的"双反运动"，大中华职工同志破除迷信，解放思想，在党的总路线的光辉照耀下，发扬了敢说、敢想、敢做的共产主义风格，广泛展开了技术文化革命。1958 年，单就大中华一厂，据不完全的统计，全年较重大的革新项目就有 300 多件，除了我们在上面各有关方面叙述了一点外，例如：老工人蔡文彬用 8 寸压出机同时压出 350－19、400－19 胎面，使生产提高 6 倍；机修工人郑阿旺、郑阿法突击三天三夜改装成功划料大车，使胎面压出自动化，不但减轻了劳动强度，还节约四个劳动力；青年工人李祥发五个星期天不休息，利用业余时间使砂钢丝机自动化，由单面改成双面，产量提高一倍；技术人员和工人相结合，试制成功钢丝轮胎、三元轮胎和小型高频率加速器；青年技术员刘金铎等三人苦战两天两夜，试制出聚硫胶和丁苯胶的小样品，为生产合成橡胶准备了条件等。

在二厂，起初有些干部认为工人只懂橡胶，不懂机器，而有些工人也认为自己既不是铁匠也不是机匠，又没有文化，都把技术革命看得似乎很神秘。二厂领导针对这种情况，除把道理在职工中反复宣传教育外，一方面请先进的浙江螺丝厂来介绍了他们大闹技术革命的情况，另一方面又下车间帮助面子车小组试制了一架自动切面子机。不仅节省了三个人力，并使面子合格率提高了 12％左右。这一成功大大鼓舞了二厂职工，使大家在生动的事实前深深地受到一次教育，有很多人说："并不是我们不懂，而是我们过去没有动脑筋"，因此决心攻克"技术关"。领导抓住这个苗头，发动大家一起动手，于是不多时，厂里的"长江大桥"（高空传送带）、"空中铁道"（运输橡胶的小铁轨）等就一个接着一个地出现了。

这些成绩是工人干劲加钻劲的充分表现，它更说明了工人无穷无尽的智慧和力量。结果不仅直接促进了生产的增长，保证了一厂轮胎产量能够翻一番，也逐渐使机器代替了手工，使工人从繁重的体力劳动中解脱了出来。

与此同时，厂里也出现了一个文化革命和群众创作的高潮。不但全厂在龄的工人都分别参加了扫盲班、职工业余中、小学的学习，而且为了迎接1959 年元旦，还掀起了一个"千篇文章万首诗，人人创作迎元旦"的创作活动，展出了几百篇朴素生动的作品。

第三节　巨大的成就，灿烂的明天

一、1958 年生产大发展及其取得原因

1958 年是我国社会主义建设全面大跃进的一年。在这一年里，大中华的生产也得到空前的飞跃的发展。

1958 年全年总产价表

厂名	1958年实际完成 （千元）	完成计划 （%）	比1957年增长 （%）	第一个五年计划期间 平均增长速度（%）
全厂	120,580	105.37	53.00	17.80
其中一厂	83,232	106.46	59.60	17.10

注：按1957年不变价格计算。

1958 年主要产品生产表

品名	1958年实产	完成计划（%）	1958年比1957年增长（%）	1958年比1957年实增绝对数	1957年比1952年实增绝对数	第一个五年计划期间平均增长速度（%）
汽车外胎（条）	196,721	130.04	132.06	111,950	41,937	24.24
汽车内胎（条）	196,295	132.27	114.25	104,674	51,109	
汽车垫带（条）	180,750	121.78	97.25	89,334		
力车外胎（条）	1,051,327	101.09	66.03	418,136	348,238	
力车内胎（条）	1,051,679	101.12	81.84	473,325	375,568	
胶鞋（千双）	18,680			4791	6423	
其中一厂	5079	115.43	24.50			

1958 年劳动生产率表

厂名	1958年（元）	1958年比1957年增长（%）
全厂	27,235	4
其中一厂	37,730	19

1958 年全年利润表

厂名	1958 年实达（千元）	完成计划（%）	1958 年比 1957 年增长（%）
全厂	26，538		141
其中一厂	18，533	107.1	145

1958 年成本比 1957 年实际降低表

全厂	9.35%
其中一厂	10.22%

　　这不仅全面超额胜利地完成了全年的生产任务，而且它增长的速度，不但在旧中国和资本主义国家中所不能梦想，就是在我国第一个五年计划期间也是没有出现过的，特别是轮胎，过去五年中平均每年增长约 24%，而 1958 年一年就达到 132%，相当于过去增长速度的五倍多。而以增长的绝对数字看，1958 年比 1957 年增长的差不多相当于 1957 年比 1952 年五年增长的还要多 1.6 倍，如果和新中国成立以前 1949 年的 5877 套比较，1958 年产量则是它的 33.4 倍。

　　产品质量呢？根据 1958 年全国轮胎里程试验资料，大中华轮胎平均行驶里程已达 48，000 千米，比 1957 年提高了 6000 千米。个别地区达到了 80，000 千米左右。并有一批采用新型原材料、新工艺配方制成的轮胎，据初步分析，物理性能已赶上"邓禄普"水平；机床试验结果比原来轮胎提高 50% 左右；实际里程试验提高 15%。球鞋穿着天数，据化工局责成长春国营第八橡胶厂试验结果，二十九家工厂中，大中华的产品无论在学生或球队中，均居第一位。

1958 年度全国球鞋统一穿着试验寿命比较表

厂名	学生平均穿着天数	球队平均穿着天数
大中华	173.5 天	131.8 天
长春八厂	172.5 天	131.4 天
辽宁工农厂	172 天	131.2 天
金刚	171.7 天	131.1 天
正泰	168.8 天	126.2 天

1958 年，投入生产的新产品有三轮卡车胎、拖拉机胎、超低压乘用胎等十四种之多，比 1951—1957 年七年的总数增加了两倍。已经试制成功而未正式投入生产的，如网丝轮胎、750－20 子午线轮胎、超高定伸缓冲轮胎、590－13 白胎侧轮胎等十四种，尚不计算在内。鞋类方面则有火箭牌出国球鞋、炭黑大底球鞋、中小人标准球鞋以及改进结构的新人民球鞋等多种投入生产。亦为新中国成立之后新品种增加最多的一年。

此外，还节约橡胶 409 吨、再生胶 305 吨、帘布 27 吨、汽油 83 吨、帆布 41,000 米、斜纹布 5000 米、棉毛布 40 吨、电力 102 万度、煤 1345 吨，以及其他共计价值达四百多万元之巨。

这些巨大的成就是党建设社会主义总路线的伟大胜利，是通过"整风运动"和贯彻党的大搞群众运动的结果。

在党的领导和总路线的光辉照耀下，1958 年，大中华橡胶厂从年初响应党中央提出的"十五年赶上英国"的伟大号召，提出把轮胎质量在三年内赶上英国"邓禄普"的口号，展开了大家找问题、想办法、提措施，以及成型工人精工细作的群众运动；从轰轰烈烈的"双反"运动，转入厂内外学先进、赶先进的生产高潮；从积极响应市委"跃进再跃进"号召，展开了全厂性的"四比"运动，到以钢为钢，全面跃进，思想、生产双丰收的高潮；通过一系列的一浪推一浪的群众运动，全厂职工意气风发，干劲冲天。工厂的面貌大大地改变了，人的思想面貌也发生了巨大的变化，干部以普通劳动者姿态出现，人们敢想、敢说、敢做的共产主义风格和忘我劳动、不计报酬的共产主义的劳动态度有了普遍的增长和发扬。人民内部矛盾得到了进一步调整，工厂内部人与人之间的关系，特别是领导和群众的关系大大改善了。这样就进一步推翻了旧的制度，打击了反映旧制度的旧观点、旧思想，从而使过去沉睡的生产力苏醒过来。同时，大中华的党领导及时地把开始苏醒的生产力组织起来，注意充分调动一切积极因素，用"不断革命"的思想武装起来，紧紧抓住关键问题。并根据党的指示和企业内外的形势与任务，及时地、比较恰当地提出能动员群众的口号，经常注意保持干部和职工有明确的方向和旺盛的斗志，不断克服各种形式的自满和保守。他们紧紧地依靠群众，向群众交底，相信群众的力量。生产上遇到重大问题他们就亲自动手，与群众一起讨论、研究和解决，这就有力地带动了生产跃进的高潮，因而取得了生产上如此巨大的成绩。

二、为进一步发展生产而努力

大中华橡胶厂于 1928 年创办，到 1958 已有 31 年的历史，它是我国大型橡胶厂之一，现在上海设有一个总厂、五个分厂，共有职工五千余人。生产各种汽车轮胎、力车轮胎和各种胶鞋、球鞋。不仅在我国民族工业发展史上占有一定的地位，而且新中国成立以后，特别是从1954年公私合营以来，在党的领导下，在我国社会主义建设中发挥了并且继续发挥着很大的作用。它生产的飞跃发展不仅有力地支援了我国日益发展的交通运输和国防事业，以及部分满足了人民对胶鞋、球鞋的需要，而且它的"双钱牌"轮胎，从1957年已运销到新加坡、缅甸、印尼、锡兰、芬兰、泰国、伊拉克、叙利亚、约旦、科威特、罗马尼亚、苏联等十几个国家及中国香港地区，对海外市场发生越来越大的影响。

　　该厂现有设备能力（单一厂）见下表。

名称	计算单位		1958年12月31日		1958年已安装	
	数量	能力	数量	能力	数量	能力
炼机合计	平方米/台	千克/小时	66.44/50	1，414/1	66.44/50	1，414/1
汽车胎成型机合计	台	条/小时	21			
汽车胎硫化罐机	台	条/小时	15	50.33/1	15	50.33/1
力车胎硫化机	台	条/小时	27	201.09/1	23	172.5/1
胶鞋硫化罐	台	条/小时	8	1560/1	（撤销）	
金属切削机床			29		29	

　　为了适应飞速发展的建设事业的需要，大中华厂又于1958年12月进行生产改组，把一厂的鞋类车间并到其他厂去，使一厂今后专门生产轮胎。为此，内部机构也做了相应的调整，取消了原来的鞋帮车间，设立了缝纫工厂，将原来的轮胎扩大为轧炼、成型、硫化、内胎四个车间。把原来一部分的厂

房翻修，同时又开始扩建四层的大楼。并且在 1958 年大闹技术革命的基础上，着手改善设备、革新技术。努力为在第二个五年计划内逐步实行机械化、半机械化、自动化、半自动化而奋斗。

随着伟大社会主义建设事业的发展，随着我国橡胶原料种植的增加，我国橡胶工业将出现一幅壮丽灿烂的图景，不几年，大中华也将成为一个具有更大设备能力、生产多种产品的综合性的大型橡胶企业。单一厂到第三个五年计划，就将成为具有完全机械化、自动化、连续化设备，年产六十万套以上的轮胎专业工厂。单产品从最大的 1800－20 到最小的 350－19 大大小小各色各样就有百十种之多。大中华厂的轮胎不仅会更大力地支援我国的建设事业，而且会远销到更广大的国外市场，它不仅把"邓禄普"远远地抛在后面，也将叫其他一切过去曾在中国威赫一时的帝国主义国家的所谓名牌，都做我们手下的败将！

附录："洪念祖在上海第一届人民代表大会第三次会议上的发言"，原载《新闻日报》，上海，1955 年 12 月 28 日（此篇发言在书稿多处引用，我们在 2019 年整理编辑时，特附录于此）。

过去我自以为有了事业、有了钱，就有了前途，就能掌握自己和子孙的命运，因此几十年来刻苦经营，千方百计挣扎图存，要发展企业。但事实上恰恰相反，在旧中国遭受帝国主义和蒋介石国民党的残酷掠夺破坏，几度陷于艰危。

大中华橡胶厂创办于 1928 年，由 1 个厂发展到上海 8 个厂、天津 1 个厂。记得 1932 年，那时全国人民正在展开抵制日货的爱国运动，民族工业照理应该可以抬头了，相反的反动派后大椿，以所谓抗日会名义，硬说靴子的夹里布用了日货，把前经理薛福基捉了去，关在天后宫木笼里，后来不得不走杜月笙门路，于是反动派封建势力就插足到我们企业里来了。

1933 年大中华厂创制脚踏车胎和汽车胎，当时英商邓禄普就借口说车胎花纹仿冒了邓禄普车胎，侵犯了商标权。谁都知道车胎花纹只是为了行驶方便，不外乎条条块块点点，不能用别种图案，可是帝国主义者为了扼杀中国橡胶工业，以车胎花纹注了册。昏庸无耻的反动统治官僚，根本不想民族工业和国防建设会有什么关系。当时官司打到伪行政院行政法院，诉讼进行了近 10 年，由于帝国主义勾结了反动统治，最后我厂还是失败，由此可见倘若不是全国解放，中国车胎工业在三大敌人压迫下，是绝对无法生存的。

"八一三"战事爆发的第二天，经理薛福基在大世界附近被炸伤而死。当时，我们即将第四厂全部机器内行汉口、长沙，又从湘桂路搬到越南同登，并陆续从上海运出汽车胎和胶鞋到越南海防，分运内地，认为搬到国外终可安全了。哪里知道，法国维希政府投降了，日本军队在海防登陆，把全部物资劫夺了去。最后，我们在云南昆明筹设云南橡胶厂，经理吴哲生在昆明定好了机器，不料滇越路封锁又告失败了。

上海第三厂在虹口被日寇侵占，为了应付事变，我们把沪西第二厂和南市两个原料厂改为德商招牌，但这并不能避免日寇和汪伪的胁迫、掠夺。1941年5月8日，日寇通过了当时租界巡捕房，把我和另一资方逮捕，给我们加上了制造橡胶汽车轮胎、胶鞋和防毒面具等军用物资供给抗日后援会等罪名，派了大批汽车到仓库准备劫运，因仓库挂的是美商牌子，所以没有被劫走。当我被押解过外白渡桥的时候，我当时悲痛没有国家、没有事业，连本人身家性命亦不保。由此曾产生了为民族独立、把日军赶走、牺牲一切在所不惜的思想；当时遭到日军荼毒被困的千千万万人，都和我一样有这个想法的。

可是隔了半年，太平洋战事爆发，日寇进了租界，主要原料仍然被敌人征用。以前，为了自己不能掌握命运，到处寻牌头掩护，结果连帝国主义自己也不能掌握命运。此后更糟糕了，我们在日寇汪伪胁迫下，曾承造了一批车胎和军鞋，使企业和个人蒙上了危害民族利益的可耻污点。要不是抗战胜利，早被日本帝国主义吞吃掉了。

抗战结束后我满以为民族独立了，民族工业一定可以翻身，哪里知道官僚资本与美帝国主义勾结，变本加厉，限制原料输入，美货大量倾销，钞票天天贬值。我们为了扩充制造汽车胎设备，以自备外汇订购一些机器，但反动派不发输入证，到新中国成立前夕才发出来，新中国成立之后因被美帝国主义封锁，原来打算要装机器的钢骨水泥厂房，只好改作仓库。不仅如此，在国民党反动统治时期，反动派还进行公开勒索。1946年伪警备司令部奉伪国防部命令，突然对我进行侦查说我是杀宋教仁的洪述祖（他是常州人，我是江阴人）的弟弟，一贯反"革命"，更张冠李戴指为汉奸，还扣上一项用物资接济苏北共产党的帽子，被敲去了一笔竹杠。从上面这些事实，可以看出，我虽然凭借自己实力，运用资本主义竞争手段，在各省重要省会设发行所，挤垮和并吞了同业工厂，吃了不少小鱼，但是在殖民地半殖民地的命运下，无论进行斗争也好，甚至屈辱妥协也好，都逃不出帝国主义和反动派的摧残。

附:抗战前历年产量、产值、职工人数表

指标 年份	汽车外胎（条）	汽车内胎（条）	汽车垫带（条）	力车外胎（条）	力车内胎（条）	胶布面鞋（双）	产值	职工人数（人）	备注
1928	—	—	—	—		56,348		110	
1929	—	—	—	—		1,090,522		310	
1930	—	—	—	—		2,999,996		850	
1931	—	—	—	—		6,380,181		1760	
1932	—	—	—	—		6,045,451		2530	
1933	—	—	—	—		7,551,574		2620	
1934	—	—	—	544		6,661,657		2420	
1935	6937	3748	6937	63,398	42,279	6,427,613		2050	
1936	14,070	11,677	14,670	193,988	146,446	8,746,323		2660	
1937	18,115	17,544	18,115	271,228	157,568	8,712,398		2860	

附表2：抗战前全上海橡胶厂正常时期生产情况与大中华的比较表

（橡胶同业公会1935年调查：转引自"上海情况较好工厂典型调查·上海橡胶公司"）

项目	全上海橡胶工厂的生产设备与生产量	大中华的生产设备与生产量	百分比
橡皮混合车	494台	93台	18.82%
马力	23,324匹	4450匹	19.07%
用电量	3,352,590K.W.H	794185K.W.H	23.68%
布面鞋	4,684,000双	450,000双	9.60%
胶面鞋	3,230,000双	920,000双	28.50%
长统鞋	75,300双	13,000双	17.25%
汽车内外胎		6240付	100%
自由车内外胎	135,260付	52,000付	38.43%
人力车内外胎	141,080付	15,600付	11.05%

1937—1941年大中华橡胶厂职工人数/产值和主要产品统计表

数字　　年代 项目	1937	1938	1939	1940	1941
职工人数	2860	2220	2320	1610	1880
总产值（单位：伪法币千元）	4,450,128	3,775,139	2,848,863	3,315,514	771,521

续表

项目 \ 年代	1937	1938	1939	1940	1941
产品种类 各种胶鞋（双）	8,712,398	8,181,578	7,420,814	5,591,272	6,655,178
轮胎内胎（条）	18,612	7000	6423	6722	5919
轮胎外胎（条）	19,044	7325	8042	7501	7976
力车内胎（条）	157,568	305,070	387,315	328,438	249,997
力车外胎（条）	157,568	249,537	333,447	403,049	386,688
橡皮线（磅）				33,251	33,351
其他各种胶制品			7,186 $\frac{2}{12}$	34,727 $\frac{1}{12}$	10,746

历年生产产量产值纯益表

年份	汽车轮外胎（条）	汽车轮内胎（条）	汽车垫胎（条）	力车外胎（条）	力车内胎（条）	胶面布鞋（双）	生产总值（新人民币）	历年账面纯益（法币）
1945	2105	2907	2105	73,400	68,440	377,549	2,908,450	105,913,376.14
1946	13,702	10,534	13,702	340,020	288,165	6,052,658	33,726,530	5,629,694,091.08
1947	27,072	26,954	27,072	541,068	577,652	11,827,978	65,323,240	117,448,948,738.32
总计	42,879	38,395	42,879	954,488	934,257	18,258,185	101,958,220	123,184,556,205.54

说明：(1)生产总值是按 1952 年不变价格计算。
(2)账面纯益是历年年底总结账，由于币值贬值，该数不是实价。

历年纯益分配情况表

分类	1945年	1946年	1947年
法定公积	10,600,000元	5亿元	100亿元
股东股息红利	25,000,000元	30亿元	600亿元
职工花红	12,500,000元	15亿元	300亿元
其他	681,666,667元	0	0
	4,166,670元	5亿元	100亿元
余利滚出下届	67,683,672元	13,037,092,780元	75,793,196,612元

注：其他栏内是指垫发股东、职工红利和所缴税款。

产品及原料耗用情况表

年月	汽车胎（只）	力车胎（副）	自行/三轮车胎（副）	套鞋（打）	布鞋（打）	电力（度）	生橡胶（吨）	汽油（加仑）	工人（人）
1948年12月	2115	2924	38,876	54,080	23,699	479,720	294.1	41,377	2994
1949年1月	53%	63%	73%	72%	63%	432,810	201.3	29,615	2793
1949年2月	56%	57%	69%	77%	77%	400,460	266.5	33,782	2849
1949年3月	60%	—	81%	79%	92%	428,500	225.3	36,529	2829
1949年4月	20.6%	—	76%	64%	91%	325,000	173.9	30,198	2870
1949年5月	7.4%	—	32%	26%	33%	118,730	72.16	11,534	2724

续表

年月	汽车胎(只)	力车胎(副)	自行/三轮车胎(副)	套鞋(打)	布鞋(打)	电力(度)	生橡胶(吨)	汽油(加仑)	工人(人)
1949年6月	6.9%	—	31%	25%	68%	151,890	78.9	15,786	2707
1949年7月	8.5%	—	36%	27%	74%	161,310	116.3	15,156	2821
1949年8月	4.1%	—	23%	33%	57%	146,600	88.1	17,754	2963

主要产品销售情况表

年月	汽车胎(只)		力车胎(副)		自行/三轮车胎(副)		套鞋(打)	布鞋(打)	橡皮线P(根)
1948年12月	1396	100%	1686	100%	10,690	100%	55,064	19,380	1800
1949年1月	926	66	1704		6695		34,407	16,690	1500
1949年2月	1037	74	1582		14,581		28,678	14,307	1190
1949年3月	485	35	2730		10,556		40,329	19,130	500
1949年4月	422	30	826		3368		28,696	12,251	—
1949年5月	154	11	23		3477		4561	2127	—
1949年6月	63	4.5	690		4648		11,261	16,296	500
1949年7月	75	5.4	846		10,268		16,398	6987	—
1949年8月	41	2.9	131		2483		7354	1610	—

1952年全年主要产品拨出情况表

主要产品名称	计量单位	合计	加工		订购或收购		自销	
			产品数量	占合计(%)	产品数量	占合计(%)	产品数量	占合计(%)
汽车外胎	条	40,083	24,966	62.28	11,865	29.6	3218	8.02
力车外胎	条	337,808			201,859	59.75	123,587	36.58
汽车内胎	条	37,088	24,080	64.9	11,785	31.78	1588	4.28
力车内胎	条	257,411			173,994	67.59	76,365	29.66
胶面布鞋	双	6,933,946	687,000	9.91	4,819,673	69.51	902,237	11.37

产值,产质量盈利等状况

年份	产值(千元)	利润(千元)	劳动生产率(元)	产量			质量(正品率)		
				汽车胎(只)	力车胎(只)	胶鞋(双)	力车胎(%)	汽车胎(%)	鞋(%)
1949	32,809			5877	271,643	6,478,955			
1950	28,209	2914		5330	245,763	5,294,147	94.89		
1951	50,673	13,924		35,617	367,230	7,558,881	94.54		
1952	45,848	－5550	15,718	42,834	284,053	6,343,588	94.11	85.52	96.47
1953	55,485	2323	18,415	34,422	353,219	9,196,098	97.69	88.95	96.62

注:1952年亏损原因,主要是原料和制成品跌价,1951年底原料、半制成品及成品总共结存2322元,跌价损失300万元以上,其次是生产任务较1951年减少,产品自销减少,国家加工比重增大,利润受到一定限制。

153

公私合营前后主要经济指标对比表

类别	合营前以1954年为例	1955年	1956年	1957年	1957年为54%
生产率（元）	18,613	23,433	27,599	259.51	139.45
产值（元）	61,608,000	72,829,000	86,967,000	1,036,080.00	168.17
汽车外胎产量（条）	49,113	36,799	79,914	847.71	172.6
汽车内胎产量（条）	39,782	32,555	77,153	916.21	230.25
力车外胎产量（条）	341,495	357,148	474,662	6,331.91	185.42
力车内胎产量（条）	341,449	334,648	407,408	5,783.54	169.44
汽车垫带产量（条）	49,113	36,799	79,914	914.16	186.13
胶鞋产量（双）	8,395,734	10,251,499	10,782,186	138,888.85	165.47
利润（元）	1,087,763	3,802,755	5,065,855	111,167.54	1,025.75
利润率（%）	100%	350.88%	467.43%	102575%	
成本下降率（%）	100%	87.33%	84.29%	7995%	

注：(1)从此表上看生产率1957年要比1956年低，实际并不低，并且还提高了。原因：

①为了1958年大跃进新招进几百人，但都是艺徒没正式投入生产，故在计算时把平均生产率拉低了。

②过去三年生产宝元雨鞋，1958年却生产轻便靴，因此时同要比生产宝元鞋多。

实际是提高了，如长球鞋1956年平均每人日产44双，1957年是54双；拉丝化工消耗时间，1956年每双30.26分，1957年为25.65分。又如三厂后跟浆工人从1956年189双提高到269双。

(2)1955年有些产品比1954年略微减少，这是由于国家计划减少的缘故。

1958年设备能力

名称	计算单位		1958年12月31日		1958已安装	
	数量	能力	数量	能力	数量	能力
炼机合计	平方公尺/台	公斤/小时	66.44/50	1,414/1	66.44/50	1,414/1
汽车胎成型机合计	台	条/小时	21			
汽车胎硫化罐机	台	条/小时	15	50.33/1	15	50.33/1
力车胎硫化机	台	条/小时	27	201.09/1	23	172.5/1
胶鞋硫化罐	台	条/小时	8	1560/1	（撤销）	
金属切削机床			29		29	

国营
上海第二纺织机械厂史

我们复旦大学历史学三年级的同学在一九五八年来到了国营上海第二纺织机械厂，进行劳动锻炼。在劳动锻炼过程中，一方面与工人同劳动、同吃、同休息，另一方面编写了这部"厂史"。厂史的编写对我们来说，还是一个考试，难免有许多问题，因此，望你看了这个"草稿"后，提出宝贵的意见，以便进行修改。

　　此致

敬礼！

复旦大学历史学三年级厂史编写组

一九五八年三月

第一章 内外棉纱厂时期

第一节 纱厂工人遭了殃

要说我们厂的历史，得先说东洋人的侵略。我们厂是日本帝国主义对我们中国进行经济侵略的产物，它给我们工人带来过无穷的灾难、说不尽的痛苦，我们也为它进行过无数次艰苦的斗争。我们厂的历史，就是一部光荣的斗争史。

要说东洋人的侵略，不能不提一下第一次世界大战。本来那是对我们中国进行侵略的，不光有一个小日本，还有很多其他帝国主义"列强"。特别是英国，而且日本侵略中国，也早在第一次世界大战前就开始了。1894 年，日本就跟我们中国打过一次仗，那是因为清政府的腐败，我们吃了败仗，日本却从中获得了许多特权，所以日本人能到中国来办厂，就是凭借这些特权而来的。但是，那个时候，日本毕竟还不是西方那些老牌帝国主义如英国和法国的对手。直到第一次世界大战，局面才开始变化。"一战"改变了各帝国主义国家的地位：老牌英帝国面主义落后了，美帝国主义靠着做军火投机生意，在战争中发了大财，取得了世界的霸权。又因"一战"的战场主要在欧洲，彼此你撕我杀，顾不得中国这一块肥肉。这样一来，正好给临近中国的日本一个绝好的入侵机会，于是，饿得发慌的日本帝国主义，乘此机会大大加紧了它对中国的政治控制和经济侵略。在这一系列的政治和经济的侵略活动中，作为一个重要组成部分的内外棉株式会社，起了不小的作用。我们现在的国营二机，就是从这个内外棉株式会社中演变出来的。

内外棉株式会社，早在 1887 年就在日本大阪府创立了，开头不过跑跑码头，做做原料的埠际贩运。在贱买贵卖的过程中，榨取了大量的利润。到了1905 年，它开始搞起工厂来了，内外棉第一纱厂就是在这一年创立的。到了抗日战争前夕的1931年，它的资本已经增加了132倍，从一个厂扩展成为十五个厂了。奇怪的是，这十五个厂中，只有两个是在他们本国的，其余的十三个厂都跑到我们中国的上海、青岛、东北等地区了，他们为什么要这样做呢？这里是有原因的。

那个时候，我们祖国的大好河山，被国内外反动派弄得乌烟瘴气、残破不堪，外有各个帝国主义的横行霸道，内有各个反动军阀的争权夺利。表面来看，是反动军阀在内战，实际是他们后面都有后台老板，受着洋人的支配，做着出卖祖国人民利益的勾当。在这种情况下，广大人民不是自己土地的主人，祖国还深深陷在半封建半殖民地的悲惨境地。因而野心勃勃的日本，可以仗着它的特权，施展它最残酷的剥削手段——资本输出，尽情剥削和压榨我们劳动人民。日本人到中国来办工厂，就是资本输出的恶毒办法之一。

这样一来，日本可以取得在本国所不能取得的超额利润，它可以用雇一个工人的工钱在中国雇到三个工人，而劳动时间可以延长四五个小时以上，而且产品还可以就近销出去，既省关税，又省运费；原料的来源也有了，它可以压低价格收购农民兄弟的棉花，而高价卖出成品，迫使农民破产，从而提供给它更廉价的劳动力。这样一来，遭殃的不仅是劳动人民，还有中国的民族工商业，本来在"一战"期间，趁西方帝国主义无暇东顾之时，中国的民族工商业有了较大的发展，可是它一开始就碰上了日本侵略者的竞争。日本厂是厂大本钱小，又享受各种特权，中国厂是厂小本钱小，又没有什么特权，哪里是他的对手？这样三挤两挤，就把一些中国的纱厂全给挤垮啦。光是1923—1931年的九年，中国纱厂就关停二十一家，出售十七家，出租、改租十九家，归债权人接管五家，一共垮掉五十二家。于是，在榨取中国工人和农民的血汗、摧残民族资本的基础上，内外棉纱厂发展了自己的产业，扩大了它的规模。其中的第十五厂，建成于1923年10月，当时有细纱机一百台，共36，800锭，男女工人约1500人，这就是今天国营上海第二纺织机械厂的前身。

提起了内外棉第十五厂，就会使人联想到狰狞凶残的日本大班、无恶不作的"那摩温"和那能把人折磨死的恶劣的劳动条件。

"要一百条狗难，要一百个中国工人容易"，我们永远不会忘记日本鬼子对我们工人这种恶毒的诬蔑！不过，这句话倒确实道破了日本资本家根本不把我们中国工人当人看的真情。老工人王小妹的经历，充分证明了这一点。王小妹十五岁就进厂去做养成工，当时年纪小，知识浅，初学接头，接不好，那摩温看见就打她，一连被打三次，头两次挨打，生怕工头在东洋人面前说她坏话，停生意，只好让伊打，一声也不敢响。后来，她们姐妹在厂门外碰到了这个那摩温，围上去教训了她一顿，以后才稍微好了一些，可是做了五年不到，王小妹就被停生意了，原因是请病假请了两个星期，病还没有好，再去请假时，就不要她了。从此，只好待在家里。王小妹的命运，事实上就是当时所有工人的命运。要打就打，要停就停，权柄完全操在东洋人手里。王小妹说只要东洋人看见工人打瞌睡，或者没有站在弄堂里，一句话也不说，上来就是拳打脚踢，而那摩温又是东洋人的狗腿子，专门仗势欺侮工人。你要想进厂做工，就得先买通那摩温这一关。你不送东西给她，不给她讲好话，你就进不了厂。进厂以后，仍得像孝敬爹娘一样孝敬她，不然就会吃足苦头，有时工人在忍无可忍之际，也会冒着开除的危险，在厂外狠狠揍她一顿，然而这样做的结果，最后倒霉的还是我们工人。

为了从工人身上榨取最大限度的利润，东洋人制定出种种不合理的制度。当时，每天两班，"六进六出"，工作时间长达十二小时，星期天更长达十四小时，在这些制度之下，工人们只能像牛马一样地为他卖命。生病请假，没有工资；请假多了，又要开除；迟到过了五分钟就算旷工，工资照扣。很多工人家住大场、白皮桥，离厂很远，为了不致迟到，夜里两点钟就得起身。那时，郊区没有公共汽车，连路灯也没有，只好乘"11 路"①，从家里摸黑摸到厂里，狂风下雨，真是有苦难言。

尽量延长工作时间，提高劳动强度，压低工资待遇，这就是鬼子剥削我们中国工人的窍门。以挡车来说，原来一部车子两个人管，鬼子认为这样赚的钱少，于是从一个工人管一部变为一个人管一部半，到一个人管两部。这样，资本家可以少开支三个人的工钱，但是工人们苦死了，一班下来，一个个累得不像样子。工资低，低到什么程度呢？当时的最低工资是两角五分一天，一般工人一天是五角左右。而米卖到十多元一担。一个人的最低生活已难以维持，养家糊口就更难了。不做工就活不下去，做工是活受罪。那时的工作条件真是差极了。鬼子只顾自己赚钱，哪管工人死活。大热天，车间门窗紧闭，外加厚厚一层黑门帘，车间成了一个密不透风的蒸笼。为了保持车间湿度，这样还不够，还要不断放水进来，水变成了蒸汽，混合着人呼出的浊气，那味道闻了真叫人发呕。在这样一个蒸笼里，两个钟头一站，全身就会湿得像从水里泡出来一样，恶劣的工作环境、紧张的劳动强度弄得工人姐妹们没有一个不生病的，发痧中暑、晕倒车旁时有发生。病了没有就医，更是工人生活中最大的威胁，为了不致停生意，工人们不得不抱病上工，勉强

---

① 2019 年编者注：11 路车，上海俚语，意为步行。

挣扎。

　　然而，还有比这更悲惨的遭遇呢！那是养成工的遭遇。当时，在日本纱厂里做工的大多数是女工和童工，鬼子尽量用她们去代替男工。为什么要这样呢？她们是哪里来的呢？说起来，真叫人伤心。由于军阀长期混战，天灾人祸，弄得广大农村经济破产，农民走投无路，日本资本家就利用这个机会唆使他们的走狗到农村招收童工。像马连惠就是这样的工头之一。他带上几个帮手，到江阴苏北一带乡村里，哄骗农民说日本纱厂如何好，每年可赚多少钱，只要谁家愿意把自己的女儿送到厂里，就可以拿到几十块大洋，等等，走投无路的农民不愿自己的子女一起饿死，明知是火坑，也只好让他带走。这些年仅十三四岁的女孩子就此远离家乡，来到上海，命运完全操在马连惠之流手里，成了养成工。养成工的待遇，简直跟奴隶没有差别。当时第十五厂的养成工统统住在英华里，名为"宿舍"实系"牢狱"。周围有高大的围墙，门口有狗腿子看守，上工时由工头带到厂里，下工一起回来。从早上六点一直干到晚上六点，或从晚上六点一直干到早上六点，小小的年纪也要和成年人一样，要做十二小时的繁重劳动，中间没有休息，根本没有礼拜天，在礼拜天反而要做十八小时，而日本人给礼拜天的"酬劳"照例是一个大饼、两根油条。

　　活干得不比成年人少，但工资只有男工的十之二三，即使这点很可怜的工钱，也统统落入了招工头的腰包，养成工自己是拿不到的。工头高兴时，给几个零用钱花花；不高兴时，一个也没有。做的是牛马活，吃的是咸菜豆腐小米饭。生病不给医，做不动也得做。工头们就这样骑在她们的脖子上，吸吮着她们的血汗，不到几个月，她们的身价就可以收回了。

　　日本人在残酷地利用这批养成工的同时，把成年男工成批地开除出去，这样做的结果，不仅可以大大减少工作开支，而且更恶毒的是，利用她们的年幼不懂事，不会闹事，也不会怠工，可以肆无忌惮地榨取，从而获得惊人的利润！

　　养成工所受的非人待遇一言难尽，她们受尽了日本鬼子和那摩温的打骂和侮辱，而一旦把她们折磨得不成人样，等她们无法为他赚取利润的时候，就会像对付一条狗似的把她们赶出工厂的大门。

　　老工人们在回忆上述这段噩梦般的历史的时候，都有说不完的话。唐小妹是九岁就进厂当养成工的，她全身经受过那摩温的恶骂，亲眼看过多个生病、发痧子的养成工被日本人强迫去干活的罪恶行为，有时心里实在难过，吃的东西吐了出来，东洋人看到就骂："中国人顶齷龊，吐为什么不吐到马桶里去！"

只要是中国人，谁能忍受这般非人的待遇呢？谁能忍心看着自己同阶级的兄弟姐妹遭受这样的苦难呢？地下的火山在活动，看看它终究是怎样爆发的，现在距离这个火山爆发的日子不远了。

这座火山的喷火口便是沪西工人俱乐部……

第二节　从沪西工人俱乐部到"五卅"大罢工

1923 年年底，我们厂粗纱车间来了一个新工人，此人姓陶名静轩[①]，生得浓眉大眼，体格魁伟，一看就知道是个能干活的人。他待人和气直爽，工人们都很喜欢他，亲热地称他为"陶大哥"。陶大哥很了解我们工人的苦处，弟兄们有什么事都找他商量，碰到为难的事情，总是他带头出面，陶大哥渐渐地成了大家的靠山。

在过去，受了鬼子的欺侮，光知道恨，只能背后骂几句出出气，顶多也不过几个兄弟集合起来，在路上将狗腿子打一顿了事。结果是：鬼子还是照样打人骂人。这个狗腿子走了，那个狗腿子来。一些迷信的人还认为是命里注定的，上世欠了债，今世来还债的。可是陶大哥却不同，他就能说出我们工人受苦的道理。例如，有的工人生病，家里揭不开锅了，他就会说："我们吃不饱、穿不暖是东洋老鬼剥削的结果。要是在苏联就不会有这种事，因为那里的工人把资本家都赶跑了，工厂成了自己的工厂，在那里，每一个人都有事做、都有饭吃……"，他要大家相信，总有一天，我们也会过上那样的好日子的，工人们相信他的话，因此也喜欢听他讲，他周围也就会围着一堆人，像鲍孝良、孙元山、王连德这些血气方刚的小伙子，经常跟他在一道，他们一到听得起劲时，就会主动撸起袖子，随手拿根铁棍，恨不得马上把东洋人

---

① 2019 年编者注：陶静轩（1890—1926），湖北江陵人，原名鑫元，又名静仙、经轩。1923 年来沪，进日商内外棉厂当学徒。1924 年夏，进沪西工人补习学校学习，参加筹建沪西工友俱乐部，深入日商各纱厂发动工人运动。同年 12 月，加入中国共产党；第二年担任党支部书记。1925 年 2 月，与刘华等人一起发动日商纱厂大罢工。"五卅"惨案发生后，任内外棉厂工会外交负责人，向当局递交并散发了《为日人惨杀中国工人顾正红呈交涉使文》，并代表工会举行记者招待会。上海总工会成立时，任执行委员、第四办事处组织部部长。1926 年，担任中共小沙渡部委职工部主任；同年 9 月，调任上海码头总工会副委员长，负责组织码头工人纠察队。上海工人第一次武装起义时，任浦东码头工人起义指挥。事泄被捕，11 月 16 日英勇就义。（熊月之编：《上海名人名事名物大观》，上海人民出版社 2005 年版，第 244 页。）

打杀，可回头一看，我们的陶大哥还是那个样子，笑眯眯地望着我们。有一天，他要把这几个小伙子带到俱乐部里去看。这不是一般的俱乐部，而是陶静轩同志创办的"沪西工人俱乐部"。

说起这工人俱乐部，也够可怜的，两间破平房，里面放着几张报纸、几把胡琴，还有两三个人在下棋。这就是全部设备了。虽然玩的东西不多，但总比没有强。因此，天天一下班，大家就跟着陶大哥去了。时间一长，人们也就看出苗头来了，这哪里是什么俱乐部，分明是工人开会的地方，因为俱乐部里，特别是晚上，常有一两个人在讲话。项英、李立三、罗亦农等同志就在这里讲过，讲的都是国家大事，在这些共产党员的亲切教导下，工人懂得了许多道理，受到了有生以来第一次的阶级教育。项英同志说："资本家压迫你们、欺侮你们，常常停生意、罚工钱，这些都不要怕，我们替你们撑腰。不过，我们工人自己可要讲团结，抱义气，依靠集体，人多势大，吓也吓死他们。"像这样的话，句句说到了工人的心里，以后听的人就更多了。经过不断教育，我们工人开始懂得了革命，认识了共产党。在陶静轩同志直接介绍下，孙元山、鲍孝良、王连德、洪连生成了我们厂的第一批中国共产党党员，而沪西工人俱乐部也就成了工人斗争的摇篮，跟沪东的"进德会"一样，在历次罢工运动中起了巨大的作用。

那时候我们厂刚办，工人来路很杂，有安徽的，有湖北的，还有山东和苏北的，本地人占少数，总的来讲，大多是破产农民，被压迫、被剥削的命运把大家连接在一起，大家都恨透了封建地主和帝国主义。可是，由于工人出身农村，封建意识和地方观念还很浓厚，互相之间不能很好团结，走狗张老虎、陈兴发等也就乘机捣乱，挑拨工人进行内讧。而大多数工人都以地方为单位，形成小集团，有所谓：湖北帮、安徽帮、江北帮、山东帮……各帮之间不免经常争吵，甚至聚众斗殴，闹出人命。这样就大大削弱了我们工人对日本鬼子的斗争力量，于是在陶大哥的倡议下，联络各帮首领在厂后戚家村小庙喝鸡血酒，结拜为兄弟，从此我们厂的工人就开始由分散走向团结，由自发的、个别的斗争发展为党领导下有组织的斗争。

"五卅"前夕，第十五厂的工人弟兄们就在陶静轩同志领导下，与鬼子展开了各种暗地斗争。譬如：刚上班时，鬼子一定要来检查，大家就装得很卖力。东洋人看到后很满意，于是连连点头，有时，跷起大拇指怪叫："好的，好的，你们大家辛苦了！"可是他前脚刚出去，工人们后脚就全部停工了。鬼子要是再来，望风的弟兄把水管"当当"一敲，全车间马达又"轰隆隆"响开了。做夜班的工友就更妙了，车子照样开着，可是线头掉了一地，人呢？躺在弄堂里睡觉。天亮时晓得鬼子要来了，便一吹起床哨，大家伸个懒腰，理理线头，开始与东洋人做生活了。不久，日本人发现电力消耗不变，棉纱却一包包少下去，就派工贼进行调查，可是工贼一冒出头，就立刻受到警告，如果还不听，就会在马路上吃一顿生活，弄得这些家伙两头吃苦，最后连脸都不敢露了。不过，到1925年的春天，我们工人的生活更是难以维持，猪肉卖到二角五分一斤，而工人的工钱呢？最少的一天不到一角，一般也不过两三角，家口大的只好用豆渣、野菜充饥。日本鬼子因走狗无能，就更加强了直接监督管理，张口就骂，动手就打。工人们看在眼里，记在心里，"等着瞧吧，我们总有算账的一天！"

这个时候，党在上海开启了第四次全国代表大会，指出新的群众性的革命高潮正在形成，号召我们工人组织起来，成立工会，跟帝国主义和反动军阀展开斗争。党的这个号召是时候啊！就在这次大会开过后不到一个月，上海的日商纱厂就发生了大罢工。原因是：我们的兄弟工厂——内外棉第八厂的工人被东洋老板大批开除了，他要用更廉价的养成工来代替。于是，就在二月九日那天，我们第十五厂和内外棉各兄弟厂为了支援第八厂工友，举行了同盟大罢工。

这是第十五厂的第一次大罢工。这一天，大家都很高兴，一些平时吃尽"萝卜头"苦头的工友更是劲头十足，一关车就拿起车后的铁槭棍去打写字间。这一打，可把那些平时作威作福的东洋人吓坏了，一个个沿着旁门溜了。工人在气恨之余，把写字间的玻璃全都打个粉碎，回头又把全厂的电灯泡敲掉，罢工一直坚持了二十多天，最后因为租界外国人的镇压和总商会的出卖，才遭到失败。这次罢工虽然失败了，却使全厂工友经受了第一次战斗的洗礼，同志们开始看到了自己的力量。

在尝到了我们工人团结起来的滋味以后，日本老板眉头一皱计上心来，逼使王恒山出面组织工会，可是王恒山这个人过去吃过我们的苦头，推说手下人少，不敢出头。陶静轩知道后，就亲自请他喝了一次茶，讲了一些义气话，王恒山感到人有面子了，反而表示愿意为我们效劳了。鬼子见一计不行，就又施二计，买通了厂对面的巡捕房，想用英国佬来吓唬我们工人。这巡捕房原本是建厂之初东洋老板奉送给英国人的。

此后，包探、巡捕就不时出现在厂里。但是，没几天，神通广大的陶表轩就和捕房的门差、那个绰号"五百四"的结拜为兄弟，这样一来，捕房一有风吹草动，"五百四"兄弟就会前来报信，最后甚至连包探的照例巡查也撤销了。鬼子的计策又失算了，气焰也就跌了一截。因此，自这次罢工后，党在第十五厂就建立了比较巩固的群众基础。

　　1925 年 5 月 15 日，内外棉第七厂鬼子打死了工人顾正红①，激起了工人弟兄们无比的愤怒，决定全厂罢工来表示抗议。为了便于在罢工期间应付情况，党组织决定邀请翻译张肯堂出面，张肯堂虽是个翻译，却是我们结拜兄弟之一，有爱国心，在群众中有点小名望。在再三推辞之后，直到陶静轩对他说："只要你出个面，一切事情有我们呢！"之后他才答应了，就这样成立了罢工委员会，马上就召开了车间的首脑会议，决定晚上一时开始罢工。这时虽然机器还在转动，可全厂工人们的心早已经出去了，都在紧张而又耐心地等待着，等待那激动人心的时刻到来。时针走上了一点，"铛"的一下，只见陶静轩把手一扬，那矮小出名的猛将一冲而上，打开了放工的电钮，一刹那全厂红灯齐亮，铃声叮当，人们高呼"摇班了"（罢工了）蜂拥而出。伟大的"五卅"反帝运动的前奏曲就这样开始了。在这一战斗中，第十五厂的工人表现了机智勇敢和迅速果断的革命气魄。不到一分钟，全部停车，适才还是一团忙乱、嘈杂的厂房，一下子变成冷冷清清的了，那些平时张牙舞爪的"萝卜头"这时也不知躲到哪个角落里去了。罢工委员会宣布立即成立纠察队，由鲍孝良做队长，率领全体队员到通本厂的各要道上宣传，劝阻早班工人上工，与此同时，全市两万多日商厂的工人也全部罢工了。

　　顾正红烈士是为了争取成立工会而惨遭枪杀的。日本鬼子最怕我们工人成立工会，因为工会一成立，他就不能随心所欲地开除工人、打骂工人了。为了阻止工会的成立，东洋人什么凶恶的手段都使出来。但是，血腥的镇压并不能阻挡我们的决心，我们非要把工人自己的组织成立起来不可。就在罢工后的第二天一早，我们厂的工人怀着悲愤而又激动的心情走向滨北，我们党在那里成立了工会第四办事处，主任是刘华②同志，专门领导沪西工人的斗

---

　　① 2019 年编者注：顾正红（1905—1925），江苏阜宁小顾庄（今属滨海）人，上海日商内外棉第七厂工人。1924 年参加沪西工友俱乐部。1925 年 2 月参加日商纱厂工人大罢工，随后加入中国共产党。同年 5 月，该厂日本资本家撕毁"二月罢工"时与工人达成的协议，以关闭工厂、开除罢工工人相威胁。15 日，他带领工人进厂交涉，惨遭日籍职员枪杀。这一事件成为"五卅"运动爆发的导火线。（夏征农、陈至立主编，熊月之等编著：《大辞海·中国近现代史卷》，上海辞书出版社 2013 年版，第 525 页。）

　　② 2019 年编者注：刘华（1899—1925），四川宜宾人，原名炽华、剑华。1920 年入中华书局印刷所当学徒。1923 年进上海大学学习，同年加入中国共产党。1924 年参加沪西工友俱乐部，被选为副主任。1925 年 2 月参加领导沪西日商纱厂工人大罢工，任上海内外棉纱厂工会委员长。5 月参加领导"五卅"运动，当选上海总工会副委员长、代理委员长。在第二次全国劳动大伟上当选为中华全国总工会执行委员。1925 年 12 月 17 日，被军阀孙传芳杀害。（夏征农、陈至立主编，熊月之等编著：《大辞海·中国近现代史卷》，上海辞书出版社 2013 年版，第 525 页。）

争。当天上午，第十五厂就成立了有史以来的第一个工会，在陶静轩的亲自主持下举行了第一次选举，最后选出了孙元山、张肯堂、王连德、董林山、周阿大、江海清、彭静山七人做委员，但在委员长的人选上，一度争执不下，最后还是让张肯堂做了委员长，因为他既不属于哪一帮，又不属于哪一派。

工会成立后，陶静轩同志就离开了第十五厂，调去总工会工作，后来领导沪东的码头工会。

这个时候，顾正红同志的被杀已引起全市广大工人、学生和市民的不满，街上到处在散发传单、到处在讲演。我们厂工会的宣传队也进行了出色的活动。谁知到了5月30日那天，英帝国主义者竟疯狂开枪扫射爱国的学生和群众，造成了空前的"五卅"惨案。这一残暴的屠杀，激起了全国人民无比的愤怒。在上海总工会的领导下，6月1日，全市工人实行了总罢工，随即掀起了全国性的反帝爱国运动的高潮。

罢工坚持一个月后，工人生活发生了困难，这时上级工会发下了各界捐款和苏联老大哥的援助，我们厂工人每人每月补助六元钱，这样工人的腰板更硬啦。罢工挺到第三个月，东洋资本家喊吃不消了，这才开始让步，总工会最后宣布至8月复工。

"五卅"运动虽然没有获得全部胜利，但却把鬼子的威风打下去了。鬼子被迫答应在每一车间设一工会委员，工人有错，领班无权过问，由工会委员负责教育。"水月"医院也开始给我们工人看病了，女工也规定了有六十天的产假，最有趣的莫过于日本人，他只要在街上一露面，大家就指着鼻子骂开了"东洋赤佬""萝卜头""小东洋"，鬼子这下成了过街老鼠，人人见了都要喊打。从此以后，我们工人阶级在党的领导下，力量一天天壮大，成了全国人民反帝斗争的核心力量，我们厂的工人运动也走上了一个新的阶段。

第三节　陶静轩英勇就义 蒋介石无耻叛变

"五卅"运动的确狠狠地教训了东洋鬼子一顿，使他至少在当时不得不满口答应我们提出的罢工条件。但是，鬼子是从来不会让我们工人占一点便宜的，所以半年一过，又恢复了老样子。就拿女工产假来说吧，开始是答应六十天，后来改成五十天、四十天，现在呢，产假已不知飞到哪儿去了。吃饭停车一小时也是这样，从一小时改为半小时，现在又千方百计地要迫使我们开车吃饭了。

工人们越来越清楚地看透了东洋人的鬼把戏。因此，"五卅"之后不到半年，我们厂已连续发生了两次罢工，而且还在不断发生。在纪念"五卅"周年的示威游行中，工人们喊出了"增加工资，恢复月赏"的口号。在炎热的夏天，工人们实在忍受不了车间恶劣的环境，提出了中午休息半小时的要求。然而，这些合理的要求都没有得到资本家的同意，他用停生意、关厂等来胁迫工人继续为他卖命。

8月2日，日本"万里丸"轮船水手秘密杀害了我国小贩陈阿堂，这件事激起了全上海人民的义愤，新仇旧恨，终于爆发了一次大罢工。

不久，更大的革命风暴就来到了。

1926年7月，国民革命军从广东开始北伐。在中国共产党及各地人民群众的热烈支援下，北伐大军正似秋风扫落叶一样，不到几个月工夫就克服了武汉，到达了长江流域一带，胜利的旗帜正每时每刻地向上海、南京方面推进，我们党为了配合军事进展，推翻军阀统治，取得革命的胜利，决定在上海举行武装起义，与此同时，积极配备力量，增强各工厂党的领导，作为起义前的准备工作。

我们的陶大哥，自从1925年我们厂工会成立后，就离开了我们到总工会去工作了。现在党又交给他一项新任务：要他去领导沪东码头工人的斗争。

10月23日晚上，时钟早已敲过了十二点，更深夜静，天墨墨黑，就在这个时候，陶静轩同志和浦东码头工人的几个领导人：于纪汉、郭妙根、胡鹤山、蒋荣等，在黑暗中一脚高一脚低地出发到浦东胡鹤山同志的家里开会。他们要在今晚决定如何发动群众参加罢工和进行武装起义等重大问题。不料，机事不密，给特务狗腿子盯上了梢，大批荷枪实弹的反动军警把他们开会的地方包围起来，他们被捕了。

陶静轩同志被捕后，党的地下组织曾多方设法营救，结果，被捕的六个同志都出来了，而我们的陶大哥却未能救出。敌人害怕这位工人阶级的领袖，不敢把他放出来，在军阀孙传芳的指使下，陶静轩同志惨遭杀害。

临刑前，他两只眼睛望着沪西工人区，坚定地说："我要面向着沪西死去，那里有我的亲人兄弟。"陶静轩同志就这样壮烈牺牲了，那时他才三十八岁。

11月7日，上海总工会为此发表宣言，强烈抗议反动派当局这一罪行，20日下午一时整，厂里的马达突然停止了轰响，各车间都变得鸦雀无声，全上海工人为陶静轩的牺牲静默三分钟的时刻来到了。工人们默默脱下了帽子，低下了头。想到陶静轩生龙活虎的英雄姿态，想到陶静轩给我们数不尽的好处，无数双眼睛的热泪都不禁夺眶而出。

陶静轩的血没有白流，四个月后我们上海工人的第三次武装起义开始了。

前两次武装起义都在孙传芳的血腥镇压下遭到失败，但是，长期以来被帝国主义统治压得透不过气来的上海工人，并没有被敌人的屠刀所吓倒，相反地，他们在极艰苦的斗争里，经受住了考验，满怀着胜利的信心迎接新的战斗。现在是 1927 年 3 月 21 日，北伐军先头部队已到达上海的龙华，根据党的决定，当天中午，总工会下达了全市总罢工的命令。差不多全上海的工人都坚决地响应了总工会的号召，有八十多万人投入了这一伟大的斗争，与反动军阀决斗的时刻到来了，为死难的烈士，为陶静轩同志报仇的时刻终于来到了。

当天下午，罢工改为武装起义。当时，日班工友正在做生活，有几个人悄悄地走进了车间，他们在一位大姐身旁站住了。接着，热烈而又小声谈了起来，兴奋的眼睛不时扫过全车间，不一会儿，全车间就轰动起来，喧腾的人声代替了"隆隆"的机器声。

"北伐军来了，北伐军来了！"

"大家去欢迎北伐军！"

刹那间，八百多工人一齐闯出了厂门口。人人手里拿了根毛竹来作为武器，门口的门警已无法阻挡这股如洪水暴发的人流了。

冲出厂门口，只见满街都是人。我们厂的队伍跟沪西各厂的工友会合在一起，接着分成两路：一路在小沙渡起义渡江；另一路在曹家渡起义，赤手空拳就夺下了警察的武器。然后，渡河到闸北，在闸北会师后，一连攻下了好几个警察局，一直朝北火车站敌人最后的地点攻去。仗打了一天一夜，取得了辉煌的战果。在闸北火线上，我们厂的一位王姓女工胸部受了伤。

第三次武装起义终于获得了伟大的胜利，这个胜利使得白崇禧的部队可以不费一炮一弹而进入上海市区。当时，我们厂的工人也和其他工厂一样，派出代表，怀着热烈的心情，带着饼干、香烟等慰问品前去迎接北伐军的到来。

哪料灭绝人性的蒋介石，受了帝国主义的指使，已做了反革命的准备，他害怕我们工人阶级力量的壮大，竟让上海各流氓头子，制造借口，将我们工人用鲜血换来的枪械缴去，随后在工人缴了枪、进行请愿的时候，更是下了最残酷的毒手：对革命有功的工人阶级展开了血腥的屠杀，至此，蒋介石的反革命面目开始真相大白。

不久，蒋介石发动了更大规模的"四一二"大屠杀，白色恐怖笼罩了全上海，我们厂的工会组织遭到了破坏，工人运动暂时转向低潮。

第四节　内外棉八厂时期——反日大罢工的浪涛

1931 年，东洋资本家为了适应其本国政府对我国扩大侵略的新形势，采取了一套"扩大厂基，减少厂名"的措施。上海的日商纱厂由原来的十一个厂合并为九个厂，我们厂的名称也由内外棉第十五厂改为内外棉八厂了。

不久，"九一八"的炮声震动了全国，日商纱厂的工人跟全国人民在一起英勇地担负起了抗日救亡运动的新任务，情况十分热烈。八百多日商纱厂的工人自动组织了抗日会，热烈响应十九路军的抗战，组织成员参加了前线的战斗和后方的示威游行……从此，揭开了我们厂工人斗争史上新的光荣一页。

"一·二八"以后，全国的棉纱生产都被东洋人给垄断了，民族资本消失殆尽。在这种独资经营的条件下，日本人更趁火打劫，疯狂地施展了他的剥削手段，拼命提高工人的劳动强度，用各种名目的加班来延长劳动时间，而这些星期天加班、平常加班的报酬，总不外乎是一碗阳春面钱，除此以外，日本厂主又运用了他充裕的资本，用最新式的大牵伸自动机来进行"特快"工作。吃饭时，也不准工人停车片刻。工人们被弄得头晕眼花，甚至犯病死亡。平时，工人动辄被罚，如大便时间超过二十分钟的要罚，夜工在车旁稍闭一下眼的要罚，偶然在地下坐坐的也要罚……每天除了吃饭的十五分钟外，简直没有一分钟可以休息。东洋老板的压迫已到了无以复加的程度。当时，厂内女工和童工人数大大增加，而日本厂主对付女工的手段最毒辣，不少女工由于怀孕被开除后，生活无着落，劳累而死。有个女工小妹子怀了孕，厂里就不要她了，没有工作，只得在生下孩子后二十七天就出去捡腐烂菜，结果受了伤，回来后就得了重病，大人没饭吃，小孩没奶吃，眼看自己的孩子活活地饿死，悲痛得不得了，十天之后，自己也死了。像这样悲痛的结局，绝不是小妹子一家，这已成了日商纱厂广大工人共同的命运。在这样的压迫下，1936 年年初就不断发生日商纱厂的工人反抗斗争。敌人用了高压政策来镇压我们，但是我们受够了，苦难的工人弟兄们并没有屈服，不久，就爆发了 1936 年 11 月的反日总同盟大罢工。

1936 年 11 月 8 日上午早班上工时，厂里出现了很多传单，传单上印着内外棉、丰田、公大、喜和、上海、大康、同兴、裕丰、日华、东华等日商纱厂工人代表的联合宣言。宣言中说：

"上海各东洋纱厂工友公鉴：

亲爱的工友们，你们快醒来吧！东洋老板是没有良心的，他弄得我们东洋人厂里的工友们快要苦死了，我们各厂代表共同商议，认为现在已经到了忍无可忍的时候了。不得不依靠我们群众的团结力量，快预备联合起来吧！我们要坐在厂里，要他马上答应下列条件：

第一：要加工资十分之二；

第二：吃饭后，应停车一小时；

第三：不准开除任何一个工人；

第四：不准拷打任何一个工人；

第五：反对礼拜日多做钟头。

望我们东洋厂里的工友，大家赶快在车间里商量团结，齐心出力，以争到我们最后的胜利！"

五项条件提出后，当天晚上就得到沪东地区七家日商纱厂一万五千多男女工人的响应，开始罢工。东洋人着了慌，赶忙在第二天出了一张布告说："厂方对工人要求增加工资，准予普加 5%，望各工友即日复工，否则即行退出厂外。"阴谋削弱和分化罢工力量，阻碍工人的一致行动，但我们工人没有被他动摇分毫，仍积极在暗中酝酿着。以后，罢工的人数逐日在增加。20 日下午，我们厂为声援内外棉第一、二厂，开始罢工。在这前一天，内外棉各厂召开了代表大会，会上决定各厂积极行动起来，支援六个厂罢工。当晚，大家商讨了发动罢工的办法。于是，第二天在夜班放工、早班上工的时候，就守在澳门路工厂出口的两头，抓住一个，动员一个，就这样，在下午二点钟，首先在粗纱间喊出了："关车了，摇班了。"接着，各车间都跟着关车。工人们手也不洗，不知谁喊了声："走，我伲到饭间开会去！"不一会儿，饭间里就挤满了人。会上，一致同意了日商纱厂代表联合宣言上提的五项条件。

到 21 日，内外棉所有纱厂工人全体罢工了。工人们一面罢工，一面到社会局、地方协会请愿，坚持到 28 日，在流氓头子杜月笙的所谓"调解"下，在华日商纱厂的联合委员会主席船津氏和他的大班们商量了以后，开始做了一些让步，我们工人便在 28 日复工了。

11 月的这次大罢工，人数达到了十余万以上，这是继"五卅"运动后对日商的最大一次罢工。当时形势十分紧张，日本人出动了他全部的海军陆战队，来恐吓我们，然而，我们是吓不倒的，这次反日大罢工得到了上海广大人民群众的热烈赞助。显示了我们工人阶级在民族革命战线上的伟大力量，有力地推进了全国的抗日运动。

　　日本帝国主义对华侵略的不断扩大和蒋介石政府的妥协投降政策的暴露，激起了我们日商纱厂工人无比的愤怒，反日大罢工的浪潮此起彼伏，新的战斗又开始了。那是对日寇发动的"七七"事变的强有力的回答！也是对蒋介石卖国政府的强烈的抗议！正如"七七"事变后，一个老工人所说的："现在的政府真是越来越不像话，为什么让日本鬼子这样疯狂！不行，政府让，我们不让。"只有身受过东洋资本家的残酷虐待的工人才会对日本帝国主义的侵略表示这样巨大的愤怒！这种不可抑制的具体表现便是离开日商纱厂，举行反日大罢工。

　　这一次的罢工，受到了日本鬼子极大的干涉，但是工人还是罢成了。那是在做夜班的时候，已经是深夜了，从车间表面来看，生产活动都在平静地、正常地进行着，但是一刹那间，不知哪个车间动了起来，大喊："我们关车了，停工了。"顿时，全厂生产秩序大乱，就这样，"摇班"开始了。

　　吃了上次大罢工的教训，这回那些日本大班、领班都惊慌万分。不到一刻，日本宪兵也开进了厂里，到处寻找"摇班"的发起人——第一个关车的人。

　　东洋人把我们工人都赶到后门口，一面盯牢我们看，一面大声嚷道："谁是红脸？是红脸的跑出来。"他以为第一个关车的人，脸一定是红的，可是，坐了半天，始终没有查出了什么名堂来。红脸的人当然是有的，但是实在太多了。因为车间里很热，外面很冷，身上穿着单衣服，给冷风一吹，人的脸都红起来了。他查不出来，就大叫："谁是第一个关车的？不讲，今晚就站在这里一夜。"他想用恐吓、威胁来达到目的。当然，谁也没有回答，日本人花了好几个小时，一无所得，最后只得强迫工人们回去做工，大家又回到了车间。然而，现在的工人已经不是东洋人的奴隶了，第二天，他们照样罢了工，一直持续了一个半月之久。

　　在采取罢工这一斗争形式的同时，工人们还广泛地展开了各种新式的怠工斗争，从消极方面对抗日本人随意开除我们工人的威胁。第一个办法是工人们喊出了"要停大家一道停"的口号，当时停工人多了，弄得日本人连填工也找不到，只好把车子停掉。第二个有效的办法是"跳厂"，当时民族工业为了争取工人，专门招收被日商开除出厂的工人去做工，并发给新进厂工人贴成工①，这使东洋人大伤脑筋。第三个办法是放慢车。新式大牵伸自动机给我们工人带来了新的苦难，工人们就在皮带盘里放上水、香蕉皮等，让

---

　　① 贴成工：当时发工资在 15 日、30 日两头，如 20 日被开除，进民族工厂就把后 5 天工资贴补给个人。

车子转慢。当然，东洋人是要来查的，那么我们就进一步摸清他检查的时间，与他展开巧妙的怠工战。这一斗争形式，在"八一三"日寇侵占上海之后，空前恶劣的环境中，起了特别重大的作用。那个时候，除日本大班来巡视时工作一下外，其他时间大部分用来休息和做其他事情，这是后话，暂可不提。

第二章　向日本军事法西斯统治做斗争

第一节　纱厂变成铁工厂

1941 年 12 月 8 日，日本帝国主义不宣而战，偷袭美国在太平洋的海军根据地——珍珠港；同一天晚上，又击沉了停泊在黄浦江上的英美军舰，占领了上海租界，太平洋战争爆发了！

日本海军陆战队耀武扬威地举着太阳旗进驻上海租界以后，工友们就尝到了日本鬼子直接的军事法西斯统治。太平洋战争之初，美国和英国连连败仗，鬼子得意扬扬，非常猖狂，到处吹嘘"皇军"威力，上海各主要街道的广告牌上都有他们无耻的宣传画：什么"大东亚共存共荣""大日本皇军攻无不克，战无不胜"等，蓄着仁丹胡子的日本浪人，在上海随心所欲、横行霸道。为了把上海变成他们的后方基地，掠夺中国丰富的人力、物力、资源去为他们的侵略战争服务，日本鬼子在沦陷区、游击区、抗日根据地实行惨无人道的烧光、杀光、抢光的"三光政策"，用最野蛮的手段"清乡""扫荡"，对中国人民犯下了无法饶恕的滔天罪行，人民在日寇铁蹄蹂躏之下痛苦地生活和斗争着！

日本鬼子的仗是越打越大了，既有太平洋战争，又有大陆战争，虽然他野心勃勃，一心想速战速决，可是既然打的是一场不得人心的侵略战争，国家本来很小，本国人民和被占领地区的人民群起而攻之，因此，困难越来越多。日本帝国主义强征了国内和殖民地所有的人力、物力投入战争，改组一切民用工业为战争服务，使国民经济走上了军事化道路。上海的情况当然也不例外，所有日商纱厂、铁厂都实行了"军管理"，分别由登字 1629、1627 部队管制，为侵略军生产军用被服、毛巾、汗衫、皮鞋、洋钉、马鞍等各种五金军需品。从此，内外棉各厂就由单纯榨取中国人民血汗的垄断资本企业，变成直接为日寇侵略战争服务的生产场所了。

但是，这样做还不能满足战争的需要，特别在 1942—1943 年，随着侵略战争的扩大，农业生产之衰败，钢铁、棉花越来越感到不足，进口又告中断，其他军需物资也如星火般等着急用，现代化战争少不了这些。日本帝国主义穷凶极恶地到处搜集废铜烂铁，头号战犯东条英机不顾一切在日本国内及占领区进行"企业整备"，他说："举凡普通产业和平时与增强战力无直接关系者，应在综合计划之下，将其一切设备、资材、劳力、运输等力量都转移于指定的战时产业。"就在综合计划之下，日本鬼子把原料和销路都成问题的大批纱厂"废除"了，机器设备重新变成钢铁工业的原料，并美其名曰"献铁运动"。

日本鬼子狗急跳墙，除在国内拆毁了不少纱锭与织机外，把上海日纱厂原有的一百三十万纱锭、三十万线锭和二万台布机，"乒乒乓乓"毁掉了五十多万枚纱锭、近十万枚线锭、一万六千台布机，内外棉第八厂也在这场"献铁运动"中献掉了。

由于内外棉第八厂建厂时间较晚，机器设备最新，所以资本家舍不得砸掉，叫工人把机器擦得雪亮，想让日本当局看了以后说好话留下来，可他们看都不看，一个电话打来："快敲！"当时的情景，据陶泉根老师傅回忆："敲机器的时候，有一个日本鬼子板着脸很不高兴，另外几个鬼子就劝慰他说，如果战争胜利，那就要什么有什么，比现在更好的机器也会有。如果失败了，那又何必把这些新式机器留给他们呢？"

这几句话里的确看出日本帝国主义的强盗嘴脸。日本鬼子发动侵略战争，结果是搬起石头砸自己的脚。然而，他们还是不到黄河心不死，誓战到底，把一切希望都寄托给无法实现的战争胜利。

内外棉厂的机器大概敲掉了三分之二以上（约二万五千锭），剩余部分则并进了当时的内外棉第五厂（今国棉二厂）。生产工人被日本厂主不顾死活地推出了厂，成为痛苦难言的失业工人，只留下张其昌、周阿福、张金桃等四个勤杂工。喧闹一时的工厂只剩下冷冷清清的空壳。不久，这座厂房被改作内外棉的中央货栈堆存各厂生产的军需品，纱厂的历史命运就此结束了。

1944 年，英勇的苏联红军把德国法西斯赶出国境，直捣柏林。意大利垮台，墨索里尼被人民在米兰倒吊而死，法西斯同盟瓦解了。我国解放区军民克服重重困难，展开局部反攻，亚洲各国人民也日益加强反侵略的斗争，日本鬼子到处挨打，四面楚歌，狼狈不堪。为了挽救局面，日本帝国主义孤注一掷，打算在本土失手之后，把战场移到亚洲大陆上来，于是将"皇军之花

——关东军"集中在中国东北，同时加紧控制和调整日商在中国的机械制造工业，拼命加强在中国领土上的军火生产，以便就地补给，于是，开始了我们厂由纺织厂到铁工厂的转变。

这一年的六七月间，沉寂的厂房又传出机器的响声，这是东亚铁工厂（开始叫大陆第二铁厂，十月间改此名）在生产。东亚铁工厂是由原日商大手机器厂（小沙渡路^① 987 号）、东亚制作所（槟榔路）合并组成的。起初厂里有七八个中国工人、四五个日本鬼子、三四十部机器，分成金工、冲制两个工场，配修纱厂三大件，造弹簧、洋钉、万里鞋钉等。不久就从事军火生产了，像机枪子弹盒、高射炮瞄准器、军用剪刀、重机枪护盾、军用热水瓶等。1945 年时，还为五百千克、一千千克重的炸弹壳造铁箍，为迫击炮弹加工，并且试制过反坦克用的、能打穿寸把厚钢板的榴弹。从 1945 年起工人增加到二三百名，并且改开日夜两班。从此，东亚铁工厂就完全转化为被日寇直接控制下，用来制造杀人武器的兵工厂了。当时，东亚铁工厂专门从日军登字 1627 部队接受军事订货，而在业务经营上归大陆重工业株式会社领导。大陆重工业株式会社实际上是内外棉株式会社的分支机构，在它一千二百万日元的资本金中，内外棉就占了 90% 以上，从这一事实也可以看出：作为日本国家资本的内外棉已经因侵略战争的需要和追求高额利润而走上了棉铁联营的道路，从民用工业日益向军火生产发展，实质上成为日本穷兵黩武、侵略成性的军国主义分子的有力帮凶了。

东亚、大手实际上是国营二机沪西总厂的前身，而沪东工场的前身则是田中铁厂（1938 年时改名为有新铁厂）和振华铁厂。回顾一下东亚、大手、有新、振华四个厂的历史沿革，使我们清楚地看到：日本帝国主义如何对中国进行经济侵略、排挤、摧残和掠夺中国民族工业，如何吮吸中国人民的脂膏。

就拿东亚制作所来说吧，它是在 1927 年由内外棉的一个日籍职员守部创办的，开始时只有两三个工人、一部日式冲床，到 1937 年，发展到三十多个工人、大小十二部冲床，专制弹簧零件。大手机器厂在 1931 年创办时规模也很小，到抗战爆发前夕发展为拥有工作母机及专业机器四十余台，生产工人一百多名的专制三大件（罗拉、锭杆、钢领）的工厂了。为什么这些小厂会发展得这么快呢？除了一切帝国主义在华企业所共有的利用和剥削中国廉价劳动力的因素之外，还是日本垄断资本排挤中国民族工业、保护和扶植日本

---

① 2019 年编者注：小沙渡路，南起静安寺路（现南京西路），北至苏州河，当时是公共租界内一条比较长的南北向道路，现名西康路。

企业的结果，这两个小厂都是在上海出现大批日商纱厂之后创办的。日商纱厂经常需要一批修配厂为它服务——整修机器和配件零件，他们虽然也采用公开招标的形式吸收华商铁工厂投标，但优先承包的却总是这些日商铁工厂。尽管日商的标价比华商高很多，但他们宁愿让本国商接受订货任务，拆穿了讲：他们存心挤垮中国民族资本，有钱让日本人自己赚，不让我们中国人插手。所以当时上海所有日商纱厂的弹簧零件和三大件差不多都被东亚和大手包下来了，像蚜虫舔着白蚁的分泌物一样，东亚和大手两厂就靠着内外棉、日华、大康等株式会社的扶植，而获取高额利润，迅速发展壮大。

有新、振华两厂的发展则又是日寇无耻掠夺中国民族工业的有力说明，是日寇强盗行为的罪状。有新铁厂的创办人是田中，1929 年开办时只有向华商正隆机器厂借来的三部车床和一座打铁炉子，工人不满十个人。"八一三"淞沪抗战爆发之后，田中赶紧趁火打劫，浑水摸鱼，开着一辆卡车，打着太阳旗在闸北和当时的华界乱转，把华商正隆机器厂的十部大机器和其他小型车床、铣床、铜棕铣头……全部抢回厂来。连马达甚至红木家具都"无微不至"地抢劫一番，又乘兵荒马乱之际，贱价收购了十几间民房，于是这个日本强盗就变成拥有金工和翻砂车间二百多工人的工厂老板了。振华铁厂的前身则是由中国资本家薛文德所创办的振华纱厂，拥有近万枚纱锭。"八一三"事变之后，被日商大康纱厂所收买，他的大部分设备也在 1943 年"献铁运动"中被敲光了。日本人利用这座空厂房，从中国人所办的孙立记电器厂抢来了二三十部车和大批器材，改名为振华铁厂，从事军火生产。开始只有几十个工人，以后又不知从哪里抢来了大批机器加以补充，于是到 1944 年时就扩展为一家拥有三百八十多名工人、一百多部机床的机器厂了。

从内外棉分支机构——大陆重工业株式会社的发生发展，特别是东亚、大手、有新、振华四个日商铁工厂的具体发展道路和本厂由纱厂到兵工厂的变化中可以看出，日本帝国主义在"和平"时期，凭它的政治特权和资本输出，在中国肆无忌惮地进行经济侵略，无情地剥削和榨取中国劳动人民的血汗，排挤和摧残中国民族工商业的发展。在战争时期，又从经济上、政治上竭力支持军国主义政府，把民用工业转到军事工业的轨道，制造杀人武器来残害中国同胞，并在血腥的战争中发财致富，榨取高额利润，趁火打劫，掠夺中国民族工业。日本国、帝国主义和垄断资本犯下的深重罪孽，以及在侵略战争时期带给中国人民的灾难，我们是永远也忘不了的！

第二节　日寇铁蹄下的牛马生活

抗日战争后期，日寇控制了上海所有日资、英美和规模稍大的中国工厂的生产，以战养战，强使中国的资源、劳动力为他罪恶的侵略战争服务。日本鬼子一手拿算盘，一手拿枪杆，严酷无情地剥削和压迫中国工人。而工友们为生活所压迫，不得不到这里厂里去做工，混口饭吃。工人阶级在当时所受的苦难是说也说不尽的。在日本鬼子的狗眼里看来，中国工人是亡国奴，是比牛马还不如的牲畜，要打就打，要骂就骂，要罚就罚，要开除就开除，看吧！下面就是本厂工友们在日寇铁蹄下的奴隶生活。劳动强度之高和工资待遇之低，恰巧拼成一个惊人的鲜明对比。

清晨五时，工厂的汽笛就像催命式叫着使人心惊肉跳，工友们一个个提着饭盒，睡眼蒙眬地进工厂。名义上每天固定的生产时间是十二小时，到下午五点钟，工友们又一个个拖着疲乏又饥饿的身子离开这人间的地狱。这就是被工友们称作"五进五出"的上班制度。但是，劳动时间何止十二小时呢？只要鬼子一声令下，就得全部加班加点，特别是他们要在每个月 24、25 这两天结账时，就强迫工友们在两天内把这个月的生活全部干完送出，工友们在日本法西斯的高压统治下，只好连干两天两夜，两眼熬得通红，双腿站得发麻，但却不能在敌人面前发出一声怨言。

但是，这样做死做活地拼命，一个月的工资又有多少呢？一般老师傅的工钱，当时大概能买到四五斗米，最多不会超过八斗到一担，最低的只够买两斗，每顿啃半个羌饼。而当时厂里日本鬼子的工资，每月至少能买一二十担米，日本鬼子用中国人的血汗养肥了自己，反过来却骑在中国工人头上进行更残酷的剥削。至于学徒的生活更是苦不堪言，任小弟是在 1945 年年初进厂当学徒的，他的母亲是个寡妇，家里生活非常困苦，每天清晨三时就要起身，冒着刺骨严寒，穿着单薄的衣衫，又冻又饿，他从虹口步行两小时到沪西来上工。只见遍地是东歪西倒、饥寒交迫的路尸，吓得他直哆嗦，迟到了两次，当他第三次迟到时，日本鬼子就不准他进厂，小弟被开除了，回家后母子俩抱头痛哭一场，不久，小弟就在饥寒交迫的情况下死去了。

有时，鬼子军火要得紧，不断来厂催货，大班守部、二班小林就强迫大家拼命干。工友们为了要吃饭没办法，只能像牛马一样，从早上五点一直做到第二天下午三点，除吃饭时间外，连续干三十小时的活，按规定应该是记 2.5 工，但鬼子给工人记了 2.6 工，算是奖励。为了活命，工友们在敌人刺刀的威胁下，从事世界少有的强度劳动。

低下的工资，强制的劳动，这些还只是鬼子比较明显的剥削手段。为了欺骗工人，敌人又狡猾地用"升工"和"ABC级赏罚制度"来榨取工人的血汗，驱使工友们为他加劲生产军火。所谓"升工"，名义上只要一星期六工不请假，就发七工的工资，实际上是鬼子把工人六天的工资化成了七天，不请假也只不过拿到了六天的工资，请假一天就只发五工，等于扣了两天的工资。这种恶毒的办法，迫使工友们不敢请假，即使生病也只得抱病工作，一直到拖垮为止。至于"ABC级赏罚制度"就是鬼子根据他对工人观察的结果，把劳动出力的工人评为A级，加发工资5％作为奖励；劳动不好的人评为C级，扣罚工资5％作为惩戒；B级维持原样，不增不减。鬼子虽然想尽一切办法来欺骗和压迫工友们为他拼命，但是有着满腔爱国热情的工友们，谁愿意为他生产杀害自己亲人的武器呢？

鬼子从工友们无休止的劳动和极低微的工资中赚了不知多少利润，而厂里的生产设备却还是陈旧的、破败的。劳动条件更是极其恶劣，毫无安全防护设施，工伤事故经常发生，不知吞噬了多少工友的健康。

宋春林师傅在十四五岁时就因家庭生活困难而被迫进入东亚铁厂做工，后来在冲床上干活时，铁屑飞进了眼睛中。厂里死人不管，家里无钱就医，他的眼睛越来越充血，越来越模糊了。挑担贩菜的父亲爱子心切，跪在医生面前请求免费治疗，结果一只眼睛还是瞎了。宋师傅愤怒地控诉："想起了这只眼睛，我就恨死那日本鬼子。假使在新中国成立之后，我这只眼睛无论如何也坏不了！"1945年春，在同一天里发生了两件工伤事故，女工马刘弟的头发卷进了车轮里，头皮撕去了一大块，鲜血淋漓，惨不忍睹；接着又有一个女工，因为身体疲乏不堪，在操作时，被机器轧掉了四个手指头。

层出不穷的工伤事故，激起了工友们的怒火，日本鬼子为了缓和这股反抗的情绪，就在人事科马马虎虎地设了一只药箱，交给女工张丽珠管理。这能解决什么问题呢？除了涂碘酒和红药水，做些简单包扎之外，连止血都办不到，根本不可能把伤痛治好。工人受了工伤，不但没有休息和照顾，还要咬紧牙关忍痛工作，失去劳动能力的人，鬼子就一脚踢开。

工友们对改善劳动条件的要求，鬼子根本置之不理。不久，在冲制工场又发生了一件工伤事故。陈卜林上班还不满五分钟，手指头被冲掉了四个，痛得浑身直是颤抖，自己又没钱求医，只得按着伤口用纱布包包了事。接连不断的事故发生在冲制工场，工友们生产时都提心吊胆。鬼子看看情况不利，于是用"捉鬼打醮"的迷信办法来欺骗工友。陈卜林出事后的第二天，冲制工场里来了一个道貌岸然的日本和尚，搭起了高台，放上四五个菜，香烟缭绕，烛光闪闪，铃鼓叮咚，煞是热闹。只见那日本和尚口中念念有词，鬼画符似的搞了一天，还叫全厂工友都去磕头，说是这里有死鬼闹事，捉鬼打醮以后，手指就不会冲掉了。下班后，大家在路上痛骂。"东洋赤佬不是人，有这点铜钿捉鬼，为啥不用来救人。"有的工友说得更好："日本和尚能解决啥问题？只要东洋鬼子不捉掉，我们工人就根本抬不起头来。"

是的，在东洋鬼子惨无人道的法西斯统治和野蛮的剥削下，工友们受的是非人的待遇，过的是地狱生活。

工友们永远也忘不了日本鬼子欠下的血海深仇。鬼子的罪恶统治使工友们在精神上、肉体上、人格上受到了野兽般的无情摧残，进厂见了日本鬼子，必须脱帽行礼，让他趾高气扬地先走，日本大班走进车间时，工友们都要停止生产，站出来迎接，相互不能讲话，稍一怠慢就拳脚相加，打得遍体鳞伤。生产工人卢华庭就因操作时没注意到鬼子进车间，而被小林痛打。职员沈恩在厂门口忘了让路，被守部猛打了几记耳光。上下班都有红头阿三（印捕）和门警抄身，全身上下都摸遍还不算，连带来的饭盒他们要用竹筷掏一掏。工友们有时迫于生活，不得不用"偷"的办法来反抗敌人的无情压榨，但是，一旦被发现就灾难临头了。有新铁厂有一个工人，"偷"了一块铜料，被日本鬼子发现，头朝地脚朝天倒吊起来毒打，昏死了过去，结果不但被开除而且造成了"斜头"。工友们一进厂，鬼子就发给一本出勤簿（工友们称为"生死簿"），上面有工号、性别、年龄、工种等，每天进厂的时候，把它放进箱里，上班铃一响，鬼子就派人来收，迟到三次马上开除，到放工时再按车间发给工友们。鬼子利用这本"生死簿"随意扣罚工资和开除工人。

从早到晚干的是牛马活，体力消耗很厉害。许文茂的父亲就因为太疲劳而在生产时间打瞌睡，鬼子发现后，先用火柴把他烫醒，接着就毒打一顿。那时大家吃些什么呢？冬天啃冰块，夏天吃馊饭，每天都是萝卜干，糙米大笣真难咽，这就是工友们吃的饭菜。至于家里，连这样的饭菜都想不到，只能吃些蛀面粉、烘黄豆、豆腐渣、山芋干、菜皮等，鬼子的罪恶真是说不尽啊！他们不准工友们带米来厂蒸饭吃，而全厂几百个工人只有一个热水池，还是一个长三米、宽一米、高八十厘米的水池，四周沉积着一层灰色的油腻，池内翻腾着污浊的尘粒，看着叫人恶心，这浑浊不堪的热水就是全厂工友夏天解渴、冬天暖饭用的水。每逢吃饭时间，工友们就匆匆赶来，用短绳吊着铁皮饭盒把冰块似的饭菜放在水池里温一下。吃饭一共只有半小时。池子周围围着一圈又一圈的人群，你挤我推，所谓暖饭，也不过是叫肚子少受些"凉罪"而已。工友们一个个都面黄肌瘦，生胃病、拉肚子的不知有多少。

住的地方就更不用说了，那时工友哪里有钱租房子呢？大多数人都住在自己搭的"竹骨烂泥"的棚户里，经不起风吹雨打，冬天寒风刺骨，夏天炎热逼人，刮台风时怕掀顶，下大雪时怕塌顶。更有不少工友全家老小挤在苏州河边一条小茅篷船上。有的住进了公房，可是，这是人住的吗？简直是又吵又臭的贫民窟啊！一间终年不见阳光的阴暗阁楼里，住了四五个人，连翻一个身都要吵到别人。就是这种房子也很不容易住到，而且逢年过节还要给工头送礼，否则就会被赶走。

吃不好，住不好，穿的就更不好了，连嘴都混不过来，还谈得上穿吗？许多老师傅冬天连挡寒的棉衣都穿不上身，多少年来没有跨进过布店的大门。张文汉师傅在腊月里只穿一条夹裤，尽管大雪纷飞，在做工时，他只能光穿上身，仅有的一件夹袄和几件破衣服，也因为要救孩子的命而在除夕晚上送进了当铺。

在上海实在活不下去了，有的工友就把家眷往农村送。但是农村的日子也是不好过。那时，穷人真是走投无路。陆放清师傅的家眷在乘船回宁波乡下中途，被日本兵船撞沉大海，爱人和孩子就这样冤死了，陆放清申冤没处申，被鬼子害得家破人亡。老年工人张文汗的遭遇更是惨痛，他老泪横流地叙说了在日本鬼子厂里所熬过的那段地狱生活："我一连生了九个孩子，因为生病没钱治而死了，其中八个男孩都没有长满三岁，当时看病挂一个号就要去掉半天工钱，药钱就更贵了。为了替孩子看病，我把家里所有的东西都变卖光了，死得最惨的是我的姑娘，二十五岁的时候，她因为没钱买伞，冒雨上工而得了妇女病，腿肿得老高的，身体越拖越坏，姑娘想吃点白米稀饭，但是穷人哪有大米吃呢？她娘只好偷偷摸摸地从七宝买了一升米，藏在裤裆里混过鬼子的岗哨，病不见好转，而生意又被鬼子停掉了，为了生活，姑娘只好一跛一拐地撑持着在路边摆摊子，这样连病带拖，到二十七岁她死了，心痛啊！她娘把眼泪都哭干了，如果不是新中国成立，我们两条老命也难保啊！"

饥饿、死亡、失业、人身侮辱……时刻威胁着每一个工友，同时也日益增长了工友们对日本鬼子的仇恨，反抗的怒火在燃烧，斗争的火把举得越来越高！

第三节　战斗在车间里

鬼子像豺狼那样凶狂，

工人阶级却不是羔羊，

哪里有压迫，哪里就有反抗，

压迫越厉害，斗争越坚强！

日本鬼子梦想做中国人的太上皇，依仗着自己的武装力量，驱使中国工人像奴隶一样为他生产，走进工厂就像掉进地狱一样，工友们挣扎在饥饿线上、死亡线上，过着抬不起头、毫无自由的亡国奴生活。

厂门口有鬼子站岗，车间里有日本监工，马路上有日军巡逻，三轮摩托驾着机枪风驰电掣般驶过……在这种情况下，像罢工、暴动等直接的正面反抗，就会给工人们带来许多困难。工人运动的斗争形式取决于各个不同时期的具体条件，所以巧妙多变、机动灵活的怠工斗争，就成了当时工友们反抗鬼子残暴统治的主要手段。

老工人陆德荣在回忆当时的斗争情景时说："抗日战争后期，我们厂专门生产杀人武器和各种军用品，大家都知道这些武器都拿去屠杀谁的，多造一个炸弹就会多死掉千百个同胞。我们为了活命，不得不干，可是心里实在难受。明斗吧，不行，枪杆在鬼子手里。不斗吧，工人们都有一颗火热的爱国心，于是，我们就暗斗，利用敌人不懂操作技术的弱点展开斗争。譬如说，明明很好做的生活，我们偏都说：'唉！难做啊！有危险啊！'我们一天只做一两件生活，甚至一件活要做好几天。"

车间里，几乎每一个工人都在磨洋工、谈老空，做些不三不四的废料或者车一刀停两刀。有时干脆开空车，工友们利用鬼子不在的时间，东一堆西一堆地蹲在墙角聊天、打瞌睡，或者商量对付鬼子的办法。当时一个车间只有一个东洋人管，而且他们的办公室都离车间很远，东洋人一出来，我们派在门口轮流望风的工友就做手势吹口哨，敲打水管，东洋人一脚踏进车间，看看大家都在"起劲"地做生活，点点头很满意，有时虚伪地说上几句："你们辛苦辛苦，皇军大大的谢谢。"谢谢有什么用，鬼子刚刚离开车间，工友们又都恢复原样了。

那时，工友们还经常在生产时间上"俱乐部"。其实厂里哪来什么俱乐部，这是指又臭又脏的厕所。鬼子和他们的走狗——工头，是不会轻易牺牲他们高贵的身份进厕所来的。因此，这里就成为厂里比较最自由的一块小天地，只有在这里，工友才能吐出自己的苦水，和同伴们谈自己心里的苦。

鬼子是非常狡猾的，日子一长，他也觉得蹊跷，生活做不出来，总有什么人在搞鬼。有一次，管金工车间的鬼子长谷部（工人背地取他一个绰号叫"强盗"）偷偷摸摸藏在一个工人背后，从袋里掏出挂表，计算每一件生活要干多长时间。旁边车床的工人看见这情形，赶紧使眼色暗示，于是，那位工友便装模作样地干活，又卖力又认真，结果花了一个多小时，生活做完了，长谷部左看右看，觉得很满意，点点头走了。他以为很聪明，找到了这件生活的计算标准，而工友们也就将计就计，彼此约好，一班只生产十二件。第二天，工友们一上班就花两三个小时把生活全部干好，藏在工具箱底下，车床开足马力让它空转，过一小时拿一件生活出来，其余时间就让大家上"俱乐部"，长谷部来了，一检查，不错，工人做的生活正合他的计算标准，于是眯缝着细眼，露出满嘴金牙奸笑着说："你们做得好好的，好好的。"工友们一边点头一边在心里暗笑。童兆法老师傅也回忆说："当时我们同一工种、干同样活的工友都要先说好，每天只给鬼子加工二十五只炮弹壳，实际上这点生活一小时就干完了，为了迷惑敌人，我们向车间的清理工讲好，不要打扫机器下铁屑和垃圾，这样，机器就像一直在生产了。"工友们生动地描绘当时的怠工斗争，说它是"捉迷藏式的游击战"，敌来我干，敌去我散。

整座工厂没有几个日本鬼子，他们虽然实行了法西斯的高压统治，但是并没有征服团结一致、有着高度爱国主义和反抗精神的工人兄弟。消极怠工，简直使敌人伤透了脑筋。于是，鬼子就用更恶毒的办法——包工制来强迫工友们进行军火生产。他们把生活包给工头——大多是些流氓、地痞、恶霸，由工头监督生产，限期交货，一手交货一手交钱。这样，敌人破坏了"捉迷藏式的游击战"。但是，在对敌斗争中闪耀着无穷智慧的工人兄弟又用破坏产品规格、拖延产品出厂时间的形式开展斗争。

韩济敏师傅回忆当时迫击炮弹壳的情况时说："工人在弹壳上钻了极细极细的小孔，表面上看看很好，找不出什么毛病，但是打起来就像水爆竹那样不响了。"贝启洪师傅也谈了这么件事："1945 年，鬼子面临末日，军火缺乏，就催促振华铁厂加紧造迫击炮。鬼子军火要得越紧，工人越是拖他后腿。迫击炮造好了，照理应当涂上一层牛油防锈，可是工人决意加以破坏，就涂上了一层火油。鬼子领班和包工头来了，工友们指着他笑嘻嘻地说：'东洋先生，皇军这个炮大大的好！'鬼子对生产本是外行，一听工人说皇军的炮好，再看看，迫击炮也确实亮光闪闪，就十分满意地说：'快送！快送！'鬼子哪里知道迫击炮出厂不久就满身生锈了。"

工友们在替敌人加工弹壳时，还有意把眼子打偏、打大、打小，在选手榴弹时，将弹筒尺寸车错，敌人拿去装好了弹药，但都不能用来作战。日本鬼子只好又把手榴弹运回厂里来返工，小林弹出眼睛对工友们大发脾气："你的手榴弹做得不行，重做！"工友们又想出了一条妙计，郑世昌师傅走上一步，对小林说："弹药装好后再加工是会发热爆炸的……假使一定要加工，最好派几个皇军来站岗，出了毛病也可照应。"小林想想不对，如果陪着站岗，鬼子就会和工人一道被炸死，出了事故，他担当不起责任："站岗的，不好，你的另外办法想想的，嗯……"一个工人慢吞吞地说："没有别的办法，除非开慢做。"小林没法可想，只能表示同意，于是，工人把车速开到再慢不能慢的程度，一天只能加工一两只，鬼子又气又急，但也无可奈何。

无论是消极怠工，或者是破坏规格，都直接阻碍了敌人的军火生产，打乱了敌人的供应计划，是中国人民抗日斗争的一个构成部分。

但是，工友们在忍无可忍时，也勇敢采取罢工斗争来反抗敌人。有新铁厂的斗争就说明这个问题。

当时工友们因为工资实在太低，无法维持生活，因此展开了自发的罢工斗争。鬼子见势不妙，就软硬兼施地欺骗和威胁大家："你们要马上复工，加工钱的事，等复工后再谈，谁不来上班的，就抓到宪兵司令部斯拉斯拉的（杀头）。"工友们在敌人刺刀和生活重担的压迫下，不得不复工。工资虽然勉强加了一点，但发动罢工的几位带头人后来都被日本鬼子借故一个个开除了。"要报仇!"工友们不能再忍受了，不久，就有一个人放火烧掉了冷作间。这次自发性的经济斗争，虽然取得了一些成就，但损失也是相当大的。"吃一堑，长一智"，工友们在斗争中成长，在失败中吸取教训，懂得了要以更巧妙的方式，更坚定地团结起来同敌人斗争。

有新铁厂的领班"阿戆"（这是工人给这个鬼子起的绰号），是工友们人人切齿、个个痛恨的恶棍。平时对中国工人开口就骂，动手就打，敲诈勒索，无恶不作。"阿戆"对老板田中的一本万利很眼红，满心想动脑子自己开厂发洋财。于是，一面把厂里的资财大批往外偷运，一面在工人之间"打秋风"——硬要借钱，不借（实际上是送），马上就罚停工。工友们吸取上次斗争失败的教训，用结拜兄弟的方式团结和组织起来，利用敌人的内部矛盾，展开了一场强有力的罢工斗争。全厂工人支持王友根为代表，向田中做交涉，坚决要求换掉"阿戆"的领班职务。"你们的造反？滚出去!"田中向疯狗似的狂吠起来，王友根不动声色，接着就把"阿戆"欺压工人的罪状，特别是偷盗行为一件件揭发出来。"阿戆"的偷盗行为大大触犯了田中的利益，一直被蒙在鼓里的田中勃然大怒，立刻将"阿戆"撵走了。就这样斗争取得了胜利，工友们巧妙地利用了敌人的内部矛盾，把眼中钉拔除了。然而，种种公开的、直接的、正面的斗争毕竟还不是工友们在日寇占领时的主要斗争形式，在日寇占领本厂的那些岁月里，消极怠工、破坏生产的斗争始终占主要方式。除了这些斗争形式之外，更有一部分工友在党的教育引导下，奔赴抗日最前线，参加新四军浙东游击纵队，拿起武器直接打击日本侵略者。

工人阶级是革命的战斗的阶级，不管日本鬼子是怎么样的残暴和凶狠，但是工友们始终不放下武装，通过各种各样的形式同敌人进行了顽强不屈的斗争。尽管它还是一种以经济斗争形式为主的自发性反抗，但也阻碍了敌人的军火生产，削弱了寇军的武装力量，从另一条战线上有力地支援了全国人民的抗日斗争。这种敌后斗争，在一定程度上起着加速敌人溃灭的作用，同时也显示出中国人民是不可战胜的，抗日战争也将在共产党的领导下取得最后胜利。

第三章　中纺二机时期

第一节　大员登科　工人挨饿

　　1945 年 8 月 8 日，苏联红军出兵东北，一举摧毁了日寇最精锐的部队——关东军。次日，各路解放区军队也大举反攻，中华民族的抗日战争已经进入决定性的阶段了。由于红军强大的威力和中国人民英勇的抗战，迫使日本鬼子不得不在 8 月 14 日宣布无条件投降。

　　15 日中午十二点，厂里的日本鬼子跪在地上收听裕仁天皇关于无条件投降的广播。平时骄横跋扈的豺狼，现在都像落水狗那样垂头丧气了，哭肿了眼睛的守部有气无力地向各人宣布："今天是你们最后一次上工了，从明天起，我们不负责任了。"

　　其实，鬼子无条件投降的消息，在这之前早已传遍了全厂，守部的公开承认只不过为这一重大事件做了最后的证实而已。工友们真是欣喜万分啊，大家奔走相告，心里不知有多少话想说。"噼、啪！"不知是谁买来了爆竹，顿时厂里的职工都集中到金鱼池旁来了，学徒们拿着铁皮饭罐高兴地敲着，人人都喜笑颜开。可不是吗？抗战打了八年，咱们工人在饥饿线上、死亡线上挣扎八年，受尽了鬼子的折磨，挨够了鬼子的迫害！如今，大家都情不自禁地表露了自己深藏在内心的希望："这下可好了，苦日子总算熬出了头，从此可以挺直腰板，抬起头来过日子了！"

　　可是，鬼子宣布的最后一句话一直在工人们脑子里打转："从明天起，我们不负责任了！"这还行吗？不负责任就要停工，停工以后的生活又怎么办呢？许多疑团都在片刻欢乐之后涌现了出来。工友们感到停工失业是莫大的威胁，因此，打定主意不离厂。大家气愤地同守部办交涉：

　　"不行，你们不管，我们管！"

"把厂交出来。东洋鬼子滚出去！"

情绪越来越激动，愤怒的眼睛充满了复仇的火焰，守部、小林平时的威风随着他那皇军一起垮台了，两腿吓得直哆嗦，小林狡猾地推说："工厂要交给你们政府接管，我们做不得主啊！"工友们被这句话蒙住了，因为那时不少人把希望寄托在"国民政府"身上，对"蒋委员长"抱有一定的幻想，总认为"自己人总比东洋人好，等政府接收后再要求复工吧"，于是，放过了守部、小林，陆续离厂回家了。

16日，大家照常提着饭盒来上工，谁知厂门已经紧闭，门口站岗的日本宪兵从一个增加到三个，不准工人进厂，工友们恍然大悟，中了鬼子缓兵之计了。

但是，工友们是不会放过矮东洋的，大家一面组织力量监视鬼子的动静，不准破坏和盗卖工厂的生产设备，一面到处打听守部和小林的住处，找他们算账。

9月的某一天，一部分工友得知了鬼子的住址，并从沪西平民村听到了别厂工友经过斗争分到若干解散费的消息，大家决定：找鬼子要解散费去！

第一天，有六十多个工友集合出发了，一路上，数着鬼子过去的暴行，无不切齿痛恨，"萝卜头想不管？没那么容易！"到达大班守部家里时，工友们做了有组织的分工：有的守门，有的望风，有的卡住电话机……对守部提出了很简单的要求——发解散费。守部愁眉苦脸地说他不管财务，把责任推给了小林。提起小林，工人更是恨之入骨，就硬逼着守部打电话把小林叫来，只说有事商量，不准漏风。小林信以为真，坐着汽车赶来了。哪知，刚刚跨进守部家里，工友们便把他扣住了，逼着他发解散费。这个日本鬼子是死硬派，还没有放下那副统治者的面孔，这可把工友们惹恼火了，旧仇新恨一齐涌上心来。舒生城一把揪住小林，宽皮带一下又一下地猛抽，几年来受够的冤气，这下子全发泄到这个鬼子身上去了。小林被打得口吐鲜血，屈服了下来，最后乖乖拿出了过去剥削中国工人血汗所得的十两黄金，兑成伪储备票后，每人分得了1.2万。

当工友们分到解散费的消息传开后，控制黄色工会筹委会的工贼万福根眼红了，他威胁大家说："拿到钱的要交出来，往后复工时这批人摆到最后一批。"为了吞没这笔钱，万福根在后来厂里发救济金时，放一张桌子坐在厂门口，逐个扣回了1.2万，理由是："你们私敲东洋人，现在经济部有令收回。"万福根的贼性在这件事上已经露出来了。

停工期间，工友们生活都异常艰难，大家每天三五成群地在厂门口等着消息，盼望接收大员快来使工厂早日开工，大员们倒也来得神速，有从天上飞来的，有从水上来的，更有从地下冒出来的，像一大群乌鸦那样拥向上海。

盼中央，望中央，盼来中央更遭殃。这些丧尽天良的接收大员，把工友们迫在眉睫的温饱要求完全放在脑后，对复工问题根本不感兴趣，踢皮球似的推来推去，极尽欺骗敷衍之能事。他们最感兴趣的是自己的五子登科——金子、位子、房子、车子、妻子一齐来，大发"劫收"财。

光是一个东亚铁工厂，接收大员就先后来了两批。第一批来接收的是资源委员会，真是名副其实，几乎厂里所有的贵重的"资源"都被这些老爷们"劫收"了。他们先撕去封条，打开保险箱，把值钱的东西搜光，然后把仓库里堆存的布匹大批盗运，涂改和烧毁账册。腰包塞满后，看看没有啥大油水好捞，就扬长而去了。第二批来接收的是经济部大员黄希阁，他的"劫收"更彻底了。不但机器、贵重的工具、刀具要"劫收"，连电钟、家具、收音机也"劫数难逃"，残留在仓库里的毛巾、棉毛衫也被一扫光。据住在工厂附近的工友们谈："每天夜里都要从后面偷走不少东西，像钢板、布匹、落地收音机等，大官们用卡车整批整批装，小八辣子用黄包车一点一点拖，他们的'劫收'也真是各尽所能啊！"参加过当时"劫收"的人也坦白地承认："那时可以公开把厂里的东西往家里送，只要有用我们都要，甚至连白铁水壶、洋钉、铁锤都不放过。"由此可见"劫收"之彻底了。

中纺公司在发"劫收"财这点上是不肯让人的。于是呈文行政院，要求接收东亚铁厂，理由倒也冠冕堂皇："东亚铁厂原为内外棉第八厂，应归本公司接收。"经济部乐得放个人情。于是在1946年2月6日，中纺公司派朱洪健来接收东亚、振华、有新等厂。这时，工厂只剩下了一个空壳，据朱洪健自己说："厂里一塌糊涂，接收到的只是一堆垃圾而已。"

这是多么明显的对比呀！一边是穷奢极侈、荒淫无耻的生活，一边是啼饥号寒、走投无路的惨象。同是胜利了的中国人，却享受着两种截然不同的胜利成果。接收大员的飞黄腾达不用说，就是跟在他们后面的一大群皇亲国戚也沾光不少啊，他们身居要职，尽情贪污，有些人从穷光蛋一跃而成为暴发户。据工友们说："有个叫秦士淦的，刚从重庆来时，一身破棉袄，一只破皮箱，寒酸得不像样，谁知几天一过，已是西装笔挺、皮鞋雪亮、油光满面的财主了。"这样的例子举不胜举，变化之快，真叫人难以相信。

国民党接收大员的卑鄙行径擦亮了工人的眼睛，他们肆无忌惮地抢劫盗卖，使自己成为工友们最好的反面教员。工友们鄙视这些可耻的国民党官员，感情上越来越憎恶。愤怒的情绪在日益增长着。工厂的大门依然紧闭着，不过站岗的换了"国军"而已。残酷的现实破灭了一部分工人对国民党反动派的幻想。

为了要活命，工友们不得不在停工期间千方百计地找活干。有的去拉黄包车，有的挑担做小贩，有的回到了破败不堪的家乡去种地，有的到机场和码头去做苦力，吃尽当光，债台高筑，一片痛苦凄凉的呻吟……

虞礼元师傅悲痛地回忆了这一段时期的生活："日本人投降了，工厂关了门，一家老小张着嘴等吃，我没有办法，就到乡下去背米、贩萝卜，但又叫流氓敲了竹杠，借吧，借不到，当也没啥当，实在走投无路，只好去拉黄包车，明知气力不够，也只得硬着头皮顶。后来实在吃不消了，多亏郑世昌把他那辆用 1.2 万储备票买来的三轮车，借我踏了半个多月，才勉强维持了生活。"刘阿华师傅迫不得已，到十六铺去批了些水果来卖，第一次蚀掉一半老本，第二次又烂掉不少，第三次警察来干涉了，不准他在大街上叫卖，硬逼他把摊子摆到冷落的弄堂里去，这不是存心不让人活吗？刘阿华越说越气："怎么？接收大员有发财的自由，我们工人连活命的自由也没有吗？"他实在忍无可忍了，索性把摊子摆到警察局的门口，"你们来干涉吧！"刘阿华的抗议声，正是当时本厂数百个饥寒交迫的工友愤怒反抗的呼声！

愤怒的熔岩在火山底层沸腾，它将要爆发，而且一定要爆发！被国民党反动派害得走投无路的工人弟兄浑身充满了斗争活力。忍耐是有限度的，他们翘首企望着亲爱的共产党——因为具有大革命光荣传统的沪西工人都知道：党不会忘记受苦难的工人弟兄，党一定会来领导工人阶级进行斗争！只有党的领导才能够照亮工人阶级争取生活，争取解放的斗争道路！

第二节　斗争的火炬

复工是当时工友们最迫切的要求。工人要求立即复工，而国民党反动派却千方百计地拖延复工；围绕着复工的问题，工友们跟反动派展开了激烈的斗争。工人阶级利益的真正代表——中国共产党义不容辞地领导了这场斗争。

正当国民党贪官污吏忙于"劫收"、大发横财、热衷五子登科的时候，我们党也积极展开了地下活动，利用一切可能，发动和组织工人群众，为争取生存、争取解放而斗争。闻名全市的沪西平民村集会，就是我们党传播各项指示，鼓舞工人斗志，组织和领导沪西工运活动的场所。平民村是个好地方，它坐落在沪西近郊朱家湾，苏州河的北边，原有房屋大多在抗战时期毁于炮火，仅存数间平房和大片荒场。平房可以用来办公开会，荒场可以召集数千以及数万群众，再加地处近郊，不为反动派所过分注意，实在是开展工人运动的好地方。当时各厂都没有开工，党首先通过"沪西失业工人联合会"的形式，把各厂工人代表组织了起来，我们厂参加的代表是孙定发。于是，以平民村为据点的工人斗争，以复工为中心，在地下党的直接领导下轰轰烈烈地展开了。平民村集合像一支光辉的火炬，照亮了沪西工人的斗争道路，也照亮了我们厂工人的斗争道路。

1945 年 9 月 17 日，美帝海军上将金开达率领第七舰队来沪"访问"，为了拍马屁，国民党决定组织一部分人欢迎，在前一天，工特头子章祝三通知平民村的"沪西失业人联合会"，要它组织二百人前往欢迎。地下党研究了当时的情况，认为机会很好，就决定将计就计，组织两千个工人，把欢迎变成要求复工的大示威。当天，一支沪西工人的欢迎队伍浩浩荡荡向外滩出发，我们厂也有不少工人参加。大家都倒拿着写着"欢迎"二字的三角旗，一路上高喊着"要饭吃，要工做"的响亮口号。

上海市总工会的几十个工特头子早已等在外滩，听到工人队伍的口号之后，十分惊慌，马上赶来阻挡，（要求工人们）"谈政治还是谈经济"，"今天只谈欢迎，不谈其他"。但是工人队伍不理他们，"我们要复工，我们要饭吃！"一直冲向江海关大厦。口号声越来越响，工友们雄壮的队伍吓得那些打扮得妖形怪状的官太太们叽叽喳喳，乱成一片。几个工特头子欲阻不能，更是急得双脚乱跳，他们原想讨好美国干爹，结果却弄巧成拙，反而在他们干爹面前出丑，真是偷鸡不成蚀把米。

美帝海军上将金开达的汽艇靠拢了外滩的海关码头，他满以为自己会受到热烈的欢迎，粗一看果然不错，黄浦江边人山人海，标语口号十分热闹。仔细一看，大事不好，无数的中国人对他瞪着眼睛，喊着愤怒的口号，连欢迎的旗帜都是倒举看的。虽然上将先生不懂中国话，但他也明白几分了。

几个工特头子，实在无法可想，为了不继续出丑，只好敷衍工人说："你们先回去，明天派代表来总工会之后，再带你们到市党部去。"工人们见已打开了复工谈判之门，就胜利地回来了。

18 日清晨，我们厂和其他厂工友先后在平民村集中，会成了一支二万多人的队伍，当场推派代表七人前往"总工会"，然后到市党部谈判复工。其余工人留在平民村等候消息，并作为代表们的后盾。一个上午过去了，代表们回来诉说："谈判毫无收获。"于是，在平民村的二万多人便整队出发了。天空乌云密布，风暴快要到来了。当队伍通过造币厂桥时天降大雨，工人们的衣服湿透了，但仍继续前进，低洼之处积水深及膝部，工人队伍不顾一切踏水前进，经江宁路、静安寺路、大西路、忆定盘路到达雁荡路的国民党上海市党部，把房子四周围得水泄不通。工人从下午五点一直等到半夜，谈判仍无结果。雨还在下个不停，工友们激昂地高呼："我们冻死了！""我们饿死了!""我们要工做!""我们要饭吃!"愤怒的呼声不断震撼着上海漆黑的夜空。万恶的国民党反动派兽性大发,派出大批军警进行镇压,特务头子夏恩琳把手枪一扬,抓去了十几个工人兄弟,有"红脸",又有"白脸",另外几个特务头子就欺骗工人说:"代表早已回去,你们可以走了。"由于当时人数既多,加上联络中断,情况较难掌握,只好退了回来。

第二天,反动派的报纸诬蔑工人代表为"捣乱分子"。工友们看了之后,情绪极为愤怒,大伙又马上在平民村集会,把队伍开到了总工会,质问工特头子周学湘,并要求释放被捕代表和工人。周学湘在工人群众的强大压力下,只得被迫答应释放被捕工人,并承认工人所派出的代表不是什么"捣乱分子"。

到 1945 年 10 月,各厂都相继复工了,可是,资源委员会和中纺公司正在行政院打笔墨官司,争夺本厂的接收权。复工的问题仍未解决。但经过这一系列斗争之后,反动派也尝到了工人的厉害,不得不对工友们进行所谓的救济,每户发了六袋面粉(万福根又乘机贪污了两三百包),暂时解决了一些生活困难。由于我们党通过平民村集会以及各项斗争,不断地进行阶级教育,这就使我们厂工人的阶级觉悟有了进一步提高,认识到:只有组织起来,向国民党反动派进行坚决的斗争,才能解决大多当前的切身问题——复工。

斗争是对每一个人最好的考验,地下党根据孙定发同志的迫切要求,以及各项斗争中的积极表现,吸收该同志加入中国共产党,从此本厂便有了第一个共产党员,厂里的工人运动就在党的直接领导下轰轰烈烈地展开了。早在抗日战争时期,孙定发同志就在党所办的成人义务夜校(附设于江宁路生活中小学内)接受了革命思想的熏陶,对工人阶级的政党——共产党有了一些认识。当时,他还介绍自己的同事黄金柱入校念书。抗战胜利之初,各厂相继停工,孙定发同志便经常参加平民村集会,积极投入各项斗争,而转入大陆铁厂并且已经是中共党员的黄金柱也经常在这儿活动。工人阶级争取生存,争取解放的斗争事业又把他们联系在一起了,黄金柱的入党介绍人便是孙定发同志。

此后不久,地下党又批准了郑世昌的入党要求,孙郑二人入党之后,大约有半年光景,一直保持着黄金柱——孙定发——郑世昌的单线领导关系。经过这段时期的审查和斗争考验,从 1946 年 5 月起,三人就开始在一起研究工作了,这就是我党地下支部在本厂的建立。地下支部按照党的"储干和积蓄力量"的方针,根据各不同时期的不同条件,提出各种不同的斗争要求,并通过斗争不断教育群众,把群众日益团结在党的周围。同时,地下支部又尽可能地利用公开合法的形式来隐蔽党的各项斗争活动,1946 年年初,两个地下党员和厂里其他八个有影响的工人（其中包括后来堕落为特务工贼的万福根、郑长麟）结拜为十兄弟。党有意识地通过这种封建帮会形式，为打入黄色工会创造了有利条件。

1946年6月，本厂成立了第一届黄色工会，万福根在国民党的扶植下当了理事长，郑长麟是常务理事。黄色工会实际上是被这两个人所控制的。但是，孙定发、郑世昌也当了工会理事，这就使我们地下党员有可能利用这一公开的联系，展开合法的活动。

1947年8月，本厂苏福兴同志在沪东八埭头第一四七民校入党，接着，苏福兴同志又根据上级党的指示，先秘密发展了陈金龙、周鹤亮、胡宝林、苏兆根、陆宏发等几个党员。各个党员又以结拜兄弟的形式，组织和团结了周围的群众，把斗争矛头指向万恶的国民党反动派统治。

当时，地下党的斗争活动实际上分两条线进行的：一条线是打入工会组织，利用合法的形式进行公开活动的孙、郑两同志，另一条线是专门在工人群众中展开秘密活动的苏福兴等六同志，区委则总其成，通盘领导全厂的工运斗争。工作虽分两条线进行，但彼此有一致的行动、共同的语言，在斗争中自然就互相呼应，只是大家心照不宣而已。

中国共产党地下支部在本厂的建立，是我们厂工人运动的一件首要大事。由于党的直接领导，使全厂工友的斗争有了更明确的目标、更灵活的策略、更巧妙的方法，并从自发的、比较散漫的经济斗争，逐渐发展为自觉的、有组织的政治斗争。党教育工人阶级：不能向敌人苦苦哀求生存，要生存就得斗争！一场声势浩大的争取复工的运动在地下党的直接领导下展开了。

第三节　声势浩大的复工运动

一个月，两个月，胜利都快三个多月了，但是工厂仍未见开工，大家再也不能忍受了，就在地下党的领导下组织了复工委员会，团结一致地向腐朽的反动政权做斗争。1945年12月26日，全厂工友给上海市市长钱大钧写了一封信，信上说："工人生活水平极低，其维持方式以日入为标准，一日不工作，一日不能生活……我辈工人已衣不遮体、食不果腹之际，无时不在祈求当局早定决策，及早复工。"然而，"祈求"和等待是有限度的，工人是硬汉，做一天吃一天，并不指望谁来救济，工人的要求很坚决：早日复工，无条件复工，这是一股不可抵挡的巨流。

当时，国民党反动政权正在美国干爹的支持下忙于发动内战，那批接收大员更是连发财都来不及，哪里管我们工人的死活，所以对工友们早日复工、无条件复工的要求采取了一压二推三拖的办法来敷衍。要复工，要饭吃，要活命，这是工友们最低限度的正当要求。但是，社会局同钱大钧会商的结果是什么呢？"整顿工人纪律，不惜用有效方法制止"，并且还要和"警备司令部、警察局、法院共同办理"。看吧，这就是反动派赤裸裸的刽子手面貌，他们竟要用武力来镇压工人，但是大伙并不怕，要复工犯什么罪？敌人的高压手段只是让大多数人更清楚地认识到：反动派是工人阶级的死敌，压不下就推，资源委员会来"劫收"时，头儿不出面，把复工的问题推给了小八腊子，可是小八腊子根本解决不了复工这样一个大问题，经济部"劫收"时，对工人代表说："工厂是否由本部接管尚未定论，复工问题难以处理"，把责任全部推卸掉，但是发"劫收"财倒是不等人后。两个混蛋机构都像泥鳅一样，从工人手里混过去了。最后，到中纺公司来"劫收"时，推已经推不过去了，就采取了骗的方法。他们欺骗工人们说："不是我们不让复工，是重庆复员来沪的工人答应，他们说：我们抗战八年有功，复工应该有优先权。这么几家工厂哪能容得下那样多工人呢？"在重庆复员工人前又挑拨离间地说："上海这帮工人把住饭碗不肯放，他们不同意让重庆工人进厂。"而且还指使工贼在各厂张贴煽动沪渝工人不和的标语："你们到重庆去的时候是把机器带去的，为什么复员时不带来？这不是存心抢饭碗吗？"少数工人受了骗，中了反动派挑拨团结、金蝉脱壳之计，但是也揭穿了这种卑鄙无耻的欺骗，提出了"无条件复工，有饭大家吃，天下工人是一家！"等鲜明而强有力的口号，粉碎了反动派的阴谋诡计，提高了群众的认识。

这几个月并没有白过，由于反动派的压、推、骗，复工问题虽然还没有解决，但工友们却在同反动派的几次直接交涉中吸取了有益的教训，光是派几个复工委员会的代表同他们文绉绉谈判是不能解决问题的，国民党反动派欺软怕硬，必须团结一致，用更强硬的方法进行斗争。在地下党的领导下，工友们开始了激烈的冲击……

1946年2月6日上午，中纺公司的接收大员，厂长朱洪健坐了漂亮的小轿车进厂，小轿车刚开进大门，尚未停车的当口儿，好几十个早已守候在厂门外的工人，立刻一拥而入，门警想拦，晚了。工友们冲进厂长室后，马上先把电话机卡住，然后就将随身带来的被服往地上一铺，东一摊、西一摊地躺了下来，朱洪健被困在正中，吓得糊里糊涂不知是怎么回事。

"朱厂长，我们都是本厂工人，你用不着害怕，不会对你怎么样，你知道，鬼子投降快半年了，但是工厂一直关着大门，逼得我们走投无路。今天大家能和你直接谈判，希望厂里答应马上无条件复工。"郑世昌等几个工人代表理直气壮地提出了工友们的迫切要求。

朱洪健放心地叹了一口大气，装作若无其事的样子说："各位，要谈判何必拥进这么多人呢？也太过分了！""有什么过分不过分？要吃饭是真家伙，你们反正吃鱼肉，穿绸衫，哪管工人死活呢？"一个工友冲动地吼了起来，其他人的眼里都是怒火。

来势很猛，朱洪健觉得要乖巧些，又使出了老一套的手法："厂嘛，总要开工的，不过现在里边还一团糟，大家忍耐一下吧，等整修以后再复工。"

"忍耐，忍耐到什么时候？我们要立即复工，大家都等米下锅哪。"

"唉，性子不要急，再说复工问题我也做不了主，要等总公司批准以后才行啊，好吧，我马上到公司去一次，请示请示……"朱洪健说着说着，拔脚就想走出厂长室。

"不行，你厂长做不了主谁做主，告诉你，今天你走不了，要走可以，马上签字规定具体的复工日期/复工人数"，大家站起来挡住他的去路，几个彪形大汉像门神一样守着。

"糟了，今天这一关混不过了"，朱洪健暗忖：随他们便吧。他一声不响地垂头坐在会议桌的沙发上。

谈判成了僵局，工友们怀着满腔愤怒死盯住朱洪健。他要大小便，工人监视着；他想打电话，工人不允许。他捧着个脑袋，没一点办法，一个钟头过去了，又一个钟头过去了，朱洪健实在饿得受不了了，但又矜持尊严，不愿向工人提出，就这样，这位先生有生以来第一次尝到了"饥饿"是什么滋味？工友们无所谓，反正人很多，大家轮番出去吃点东西充饥。

从 6 日上午 10 点，一直顶到 7 日下午 2 时，朱洪健整整饿了 18 个钟头，头晕目眩，浑身发麻，坐也坐不住了，对于这种绝食谈判，他实在吃不消，两眼流露出乞怜的神情，那种盛气凌人的眼色暂时消失了。

"你要吃饭可以，先让大家有得吃，要回去，也可以，先让大家有工做。朱厂长，现在你总该知道饿肚皮不好受吧，我们没工做就得天天挨饿受冻啊，工人的要求很简单：立即无条件复工！"工人代表抓住有利时机，再一次坚决提出了大家的要求。

坐下去不是个办法！朱洪健只得有气无力地说："那让我打个电话给总公司吧。""好，你打吧。"工人们谅他不敢在众人面前耍花招。

"总公司束经理吗？……再不复工，我的命都送了……怎么样？你要再拖下去，我只好辞职不干了！"朱洪健涨红了脸，大发脾气。

束云章一听，知道事态严重，只好勉强答应："一切由你斟酌办理吧！"朱洪健宽慰地放下了听筒，工友们也听到了束云章最后无可奈何讲的一句话。

朱洪健当即与工人代表签字订约，全厂工人分成三批，在 3 月 11 日、4 月 15 日、5 月 20 日先后复工。考虑到官僚资本家还可能再使诡计，于是，地下党通过复工委员会向大家提出：让家庭情况最困难的、斗争中表现最坚决的工友第一批复工，工友们完全同意这个意见。

3 月 11 日，首批复工的七八十人进厂了，工厂仅剩空壳，车间满目荒凉，机器残缺不全。大家议定：晚上集体睡在厂里，直到三批全部复工为止，防备中纺公司要赖皮。晚上还很冷，但是工友们把自己的衣服裹紧，你靠着我，我靠着你，坚持到天明。工友们说："一天不全部复工，我们就一天不离开车间里。"

复工斗争终于取得了胜利，工友们在地下党的正确领导下，团结一致，顽强斗争，用绝食谈判的方式迫使中纺公司不得不接受立即无条件复工的要求。原东亚铁工厂改名为中国纺织建设公司上海第二机械厂（简称中纺二机），由日寇的兵工厂转变为国民党官僚资本的纺织机械修配厂。

就在二机工人争取复工的同时，重庆来沪工人和振华、有新厂的工人也展开了英勇的复工斗争。抗战胜利后，怀着满腔希望的重庆复员工人一批批乘着木船顺江东下。经过八年多的颠沛流离，复员来沪的工人兄弟多么希望能过温饱安宁的生活啊。和他们的愿望完全相反，到上海后根本没有工厂可以安置，整天在街头流浪，特别是迁老带小的工人，更是潦倒不堪，走投无路。

> 在八年的抗战中，我们忍耐着，
> 虽然我们穷得穿不上裤子，累得站不直腰
> 我们明白：这是为了胜利！
> 然而今天，当抗战已经胜利的时候
> 等候我们的是什么……"
> 被痛苦的生活所煎熬，反抗的火焰在燃烧。

反动派怕工人闹事，赶紧把他们送进了"招待所"。这是什么"招待所"？更确切些说，应该是难民所。几百个人关在一幢房子里，臭气扑鼻，老老小小的身上都长满了白虱，疥疮在迅速蔓延。吃的是救济总署的硬饼干、烂罐头，穿的是洋人不要的破西装。重庆工人回忆起这段痛苦的生活经历时，愤怒地斥责"国民党把我们工人抛进了人间地狱"。

坐等复工通知是渺茫无望的，只有团结起来同反动派进行斗争，才有早日复工的希望。重庆工人在地下党的领导下，组成了"后方来沪失业工人代

表团",通过这一代表团把分散在全市四个"招待所"里的上千名工人组织了起来,把斗争的矛头指向万恶的反动政权,展开了同社会局的英勇斗争。

"擒贼先擒王",重庆复工工人第二次包围社会局是在 1946 年初,数百个工人在马当路社会局前的一片空地上,从早晨等到了天黑,要求立即介绍工作,但社会局局长、特务头子吴开先根本不理工人的活命要求,没办法,只得整队回所。路又远,人又饿,大伙实在走不动了,到了外滩,想乘电车,可是袋里又没有一个钱。代表团把具体情况告诉了电车公司,请求免费乘电车。公司不允许,工人就硬冲,一个一个往电车上挤,外滩的秩序发生混乱,反动军警也前来干涉,最后逼使资本家答应:重庆复员工人可以凭无纽扣的衣服为证,免费乘电车。重庆复员工人深深感谢电车工人的阶级友情。从此,只要有事,一个电话,电车公司就派"专车"接送,大大有利于对反动政权的斗争。

社会局不理工人要求的恶劣态度,激起了公愤,一次不成,再来两次,在 3 月里发生的第二次包围,声势比前一次更加猛烈,特务头子陆京士①看看躲不过去,就假仁假义地欺骗工人:"你们的要求是合理的,我们也正在考虑这个问题,今天你们先回去,以后再派代表来商量。"冤有头,债有主,工人们把陆京士大骂了一顿,并限定他在三日内给回音,否则将采取更激烈的手段,为了争取社会舆论的支持和同情,揭露反动政权不顾复员工人死活的罪

---

① 2019 年编者注:陆京士(1907—1983),江苏太仓人,名少镐。早年进入上海商务印书馆当练习生,后毕业于上海法学院。1924 年考入上海邮局当练习生,次年加入中国国民党,开始从事工人运动,为上海邮务工会发起人之一。"四一二"反革命事变后,以邮务工会为基地,操纵各黄色工会,控制工人运动。1927—1940 年任全国邮务总工会常务委员。1928 年,任上海总会常务委员。历任国民党上海市党部监察委员、执行委员,淞沪警备司令部军法处长。1931 年奉市党部命令投入杜月笙门下,为杜筹建恒社,任常务理事。1935—1941 年,任中国劳工协会主席。抗战初期任军统组织的上海别动总队二支队司令。后在武汉筹组中国工人抗敌总会。战时担任国民党社会部组训处处长,社会部改隶行政院后,任组织训练司司长。1945 年兼任军事委员会工运特派员。抗战胜利后以社会部京沪特派员身份返沪,参与接收活动。1946—1950 年兼任中国国民党中央农工部副部长,长驻上海,组织"护工队",配合上海市社会局镇压工运。1948 年当选国大代表,1948 年任立法委员。1949 年赴台湾。1950 年起历任"自由中国劳工同盟"主席、"中国社会行政学会"常务理事、"中国大陆灾胞救济总会"常务理事等职,并长期担任"立法委员"。还曾担任"国际劳工局"顾问、国际社会福利会执行委员、"国际社会福利协会中华民国委员会"主席。1983 年 12 月 29 日去世。(吴成平主编:《上海市名人辞典 1840—1998》,上海:上海辞书出版社,2001 年版,第 270 页;刘国铭编:《中国国民党百年人物全书(下)》,团结出版社,2005 年版,第 289 页。)

行，工人们在回所途中举行了示威游行，沿途高呼口号："我们要工做！"那些随队监视工人的反动军警也找不到镇压和干涉的借口，干瞪着两眼无可奈何。两次包围和示威游行，使社会局也有所顾忌，知道如果再不解决一些问题，事情将会越闹越大。便被迫介绍了几十人进中纺二机、三机（振华、有新）工作。

首批工人的进厂，对其他人是一个莫大的鼓舞，大家尝到了斗争的"甜头"，劲头越来越足了。于是就有第三次包围社会局的更激烈的斗争。

参加第三次斗争的有八百多个工人，特务头子玩弄故技，又来了个闭门不见，工人们干脆在大楼前的空地上休息，代表们并且表示："不见局长不回去！"丧尽天良、毫无人性的特务头子，竟指使爪牙将滚烫的开水从楼上往工人头上倒。八百多工人无比的愤怒，结成一股不可抵抗的复仇的巨流，冲向社会局大楼。门警被缴械了，所有的玻璃窗被敲得粉碎，办公桌被掀翻了，公文纸片像秋风落叶似的四处乱舞……

神气活现的狗官们一个个像乌龟似的蜷缩在墙角里，连动都不敢动。这一下，可把社会局吓坏了，大闹社会局的结果迫使反动派不敢不明文规定："今后各厂复工，均以二八比例录用渝沪工人。"

重庆复员来沪工人经过英勇不屈的斗争，取得了全部复工的胜利，光是介绍进中纺二机、三机工作的就有一百多个工人。在回忆这场斗争历史时，工友们说："国民党是蜡烛不点不亮，又是只欺软怕硬的纸老虎，不斗不行，一戳就穿，要不是在地下党的影响下，团结一致地坚决斗争，我们还不知道哪一年才能进厂做工哪！"

振华、有新铁厂的情况和东亚差不多，从鬼子投降以后，厂门一直紧闭着，1946 年 3 月初的一个清晨，两厂几百个工友，在沪东地下党的领导下，集合于汇山公园（今劳动公园①），冲破了反动警察的阻挡，八个人一排，到上海市政府请愿，要求立即无条件复工。队伍行经南京路西藏路口时，一辆美国军用吉普，飞似地冲来，想横穿队伍，工人们勾勾手，拦住了吉普，把那个美国鬼子拖出来痛打了一顿才放行。

市政府看到这几天"工潮澎湃"，心里很有些害怕，于是答应工人立即同中纺（公司）接洽。不久，传来了胜利的喜讯：两厂工人分三批于 3 月 12 日、3 月 24 日、4 月 14 日复工，工人们兴高采烈地整队回厂，途经外白渡桥

---

① 2019 年编者注：汇山公园位于杨浦区通北路 540 号，原只是一点零星的绿化带，1949 年后，从通北路长阳路开始，沿霍山路向东至许昌路，扩建改造成一个公园，定名为劳动公园。该公园目前仅剩下一块几百平方米的迷你绿地，其余已变为上海烟草博物馆和商品房。

块时，一个喝得醉醺醺的美国烂水手，从酒吧间扔出了一只啤酒瓶，工友们马上捡起来，"啪"的一声回敬了他，烂水手兽性发作了，竟将一张凳子抛了出来，被烂水手暴行所激怒的工人，一下子冲进酒吧，把烂水手打得半死不活，这也是美国兽兵应得的惩罚，他们在中国土地上的跋扈行径，早已为中国工人所切齿痛恨。

由于党的正确领导、群众的团结一致和强有力的斗争，迫使反动政府不得不接受工人无条件复工的要求。这是我们工友在地下党直接领导下，向国民党展开的第一次面对面的斗争。工友们通过这场艰苦的，但却是胜利的斗争，擦亮了眼睛，提高了觉悟，进一步认识到中国共产党是工人阶级利益的真正代表，国民党根本靠不住，仅有的一些幻想逐渐破灭了。反动派是欺软怕硬的纸老虎，要生存就得斗争，而要取得斗争的胜利，就必须加强团结，"团结就是力量"成为大家坚定不移的信念，这一切都为本厂百分之九十以上的工友参加"六二三"政治斗争奠定了有力的思想基础和组织基础。

第四节　经营腐败　生产瘫痪

从 1946 年 3 月复工以来，厂里的生产始终没能正常进行，每月虽然投入大量资金，但产品却不见出来。中纺公司把这个年年蚀本、赚钱无能的第二机械厂看作"盲肠"，头痛非常。"盲肠"的征象怎样？病源又是什么呢？中纺公司的档案和职工同志的揭露，可以像病历卡似的帮助我们找到答案⋯⋯

凡是价钱贵、敲竹杠的商品，上海话称为"老虎肉"，二机产品就是以"老虎肉"闻名于纺织界。一个零件市价只值二十元，而二机卖出去起码要一百元，高出市价五六倍，这还算"客气"，有些纺织机零件价格竟高出市价二三十倍。如果不信，有信为证：

呈中国纺织建设公司：

　　本厂交上海第二机械厂制造各种机器配件，事先并未开送估价单，兹接该厂转来转账单七纸。经查所开价格实较市价高出数倍乃至数十倍者，似此漫无标准，殊欠妥当。且该厂每于制件送到后，不问是否合用，即可向公司申请转账，手续亦有欠缺，为特抄送比较表一份，呈请鉴核示意是否，谨呈总公司。

　　　　　　　　　　　　上海第十二纺织厂　民国三十五年十月七日

（附表）二机厂与其他厂零件价格与品质对照表

品名	二机		其他厂			比较	
	数量	单价	购入者	数量	单价	二机高出倍数	品质如何
法兰叶子	200 只	10，656	3－76 华昌	240 只	840	13 倍	相同
龙门	100 只	15，790	7－23 协兴和	30 只	1100	14 倍	相同
$3\frac{1}{2}''\times\frac{1}{2}''$罗丝闩	100 只	2137	别处估价	100 只	500	4 倍	相同
100^{T}过桥牙	5 只	82，697	A12829 源兴	6 只	28，600	3 倍	比二机好
$1\frac{1}{2}''\times\frac{5}{16}''$支头罗丝	100 只	7144	A6169 锦机	4000 只	240	29 倍	相同

注：以上只略举一二而已，其他价格也颇惊人。

中纺公司接信后，对二机加以训斥："本公司各机械厂制造机件，其价格应与商厂相符，即或因草创时期，成本稍高，亦当不超过时价百分之五十，并应努力整顿，提高工作效率，使成本降低，以期出口进步而不被外界淘汰。兹核，贵厂承制第十二纺织厂机件，较商厂昂贵甚多，有高出二三十倍者，其理由何在？即希查明答复……"二机无理可说，但又不能不答，只好含糊其词地回了一封妙信："属厂与第十二厂同属一个系统，出口价格不论高低，均归公司所有，断无自高货价以损业务之理……"这两点理由实在使人啼笑皆非，只有在腐朽、没落的官僚资本企业里，才能找到这样奇怪的"理由"。

二机即以"老虎肉"著名，各厂修配机件都不愿交于二机，且不说其他私营棉纺厂，就是同属于中纺系统的各纺织厂，除了把一些难修的机器送来"死马当作活马医"之外，也不愿与二机打交道，唯恐"敲竹杠"。为什么中纺各厂宁愿"交商厂承制机件"呢？说穿了，一是价格较低，二是经办人员可以从中收"回扣""捞油水"。这样一来，"老虎肉"更是无人问津、门庭冷落了。

中纺各厂，又称二机是拖拉"机"，何谓拖拉"机"？这要分开来说明：拖拉就是交货拖拉，"机"是指二机，合起来就是交货拖拉的机。各纺织厂交给二机修配的机器和制造的零件，二机总是不能按期交货，拖拖拉拉，信用扫地。

1946 年，中纺七厂承包给二机的四十八台细纱精纺机延长任务（由三百二十锭延长为四百锭），原定于八月底交货一部分，其余在九十月全交齐。但是二机到九月还没动手，急得七厂惊呼"似此迁延，九十月份势难交齐"。

中纺一厂也吃过二机"拖拉的苦头"：1946 年 9 月，中纺一厂让二机装配钢丝机三十七台，但二机在三个月中仅完成一台任务，中纺一厂不得不要求中纺公司"转嘱该厂月内完成"或"另请高明"。

被二机害得最厉害的要算是中纺十二厂。该厂布机正在装配阶段，一种零件缺乏，其他工作就无法进行。但该厂交给二机修配的零件却迟迟不能交货，一拖再拖，一延再延。十二厂派人三请四催也无效果，事到后来，二机连交货的日期都没有了，十二厂的装配工作只能中途停顿。

这样的例子是太多了，各纺织厂为催交订货而做的种种努力，对二机是不起作用的，不管是"要公司转嘱该厂"或者是派人"三请四催"，订货还是不能按期交出。各纺织厂有鉴于此，对二机只得"畏而远之"了。

中纺公司也想改变这种状况，1947 年 8 月订了一个计划，准备利用二机的设备自造细纱机二万锭。未造之前，大吹大播，"本公司范围广大，人才济济，资金充沛，举办任何一事，轻而易举，收事半功倍之效"。紧接着，他真的动起手来，绘制图样，收罗人才，筹集资金，准备原料……很是轰轰烈烈。

这二万锭细纱机是打算交给中纺十四厂使用的。中纺十四厂原有纱锭七万，经日帝"献铁"运动后，毁去三万余锭，只存三万五千锭。但前后纺机器极不相称。前纺可供五万纱锭之用，若后纺添置二万纱锭，就可平衡生产，二机接到这个任务以后就制订计划，定于七月内完成。

不管中纺公司吹得多么"漂亮"，也不管厂部计划制订得多么"谨慎""周密"。制造细纱机的"宏图"，还是像肥皂泡一样炸得无影无踪了。1947 年过去了，接着就是 1948 年，一月过去了，接着就是二月、三月……直到十月，已经过去了一年零两个月，订货还杳无音讯。中纺公司就来催交，二机因订货还在蓝图上，无词以对，只得硬着头皮写了一信"敬悉关于 Saco Lowell 细纱机本厂担任制造部分，因其他厂制件拥塞，且均急用之故，致有延搁，但本月底当可赶交一部车件备用"。妙哉妙哉，高调唱了一年多，人力、物力花了不少，结果只能赶交一部车零件备用。一部车合四百锭，是二万锭的五十分之一，还要"赶交"，不"赶"恐怕连一锭也造不出来。

当时，二机有车床二百十七台、铇床二十八台、冲床三十三台、磨床 14 台，加上钻床二十六台、铣床二十四台、锯床四台、滚床三台，共有机床 349 台，职工 666 人。这样庞大的生产力，花了一年多的时间，甚至直到新中国成立前，竟生产不出一台完整的细纱机，可见这个官僚资本企业中的生产关系，是怎样严重阻碍了生产力的发展！

病根究竟何在？最根本的原因在于：二机是一个腐朽、没落的官僚资本主义企业。国民党官僚资产阶级，从四大家族到它所豢养的一大批"私人"，除了贪污中饱、营私舞弊、欺压工人外，根本谈不上发展生产，繁荣经济。就当时的二机而言，机构庞大臃肿，贪污风气盛行，实在令人吃惊。1947 年 8 月，工人数仅 269 名，职员却有 46 人，其比例为 6∶1。若将工人数中不从事实际生产的书记工 23 人移入职员之列，则其比例为 3.5∶1。平均 3.5 工人就配了一个管理人员，这是一个惊人的数字。这还不算，管理人员的平均工资超过工人平均工资的好几倍。据 1947 年 12 月统计，职员平均工资为 175 万，工人平均工资为 52 万，其比例是 3.4∶1。从实际的费用开支来讲，工人和职员的比例为 1∶1。

管理人员中大批冗员根本无事可做，一上班喝喝茶、看看报纸、谈谈山海经，高兴时打打扑克、下下棋，一天只做两三个小时的工作。两个工程师，一个实在无聊，钻在医务室里帮护士涂涂药膏，另一个整天只管敲图章、画图纸，整个厂连一份像样的生产计划都订不出，正像当时的厂长朱洪健所说："乱啊，乱七八糟啊！"

除了一个"乱"之外，还有一个"贪"在这个厂，贪污之风盛行，"揩油"方式多种多样，五花八门。捞到钱后，搞女人，跑歌厅，大吃大喝，无所不为。有一次物料科的陈科长私下和五金店勾结，提高进料价格，然后自己去拿回扣。事情实在凑巧，一个领班也在那里拿钞票，于是彼此心照不宣，相对而笑。

管理费用大大超过生产费用，财务支出到处是漏洞，反常的现象在官僚资本主义的企业中成为"正常"的现象。这也无妨，反正羊毛出在羊身上，二机的产品怎么会不是"老虎肉"呢？

另外，在官僚资本主义企业里，工人在政治上受到法西斯的特务统治，在经济上遭到无情压榨，生活极为痛苦。当时的物价像飞机，生活指数像乌龟，以米价为例：1947 年 1 月每单六万七千元，到 1948 年 3 月，上涨到三百四十五万元，生活指数的增长却永远跟不上物价，在同一时期内仅由七十九万四千倍增加为二千一百七十万倍。也就是说，物价涨了五十七倍，而生活指数只增加了三十一倍。工人一周劳动所得，有时只能买阳春面一碗或肥皂两块。

而且劳动条件也极为恶劣。在厂里，根本谈不上什么劳动保护设备。工伤事故经常发生，工人受了伤，厂方不负责任。有一次，马金良上屋修理，摔下地来，厂方惨无人道，不闻不问，经过工友们的斗争，厂方才答应送马金良去医院。但是既不是用三轮车，更不是用救护车，而是用老虎车把他送去的。顾岳林在拆修铁门时，锈烂的铁门倒下来压到了他的腿骨，磕掉了他的门牙，工友们赶紧把他送进纺织医院，顾岳林鲜血直流，大腿痛如刀割，在医院里昏了过去。从早到晚，厂里根本置之不理，后经郑世昌向厂长力争后才转送中美医院治疗。

平常，工人有病根本不可能医治，就是因公受伤，一过假期，也不免遭受解雇的威胁。王忠明因熔铜受伤，转成肺炎，厂方发了两个月工资叫他卷铺盖，还说是"体恤"他。一个工人在重病之际，正需接济帮助，反被突然割断生活来源，这不是活活地逼死人吗？

在这种情况下，工人们天天在饥饿线上挣扎。根本无心生产，胸中时常燃烧着愤怒的烈火，谁也不愿为官僚资本家的发财致富而卖命。大家被迫着进行怠工斗争，给予官僚资本家以严重的打击。

中纺公司原先把二机当作一块"肥肉"，从资源委员会嘴里抢了下来，然而事与愿违，二机成了"累赘"，工厂年年蚀本，二机生存全靠纺织厂的利润。因此，中纺公司对二机极为不满，认为二机凡事都推在公司身上不负责任，而正副厂长朱洪健、李铭齐又无法整顿厂政，中纺头疼已极，决心大动手术——割"盲肠"。

中纺最后想出了办法：让沪东的振华厂独立成为三机，任李铭齐为厂长，此后两厂会计独立，各负盈亏，相互竞争，以改变企业状况。

1947年7月，束云章把朱、李二人找去谈话，告诉他们，公司在录用人员、采办原料、接洽业务等方面"拟全权付于厂长，公司只问盈亏如何，试办半年，如无进展再定办法"。这表明，中纺企图从二机的泥潭中拔出腿来，有救就最好，无救就割掉。

这个决定在两个人身上引起不同的反响，李铭齐满肚子高兴，总算如愿以偿，厂长宝座有望了，口中只是说："好好好好……"朱洪健却是忧心如焚，忙说："今日整个经济周势如此动荡不安，上海各机械厂，不论国办民营，均以亏累相告。而我厂更负有接收机件之残缺、工人之冗劣、单位之分散等种种缺陷。纵以洪健竭尽残虑，力求解脱此种困境，然终因形势严禁，进展殊缓，今突然试办收支独立，在行政上为一大变革，在事实上却不能不作深长之考虑。"朱洪健就怕总公司把二机这个烂摊子往自己身上推，因此要中纺作"深长之考虑"。然而束云章扔包袱心切，拒绝了朱洪健的意见。

1947年10月，二、三机东西分立，情况不见好转，对于病入膏肓的官僚资本主义企业来讲，这种手术实在是无济于事。官僚资本主义的性质，决定了这个厂一天天烂下去的厄运，而作为中国的机械修配厂，更是连存在和维持都成了问题，国民党反动派为"挽救"它而所做的种种努力都是白费心血，只有在回归劳动人民怀抱之后，才能从根本上脱胎换骨，改变面貌，发挥它应有的作用。

第五节 鲜明的政治斗争——"六二三"大游行

抗战胜利以后，受尽苦难的中国人民多么盼望过和平民主的生活，建立一个独立自由和富强的国家啊！

就在日本投降不久，毛主席还亲自乘飞机到重庆同国民党进行和平谈判。但蒋介石是坚决反共反人民的，他根本不要和平，一心想发动内战，并在血腥的战争中消灭共产党。他一面玩弄"和平谈判""停战协定"的假把戏，一面在美国干爹的全力支持下，调兵遣将，部署内战。

内战终将成为不可避免的事了，从 1946 年 1 月至 6 月，国民党就强占了解放区四十座城市。东北那时打得特别厉害，由美国装备和运输的新一军、新六军，在五月下旬侵占了长春、四平等重要城市，战争阴影笼罩全国。当时有一首流行在沪西工业区的"反内战四字经"，真实地反映了上海人民反对内战，要求和平的心情。

> 八年抗战，一旦光明，可是不幸，直到如今
> 东北烽烟，遍地饥饿，政治协商，更等于零
> 美国商品，市面盈盈，官僚买办，笑脸相迎
> 民族工商，大喊救命，原因何在？内战残忍
> 长此以往，中国何在？全国同胞，不能再忍
> 人民力量，制止罪行！从此弃戈，永久和平。

共产党和全国人民要求和平，美帝国主义和国民党反动派却要挑起战争，就在这全面内战一触即发的大风暴前夕，上海人民在共产党的领导下发动了反对内战，要求和平的"六二三"示威大游行。我们厂有百分之九十以上的工人参加了这一场鲜明的政治斗争。

1946 年 6 月初，上海工人阶级和学生、各阶层民主人士，结成了反对内战、要求和平的统一战线，并决定组成"上海各界反对内战人民代表赴京请愿团"。党指示沪西区组织两万工人前往北站欢送代表，并保护游行群众的安全。

6 月 19 日，一个炎热的下午。

郑世昌拖着王阿大（又名周阿大，是厂里"十弟兄"组织的老大，新中

国成立后因有反革命现行活动而于 1951 年被捕）出席在沪西工人福利社召开的游行筹备会议。参加会议的有沪西四十几家工厂的六十多个工人代表。主持人——我们地下党员张培新怀着愤怒的心情，揭露国民党不顾人民死活、疯狂发动内战的罪行，号召大家行动起来，对政府示威，向南京请愿，反对内战，要求和平。各厂代表当场决定组织"沪西工人反对内战促进会"，坚决表示"内战一天不停，我们的任务一天没玩"，这是上海工人反对内战的第一声，战斗的序幕揭开了。

会后，郑世昌陪着王阿大回家，边走边谈："胜利快一年了，市面还这样乱，我们这爿厂要不是工人坚决斗争，还不知到哪年才能复工，唉，假如不打内战，情况绝不会这样糟糕。"阿大不响，尽闷着头赶路，一会儿，突然说："一只碗不响，两只碗叮当，我看国民党、共产党没两样，还不都是为了争权夺利。""不过，据我看内战还是南京打起来的。前一时期，虹口公和祥码头、汇山码头停满了美国兵舰，把全副美式配备的国民党军队一批批朝东北运，向共产党进攻。结果，这几天报纸头条消息刊登的是：国军占领××城，再这样打下去，真要民穷财尽、家破人亡。"阿大自忖，这倒也是事实，因此对示威游行不抱反对态度。

稳住了王阿大以后，郑世昌赶紧找孙定发商量：如何巧妙地传达、广泛地动员，并通过斗争来提高群众。隔两天，厂里开工会理事会议，郑世昌以传达为名，把示威游行的意义宣传了一番，着重强调国共合作，反对内战，又巧妙地说："某某人在会上讲过，内战是美蒋发动起来的，共产党倒一直在忍着执行停战协定。"大家听了，一致表示赞同，当场决定：由工会出面开大会，动员全厂工人参加示威游行。

20 日下班铃响后，工人集会，当大家听到要反对内战，要求和平，欢送代表到南京请愿时，全厂马上活跃起来，"嗡……"地谈开了。"是啊！这个仗还没打够吗？刚刚赶走了日本鬼子，自己家里又要窝里翻了，东北的老百姓真遭殃啊，胜利后一天好日子还没捞到过，国民党又在那里抓夫拉丁打内战了。"工友们已经从争取复工的斗争中懂得了：国民党反动派欺软怕硬，团结就是力量。大家都怀着饱满的热情，连夜贴标语、横幅、红绿纸旗，郑世昌、孙定发等同志又暗地里和一些积极的工友接头，要大家第二天把铁尺、洋元、三角刮刀带在身边，准备一旦有变时，以血抵抗。

6 月 23 日，正好是厂礼拜。

清晨，工友们穿得整整齐齐的，从四面八方赶到厂门口集中，大家兴高采烈，手里挥舞着红绿纸旗，四人一排，向北站整队前进。纠察队员们身怀铁器，警惕地注视着反动军警的动静。工友们沿途高呼口号："拥护国共合作，反对内战，我们要和平。"

　　人越来越多，越排越长，来自各不同阶层的示威游行的人潮，从各个不同的角落涌向一个目标——北站。蒙在鼓里的敌人，直到当天早晨才知情况不妙，马上在北站和各通往北站的道口上设置军警，马队、坦克、香港车也一齐出动，想阻挡游行队伍，不让大家进北站欢送代表。空气非常紧张，反动军警荷枪实弹，如临大敌。

　　在向北站进发途中，特务们已经凶狠地开着十辆卡车来冲散总厂工人队伍，愤怒的群众用人墙挡住了卡车，司机被拖下来痛打，玻璃被敲得粉碎，沪东工场的工人亦在四区工会的领导下参加了游行，用"绕道""硬冲"的办法勇敢前进。

　　敌人的高压恐怖，不但吓不倒工人阶级的队伍，反而增加了我们的勇气和仇恨。上午八点以后，游行队伍陆续在北站广场集中了，数不清的手执着红绿标语旗，在黑压压的头顶上挥舞，广场内此起彼落地响彻着"反对内战，要求和平"的口号和歌声，这是人们的心声。

　　反动派还不甘罢休，纠集了四百多个便衣打手，企图冲散队伍，滥打一阵，把游行队伍和请愿代表赶走。但是工人队伍也早有准备，所以站在各界人民队伍的前面，而最前面的就是我们身怀铁器的五金工人，准备在被打的时候武力反抗，以血还血，以牙还牙！

　　敌人慌了，没敢动手，但又耍了另外一条诡计：铁路当局不准火车出站。消息传来，群众情绪更加激昂，广场马上响起了"火车不开自己开，火车不开自己开"的吼声。会开火车的工人和学生都要冲进月台去。正在敌人手忙脚乱、慌作一团时，只听到汽笛尖叫"呜呜！"我们英勇的铁路工人拒绝了站长的命令，在十一点钟时，自动将火车开出北站，载着请愿代表马叙伦等十人，向南京——中央政府的所在地飞速前进！

　　火车出站以后，欢送的群众队伍（约十万人，其中工人占半数以上），按原计划路线出发游行。一路上，被敌人无耻行为所激怒了的工人，伸出铁拳高呼口号。市民们非常热情地送茶水慰劳。当游行队伍经过八仙桥时，突然从青年会楼上丢下两个汽水瓶，当场有人被砸得头破血流。同时，队伍也发生了骚动，那是特务在浑水摸鱼，乘机散发反动传单，并且狂呼："一个国家只有一个政府，不容共匪分裂割据。"

　　工人怒不可遏，我们厂和游行队伍中的其他纠察队员抽出铁棒，飞步爬上楼去抓住了四个特务，在他们身上搜出了许多反动标语，还挖出了印着青面獠牙旗的三青团团证。工人们你一脚我一拳，痛打特务分子，又用绳子反绑起来，在他们身上挂上"特务"牌子，写上"浑蛋"两个大红漆字，像

"王八"似的押在队伍内游街。

游行示威的工人和学生，决定将特务带到复兴公园公审，以卡车为公堂，责问他们"为什么要破坏游行"。警察局泰山分局宋局长急得像热锅上的蚂蚁，立即乘着香港车赶来，要把特务带回去审问。像煞有介事地拍胸保证："一定依法办理"，还装模作样地把公大羊毛厂工人徐大毛等四人带去做"见证"。结果，特务分子在警察局兜了一圈前门进，后门出了，见证人倒反被诬为"捣乱分子"。徐大毛被国民党上海地方法院荒唐地加上"连续伤害人身，非法剥夺别人的自由"的罪名，判处有期徒刑一年零六个月，还要赔偿医药费六十多万。工友们听到这消息后拍桌大骂："这是什么世界，特务破坏不判罪，倒叫证人吃官司。"

再说，当天沪东工场的游行队伍经过南京路浙江路口时，喝得醉醺醺的美国烂水手竟从永安公司往下扔啤酒瓶，怪声哄笑，工人痛骂："美国赤佬滚回去"，气得把永安公司大橱窗打碎，准备朝楼上冲，……正在这时，带着白旗的美国宪兵，坐着吉普车赶来阻挡，反动军警也赶来替干爸爸帮凶，拿着棍子乱赶，东厂工人不得已而含怒离去。

游行的第二天，各报登出了下关惨案，代表被打的消息：代表在南京下火车后，就被两千个自称是"苏北难民"的暴徒，包围起来毒打，又把代表逼迫到候车室里痛骂。这样先后有五个半钟头，最奇怪的是军警一点不制止，反而站旁边看戏，被打的代表都是浑身受伤，满身鲜血。

要求和平也犯罪吗？工友们义愤填膺，同时，报上又登载消息说：中共驻南京代表周恩来，亲自前往中央医院殷切慰问受伤代表马叙伦等人。

事实胜于雄辩，破坏游行和下关惨案是反动派给人民上了一堂很有说服力的政治课，工友们在实际斗争中提高了阶级觉悟，清楚地认识到：国民党是内战独裁的魁首，共产党是和平民主的旗手。

> 为什么，人民的代表受人欺凌？
> 为什么，要求和平也有罪名？
> 为什么，连打数小时，没有干涉的巡警？
> 同胞们，不要流泪！
> 燃起我们正义的火炬，
> 把那些好战者的堡垒烧个干净，
> 实行民主，永久和平！

这就是人民化悲痛为力量的誓言。

"六二三"示威大游行，向反动政府显示了上海工人阶级和人民反对内战，要求和平的力量和决心。"六二三"运动是上海民主革命的高潮，工人们通过这场轰轰烈烈的政治斗争进一步认清了：到底是谁在发动内战？是谁在争取和平？反动派的暴行、特务分子的捣乱、美国烂水手的破坏，不但没有把工人吓住，反而更加激起了对美蒋的仇恨。工友们看透了美帝国主义和国民党狼狈为奸、狰狞反动的面貌，从而由前些时期比较单一的经济斗争，走上了明确地反对美蒋政治斗争的道路。蒋介石可以说是一个出色的反面教员，抗战胜利还不满一年，他就用自己的倒行逆施，破灭了部分工人对他曾经有过的一些幻想。

"六二三"运动之后，敌人一面派出"飞行堡垒"① 到处搜捕，一面派党棍子三番五次来厂追查"激动分子"。但是厂里有百分之九十以上的群众团结一致地参加了示威游行，在斗争中受到深刻教育的工人群众鄙视那些丑恶的党棍子，对他们的回话只有一句："我们要求和平，都是自己参加游行的，根本没有受到什么煽动。"敌人白费心血什么也查不出来。

在沪东工场，游行之后演出了一曲令人作呕的活剧：六月底，人事部部长张楚尧、特务崔家麟，事先拟好了假口供，无中生有地强迫王恭泰盖手印，承认自己是中共地下党员，王恭泰看了口供后勃然大怒："想戴红帽子也得看看人头，老子闯过南北江山，你们这一套吓不倒我。"说罢回头就走。崔家麟看看吃不住，马上换作"白脸"，一面忙着打圆场："不要吵，不要吵，有话好说……"一面把假口供撕了，戴红帽子的阴谋彻底失效，"丑表功"这幕戏也只好不了了之。

---

① 2019 年编者注，"飞行堡垒"是上海市警察总局在 1947 年 11 月成立的快速行动刑警队伍，"飞行"系模仿"苏格兰场"的"飞队"，表示行动迅速，"堡垒"意喻战斗力强。"飞行堡垒"的车辆由中型吉普车改装，上有报话机，随时可与指挥室联系；武装配备有冲锋枪、卡宾枪、手枪等，还配有防弹马甲、盾牌、瓦斯枪等，队员多青壮刑警。"飞行堡垒"的标志是一只飞虎，除车身涂有飞虎外，每个队员也佩有绣金飞虎一枚，系仿效陈纳德飞虎队之意。"飞行堡垒"成立后，成为国民党在上海镇压工运、学运的重要力量。（陶世健：《我所知道的"飞行堡垒"》，载中国人民政治协商会议上海市委员会文史资料委员会编：《上海文史资料选辑·第 73 辑·文史荟萃》，上海文史资料编辑部出版1993 年版，第 278—289 页。）

第六节　冲破白色统治，支援申九斗争

1946 年 7 月，国民党反动派终于在美帝国主义的支持下，悍然向解放区发动进攻，内战全面爆发了。蒋介石和他的参谋长陈诚在南京大吹牛皮，要在三个月到半年的时间消灭共产党，疯狂的敌人撕掉了一切"民主""自由"的假面具，在自己的统治区内露骨地镇压一切群众运动。

本来在敌人心目中无足轻重，但是居然有那么多工人参加了"六二三"运动，而且事后又一点名堂也查不出来，敌人不是傻瓜，他也提高"警惕"，特务头子陆京士把二机划作第一类对象，特务的魔爪伸进二机来了……

七月的某一天，一个长着老鼠眼、鹰咀鼻的家伙，大摇大摆地走进了工会办公室，要找理事长万福根。万福根一见来客气派不小，赶紧送茶递烟，端凳请坐。

"兄弟王启凡，奉陆京士先生之命，前来贵厂担任工会指导员。"说罢，从怀里掏出了社会局的介绍信。

"欢迎，欢迎，请多多指教，多多指教"，万福根躬着身子不住点头，诚惶诚恐地接过了盖着"中央社会部上海特派员陆京士"大官印的介绍信。

王启凡操纵黄色工会之后，马上取消订阅《时代报》，说它是苏联办的，专门宣传共产党，工人看了要中毒的。紧接着就物色人才，挑上了万福根、郑长林，觉得他们人地两熟，而且只要能捞油水、出风头，什么坏事、丑事都肯干，有培养前途，但也担心万福根狂野成性太毛躁，郑长林鬼头鬼脑太胆小。

1946 年 8 月，王启凡先后保送万、郑参加陆京士举办的"上海社会工作人员训练班"第一、二期受训。反动派办这个训练班的目的是想在工人中间发展他们的特务组织，把工人阶级中的少数叛徒、败类拖下水去，所以特务头子谷正纲、方冶、陆京士、赵班斧都亲自来上课，宣传劳资协调，工人不应罢工，指示小喽啰怎样钻进共产党内部进行破坏活动。同时，还进行武装特务的训练，像盯梢、化装、写密信、绑架、武器使用等。万、郑俩人，本来品质就恶劣，再经国民党金钱引诱和特务训练后，就完全堕入反革命泥坑，甘心充当敌人在本厂的耳目，站在同党完全敌对的地位监视和破坏工人运动。

9 月，万福根刚从训练班回来，马上就在王启凡指导下，同郑长林一搭一档，着手建立和发展反动组织——护工队、工福会、国民党区分部等。敌人得意非凡，万福根还特地买了一根宽皮带，把陆京士发给他的日本式"卜卜

跳"手枪挂在腰上，在工人面前耀武扬威。哪知道，万越是横行霸道，神之武之，工人越是心里冒火，恨之切骨。同时，他做梦也没有想到：就在这些反革命组织里，有着我们革命的同志在活跃！

斗争形势起了很大的变化，从此，在厂内不仅有我们革命的地下党组织，也出现了反革命的特务组织。王、万、郑成天像猫头鹰似的藏在阴暗的角落里监视着工人运动，搜集一切可以使他们升官发财、飞黄腾达的情报。

特务、工贼通过他们所把持的反动组织，将法西斯统治强加在工人头上，革命与反革命的斗争越来越尖锐了，党的地下组织在胜利地领导了"六二三"运动之后，面临着一个更为艰苦的新时期，各项斗争暂时比较沉寂。从表象上来看，似乎国民党的白色恐怖手段收到了镇压工人运动的效果，但是工友周秋生说得好："我们工人就像打足了气的皮球一样，压得越重，跳得越高。"敌人实际上是站在一座即将爆发的火山顶上，"暴风雨即将过去，曙光就在前头"。我们亲爱的领袖毛主席，用这样一句话，鼓舞着工友们信心百倍地坚持斗争，反抗敌人！

1948 年 1 月，上海申新九厂的七千多工人，为了维持最低限度的生活成本，要求资本家发米和煤，老板不但不理会，反而用"煤在南京煤矿里，等开好煤矿，修好公路，再派车子装给你们；米在无锡，乡下人还没种出来"等话来侮辱工人。申九工人不能忍受了，他们在党的领导下，1 月 30 日起全厂罢工。2 月 2 日，丧心病狂的国民党反动派竟和资本家勾结起来，出动装甲车和三千武装警察，用美国冲锋枪、催泪弹来镇压工人，手无寸铁的申九工人用油桶、石头、木棍奋起抵抗。但是肉体怎能挡得住枪弹？结果牺牲了三个女工，伤了好几十个，被捕两百多个，这就是上海工运史上沉痛壮烈的"申九惨案"。

二机、申九只相隔两条马路，天下工人是一家。当国民党反动军警疯狂屠杀阶级兄弟，二机工人热泪横流，枪声清晰地传来"啪啪啪……嗒嗒嗒……"打在申九工人身上，痛在二机工人心上。残暴的枪声撕碎了工友们的心，但是也点燃了大家胸中积郁的怒火。

"活着做工还有什么意思，这样欺侮工人还行吗？"顾岳林越想越恨，咽不下这口冤气。

"走，同国民党拼命去！"许多工人想冲出厂门，支援申九弟兄抗击敌人，但是，反动军警戒备森严，封锁马路不让任何人走近。枪声一阵紧一阵，工友们无法安静下来，生产完全停顿了，嘈杂的人声代替了马达的轰鸣。工友们纷纷爬上屋顶，眼睛迸射出愤怒的火花，记下了敌人这笔血债，同时对申九工人的斗争怀着深深的敬意和无限的感情。

敌人满以为他的屠刀可以压服工人，但是和他的主观愿望完全相反，申九工人的血更加擦亮了二机工人的眼。周秋生在回忆他当时的心情时说："大家在屋顶上亲眼看到了国民党反动派的血腥罪行以后，心里有说不出的难过，我们工人一天做到晚，吃不饱，穿不暖，向资本家要口饭吃、要点煤烧，资本家不答应，我们工人没有办法才罢工，国民党马上就将工人枪毙坐牢，这还能活下去吗？又联想到自己厂里，也经常因为遇到困难而发生罢工，说不定哪一天会遭到申九工人同样的命运时，对国民党反动派更加充满仇恨，恨不得一下子就把他打倒。"

"申九惨案"发生以后，上海各业工人组织后援会，捐款帮助受难的阶级弟兄，戴黑纱表示哀悼，抗议反动派的罪行。二、三机的地下党组织，在上级政府的指示下，分析了厂内的情况：认为工人群众的怒火已经被反动派的暴行所点着，支援申九受难弟兄是大家内心的要求，党必须引导群众的斗争，通过支援申九来冲击敌人在本厂的法西斯统治。

一场反击敌人的政治斗争展开了。

"申九惨案"发生后的两三天，在厂内各个车间，走廊出现了署名"申九后援会"的小标语，上面写着：

"严办申九大屠杀的凶手，替死难工友报仇"

"追悼死难工友，抗议血腥屠杀"

"反对军警武力干涉劳资纠纷"

"发扬申九工人的斗争精神"

"全上海工人团结起来，用行动支援申九工人"

地下党员和一些正直的工友也在群众中揭露"申九惨案"的真相，酝酿着捐款、罢工、带黑纱……

车间顿时活跃起来，工友们三五成群，议论纷纷，内心交织着愤怒与同情，同时对黄色工会的不动声色表示非常不满，"说得倒好听，工会是为咱工人谋福利的，为什么申九死了那么多人，工会连睬也不睬"。万福根看着厂里已经无形罢工，标语满处都是，不少工人又自动戴上黑纱，心里又气又急，不知怎么处理才好。这时，郑世昌也找来了："工人们对工会意见很大，而且外边都在捐款、戴黑纱，我们不动恐怕不行。"万福根这时也无计可施，露骨地正面反对吧，不但工友们不答应，而且这样"赤膊上阵"，牌子越做越臭，今后在工人面前会更加不好讲话。赞成吧，上边查问起来怎么办，急得把两只手的指头按得"啪啪啪啪"直响。最后，他得意地歪着眉毛笑了："好吧，老郑，这事交给你去办。"心想：这样一来，我一点责任也用不着负，而且还可以从中……哈哈。

一会儿，工友们的左臂都戴上了二寸二分宽的黑纱，悼念二月二日"申九惨案"中牺牲的兄弟姐妹，抗议反动派的血腥屠杀，各车间的工人争先恐后地进行捐款，有的工人经济很困难，身上一元钱也没有，但还是借钱捐款。

万福根派了一些喽啰到各车间放空气："哪个戴黑纱，哪个就是共产党，戴黑纱的人一出门就要挨揍，马路上专门抓戴黑纱的人。"但是，这些无耻的威胁起不了作用，工友们齐心团结得像一个人一样，坚持戴黑纱，大家说："要坐牢我们一起。"威胁既然无用，万福根也不敢触犯众怒。

不过，敌人还没死心，王启凡指示他的爪牙加紧搜索支援申九的"主谋犯"，企图用来压制群众对法西斯暴行的反抗。万福根到车间去侦查，看见青工周秋生也戴着黑纱，就想用恐吓的口吻来诈一下："周秋生，谁叫你们戴黑纱，快说，不然，你要吃官司的。"小周若无其事地回答说："谁也没有叫我戴，大家都戴，我也就戴起来了。"诈不出就骗："小周，只要你说出来，我一定给你好处，怎么样？钞票，我有的是。"说着从中抽出了一叠崭新的法币，小周看也不看，自管自做生活，带着嘲讽的口吻说："你没看见，马路上已经一片黑了。"万福根诈骗不成，只好耸耸肩走了。万福根这一帮工贼，不仅没有查到主谋犯，反而经常在车间里挨骂。工人指东骂西："你这狗东西，良心长到胳肢窝里去了。"最后在工人群众的嘲骂与压力下，他们自己不得不"猫哭老鼠假慈悲"，被迫戴上了黑纱，工友们看到以后就说："这批货色真是蜡烛，不点不亮。"

"申九惨案"发生后，二机地下党员也曾约着部分工人一道去申九接受教育。工友们默念："就在这里，就在这厂门口，死去了我们的同志，我们一定永远记住，一定要为死难的同志报仇。"是的，工人阶级永远忘不了"申九惨案"，永远忘不了国民党反动派对工人所欠下的这笔血债！

支援申九的浪潮席卷上海，杀红了眼的刽子手不顾一切，用"格杀勿论"来疯狂镇压工人运动。2月28日，淞沪警备司令部宣铁吾下令，在全市进行大逮捕，当时沪东工人损失较大，三机王恭泰就是在那天被捕的。大逮捕不仅不能吓倒工人，反而使工人更进一步认识到：国民党反动派是工人阶级的死敌，更加增强了对敌人的仇恨。三机工人一方面热情捐款，帮助王恭泰的家属维持生活，另一方面又同四区其他工人一起去外滩集会，宣布罢工。在工人阶级不屈的斗争面前，敌人败退了，不得不同意保释王恭泰。三机工人大放鞭炮，欢庆自己斗争的胜利。

同时，二机地下党为了反击敌人的大逮捕，也在28日油印了上海各业工

211

会联合会的传单散发于厂内，传单上写着："工友们、同胞们：国民政府对我们上海工友的全面攻势大举进行了，各业各厂的数百个积极分子都被逮捕了。我们号召全上海各业各厂工友们一致以行动起来自己，要求坏政府立即释放，不达目的，誓不罢休。坏政府不许上海工友为申九工友申冤，不许捐款，不许戴黑纱，不许开追悼会，非但如此，反而进一步大逮捕工友们。我们要反抗，坚决反抗，工友们、同胞们，行动起来决不妥协。"

第二天，工贼们发现后大为惊慌，连忙打报告给淞沪警备司令部，要求彻查。但是，海里捞针，敌人到哪里去查呢？

从本厂工人冲破国民党白色统治，热情支援申九工人的斗争中可以看出：在共产党领导下的中国工人阶级是不可战胜的。尽管国民党反动派花了很大心血，在厂内建立和发展了反动组织，施行残暴的法西斯统治，但是，压迫得越厉害，反抗得越激烈，可能在一个短暂的时期内，斗争会有一定程度的沉寂，然而，就在这短暂的沉寂里，蕴藏着更大的反击！

第七节 夺取"工会"领导权

国民党统治时代，厂里也有工会，但是工友们把它叫住黄色工会。为什么叫黄色工会？因为，在特务工贼把持下，工会实际上是打击工人运动，破坏地下斗争，剥削工人福利的工具。一句话是反动派在我们工人头上的法西斯组织。国民党制定了一个《工会法》，它规定：工会之主管官署，在中央为社会部，在省为省政府，在市县为市县政府。说穿了，黄色工会的主子就是那些头子谷正纲、陆京士、吴开先、赵班斧……陆京士所以在上海办"社会工作人员训练班"，把黄色工会的骨干派去轮训（本厂万福根、郑长林都受过训），其目的也不过是训练出一批忠实执行反革命指示的走狗奴才罢了。

本厂从复工以来，工会领导权一直控制在万福根、郑长林手里，他们不仅利用职权作威作福，欺压工人，用贪污的作孽钱狂赌淫嫖，特别在"六二三"运动之后，更是忠心耿耿地奉他们的主子——陆京士的命令，反对一切罢工行为，压制工人群众最低限度的生活要求，例如：当1948年物价飞涨时，工人因生活指数太低，要求借支工资。消息传到万福根耳朵里之后，他就摆出一副流氓腔出来阻隔了，"你们这班人，不要受了共产党的煽动，老是贪心不足，你们想想看，吴市长的工资也和工人差不多，大家应该体谅政府（戡乱建国时期）的困难，束紧裤带混得过去就算了。"走狗嘴脸人人恨，大家从抗战胜利以来的各项斗争中，已经一步一步地认清了这帮败类的反动面貌。工友们都说"万福根、郑长林是反动派和官僚资本家养的走狗"，这些狗腿子已经和陆京士穿连裆裤了。

地下党更是清楚地看到万福根、郑长林这两个工人阶级的叛徒，已经由生活上的腐化堕落走上了政治上的反动道路。这两个工贼经常跟踪盯梢郑世昌、孙定发，在闲谈中摸底，并且诈唬地下党员和积极分子："小心为妙。"

经过"申九惨案"以后，敌人便变本加厉地迫害工人运动。在反革命气焰猖狂进攻的形势下，怎么办？我们党地下区委史桂昌同志在听取情报后，分别指示郑世昌、孙定发和苏福兴同志继续深入群众，聚集力量，更加注意斗争策略，并趁即将到来的工会改选机会，把领导权夺过来，由郑世昌担任理事长，变敌人的组织为我们党的工具，按照刘少奇同志"尽可能利用公开合法手段"的指示，展开更为巧妙而有力的斗争。

党的指示像茫茫黑夜中的一座明灯，照亮了工人阶级争取解放的斗争道路，正确的指示鼓舞着全体党员，夺取工会领导权的战斗号角吹响了。战斗的主要策略是充分揭露敌人的罪恶，利用敌人内部矛盾，麻痹与取得多人的信任，并决定由郑世昌、孙定发同志专做上层工作，苏福兴其他几个党员同志负责深入发动群众。可以说，夺取工会领导权的斗争是在地下党的统一领导下，分两条线进行的。

隔天的一个早晨，车间内马达轰响。

万福根穿了一套崭新的西装，头戴大礼帽，鼻架太阳镜，脚登箭头鞋，神气活现地踏进车间。当他擦过陈孟平的车床朝办公室走去时，小陈突然把车头加快，只听"哧"的一声，机油飞溅，把万福根的西装搞得满身是油，连脸上也黑一块白一块的不像人。万福根气得七孔冒烟，拉破喉咙大骂："小赤佬，侬眼乌珠瞎啦，拿我新西装一塌糊涂，出来！"伸手要把小陈拖出来，小陈不甘示弱，反骂道："你神气什么？机油又不生眼睛，谁叫你在车床旁边。"万福根火上浇油，拔拳想打，被关掉车床围上来的工人拦住了。小陈一看，正是时候，索性理直气壮地揭万福根的底牌："让你当理事长，是叫你为大家做点事，你他妈的，棺材里伸手死要钱，咱们大家穿得破破烂烂像个叫花子，你倒西装笔挺，活像个花花公子，我问你，你身上这套西装哪里搞来的？"万福根不敢回话，小张愤怒地接上来说："是总公司夏恩临（特务分子）同他谈判时送的，这小子靠着出卖大家，才不要脸地穿上了这套西装。"

工人越围越多，听到这件丑事，心里更加气愤，指着鼻子痛骂："狗娘养的，你还有一点志气吗？"

万福根一看，这么包围着他，心里又慌又急，流氓性子又发作了："怎么？你们存心要打人吗？""打你又怎么样？"小陈狠命在他胸口捅了一拳，万福根倒退了两步，站定脚跟一看：乖乖，四周都是愤怒的眼睛，捏紧拳头。光棍不吃眼前亏，万福根边退边嚷："好，你们上工时不干活，还要打人，当心点，小赤佬，我记你大过。"陈孟平气上心来，冲上一步，大声警告说："有种你记，今天你记我大过，明天我就要拼掉你狗命。"万福根看看不能收场，像丧家犬似的匆匆溜走了。

小陈和万福根打架的事，很快就传遍了全厂。工人越谈越气："他妈的，把他的衣服都剥下来，还不是从我们头上刮的钱吗？"分散在各车间的党员和积极分子也趁热打铁，抓住这件事四面开花，和群众三三两两说开了："万福根小子财迷心窍，救济面粉贪污了两三百包，吃不掉就往苏州河里倒，这还像话吗？让他当理事长，咱们真够倒了一辈子霉。"

"不要脸，工厂里存了两万元钱，自己配钥匙偷走了还死不认账。"

"一副流氓腔，在跳舞场里吃醋打架，出来乘三轮车也不给钱，哪里还像个工人，简直比东洋人还可恶。"

"郑长林也不是个东西，别人家里老婆孩子生病，想借点钱救急，他也趁火打劫，一百万元总要榨掉一二十万。"

大家你一句我一句，越谈越恼火。

那么，选谁来当工会理事长呢？大家眼前立刻出现了郑世昌、孙定发两人正直仗义、亲切无私的形象。

"总要选不捞包、肯为大家办事说话的才好。"

"听说郑世昌、孙定发挺不错，为人正派，办事公道，工会干部当到现在，也没听说有贪污的行为。"

"那一会儿，带着大家闹复工，开高工资的就是他们。"

一传十，十传百，就这样群众中自然而然地选成了"选郑世昌为工会理事长"的暗潮，而身兼数厂职务、难得到厂的王启凡和万福根、郑长林一点还不知道哪！

另外，郑世昌、孙定发也抓住万福根，做工作麻痹他："一言为定，我们十兄弟当中原有的工会理监事，这次无论如何一定要保证选上。"万福根听了这话非常窝心，又想：票数越多，面子越大，于是马上安排他的徒子徒孙分派下去，替他捧场拉票，特别是拉拢那些助理工，想通过他们在车间进行活动。在改选前的一段时期里，万福根也伪装得态度和蔼，不向工人借钱，企图欺骗和蒙蔽一部分工人。

投票了，选举结果：郑世昌得票最多，孙定发排名第二。万福根勉强选上，得票只有60%，郑长林呜呼，就此名落孙山。工人们拍手欢呼，狗腿子惊慌失措。万福根面孔铁青，满肚子冤气朝鼻子里冲出来："世昌兄，想不到你独占鳌头，小弟实在领教。"郑长林哭丧着脸，垂头丧气地出了会场。我们党在夺取工会领导权的战斗中，取得了第一回合的辉煌胜利。王启凡搓着双手，无可奈何，万福根、郑长林臭名传遍全厂。

矛盾又有了进一步的发展，斗争焦点集中在谁来当理事长。敌人坚持要按他们的"产业工会章程"办事，"由常务理事当中互选理事长一人来处理日常会务"。说得明白点：敌人想强迫新任常务理事推万福根当理事长，把工会实权抓到自己手里来，这一点，工友们坚决反对，绝对不让步，大家主张按得票多少来决定，票数最多的当然是理事长。双方坚持不下。

万福根痛定思痛，对老郑、老孙恨得要命，当着他俩的面拍拍"卜卜跳"手枪，咬牙切齿地说："啥人想当理事长就开脱伊"，但是，又嘴硬骨头软，事后找人到老郑那儿讲好话：都是自家兄弟，何必逼人过甚呢，理事长位置让给万福根吧。刚刚因上电王孝和事件①"处理失当"而降职的新任本厂工会指导员康济民也提心吊胆，怕事情闹大，一再找老郑个别谈话："算了吧，日子长哪，伤了和气大家不好过。"老郑坚持说："我并不想抢理事长当，只要工友们大家答应就行。"又说："万福根这人名声太坏，大家不愿意让他当理事长，我有什么办法？你硬要把他拉上台也可以，不过，往后工会讲话没人睬，工人闹事没法管，你怎么办？"

老郑走了以后，康济民脑子里尽是这些问题打转，心想：见鬼，刚上任就遇到这么件倒霉事，上边知道了又要说我软弱无能，办事不力，说不定为这个理事长职位问题又要位置不保了。郑世昌可不可靠呢？不过，在工人面前倒蛮有点苗头，唉……急得直搔头皮。

理事长席位问题拖了快一个月还没解决，康济民焦急异常，工友们更是等得不耐烦了：怎么搞的？郑世昌票数最多，当然是理事长呀，工友们都拥护郑世昌当理事长，酝酿着用罢工来抗议特务分子的诡计。群众出来说话了："反对万福根当理事长，拥护郑世昌"，敌人最害怕的就是这一点，万福根尤其怕把这个问题交给工人讨论决定。

正当敌人阵脚松动的时候，第一技工场（今一金车间）的工人关车罢工，工友们愤怒地表示：不让郑世昌担任工会理事长，我们就不做工。敌人垮了，走投无路，在工友们强大的压力下，不得不同意让郑世昌担任工会理事长。

----

① 2019 年编者注，王孝和事件：1948 年 1 月，上海电力公司工会改选，经过激烈斗争，共产党员王孝和当选为工会主席，打破了国民党当局控制上海电子公司工会的计划。于是国民党上海当局指使特务将铁屑放入发电机油管内，然后诬陷是王孝和所为。4 月 21日王孝和被捕。在狱中，王孝和面对酷刑坚贞不屈，9 月 30 日英勇就义。

于是，在第二回合的战斗中，敌人也全线崩溃，彻底失败，工会领导权掌握在地下党手里了！

万福根、郑长林看着工会权柄从自己手里滑掉了，就拼命扩大护工队想用自己的实力地位来对抗新工会。但是敌人的如意算盘注定是无法实现的，我们的地下党也将计就计、顺水推舟，把地下党员和一些靠拢党的工人送进了第二批护工队，类似情况在全市各厂都有，这样就在 1948 年 1 月 14 日发生了一件叫敌人恼怒非凡的妙事：那天，陆京士为了讨好上司、吹嘘自己，特请谷正纲（中央社会部长）在虹口公园检阅上海护工队，我们厂也开了汽车把万福根、郑长林、王阿大、郑世昌、孙定发等七八人送去检阅。到了公园门口，只见卡车上挂的都是歪曲解放区、污蔑共产党的鬼画，陆京士在司令台上得意扬扬，扯破喉咙怪叫："蒋总统万岁，国民党万岁。"哪知台下回答他的口号中却清晰地夹着"毛主席万岁，共产党万岁"的轰响！谷正纲吓得目瞪口呆，将陆京士大骂一顿匆匆离场。陆京士本来还想在开会以后组织一次"反共大游行"的，结果连会也没有开完，就宣布结束，夹着尾巴灰溜溜地跑了。

沪东工场在 1947 年 10 月改名为三机后也进行了工会改选，结果，地下党员林忠被群众推选为工会理事长。敌人的组织成了掩护我们革命活动的合法形式！

打进敌人内部的同志，既要坚决执行党的指示，维护群众利益，又要巧妙地保护自己，不能在敌人面前暴露身份（哪怕是点滴可疑之处）。那些被群众唾弃的特务工贼是不可能从群众那儿得到真实消息的，他们就像被黑布蒙着眼睛的盲人，漆黑一团。而我们的同志却在广大群众的支持和合法形式的掩护下，如鱼得水，展开了更多机智巧妙的活动。

新工会在维持工人利益、掩护革命活动方面进行了不少斗争，例如：学徒周福田有一次到公务科拿一把铝丝使用时，忘了先请示一下，管理人员薛文德竟坚持要加以处分，而且还要周福田向他赔罪。工人听了以后大为不平，马上息工："这还得了吗？一点芝麻大的事也要受处分，今天开除你，明天挨到我，这日子还能过吗？走，找薛文德去，工会走在前头。"薛文德吓得要死，赖在办公室里不敢出来。不行，工人吞不下这口冤气，厂门口摆下阵势，职员的三轮交通车全部扣留，工会代表郑世昌找厂长说："问题不解决，你们走不了。"薛文德只好乖乖收回成命，向工人赔不是，这下子人心大快，都说："工会有种。"

三机改选后，陆京士对林忠很不放心，派陈耕山（特务）来担任工会秘书，监督工运活动。有一次，工福会发下三张表（黑名单），要工会把对国民党不满的人、生产不好的人、打架闹事的人，分别填表上报。林忠把表格压了下来，不填也不报。陆京士发火了，亲自要林忠到社会局去谈谈。林忠一想，情况不妙，拖着另外两个常务理事和陈耕山一起跑。路上愁眉苦脸地说："你们看怎么办？厂里哪里有对国民党不满的人？生产好不好也难讲，打架闹事的就是崔家麟（工贼）那帮人。叫我怎么填呢？填错了伤阴德，别人一家老小性命攸关。"同去的几个人心里也阿得慌，不知此去吉凶如何？巴望不得平安无事，也就点头称是。到了社会局，陆京士劈头就问："你们厂四百多人，难道没有一个共产党吗？"林忠装出一副受尽委屈的样子说："三机一向不大闹事，你不信，问总公司夏先生好了（夏恩临）。""我是工福会的人，臂膀朝里弯，还能有情况不汇报吗？"接着又指指陈耕山说："别人能瞒，总瞒不过陈先生吧，他天天在厂里，我们厂的事情你问他最清楚了。"陈耕山其实是个挂名工会秘书，除了拿工资以外，从来不到厂里，什么也不知道，一听林忠说他天天到厂里，而且又当着陆京士的面，真是心花怒放、感恩不尽，连忙说："他讲的都是事实，一句不假，一句不假……"就这样，黑名单一张没填，地下党的活动和群众的斗争得到了掩护。

群众的眼睛雪亮，虽然他们不一定知道谁是共产党，但却清楚地知道：谁是他们的知心人，谁为他们讲话，谁为他们的利益而斗争。就在长期的斗争考验中，自然而然地形成了群众领袖，并且日益团结在群众领袖的周围。受尽苦难和压迫的工人群众不会轻信一个人，但当他们信任了某个人时，就会全力支持他，跟他走，把他当作自己的亲人。我们的地下党员，由于正确执行了党的指示，忠实为工人阶级的利益而奋斗，得到了群众的爱戴和拥护，这给后来的工运活动打下了更结实的基础！

第八节　狗急跳墙　特务反扑

工会改选失败后，特务康济民受到了沪西工运党团指导委员会的斥责，说他：优柔寡断，毫无魄力。康济民哑巴吃黄连，有苦说不出。回厂后，把万福根、郑长林叫来训了一顿：你们想想看，在厂里混了这么多年，连个工会理事长的位置还给别人抢走了。你们还有什么出息，说着就又从公事皮包里捡出一封中纺总公司给农工部的信，拍着信纸烦躁地说："总公司给中央的报告中说我们二机工人冗劣，纪律败坏，真是坏透了，连南京都知道了厂里的丑事，你们吃饭拿钱，究竟在干些什么，里面一定有共产党捣乱。"郑长林倒垂着眉毛一声不敢响，万福根有气没处出。

康济民一走，万福根拍桌大骂："他妈的，不抓几个共产党，我万福根死不闭眼。"郑长林也绷紧着脸凑上来说："对，一定要逮住几个共匪，有他们的活动，就没有我们的世界。"鹰犬们整天在厂里搜索着，反动派的触角到处乱探……

1948年的一天，第一技工场工人张士仪在工具箱旁穿衣服，当他两眼注视着车间门口的电钟，左手伸向袖筒时，不慎将手指塞进了旁边陈连生的车头，手指被轧断了，车速转慢了，陈连生正在怀疑发生了什么事故，突然发现一只压扁了的惨白的手指。

"谁的，谁的手指？"

周围工人警惕地抬起了头。

"我的，我的……"已经疼得麻木的张士仪在看到自己鲜血淋漓的左手后就急叫着。

"快到医务室去，快去，快去！"苏福兴、陈连生和周围的工人关心地催促。

张士仪捡了自己的断指，按着伤口殷殷外流的鲜血，冲进了当时的所谓医务室。护士焦急地替痛得满头大汗的张士仪包扎，大家紧张地屏息注视着。

钱老头（工程师钱子授的绰号）来了，挺着个大肚子，叼了根雪茄，双手背叉着，他皱着眉头看了看张士仪，把烟灰一弹，破口大骂说："你们这班工人真是浑蛋，夜里赌钱，白天做工打瞌睡，你们在搞什么名堂。"哼了一声，掉转头就气呼呼地回到他自己的办公室里去了。

"吃得像只肥猪，专门欺侮工人，车头上、齿轮上连个防护罩也没有，一不小心就要轧断手指。出了工伤事故不想办法解决，还要滥骂工人，工人不是人吗？"工友们以痛骂和控诉表示了他们的仇恨。苏福兴下班以后就回家去了，在阁楼里沉思着："官僚资本这样的虐待，工人兄弟们是不会忍受下去的，大家要反抗、要斗争，应该抓住这一事件来搞垮敌人、打击敌人。"小苏情不自禁地用拳头猛捶了一下桌子。

几天以后，在四区机器联合会主办的刊物《机工通讯》上出现了一篇化名稿：

> 资本家的狗吃牛肉，
> 工人做死做活啃不到骨头，
> 钱老头养得猪一样肥，
> 工人轧掉指头他还要乱吼，
> 这日子怎么能过？

这世道何时到头？

这是辛酸的指控，是反抗的怒吼。《机工通讯》不胫而走，工人看了以后痛快不置，把钱子授尽情嘲骂了一阵。特务工贼也得知了消息，他们却暗中心喜，企图抓住这个"由头"追踪。打破关口，一网打尽厂里的共产党。

钱子授则大发雷霆、怒不可遏，马上气冲冲地闯进车间，"关车，关车，快点围拢来，围拢来"，钱老头站在龙门跑床上吐着口沫，两手尽往胸前乱比画。工友们慢吞吞地围拢来。钱子授肚子一挺，两手往背后一叉，又破口大骂起来："共产党是害群之马，专门鼓动工人。写稿子的这个捣乱分子一定要查出来。"工友们见了他这副熊样，心里都在暗暗地高兴。看看工人的神情，钱子授就威胁大家说："大家在困难时期要同心同德，不要受共匪的煽动，否则对你们不利"，说完就匆匆走了。

就在钱老头"训话"的同时，特务工贼万福根、郑长林、史济定等人全部出动，散在四处观察各人的表情和动静。工人散了以后，他们又在机床旁边乱转，东盘西问，空气顿时紧张起来。郑长林利用老年工人："你讲出来，我人事科加你工钱。"老年工人白了他一眼说："我又不识字，问我干什么？"万福根把由他介绍进厂的小青工贵福生叫了出来："你不讲，我停掉你的生意。"可是贵福生根本不知道怎么回事。

特务们想从工人那里了解到情况是不可能的。但是他们也不是官僚资本家白养的狗，他们狡猾地采取了查对笔迹的办法来侦查投稿人的真名。矛头逐渐指向车间的一角——那儿集中着包括苏福兴同志在内的一批小兄弟。这些小兄弟们一直是厂内历次罢工斗争中积极分子，而张士仪平时操作的机床也就在这一角。

万福根、郑长林同钱老头商量安定以后，决定马上"开刀"，并派郑长林先出马诈唬一下。一天快下班的时候，郑长林（工会落选后调进人事科工作）把苏福兴叫到厂里金鱼池旁，板起脸歪着三角眼问道："最近你在外面活动很多，参加了一些什么会？"苏福兴心里"怦"的一跳，接着就半真半假地回答说："我参加了三个会。""哪三个会？快讲快讲！"郑长林如获至宝地问道。"喏，一工会、二经济互动会、三标会。"郑长林气极，揪住苏福兴的衣领说："你参加了共产党的会！""那以后共产党叫我开会时，我来喊你好了。"苏福兴用孩子气的调皮话给郑长林将了一军。郑像泄了气的皮球似的松开了双手，无可奈何地结束了这场拙劣的把戏。

然而特务们是不会放过这个宝贵的机会的，因为他们隐隐地知道，在每次斗争中苏福兴都是带头参加的，非常可疑。于是他们又摆开阵势，决心通过追查化名者来打破缺口。隔天下午两点钟左右，狗腿子史济定叫苏福兴到钱子授办公室去。小苏知道情况不妙，特务又要死缠了："对，要沉着应战，不能露出丝毫破绽，必要时宁可牺牲自己，不能暴露组织。"小苏进门以后，横扫一眼，嘿嘿，这架势可真不小：钱子授当首坐在办公桌前，万福根、郑长林、吕海山和史济定等大小十几个家伙分排两旁，桌子上摆着漆黑闪亮的"卜卜跳"手枪，门闩马上闩住，办公室内杀气腾腾，大有来得去不得之势。斗争展开了，特务们私设刑堂，会审地下党员苏福兴。

办公室内鸦雀无声，这是大风暴前的片刻宁静。万福根两眼发红，虎视眈眈，猛然把桌子一拍："你们组共有多少人？快说……"

"坏了，败事了吗？不！不可能。"小苏脑子里沉思，接着就镇定而不露声色地说："你们和我有什么难过？我犯了什么罪？你们这样对付我算什么？"

特务们像疯狗似的乱骂了一阵，万福根拔拳想打，就在这七手八脚当口儿，沪西有名的地痞流氓吕海山（绰号"麻皮海山"）从"八"字形的队列中走了出来，挡住万福山的右拳，双手将中式上衣往两边一撩，两手叉腰，赤裸上身，使出江湖流氓相，操着满口上海话对苏福兴说："阿弟，侬苦来！我麻皮来讲点把侬听听，我年轻格辰光比侬出风头，我共产比侬早，老早大罢工就是我做领导，开会，罢工，贴标语，打相打，我样样来。侬要晓得，共产党顶会得嚇倷毛头小伙子，打仔天下是伊拉格，出仔事体是倷自家格。"随即指着自己身上的刀疤伤痕乱吹："侬看，我格得上过麻电，格得坐过老虎凳。阿弟！侬放明白点，只要侬谈出来，天大事体包在我身上。勿谈，今朝就要对侬不客气！""咔嚓"一响，万福根把子弹推上了膛，捏紧在手里。

在斗争火焰中成长起来的小苏，竭力克制住自己内心的冲动，决心破釜沉舟，为维护党和工人阶级的利益而与敌人机智灵活地周旋："捉贼捉赃，捉奸捉双，你们不能平白无故地血口喷人，要打架我奉陪，是孬种不姓苏！共产党又不加我工资，我为什么要用脑袋去拼啊！"

"麻皮海山"一步紧一步，奸阴地说道："侬今朝勿讲勿过门，我看侬一定是共产党，呒没道理，侬只要今朝讲出来我就放侬一条生路，性命先保下来，日后想不通可以再共产，留得青山在，勿怕没柴烧。"苏福兴干脆来个不理睬。"麻皮海山"又来软的一套："侬不是要加工资吗？我负责，另外我纱厂人头熟，年青漂亮的小姑娘交关，我搭侬介绍个老婆。"

威胁、利诱，无所不用其办法，但是小苏丝毫不动声色，特务分子从他身上没有榨出一滴油来，万福根发急了，指着苏福兴的鼻子尖叫："你是共产党，你就讲。"

狗特务沉不住气，一下子就露了马脚：原来他们并不知道什么底细，只是像只纸老虎那样张牙舞爪吓唬人而已。小苏心里更加笃定了，抓住机会马上反击："你们今天哪一个和我难过？是你还是姓钱的？要打就到外边去打，一个对一个！"

"滚，滚，滚"，万福根狂叫着把苏福兴赶出办公室，敌人煞费苦心私刑会审，以彻底失败告终了。

这次革命与反革命的剧烈斗争，告诉我们：敌人的鼻子似乎嗅到我们党在厂里的地下组织。区委在听取苏福兴同志汇报以后，指示苏福兴同志做好一切转移的准备，暂时住到其他同志家里去，防止特务分子的阴谋诡计，并且指示本厂地下党员要提高警惕，要机智沉着，紧密团结群众，继续展开斗争，不给敌人钻到任何空子，避免不必要的损失。

第九节　怒打工贼万福根

1948 年夏秋之际，国民党在军事上节节败退，在面临崩溃王朝的末日快到了，物价疯狂上涨，法币比草纸还不值钱，6 月 20 日一天之内，很多物价竟上涨了一倍以上。为了垂死挣扎，支持内战和被赶出大陆之前捞一笔横财，反动政权在总崩溃前夕设下了一个搜刮人民黄金、白银、外币的大骗局——这就是四大家族无耻掠夺人民钱财的"币制改革"。

蒋、宋、孔、陈发大财，劳动人民苦难挨。8 月 19 日颁布的《财政经济会处分令》宣布：法币三百万折换金圆券一元，强迫收兑金银美钞，飞涨物价，冻结工资，挂羊头，卖狗肉，限价政策实际上完全是骗人的鬼把戏。老百姓根本不要想按照"牌价"买到一点东西，市面上到处乱成一团，粮食买不到，棉布买不到……有些地方倒退到原始的"物物交易"，广大工人的生活更是到了山穷水尽、无法维持的地步，工资被一律强制冻结在 8 月上半月的水平，而购买生活必需品，不是通过黑市，就是根本买不到东西。

尽管反动当局采取恐怖的高压手段强制实行限价，但狂涨的物价仍像火山爆发那样不可遏制。11 月 1 日，反动派只得公开宣告"币制改革"失败，限价开放了，物价直飞猛升。11 月中旬，米价由每斗限价二十元九角突破二千元大关，上涨了将近一百倍，其他物价也都二十倍左右，而 11 月的生活指数只比 9 月上涨了十一倍多。在这种情况下，一个老师傅每月拿到的工资只能买四五斗米，勉强顾着自己的肚子，根本谈不上养家糊口。当时戎兆华夫妻两口子都在厂里做工，上无父母，下无子女，还常常前吃后空，吃一顿愁一顿。抗战胜利后这多年了，他没有做过一件新衣服，"穷人无病便是福"，吃不饱、穿不暖还是不幸中的大幸，万一害了病，那可真是叫天天不应，叫地地不灵啊！1948年年底，戎兆华得了一场伤寒病，不但没钱治病，甚至连工钱也拿不到了，实在没有办法，只好问"吸血鬼"求情，借得金圆券一百万元。结果，命是救回来了，债却越背越重，一百万元的债，每十天要四角利息，每月光是利息就要一百二十万元，两口子的工钱加起来，还债都不够，这种债到新中国成立后才还清。像戎兆华这样的家庭，生活尚且如此艰难，有老有小的人家，那就更不必说了。

"物价天天涨，工人饿断肠，每餐薄粥汤，生病叫爹娘"，这就是我们厂工人反映新中国成立前痛苦生活的歌谣。

可是，厂长、课长、领班……大批安插在高级职员位置上的官僚资本家的"私人"和"爪牙"，生活可就完全不同了，除了一年领十八个月的薪水之外，还有什么加成津贴、奖金、子女教育辅助费、服装补贴、每月八斗米的膳食辅助，并且由厂里供给膳食，每天都是鱼肉满桌，就在工人半饥不饱，连活命都感到困难的时候，他们照样是大鱼大肉，许多人还明的暗的贪污舞弊，工人们看在眼里，记在心里，心中愤懑不平，怒火中烧。

"为什么一样是人，两样待遇？"

"我们每餐吃不饱，他们天天吃大菜，这太不公平了！"

樊俊等几个年轻人忍不住了，吼了起来："他们能吃，我们为什么不能吃？还不都是吃的工人血汗钱吗？"

11月的上海，天气已经很冷了，开水不易泡熟工人带来的冷饭，带了米在烧红的铁板上蒸饭。领班发现后，蛮不讲理地一脚就把饭盒踢翻了，这下可激怒了工人："怎么？我们一天做到晚，连顿热饭都吃不得？"老师傅也说："太欺侮人了……"走廊上、厕所里、机器旁，工友们三五成群，一个个都气鼓鼓的，"他们不让我们吃，我们也叫他们吃不成，对，抢饭去！"青工和学徒带头，三步并作两步，拿了饭罐就朝职员食堂冲去。

抢饭斗争就这样展开了，这是工人群众对官僚资本家残酷压榨和反动政府罪恶统治的自发性反抗！

起初，大家还把饭菜抢回到车间里来吃，之后，就干脆六个人一桌，大大方方地坐下来吃，有的工友说："我们在一起做工十几年，这还是第一次在一桌上吃饭。"

天天抢饭，可使厂方伤透了脑筋，朱洪健想了个办法，叫厨房烧两次。第一次糙米粗菜，准备工人来抢；第二次再烧鸡鸭蹄髈。谁知工人不可欺，对不起，他烧两次，我们就抢两次吧。管不住，抓吧，抓哪个好？朱洪健皱着眉头尽在那里嘀咕："真野蛮，第二次又抢了"，反动派的走狗万福根、郑长林对抢饭更是恨之入骨。因为厂里发生抢饭事件，他的主子难免要斥责，何况抢饭也抢到万福根、郑长林的头上，兽性必然要发作："斥那，迭班赤佬一定要摆点颜色伊拉看看！"工贼万福根在心底暗骂着。地下党把抢饭斗争的情况及时向区委做了报告，区委分析了厂里职员的情况，认为除了官僚资本家的私人和爪牙之外，职员之中有一部分人是同情工人的。尽管中纺公司也以津贴和供给膳食笼络一般职员，分化职工之间的团结，可是比较正直的职员，特别是低级职员，是不甘心被收买的。因此，指示厂里的党组织，把工人群众为争取生存而自发开展的抢饭斗争，引导到集中打击主要的敌人，以争取和团结一切可能团结的力量。

党的指示，使抢饭运动从群众性的带有自发性的经济斗争进一步发展为打击特务工贼的政治斗争。而从当时厂里的情况来看，也有必要好好惩罚一下万福根、郑长林。因为会审苏福兴虽然一无结果，但却进一步鼓起了他们反革命气焰，他们更加卖力地监视地下斗争，破坏工人运动，同时群众也普遍有痛打工贼的要求。

于是，工贼万福根饱尝老拳的事就发生了。

一天中午，万福根从外面回来，肚子里在大唱空城计，一进厂长室，只听厂长正在那里发牢骚："哪有这样的事，抢了一顿又一顿。"万福根"啪"地拍了一下台子，厉声地问："哪些人抢的？"

"叮叮咚，叮叮咚，肚皮吃饱暖烘烘"，窗外正巧有两个学徒走过，他们刚吃饱饭回来，一边走，一边用筷子敲着饭罐快活地唱着。

万福根听了更加生气，把帽子狠狠地摔在办公桌上，头顶冒出腾腾的热气，"瘪三，唱点啥？讨生活吃是哦？"

"有种出来，在屋里放什么屁"，樊大俊的声音像小钢炮那样吼了起来。

万福根的眼睛发红了，牛性子发作了，终于按捺不住，拉开房门冲了出来，走廊里闹嚷嚷地挤满了工人，万福根把"扑扑跳"手枪往腰前一推："你们一次又一次地抢饭，还有王法吗？难道你们想造反？"

人群骚动了，仇人相见，分外眼红。

"抢，抢什么？我们一天忙到晚，难道饭也不应该吃？"

"你是什么狗东西！"

"放你的屁，走狗！"

愤怒的人群一齐拥了上去，把万福根从走廊上连挤带拖地簇拥到金鱼池边。万福根被包围在人群中间，"你们要做啥？你们要做啥？"他慌了起来了。

"嘭"背后打来一拳，是樊大俊。万福根想回头看看是谁？"嘭"又是一拳，打啊！无数只拳头一齐挥向万福根。他一见情况不好，保命要紧，连忙弯下腰来，用双手抱住脑袋，两臂保护胸腔，夹着手枪。

打呀！打这个败类，密密麻麻的拳头像雨点般打来，一张张愤怒的面孔挤过去，挤过来，强有力的臂膀举起又落下。万福根缩着头，弯着腰，像一只落难乌鸦。

真是：走狗出头遭痛打！

火山爆开势难当！

平时耀武扬威的走狗，现在被打得鼻青眼肿，装出一副死相，厂长的汽车把他送进纺织医院，工人对着这辆漂亮的小汽车吐口水："呸，究竟是官僚资本家的走狗，我们工伤还不给看病，他倒坐着小汽车进医院内。"

为了防备反动军警和特务抓人，工人齐心一致地等在厂门口，大家决定：如果抓去一人，就大家一齐去，要坐牢大家坐。由于工友们的团结一致，反动军警没敢来抓人，走狗被痛打了一场。

万福根在医院里养了一个多礼拜的伤，此后尽管在心里更仇恨工人，但在表面上却不敢不老实一些了。威风毕竟被打掉了，工人愤怒的拳头结结实实地教训了走狗！

正当工人在金鱼池旁痛打万福根时，人事课长、特务吴剑平却在窗户中紧张地看着，抄着名单，万福根一送院，他马上打小报告给淞沪警备司令部，但却把名单丢在字纸篓中。这一切都被站在外边的郑世昌看到了。下班以后，办公室里只有一个工友在打扫，郑世昌推说要大便，进去问他："有没有草纸？""办公室哪有草纸？你要就自己找点废纸吧！"郑世昌故意到处乱寻，最后在字纸篓中把黑名单拿到手，连夜设法通知各人，暂时避一下风头。敌人的阴谋又落空了。

经过这次斗争，工友们清楚地看到了团结起来就是力量，横行霸道的特务、工贼是完全孤立的，因而是一只纸老虎。要彻底地摆脱苦难，不能光靠抢饭，应该更加团结起来，与国民党反动派做坚决的斗争，从根本上解决问题。

第十节　组织群众　迎接决斗

1948年年底到1949年年初，强大的人民解放军经过辽沈、淮海、平津三大战役，消灭了国民党精锐部队一百五十多万人，解放了全部东北、华北和长江下游以北的广大地区，取得了军事上的绝对胜利，国民党反动政权已经到了风烛残年，只要解放军挥戈南进，它就马上土崩瓦解了。我们厂地下党印发了大批传单——"为迎接全面解放而努力"。

传单上说："中国人民解放军不但由防守转入了进攻，而且由进攻转为消灭敌人的强大兵力了。解放军的炮弹已经敲着南京的大门，连反动派自己也相信，最后全部消灭就是他们的前途了，再来一百个美帝给他们撑腰、打气、输血、打救命针，也救不了只有一口气的老命了！"

翻身的日子即将到来，工友们在看到传单后欣喜若狂，但敌人是不会自行消灭的。蒋介石在 1949 年元旦发出了假和平的文告，想借着和平的幌子拖延时间，训练二百五十万新兵卷土重来，扑灭革命力量。毛主席揭穿了他的鬼把戏，蒋介石被迫下台，在幕后布置作战力量，而由战犯出面扮演"和平使者"作为掩护。

死不甘心的敌人，不仅在军事上做困兽之斗，而且对一切群众运动采取更加野蛮的屠杀政策。就在蒋介石发布假和平文告的同时，上海市社会局发布了严禁罢工之训令："目前政府正在加强戡乱……各地各厂及交通事业之职工，决不得借词擅自罢工，聚众要挟，倘敢故违，由当地最高治安机关将为首人员以扰乱治安论罪，军法从事。"看吧，表面上假意求和，骨子里加强"戡乱"，这就是反动派在那一段时期阴险毒辣的两面手法。

在当时情况下，如果发动明显的政治斗争，就会马上遭到残酷的屠杀，这对工人阶级的解放事业是不利的，因此，只能采取较为隐蔽的经济斗争形式，通过斗争，教育工人认清，要彻底翻身就得打倒国民党反动政权，斗争条件不要提得太高，达到一定的要求就适可而止，在斗争过程中把群众日益组织在党的周围，积蓄力量，迎接解放。这就是区委对本厂地下党的工作指示。

抢饭斗争虽然迫使中纺公司不得不给工人发一些实物（布匹），但主要的工资形式还是货币。从 1949 年年初直到新中国成立的那段时间，上海市场混乱到极点，物价一日数涨，一涨数倍。国民党滥发纸币连印钞票也来不及，后来干脆用"本票"（工人称为花纸头）来代替了。工人拿到这种花纸头后急得满头大汗，因为商店里不是拒收，就是要打七折八扣。拿了"本票"很难买到东西。工友们吃足"本票"的苦头，生活更无保障，一家老小断炊挨饿的事情天天都有发生。多发实物，维持最低限度的生活成了工友们当时最普遍、最实际的要求。工友们在领工资时都骂："这种红绿纸头看看满漂亮，比冥国银行的钞票还不值钱，倒头政府真是一只脚踏进棺材里去了，发发一大包，中看不中用，一家老小只好吃西北风。"正在这时，中纺公司又借口"时局动荡，现钞奇缺"拒发年终奖金。这下工人更恼火了，本来还指望用这笔"奖金"贴补家用，如今又落空了。

"不行，到总公司办交涉去。"

"罢工，还做什么生活，一家人都要饿死冻坏了。"

地下党研究了情况，觉得必须领导这一场斗争，为了活命，就得向公司要饭吃，为了解放，就得冲击反动政权。

车床停止了转动，马达停止了轰鸣，工友们一群群聚在一起：

"派代表到公司谈判去。"

"对，马上谈判去，厂里工人也不要走开，谈判出毛病的话，只要一个电话，大家都好去拼。"

两辆卡车挤满了工人，装着近百个代表疾驶而去，其他工人都轮班守着工厂，防止反动军警捣乱，有两个工人专门管制电话，一旦有变，便全力以赴。

汉口路中纺公司里挤满了工人。中纺系统各厂都派个人代表来谈判。要求发实物，借支工资，照发年奖。从底层到五楼，一眼看去尽是人群，写字间成了工人休息室，会议室成了各厂联络站。大家在那里交流情况，研究对策，统一步调。公司的大铁门被反锁，反动军警也无可奈何。

中纺公司采取拖延战术，但是工人不怕，你要拖几天，我就陪几天，肚子饿了，一起拥进总公司食堂吃大锅饭，天黑了，一个电话，厂里开辆车，工人来替换，公司看看苗头不对，只好派代表和工人谈判。

"你们中间到底谁是代表？公司不能同这么多人谈判啊，最好你们派几个总代表出来同我到里边去谈判。"

"我们都是代表，要谈大家一起谈"，工人吼了起来，一下子就把他的威风打了下来。

一楼会议室里挤满了各厂工人。公司代表坐在会议桌中间，桌子四周都是坐着的和站着的工人，最外圈还有一圈沙发上又坐满了工人。谈判开始了，工人代表提出了多发实物、借支工资、年奖照发的条件。公司代表多方狡辩，工人在沙发上开排炮"嘘……""勿要听""不同意""要吃饭"。官僚资本的代理人受不了排炮的轰击，虚伪的自尊心受到了极大的损伤，他借口"做不了主，要请示束经理"便溜了。就这样，捱了一夜。中纺公司要抓人吧，抓不到；要赶吧，赶不掉；弄得它六神无主，它那"正常的办公秩序"也完全被冲垮了。再加上工厂又都罢了工，工钱却不能少发分文，只好被迫接受个人代表提出的全部条件。

斗争胜利了，工资按照大米、食油、面粉、细布四种实物折价发给了。同意借支工资后按原数扣还，年奖按工人级别分别发给四十天、五十天、六十天。工友们在拿到这些用血汗拼来的钱时都感叹说："靠罢工、斗争只能救急一时，一定要换个社会，工人才有好日子过。"学徒李学超回忆他当时的心情说："我们都看穿了反动派，在那种社会里工人总翻不了身，大家盼望共产党快来，盼望毛主席把工人从苦海中救出来。"年龄还不满二十岁的三机工人徐秉新就常常这样想："为什么反动派这样仇恨共产党呢？那些被捕被害的工人不都是些很正直、很敢为工人出头的人吗？为什么每一次工人起来斗争，国民党总说是共产党在捣乱呢？共产党为工人说话，为工人阶级利益而奋斗，这怎能说是捣乱呢。"从这一正一反的线索里，从尖锐的阶级斗争中，小徐终于懂得了："共产党是工人阶级的先锋队，共产党一定是个好党。"他迫切要求得到党的教导，他曾想：共产党常常乘敌人不防备时在马路上、工厂里、弄堂内张贴标语、散发传单，我多注意点。他没有失望，亲爱的党就在他身边，经过较长时期的考验，小徐终于在上海市立第一职工业余学校光荣地参加了中国共产党，他是三机第一个地下党员，后来林忠、王恭泰……也在斗争中逐渐成长，先后参加了共产党。

那时候，二机、三机在名义上虽然是两个厂，但斗争总是在一起联合行动的。三机地下党组织的建立，使两个兄弟厂在对敌斗争中有了更统一的步调、更强有力的团结！一场波澜壮阔的争取应变费的联合斗争展开了。表面上它是一场经济斗争，而实质上是配合大军南下的一场政治斗争！

1949 年 3 月，解放大军准备横渡长江，国民党的统治中心——南京、上海乱成一团。"刮民政府"溜之大吉，逃到了广州，贪污官吏们忙着收拾细软，准备逃窜流亡。中纺公司惶惶不可终日，但是为了稳定职员情绪，继续维持对工人的压榨和剥削，背着工人偷偷给职员发了几个月的应变费。当时，工人只隐隐约约知道有这么回事，后来从工程处王贵斌嘴里才得到证实，大伙都非常气愤，马上要罢工派代表向总公司交涉。

这件事传开以后，中纺系统各厂工人都行动起来了，在地下党的领导下，二机、三机和其他中纺纱厂、绢织厂的工友们发动了联合斗争。朱厂长在受到上级的指责后，在厂务会议上说："本厂工人自从为了年赏问题引起争执以后，工作情绪至今尚未恢复原状。目前外面对本厂一般的批评并不太好，公司方面尤其不满。这次工人如有必要非去公司不可时，只能允许一两人前往。可是工人代表还是一去两辆卡车，谁也阻挡不了。

各厂代表开到总公司后，顾毓球出来接见。这位刚刚上任不久的中纺经理，装聋作哑地在那里"踢皮球"，推说这事他不了解，要问原来的束经理，谈判没有结果。

不几天，工人们又第二次到总公司交涉，接见工人的是老牌特务、公司的总干事夏恩临。他一踏进会议室，马上就满脸堆笑："各位请坐，请坐，嗯……你们是哪些厂的？都是代表吗？好！好！有问题大家从长商量，从长商量。"边说边把"大前门"（香烟）往桌子四周散，"诸位请抽烟，请抽烟"。吃人的野兽装出了一副关心工人利益的伪善面貌。"没有什么好从长商量的，我们要应变费，为什么职员发几个月，我们一个钱也没有发？"排炮一阵阵压顶轰来，狗特务那套伪善手法完全不起作用。他招架不住了，只得狼狈不堪地一口回绝："这事要问束总经理，本人无权处理。"

代表们回厂后，把交涉经过向大家做了汇报，"冤有头，债有主，找束云章去，对，哪怕他钻到地里去也要挖出来，到他家里去。"地下党根据群众火热的情绪，决定再次发动工人展开斗争，不达目的，誓不罢休！

3月某一天的傍晚，厂里一百多个工人分成两辆卡车，浩浩荡荡开往地丰路（今乌鲁木齐路）束云章住宅。下车一看：好家伙，铁门紧闭着，一个门警在窗洞里慌慌张张地探望。工友们立即把住宅围个水泄不通，一部分人派去望风，其他人破门，大家用肩背顶住铁门"嗨嗬，嗨嗬"地猛撞，铁门像松了骨架似的"咯吱咯吱"乱响。

"喂，朋友，你们这样撬不开的啊，还是越过篱笆跳进来吧。"门警用同情的声音悄悄地告诉工人。"好，谢谢你"，倪仁龙、王守仁等工友纷纷翻过篱笆冲进宅内。只见房间内尽是大大小小贴满封条标语的箱子和行李袋，几个女人打扮得像个妖怪似的在那里哇哇乱叫，看样子他们脚底揩油了。虞礼元马上卡住电话机，其他人四处"捉拿"束云章，但找来找去找不到，那些太太小姐们又都气鼓鼓地不答话。怎么办呢？究竟是"穷人一条心"，一个保姆把束云章的去处告诉了工人。

工友们又马上赶到中纺公司俱乐部，当时已快十一点钟了，束云章正在这里召集各厂厂长开会聚餐，商量如何敷衍工人提出的应变费问题。灯火辉煌，呼幺喝六，那些"大人先生"们一个个酩酊大醉。"呼啷啷"玻璃被打碎了，工人在铁门外把榔头摔了进来，并且扣住所有的小汽车不准开，防止束云章溜走。经理、厂长们的酒吓醒了一半，"赶快熄灯，打电话给静安分局去，快，快……"

"嗯……嗯……"鬼哨般的声音越来越近，"飞行堡垒"从四周包围拢来，头戴白钢盔，腰围宽皮带，从头部到脚部都是美式配备的武装特务，用卡宾枪、硬木棍乱打和驱散手无寸铁的工人。把工人连拖带打地一批批关进香港车。工人太多了，连香港车都不够装，结果只好开到静安寺后放掉一批，开来抓第二批……

争取应变费的斗争虽然没有得到直接的胜利成果，但却更加激怒了工人。回厂后大家根本不做生活，用怠工——实际上是变相罢工来抗议。罢工形式多种多样：有关车开谈，有开车空转，有假装做工速度慢……管理员不在时，让车床开着空转，外面听听好像都在做工，其实工人们却在车窗旁边讲大道、打扑克、下象棋。管理员有时要来抽查，但是还没有等到他走到车间门口，早有望风的口哨一吹，大家又在机床上装模作样地敲敲打打干起活来。遇到不识相的主管，大家就开汽水嘘他，吓得他下次再也不敢盛气凌人。工友杨阿仁在回忆当时怠工的情况时说："那时我也是干现在的这一行——敲锭子。我们把四千根锭子由弯敲直，又由直敲弯，最后干脆敲掉报废。就这样，一直到上海解放，我们没有为反动派生产一根合格的锭子来。"学徒们就索性把车间当作实验室，利用机器及各种原物料做实验，学习和提高技术。

那时，车间不仅是工人的俱乐部，而且是党对工人进行政治形势教育的课堂。地下党员和积极分子利用讲大道的机会和工人聚在一起，天南海北地谈生活、谈斗争、谈形势。有意识地把工友们为争取活命而激发的斗争热情逐渐引向推翻国民党反动政权。地下党员杨少昊当时专门买了一本袖珍地图带在身边，他天天总要打开中央日报指着地图宣传一番："怎么搞的？国民党天天说消灭了多少多少共军，获得了多大多大胜利，可是，从地图上看，他老是在往后退，这真奇怪？"工友们听了都哈哈大笑："国民党是吊死鬼涂粉，死要脸皮"，同时，地下党又秘密印发了许多传单小册子在工友中广泛流传。像毛主席著的《新民主主义论》、任弼时同志在团中央所作的《目前的形势与任务》《关于国民党统治区职工运动的任务》、新华社新年献词《将革命进行到底》等。又给工友们发了许多无头信，像倪仁龙就曾经接到过，上面写着有力的标语："行动起来，保护人民财产。"三机图书馆还专门为工人介绍进步书刊（如《联共党史》）。

就是这种春风化雨、逐渐浸润的政治思想教育，开阔了工人群众的眼界，使他们的斗争目标逐渐由改善个人生活发展提高为争取全民解放。在思想教育不断深入、阶级觉悟不断提高的基础上，厂里的组织建设工作也有了很大的进展，以二、三机合并计算：地下党员增加到 21 人，工人协会成员增加到 70 多人。光荣的中国共产党通过党员、工协会员把全厂工友紧紧团结在自己的周围，满怀着胜利的信心，迎接黎明前的决斗！

第十一节　黎明前的战斗

1949 年 4 月 21 日，强大无敌的中国人民解放军以排山倒海之势，飞跃长江天险，只经过了短短三天的战斗，就解放了二十二年国民党反动派统治的中心——南京，接着又以雷霆万钧之威力直捣上海。

5月初，远郊已是炮声隆隆，反动派慌作一团，飞机场、车站、码头挤得人山人海，平时神气活现的洋鬼子、党棍子、官老爷、大腹便便的官僚资本家和他们的姨太太，都像败家犬似的夹着尾巴逃呀、溜呀……百余年来，帝国主义和反动派插在中国劳动人民身上的吸血管——上海，就要回归人民的怀抱了。

反动派越临近死亡越疯狂，蒋介石在4月底5月初，连续两次来到上海，指示他的爪牙在逃离时进行大规模的破坏，彻底毁灭上海，他的破坏阴谋主要有以下四点内容：

一、强制搬空上海的重要物资和原料，使上海在解放后不能生产。

二、逮捕所有民众团体的负责人，以及一切为人民说过话的民主人士，架走著名科学人才。

三、彻底破坏重要的公用事业和工厂，毁坏上海生产事业的基础。

四、潜伏大批特务，准备在上海解放后，煽动游民和难民抢劫破坏，扰乱治安。

因此，特务军警们这些天来更加疯狂，"飞行堡垒"日夜不停地在路上呼啸，装甲车昼夜不分地横冲直撞，宋公园刑场传来一阵阵的枪声，又有一批批革命志士在血泊中卧倒了。郊区布满了密如蛛网的碉堡，市区各主要建筑物前沙袋堆得老高，匪军荷枪实弹地巡逻放哨……黎明前的上海被黑暗所笼罩，到处是阴森恐怖的景象。

然而，透过这阴森可怖的表象我们就可以看到：英雄的上海人民正在党的领导下囤积力量，扩大队伍，反对拆迁，反对破坏，迎接解放军队伍的到来。厂里到处是秘密传单，工协会员和人民保安队员们聚精会神地念着："我们的任务是：一、保护工厂，反对搬运，完整保存机器原料及制成品。二、协助人民解放军解放上海，维持地方治安，保护群众利益，减少人民损失。三、团结群众，保护群众领袖，保护进步的群众组织。四、瓦解和争取反动武装，把反动武装的人力、物力，大力变为替人民服务的力量。"快了，大军一进城，工人就出头了。大家交谈着，按捺不住沸腾的激情。

5月19日，从月浦、洋泾溃退下来的匪军一零二师残部的十六七人，窜进我们厂来了，他们扛着一挺轻机枪，背着几支步枪、冲锋枪，腰挂手榴弹，押着十几个挑子弹箱、面粉、行李的民夫，跌跌撞撞地占据了厂里的一间大库房（现在的大饭厅）。看样子是一个后勤排，由满脸横肉、杀气腾腾的杨排长和另一个副官带队。

隔天，厂里又来了十二个尉官装束的交警（武装特务组织），每人都有两把盒子枪，还带了大包炸药。他们大摇大摆、气势汹汹地闯进了厂长室：

"你们厂长在哪里？"

"厂长吓掉了魂，好几天没到厂了。"工友冷冷地给他们一个没趣。找不到厂长，这批武装特务就胡乱地找了间空房（当时的俱乐部，现在的三金办公室）住下了。接着找来了张平面图，几个交警围着地图指手画脚，一个班长模样的家伙在好几处画上了"×"号，工友们心中有数了，这批武装特务的使命就是爆破本厂，必须严密监视他们的活动。

情况很紧急，当天晚上地下党员郑世昌、孙定发、苏福兴向区委王关永同志做了汇报，在一间矮阁楼上，党组织分析了敌情，商讨了对策，黎明前的战斗——护厂斗争序幕拉开了……

中纺公司在临逃之前，曾以防止盗窃为名，在工人中建立什么"防护团"，实际上它是想用来镇压和破坏工人运动。党组织看穿了它的诡计，就顺水推舟地把一些身强力壮、觉悟较高、斗志坚强的工协会员、人保队员派了进去，老郑还担任了区队长的职务，这样一来"防护团"倒成了我们党开展护厂斗争的公开合法的组织形式了。交警驻厂后的第二天，人保队员都用"防护团"的名义住到厂里来了，这对我们的斗争是非常有利的。

战斗前的各项准备在紧张而又秘密地进行着，除了上级发来了一支盒子枪、两颗手榴弹外，工友们又做了不少三角刮刀，还专门焊上一段自来水铁管，看起来活像红军时代的红缨枪。有的还特地买了军用猎刀在树干上练武。配备了土洋武器之后，工友们的胆更壮了，地下党就分配任务：有的专门监视敌人，特别是交警的破坏活动；有的专门负责做瓦解敌人的工作。为了斗争的方便起见，工友们在白天伪装打鸟，用弹弓和气枪把厂里厂外所有的路灯都打坏了。一到晚上，敌人像瞎子摸黑一样寸步难行，许多匪军吓得不敢出来，而工友们却熟门熟路，利用黑夜进行广泛的活动。

那时，厂里生产早就停下来了，工友们就三三两两地同匪军厮混聊天，进一步摸清了敌情：后勤部队的十六七个匪军差不多全是被反动派从农村里抓来的。民夫更是恨死国民党匪帮，副官被解放军俘虏过，知道我们军的优待政策，"出路"问题心中早有打算，只是老兵痞杨排长死顽固，士兵们对他又恨又怕。十二个交警很麻烦，这些武装特务执迷不悟，死心塌地地奉行主子的命令，进厂后活动越来越频繁了。白天不时派人外出联络并巡视厂内，夜晚虽不敢出来，但通宵不眠地观察动静。这两支匪军虽同住在一个厂里，但丝毫不通气，从无联系。

晚上，地下党员又碰了个头，经仔细研究后决定：采用各厂击破的战术，先吃掉后勤部队，加强自己的武装，然后再缴十二个交警的械，同时认为必须加强后勤敌军的工作，孤立顽固的匪排长。

次日，一部分人民保安队员住进匪军隔壁的小房间里，成天和他们混在一起，有时问各种武器的使用方法，有时就天南地北地拉呱儿：

"唉，我今天早上看见玉佛寺里尽是伤兵，断手缺腿的，真惨啊，这些人真作孽，为什么要当兵卖命呢？"吴老头不胜感慨地谈着。匪军们有的垂头丧气，有的眼泪汪汪，有的低声咕噜："为什么要当兵，还有谁自愿当这个倒霉兵的吗？""唉，上有老，下有小，离家三四年了，还不知家里怎么样。"一个湖南籍的匪军唉声叹气地自言自语，"是呀，子弹又不生眼睛，要有个三长两短，一家人家就完了。"工友们的话有力地动摇了军心。

"要能回家就好了"，几个匪军边说边相对苦笑。

"外头炮打得这样紧，时势又这样乱，反正两只脚长在自己身上，不好逃吗？"

"不行，被排长抓到要枪毙的。"一个骨瘦如柴、满面胡子的士兵悄悄地回答："别怕他们，他们可比你们乖呀，排长和副官怕死，早就把便衣准备好了，共产党一来，他们保险都溜光，丢下你们倒霉。"吴老头一本正经地告诉那些匪军。

"这是真的吗？"

"谁还骗你们。"说得那些匪军心里都七上八下地没有主意了。

"那我们怎么办呢？只好死路一条了。"

"不要紧，我们工人替你们想好办法了。听说共产党不会对工人怎么样，要说他们真的打进来，我们就找几件工人的衣服给你们换上，你们的枪支和军衣，我们挖一个坑藏好，共产党要是问起来，你们就说是厂里的工人就没事了。"苏福兴一口气说完了这条"妙计"。

"这个是太好了，太好了。"匪军们一个个喜笑颜开。

敌军的后勤排基本上已经瓦解了，民夫们更是思念着家里和亲人，只要时机一到，马上就可以缴获他们的全副武装。独有那顽固的杨排长，终日守在机枪旁边，大吹其牛。工友们学他的口气："共产党打不打得进来？打不进来，万万也不会打过上海。"他满嘴唾沫地越吹越带劲，说什么："一只蚊子从我眼前飞过，我就知道它是公的还是母的，不论是谁，只要从我面前走过，我就知道他是不是共产党。"大家心里都暗笑不已，有个工友故意激他一下："要是共产党打进来呢？""好的，老子和他拼命。"这个老兵痞连满脸青筋都暴出来了。

　　5 月 24 日晚，炮声越来越近，"嗒嗒，啪啪"机关枪和步枪的声音也一阵阵清晰地传来，大军向市区挺进，敌人马上就要完蛋了，地下党认为动手的时机快到了。但是马路上还有匪军的装甲车在巡逻，轻举妄动就会在白区中形成一个红点，招来巨大的伤亡。同地下区委又联系不上，大伙的心里又是欢喜又是焦虑，一下子拿不定主意。

　　"等大军进城时再配合行动吧！"

　　"对，来他个里应外合，内外夹攻，叫那些丘八们一个也逃不了咱们的手心。"事情就这样决定了。工友们紧张而又兴奋地监视着十二个交警的动静，一部分人保队员继续留在大仓库里，只待一声令下就立即夺取匪军的武装。为了进一步摸清形势，老郑以工会理事长的身份，混进交警队里探消息去了。

　　"喂，你是普陀路指挥站吗？我们要请示一下，什么时候可以行动？喂……喂……怎么搞的？这鬼电话机，一点声音都没有，喂……喂……"十二个交警都围在厂长室里等命令，那个班长模样的交警急得满头大汗，电话挂了又按，按了又挂，连打五六次都没有打通，最后像疯狗那样急叫了起来："事情糟了，电话线也断了。"匪特们像泄了气的皮球那样垂下了眼皮，那副神气活现的臭威风也不知道哪里去了。"回去再说吧"，一个个夹着尾巴走了，这幕情景老郑都看得一清二楚。

　　时针指向十一点整，老郑暗暗揣想："对，普陀路指挥所和匪徒们的联系已经中断，这证明解放军已经进城了，快，先下手为强！"老郑很快就找到了孙定发、苏福兴等同志，如此这般一商议，战斗部署就确定下来了，发出了命令，黎明前的战斗开始了。

　　人民保安队员带着武器紧急集合，直奔后勤部队的住址，把仓库团团围住。至于匪军和民夫，早已被一阵紧一阵、一阵近一阵的枪声吓得面如土色、坐立不安。虽然已是深夜，却都横七竖八躺在地铺上翻来覆去，为了壮壮胆子，他们把电灯开得大亮。

　　孙定发、胡宝林走进了杨排长的房间。只见他耷拉着脑袋在那里纳闷，一时抓头，一时搔耳，脸色很难看，"怎么？身体不好吗？十一点多了还不睡？"那个老兵痞用鼻子唔了一声，"来几副沙蟹（扑克赌博），杨排长？"老孙把扑克牌弹得"嚓嚓"直响。"现在不是搞这玩意儿的时候。"尽管他爱理不理，无精打采，老孙、老胡还是东一句西一句地死缠着他，分散他的注意力。

　　那里，苏福兴正和其他十几个人保队员，故作惊慌地闯进了匪军的住房，"快，快。共军已到厂门口了，快换衣服"，一张张惊慌失措的脸，张大着嘴巴，两眼直瞪，"你们的衣服呢？快拿来我们换"。有几个手脚快的匪军赶紧把黄军装扯下，工友们也忙着把身上油腻腻的工作服换下，朝他们手里塞。"快换，快换，他们马上就要进来了"，急得那些匪军连袖筒也找不到，正在这手忙脚乱的当口儿，队员们飞起箭步，把放在墙上的几支步枪、冲锋枪夺到了手中，匪排长究竟是个老兵痞，一听隔壁有动静，就觉得情况不对，赶紧把身旁的轻机枪一拎，朝匪军们的住房冲来。不得了，步枪都在工人手里，匪军们都在换便衣，不由他气得七窍冒烟，像疯狗似的大嚷："不许动，动一动，我就枪毙他。枪栓拉得直响，匪军们都吓呆了，就在这千钧一发的时刻，两只大手像钢爪一样扼住了匪排长的双腕，孙宝法飞起右腿一个横扫，只听得"啪嗒"一声，匪排长像一摊烂泥那样摔了个仰天跤，周秋生马上趁势把机枪夺来，枪口对准了他的胸口，顽固的老兵痞也只得乖乖举起了双手，投降了。那个副官刚从睡梦中惊醒，还没摸准是个什么情况，正想拿起盒子枪往外冲时，三支步枪对准了他，"不许动，缴枪不杀"，人保人员厉声喝着。

把匪排长死死地捆紧后，地下党命令那些解除了武装的匪军们一个个排好队，在队员们的押解下，关进翻砂间去。第一场战斗就在短短几分钟内胜利结束了，勇敢机智的人民保安在地下党的领导下夺取敌人的武装。

从小到大，从无到有，加强了自己的力量！

匪军后勤排长是顺利地吃掉了，那十二个交警在干什么呢？电话不通，枪声越来越近，他们也清楚地意识到再不跑就全当俘虏了。那个班长正在平面墙上指指点点，其他已经换好便衣。交警却夹着炸药在听命令。狠毒的敌人打算在爆破工厂以后马上就溜。这些武装特务接受任务之后，就一个个拎着盒子枪、夹着炸药，向大仓库的方向走去。刚一出门就听见"不许动，缴枪不杀"的吼声，这批家伙一交换眼色，心知有变，立刻跑步前行。半路上看到十几个匪军正被工友们押进了翻砂间，不由大吃一惊，进退犹豫。"统一进翻砂间去，一个不准出来。"匪班长横字打头，壮着胆子大叫，有了武器的工人哪把这些跳梁小丑放在眼里，不容分说立即子弹上膛，端着枪就像猛虎下山那样冲了上来。匪徒们原想把工人吓退的，一见来势锐不可当，连忙拔腿就跑。工友们紧追不放，一直把他们逼进了老巢——"俱乐部"。匪徒们把房子关得死紧不放，趴在地下，钻进床底，躲在桌子后面，把枪口对准房外负隅顽抗。

"出来，再不出来，我们要开枪了。"

"不许进来，进来我们就开枪。"

战局成相持顶牛的局面。工友们把俱乐部围得水泄不通，有的人民保安队员就说："怕什么，冲进去！对，一开枪他们就保险投降。"

"不，不能开枪"，地下党制止了少数人的冲动，因为外边还有敌人的装甲车在巡逻，如果里面枪声一响，装甲车就必然会向厂里开炮乱轰，这将会使工厂遭到不必要的损失。老郑和老孙、小苏等人商量之后决定：不准这股匪徒们乱动，等解放军到齐后一起解决。

工友们紧张地戒备着，时针走得多慢呀，在这一触即开的战斗前夕，大家的心里多么盼望自己的亲人和救星——人民解放军快来啊！

经过一阵激烈的互射之后，马路上的枪声越来越稀了，装甲车的"轧轧"声也没有了。东方渐渐吐露了鱼肚色的光泽，小张跑得喘不过气来，带给大家一个好消息："对面的普陀分局已经扯白旗了。"这下可好了，大伙抢着把小张抱在怀里，心里说不出的兴奋与激动。"对，解放军肯定已经进城了，我去迎接大军吧！"老郑高兴地走出了门，沿着江宁路折向长寿路。走不多时，见到墙上贴着一张又大又神气的布告，凑上前去一看，密密麻麻的小字虽然不清楚，但却看见了自己目前在心里思念着的光荣而伟大的领袖——毛泽东、朱德的大名来了。毛主席的大军终于把翻身的好日子带给咱们工人了。老郑忍不住热泪盈眶，"快把大军找来"，老郑脚步一紧，朝那正在打电话的一个军人走去："同志，你们是人民解放军吗？"

"是的，老乡你有什么事吗？"

"我是二机的工人，想找你们首长。"

"我是营长，和我谈吧！"说着热情地把老郑的手紧紧握住了。老郑把情况细细地告诉了营长，营长不住地点头，末了便抽出盒子枪，对旁边一个同志说："警卫员，跟我走。"

进厂后，营长把俱乐部周围一察看，就毫不介意举着盒子枪高喊："出来，出来，赶快站好，解放军优待俘虏。"那些武装匪徒一看解放军来了，吓得失魂落魄，一个个乖乖地举起了手，龟缩着脖子走了出来。十二个交警就在解放军的强大威势下顺利地缴械投降了。

解放军抓俘虏的消息传遍了全厂，工人们都蜂拥了过来。亲切的笑容，热情地握手，人们情不自禁地敞开喉咙高呼："中国人民解放军万岁，中国共产党万岁，毛主席万岁！"多少年来一直被三大敌人压得喘不过气、抬不起头来的工人阶级，今天终于成了国家的主人，翻身的喜悦冲掉了工友们的满脸愁容，大家都兴高采烈。吴老头喃喃自语："朝也盼，晚也盼，盼了几十年，今天终于盼到了！"营长一面慰问大家："同志们，你们辛苦了！"一面嘱咐说："我们是解放军的先遣部队，还要继续前进。外面情况还很混乱，大家要更加小心地保护工厂，像爱护自己的眼珠子一样爱护人民的财产。"说罢敬了一个军礼走了。工友们把营长送出厂门，望着他的背影，不住地"啧啧"称赞。

东方升起了太阳，万道彩霞把天空织成一幅美丽的锦缎，曙光普照这大地，黑暗终于过去了。饥寒交迫、受尽苦难的工人兄弟，在光荣的中国共产党的正确领导下，对敌人展开了英勇不屈的斗争，粉碎了破坏阴谋，完整保存了工厂，用护厂斗争的胜利迎接解放。笑脸代替了苦脸，欢乐代替了悲伤，工人阶级无穷的智慧必将放射灿烂的光芒！欢呼胜利，欢呼解放，新的国营二机诞生了，像初升的太阳，这是 1949 年 5 月 25 日，上海解放后的第一个黎明。

第四章　国民经济的恢复和改造时期

第一节　欢欣鼓舞庆解放，工人翻身做主人

平地一声霹雳响，红旗升起放光芒；
工人翻身做主人，欢欣鼓舞庆解放。

1949 年 5 月 25 日，继南京、太原、武汉、西安等各大城市解放之后，中国人民解放军又用他的常胜之手揭开了大上海的解放之幕。28 日，上海全部解放了。从此，中国经济和产业集中的都市，内外贸易的吞吐港，帝国主义官僚资本主义和封建的窝巢，中国工人阶级的中心——上海，回到了人民的怀抱，成了人民的上海。上海人民沉浸在一片欢乐声中。受尽了三大迫害的上海工人更是兴奋激动，大家都有这么一句心里话："可盼出头了，我们的日子到来了！"

雄赳赳、气昂昂的中国人民解放军在红旗飘扬、锣鼓喧天、彩花满城、热烈欢迎的气氛中进城了。此时，×营营部和一个通讯排奉命入驻我们工厂，以便配合工人，保护二机。很凑巧，驻厂的史营长就是曾经帮助我厂工人武装缴下在厂的武装特务和伪军武装的那位同志。因此，大家对他特别感到亲切。这支部队直到 1950 年的下半年才离厂，与工人建立了深厚的友谊。

在上海完全解放的当天，我们厂的工人立即以主人翁的姿态、欢欣鼓舞的心情开工生产了。

5 月 30 日，上海市财经接管委员会轻工业处军代表孙友余、钟衍等同志在全厂工人的热烈欢迎下来厂接管。当天，大家在大饭厅里开了一个大会，在会上，孙友余同志宣布了军管会的命令：一切官僚资本的企业收归国有，属于人民，并做了简短有力的报告，说明了接管的意义。孙友余同志朴实的

作风和和蔼可亲的态度，给大家留下了一个很好的印象，他讲话时有"啥过"的口头语，因此工人们常常亲切地称他为"我们的'啥过'代表"。直到现在，只要一提起接管，工人们就能立即亲切地回忆起"啥过"代表来。孙友余同志发言以后，当时还担任着厂长的朱洪健也上台讲话，讲话中，他还说什么"中华民国"。工人们听了火极了，大家立即把他嘘下台来。"现在解放了，还讲什么中华民国"。从此二机从官僚资本家的手中回到了人民的手中，工人不再是奴隶了，而是工厂的主人了。从此，人民的二机在它的历史上，以壮阔的步伐，走上了一个新的台阶。

6月8日，我们厂的临时职工代表会宣布成立。会上选出了郑世昌、孙定发等六人组成了常务委员会。下面又设立了组织、生产、文教、福利、总务五科。"临代会"成立，它不但在群众与军管会之间起了很好的桥梁作用，而且在组织群众以及总务、生产和清点、文教、福利等方面，都做了不少工作。因此"临代会"的成立也标志着工人参加管理的开始。

庆祝上海解放的"七七"大游行时，我们厂工人都以火热的心情在"临代会"的组织下参加了这一个伟大的节日游行。我们厂还有191个工人参加了西区的总纠察（占全市工人的一半）。当天，虽然下着倾盆大雨，把大家淋成落汤鸡，然而暴雨倾泻不掉工人们的欢庆热情，大家都精神百倍地度过了这次从未度过的快乐节日。

军管会接管二机后，就指示工人要当家做主，必须清点家财。于是全厂职工推选潘镛声、陆法荣、成宝生和陈福根等二十二个同志组成了清点委员会，下面设立了研究组、资产一组、资产二组、档案组、福利组以及会计组，共六个小组，还抽调了126个人参加了清点工作。

由于工厂成了人们的财产，工人们成了工厂的主人。所以全厂工人早已有了这个心愿：要把我们的产业清点个一清二楚，因此，清点工作虽然在三伏天大热的情况下进行，但是工人们的干劲还是热火朝天。清点工作来不及，军代表李国富同志就亲自带头，不怕苦，不怕累，这给大家很大的鼓励。另外，驻厂的解放军同志也热烈地投入搬运工作，大干了三天，帮助清点工作的完成。清点中，老师傅们都把过去几乎是私有的工具箱打开，提交清点。大家都这样说："我对家中的东西也没有这样仔细认真地盘算过。"参加清点的同志都是积极负责，细致认真，不怕麻烦，早到晚归，有的带病工作，有的连续工作几十小时，潘镛声同志清点时虽然病了好几天但仍坚持工作，陆法荣同志冒着大暑烈日，一日之间来往沪东、沪西好几次，不嫌辛苦地把工具查得很清楚，并从废料堆中清理出有用的机件几十件。

在全厂职工的努力下，清点工作从7月13日起到8月10日胜利完成了。

此次清点不仅查清了家财，而且大大提高了工人的主人翁思想，培养了大批的积极分子，提高了他们的工作信心和勇气。同时，工人在清点中了解了管理的全貌，也发现了厂务中存在着的许多重大问题，诸如缺乏检查制度，以致整批的成品报废；诸如生产盲目，毫无计划，以致成品积压，无法售出；诸如生产脱节，以及资产费用不入账，以致无法核算真实的成本等。因此，这次的清点，为今后工人参加工厂管理和根本改变旧有腐败的一套管理制度打下了良好的基础。

在为时二十五天、艰巨的清点工作中，不但涌现出大批的积极分子，而且产生了不少的人民功臣，为了表彰功臣，为了向功臣学习，为了向功臣看齐，中纺一、二、三粮，三个机械厂于 9 月 21 日在大光明大戏院开了个护厂清点联合庆功大会。

大光明是个富丽堂皇、资产阶级的娱乐场所。新中国成立前凡是服装不整齐的都不能进去，只招待那些衣冠楚楚、西装革履、大腹便便、脑满肥肠、花枝招展、妖形怪气的官僚资产阶级、洋人买办、太太小姐和所谓"名流学者"之类的寄生虫。工人虽然千百次地经过大光明，但是除了看看那些排场外，是没有资格进入内部的。这次庆功会，一、二、三机的全体职工都参加了，职工一千多人。当工人们听到在大光明开庆功会时，顿时人心振奋，对自己的政治地位是新中国的主人体会得更为深刻。这天，大家都高高兴兴地像节日一样地去参加了这次大会。台上挂着毛主席和朱总司令的巨像，两边红旗招展，四周的墙头上贴着红绿标语，会场布置得朴素庄严。工人同志们高兴极了，大家都这样想：过去大光明只有有钞票的人才能进来，现在我们做了一点小事，就发了请帖请我们来，还给我们的功臣以光荣的称号。

"庆功感言"上潘镛声一番话写得好："大光明"三字是大家很熟悉的，从前是所谓士绅阶级外明内暗的"光明"，今天则代之以满目红光，工人阶级济济一堂，真正地大放光明了。

庆功会开了半天，会上宣布了由大家选出的功臣名单，并发放了奖品，全厂掌声雷动，盛况空前。

我们厂的功臣当时有二机的护厂功臣：郑世昌、苏福生、周秋生、孙定发等七十三人，清点功臣：潘镛声、陆法荣、周坤大等七十三人，以及三机的护厂功臣徐东新等六十三人，清点功臣张永才、庄小盘等八十六人。

这次二、三机共选出了护厂清点功臣二百九十五人，占二、三机全部人数的百分之三十五。大批积极分子的涌现，是党的群众路线的胜利，是工人不断提高觉悟的结果。

新中国成立后不久，厂内虽然开除了吃"俸禄"的沪西流氓头子吕海山和冒名接收的"地头蛇"何煊成、三机的特务恶霸崔家麟，但是还有个别的工人败类、反革命分子仇视革命，趁机捣乱。"临代会"成立不久，由于工作忙一时疏忽，误了当时的配给米而在大会上做了检讨时，反革命分子史济定（乃是1951年揭发出来的以王阿大为首的反革命集团骨干之一）等就乘机在台下轰起来，大声叫嚷，企图煽起群众的不满，以达到他们破坏的目的。然而，已经觉悟了的工人同志们立即起来反对他们这种破坏行为。有的老工人气愤地责问他们："你们想干什么？"结果他们的阴谋破坏了，暴露了他们的反动面目。此后，我们厂的工人就提高了警惕，大家都知道隐藏的敌人还存在，他们时时刻刻地伺机而动，阶级斗争改变了过去的形式而继续着。

在清理、整顿等各方面工作获得初步胜利的基础上，我们厂为了进一步的加强领导，在1949年的下半年，厂里的地下党支部和来接管的党支部合并组成了一个支部。此后，又健全了行政机构，精简了冗员，清除了贪污分子，端正了科室（由公务、总务、业务、会计、人事五科合并成立了公务、总务、会计三科），并建立了检查和报废制度，逐步改变了新中国成立以前产品质量差、价格高、交货脱期等情形，初步树立起了二机的信誉。从此，反动派称为"盲肠"的二机，一旦成为人民的财产，工人成为工厂的主人后，就为国家源源不断地创造出大量财富。

党对工人同志的政治思想教育，也做了一系列的工作，举办了以工协为主要对象的三十人短期脱产政治训练班，学习内容主要是《党章》同《目前的形势和我们的任务》。之后又举办了个人业余新知识讲座，讲解新民主主义。另外，还有定时的政治学习时间，学习时事政策。通过这一系列的教育，工人的政治觉悟迅速提高，在保卫世界和平和庆祝人民政协会议暨中央人民政府成立的示威大游行时，我们厂工人不但积极地把工厂打扮得万紫千红，并提出了"你扎灯来我加班，游行生产两不误"的口号。大家喜气洋洋，专刊、快报、标语、祝联等贴满了墙壁，四处传播着歌声、笑声，与义务加班的机器声和谐地合奏着。大门口扎着一个大彩门，两旁挂着"旧中国灭亡了，新中国已诞生"的大红对联，真是有声有色，好一个节日风光。

这次游行充分表达出了我们工人阶级保卫和平的意志和力量，以及庆祝解放的欢乐心情。

紧接着示威大游行后不久，我们工人渴望已久的、工人自己的组织开始成立了。11月18日，全厂职工选出了工筹会员三十人，组成了工会筹备会，郑世昌为工会筹备会主任。工筹会设立了组织、文娱、宣传三科，并立即展开了成立工会的广泛宣传，经过一个星期的酝酿，开始了接受申请入会的登记工作。登记开始后的第二天，申请入会的就有378人，占全厂职工的99%，为了解决工筹会的文娱活动基金问题，工人们还发动了一次两小时的义务加班，加班的人数有三百多人，占全厂职工人数的四分之三强，可见我们厂的工人对工筹会是多么爱戴。经过了一个多月的筹备，上海五金工会中纺二机分会在 12 月 22 日和我们厂的团总支一起开了成立大会，在党领导下的工人自己的工会成立了。

全厂的青老年工人同志为了表达自己的心意，大家商量要用实际行动来庆贺这双重喜事。于是在一个星期天，一百多个职工清早就到厂里来，把过去的米仓库打扫得干干净净，开阔成为一个新的锭子工场，作为向工会和团总支成立大会的献礼。驻在我们厂的解放军也热烈地参加了这次义务劳动。

从此，我们厂在党的英明领导下，以它壮阔的步伐迈向一个新的时期。

第二节　抗美援朝与"镇反"运动

1950 年 6 月，美帝国主义悍然不顾全世界爱好和平人民的反对，发动了侵略朝鲜的战争，同时又强占了我国的领土台湾。美帝国主义这种破坏和平、侵略我国的滔天罪行，立刻烧起了我们厂的反抗怒火。

党委负责同志及时地向工人作了报告，举行了讲座，讲解朝鲜战争的发展形势，揭露了美帝国主义的侵略阴谋。厂内、车间里的墙壁上也贴满了美帝国主义侵略罪行的漫画、口号和标语。工人们也到处议论纷纷，大家都要求控诉帝国主义的侵略暴行。

一天下午，控诉帝国主义侵华暴行的大会开始了，主席的话还未讲完，要求控诉的工人却举起了手，大家都恨不得第一个跑上台去控告美帝国主义的罪恶，受尽痛苦的老年人、年轻的小伙子，一个个用他们悲愤的声调控诉着：

"兄弟们，你们还记得，在反动派时代，美国的吉普车在马路上横冲直撞，不知道轧死了多少中国人，每个人到处酗酒闹事，不知道奸污了我们多少妇女姐妹，今天，就在新中国成立刚满一年的今天，美国强盗又想卷土重来……""不能"，工人们大声回答，"对，不能，我们要反抗，我们一定要斩断美国强盗的侵略魔爪！"

工友们愤怒的呼喊声还没平息下来，年近半百的老工人陆启泉上台了，还未开口，他那布满皱纹的面庞上已滚起了莹莹的泪珠，他停顿了一下："工人兄弟们，我到死也不会忘记这件事，这笔比海还要深的血债。在 1942 年的时候，我在上海做工。那时，日子真难挨，生活重，工钱少，户口米经常买不上。我一家四口人实在过不下去了，只好把老婆和孩子一起送回宁波乡下去。哪晓得，就在我把他们送走的当天，意外的灾祸发生了：他们的木船刚刚开出吴淞口，日本鬼子的兵舰开来了，直向木船撞去。小木船……小木船被撞破了，慢慢地沉向水底，船上的十多个人一个也没有活命。我的老婆、我的孩子就这样地死去了，到后来连他们的尸体都没有找到。回想起这件事，我真恨不得亲口咬下东洋鬼子的两块肉才痛快。现在美国强盗竟想学东洋鬼的样，梦想来奴役我们，我要反对，我要第一个和他们拼！"

陆启泉师傅的血泪控诉，立即抓住了每个工人的心，年老的工人忍不住流出了愤怒的眼泪。

"替陆启泉师傅报仇！""坚决不准美国强盗走东洋鬼子的老路！"台下的人，抑制不住心头的怒火，春雷般地喊了起来。

会散了，工友们都带着一颗沉重激愤的心情离开了会场。

此外，罗拉工场青年车工周秋生总是激动得怎么也安不下心来。美国鬼子的吉普车，被撞翻的小木船，总是在他的眼前翻来覆去。"参军去，到前线去！狠狠地打击美国狼！"这个想法开始在他的思想中活跃起来了。

他暗自想着：凭着我的射击本领，就是不到部队里去训练，也足足可以打死他个美国狼。但是，当他一想到自己是独生子，母亲是否会答应的时候，他又犹豫了，他不由得想起去年参加西南服务社团的情况来。"那时候也是自己报了名，结果还不是被母亲一把眼泪、一把鼻涕地哭闹着拖了回来，这一次，我又想去，能走得掉吗？

"走，一定要去，我必须事先打通妈妈的思想"，最后，他终于决定了。

一天下班回到家，小周就跟妈妈说起来了。起初，妈妈怎么也不肯答应，他苦闷极了。但是，他并没有灰心，对敌人的强烈仇恨使他坚持了对妈妈的说服工作，一次、二次、三次，妈妈终于答应了。

控诉会开后没几天，军委会、政务院关于招收青年学生、青年工人参加各种军事干部学校的联合决定在《解放日报》上公布了。于是我们厂里的一些小伙子们更是兴奋得几乎跳了起来。

车间里、文工团里、宿舍里、饭厅里，整天在谈论着参军、参干。青工周杏江，在旧社会里，食指给机器轧断了，但他要求参军的劲头可真大，如果别人说他条件不够，他就会急忙竖起自己的中指指向你反驳："这是什么？没有食指算个啥！我可以用中指打死美国狼。"工人们真是越谈越有劲，越谈人越多，恨不得马上飞到前线去！

没几天，厂里召开了参军、参干的动员大会。宽敞明亮的大饭厅布置得像节日一样。会场的门口贴上了"抗美援朝，保家卫国"的大红对联。会场的四周也贴满了红绿标语：青年小伙子们一遍又一遍地高唱着"当祖国需要的时候，我们马上拿起枪，跨上鸭绿江，卫国保家乡……"和别的抗美援朝歌曲。

在经久不息的热烈掌声中，大会开始了。军事代表李国符同志代表党委做了动员报告。他十分激动地说："美国强盗的狼子野心越来越明显地暴露了，我们绝对不能容忍侵略者闯进美丽的东方花园，我们更不能听任英勇的兄弟邻邦受狼虎的吞噬而坐视不救。我们必须全面动员起来，抗美援朝，保家卫国……

李国符同志的简短有力的动员，使得原先已有思想准备的小伙子们受到了进一步的鼓舞，报名参军、参干的热潮在厂里掀了起来。就有十一个人首先报了名，周秋生也欢天喜地报了名。这时，他是多么高兴啊！当他被工友们簇拥了起来，绕厂一周的时候，他乐得心花都开了。随着动员工作的深入开展，报名的人数一天天多起来了，也出现了不少动人的事迹，共产党员、老年工人舒生城说服老妻，送子参军，更是成为全厂传颂的佳话。他深明大义的爱国主义行动，得到全厂工人的赞扬。

1月13日，体格检查的日子到了。清晨，这十一名小伙子被人们打扮得格外雄伟。四人一排，红花红榜，前呼后拥到报名处。老工人舒生城手捧致敬榜走在前头，报名的儿子舒慈惠走在后头。厂里的锣鼓队、军乐队全部出动，四五个工友抢着打一个大洋鼓，七手八脚敲得咚咚响，爆竹声、吹打声更是响彻了全厂。参军的小伙子们乐得个个合不拢嘴。同时，大家也在焦急地等待着最后的审查。周秋生的眼睛本来就有毛病，这时他生怕选不上而显得特别紧张起来。离开体格检查还有几分钟，他趁医生还没有来，偷偷地背着标准视力表上的符号，他想无论怎样说也不能给退了回来。"不做飞机师，也要当个坦克手。"检查结果，只有二十八人合格通过，周秋生因为耳膜内凹也给退了回来。他们懊丧透了。但是党的教育使他们立即采取了正确的态度，不能到前方去，就听党的话，搞好后方工作支援前线，这也是留厂的每一个人的志愿。

参军运动一结束，厂里马上掀起了增产、捐献的支前高潮，每个车间、小组直到个人都修订了爱国公约。全厂工人热情捐送了136，414，880元。

我们厂在抗美援朝取得胜利的基础上，党委及时地提出了"坚决镇压一切反革命分子，安定后方，支援前线的战斗口号"。此时，全厂的工人在党的不断教育下，已经深深地懂得了保卫我们已经取得的胜利果实，巩固我们自己的政权，就绝对不能容忍反革命分子的破坏。对于反革命分子的破坏活动，必须予以坚决的镇压。因此，大家在党的领导下，带着高涨的爱国主义热情，对敌人的深刻仇恨，又积极地投入了这场新的战斗。

这里，让我们回顾一下镇反运动开展以前厂里的情况吧。那时的情况是比较复杂的。1950 年 5 月，二、三机合并了。由于没有正确的领导，因此厂里的秩序比较忙乱。于是，反革命分子就乘这个机会，进行了他们的破坏活动。当全厂工人和上海人民一起积极进行反轰炸、反封锁斗争的时候，反革命分子、京沪杭反共救国军淞沪突击队队员王权岳，就公开地进行反对工人自动献出工资的百分之一作为个人失业救济金的罪恶活动。他竟无法无天指着工会主席的鼻子谩骂："这些钱还不是上你们的腰包"，还煽动落后工人退出工会。反革命分子姚仁德竟猖狂地在领导同志作报告时高喊："不要讲废话，赶快增加工资。"当抗美援朝参军、参干形成热潮的时候，他更恶毒地破坏说："别去，别当炮灰去。"反革命分子也梦想从生产上来破坏我们。保金车间反革命分子夏忠孝故意破坏了民主德国出品的铣床一部，损失价值达十多亿（旧币）元。一金车间在 1950 年 12 月一个月中发生生产事故多到四十几起，其中不明事故就将近十起。反革命分子的这些破坏活动，绝不可能影响我们的事业，这只是他们的垂死挣扎，只能使他们更快地走向灭亡。受尽了苦难的工人们对这些反动渣滓的罪行感到万分痛恨，在工人们的一致要求下，政府逮捕了破坏生产的现行反革命分子夏忠孝。此后，工人们就更加警惕地监视着其他反革命分子的行动，要求政府早些把这批魔鬼揪出来。厂党委提出了"坚决镇压一切反革命分子，支援前线"的口号，正反映了工友们的要求，因此，立即得到了全厂职工的拥护。职工们的保证书、决心书、支持信件一张一张像雪片似的飞到党委办公室来。

镇压反革命分子的工作正式开始了。

经过群众的揭发，领导的认真详细的调查核实，厂内首先逮捕了反革命分子王廷芳。王廷芳是一个一贯敌视革命、破坏工运的特务分子。他曾经担任过汪上海政治保卫局浦东分局的股长。抗战胜利以后，又担任淞沪警备司令的稽查员，新中国成立前夕，接受第四稽查大队的委派，深入我们厂收集工运情报。他开过黑名单，诬害过进步工人。新中国成立以后，不思悔改，曾在我们厂的秘书科潜伏下来，并且阴险地装出一副老实相，企图麻痹人们，以便进行更大的破坏。确实也有个别思想麻痹的职工被他迷惑，叫他声"老实人"。然而羊皮终究包不住他的原形，这个双手沾满鲜血的反革命分子终于落网了。这件事对全厂职工是一个多么深刻的阶级斗争的教育啊！当军代表李国符同志严肃地宣布他的罪行时，大家的仇恨更强烈了，斗志更高了。技术科的两个女同志说："过去我们和特务在一起工作还不知道，这多危险啊！党太正确了，我们要听党的话，积极地投入运动。"

一金车间青年团员方东明，自从厂里开展镇压工作以来，他就积极地行动起来，逮捕王廷芳的事，更提高了他的立场，他暗自思忖："一金车间不是老出原因不明的生产事故吗？这是什么道理呢？是这些人粗心大意吗？是这些人的技术不熟练吗？""不，绝对不会。要不，为什么出事故的老是那些人呢？嗯，王阿大、邹根清、王家齐⋯⋯这里面一定有鬼。"他越想越警惕起来。前些日子不是经常看到王阿大、王家齐这帮家伙在一起鬼鬼祟祟地谈论吗？有一次，不是明明听到王阿大通知王家齐上他家去开会吗？他们这些人开什么会呢？这些问题一起在他的思想里涌现出来了。

"去，不能麻痹！向保卫科报告去"，科长何祥根、副科长周坤大热情地接见了这个年轻的小伙子，他一口气地把他的这些想法说了出来。

"嗯！镇反嘛，是一场尖锐的对敌斗争，就应该随时提高警惕，东明同志，你做得很对。"二位科长不约而同地对这个年轻小伙子的警惕性和有条理的分析，表示赞许。然而怎么办呢？二位科长满意地看了看站在自己面前的小伙子以后，马上就思索起来："立即把王阿大逮捕起来进行审讯吗？这样做，毫无困难，问题就会水落石出。但是目前的线索只有这些，万一搞错了，怎么办呢？"这时，上级党委指示，仿佛又在他们的耳边飘荡起来："镇反工作是一项十分细微的工作，对情况必须仔细分析，在决定措施的时候要慎重，我们党总的方针是对一切反革命分子必须进行无情的镇压，但是，对于任何一个好人都应坚决加以保护。"

上级党的指示，给他们指出了方向："麻痹他们，并设法通过他打入他们的组织，了解他们的全部情况，再来一个一网打尽。"就把这个任务交给了方东明。

从此以后，人们在车间里看到小方和王家齐比以前更加亲热了。但是狡猾的反革命分子王阿大却显得格外不安起来了。王阿大一看苗头不对，就想布下杀人灭口的罪恶毒计。他指使集团中的"骨干"分子倪文奎向王家齐说："明天一早你到中山公园后面铁道附近去，我们有事商量。"

"奇怪，以前开会都在王阿大的家里，明天为什么要换到那空无人的地方去呢？为什么又在一大早呢？"王家齐听了以后害怕起来。他告诉了小方，小方立刻向保卫科报告。经过反复的政策教育，王家齐开始坦白交代了他们的罪行，保卫科已经了解的非常清楚，立即逮捕首犯王阿大的时机已经成熟了。保卫科在请示党委以后，立即把他拘留起来，并开始了审讯。

"王阿大，你已被拘留了，放老实点，向人们坦白你们的罪行吧！"保卫科科长老何严肃地对他说。

"我犯了什么法？要拘留我，我是一个老工人，郑世昌、孙定发哪一个不了解我，我什么组织也没参加，我要是犯了什么罪，我可以拿头来保证。"险恶的魔鬼还想逃出人民的巨掌，王阿大边说边耍起无赖来，又哭又喊，像个死猪似的赖在保卫科的楼板上。

胸有成竹的何祥根同志看了看这条奸险的狐狸，又好气又好笑，用着命令的口吻说："犯了什么法，你自己知道，快，爬起来！别再装糊弄了，我们党向来是按照政策办事的，快坦白吧！"

王阿大一见苗头不对，再也不敢装疯卖傻了，吞吞吐吐地开始承认。为了彻底地搞清楚案情，保卫科立即把他转给上海市公安局普陀分局处理。经过秘密审讯，他不得不结结巴巴地交代了他们的全部罪行。

"青年反共救国军"——这个罪恶的反革命集团，被彻底破坏了，坦白交代的王家齐受到了国家和人民的宽大处理。坚持与人民为敌的王阿大依法判处了无期徒刑，其他参加反革命集团的人也分别受到了应有的惩罚。

职工群众再一次受到了活生生的教育，斗志更加高昂，大家纷纷写信检举书、感谢信。在群众的协助下，京沪杭反共救国军淞沪突击队、国名党党员、通讯局江防行动队等反革命集团均先后破获，敌视革命的反动家伙得到了应有的下场，职工们无不拍手称快。

镇反高潮结束了，厂党委为了彻底了解全厂职工的情况，纯洁工人阶级队伍，增强个人阶级之间的团结，在划清阶级界限，群众觉悟大大提高的基础上开展了民主政改运动。经过反复深入的教育，通过回忆、诉苦、坦白检举、忠诚老实、填写附卡、民主团结教育等一系列工作后，厂里的面貌发生了巨大的变化。过去因为职业或受哄骗被迫参加反动组织的人，都向组织上进行了交代，回到工人阶级队伍中来了，并决心搞好生产，报答党的宽大和关怀。生产工人忻林忠激动地说："把话说清楚了，内心轻松了许多，跟党的关系也格外亲密了，我今后一定搞好生产，坚决听党的话。"工人之间，也在小组内对各种不团结的思想和现象开展了批评，全厂顿时形成批评的风气，职工中普遍树立了人民工厂内部职工不分家，才能搞好生产的认识。此时全厂团结的风气非常浓厚。职员普遍纠正了怕同工人接近会"触霉头"的思想，积极分子和群众的关系也有了改善。职员李传禄、徐尉平私下反映说："我过去也想和他们（指积极分子）接近，可是总没有勇气，今后一定要改变。"总之，民主改造运动使厂内出现了"人人心情舒畅，个个亲似兄弟"的大团结的局面。工人们的劳动热情也如大江之水汹涌澎湃地奔腾起来了。

第三节　打退资产阶级的猖狂进攻

　　紧接着民主团结运动的胜利结束，从1951年1月底到5月，我们厂里开展了轰轰烈烈的"三反"运动，主要是反贪污斗争。这个斗争不仅教育了全厂职工和干部，而且对企业改革，改善工厂管理，使生产顺利地发展都起了重大的作用。

　　贪污分子对工厂的危害是巨大的，他们与不法资本家勾结一起，处心积虑地盗窃工厂资财，来过他们荒淫无耻的生活。新中国成立以来，我们厂与私营工厂的四百二十三亿元的交易中，就获暴利十二亿多元。

　　所以当党中央和毛主席向全国人民发出了反对贪污腐化、反对铺张浪费、反对官僚主义的战斗口号时，我们厂的广大工人个个摩拳擦掌，议论纷纷，要与贪污分子大干一场。如有的工人说："贪污分子像一条癞皮狗，把我们生产出来的东西一口吃掉了。"有的工人说："我们辛辛苦苦地干，钞票却给他们贪污去了。"

　　1951年1月29日，我们厂党委在上级党委的领导下迅速地开展了"三反"运动，党委订了纪律："只准提意见，不准回口"，从而使得党内民主得到了充分发扬，广大群众对领导与个别党员脱离群众的官僚主义作风进行了严厉的批评。2月26日，市五金厂工作委员会召开的党员大会上，旗开得胜地揭发了我厂采购组副组长、候补党员夏文锡的贪污罪行。大会后做出了决定："夏文锡流氓出身，拒不坦白，并组织攻守同盟，破坏'三反'。决定予以开除党籍，并建议扣押反省。"这次大会对我们厂的全体党员和广大工人群众的教育很大，工人们普遍反映："共产党真是大公无私。"之后，厂里召开了二届一次职工代表大会，会上正式成立了"三反"战斗司令部——增产节约委员会，由党委书记周健同志亲自担任主任委员。职工代表对委员会的候选人都慎重地进行了审查，保证了司令部内部的纯洁。在委员会的领导下又成立了工具科、材料科、业务科、总务科等十个检查小组。从此，我们厂的"三反"运动健康地向一个新的高潮推进了。

　　全厂的第一次坦白检举大会在2月27日召开了。这天，全厂工人情绪激昂，谁都不愿意离开工厂，决心给贪污分子来个迎头痛击。大会上广大群众都以愤怒的心情，争先恐后地揭露了那些贪污分子的卑鄙嘴脸。工人们检举了工具科大贪污犯周继美与永大祥五金号老板勾结，利用职权，大量盗窃贵重生产工具金刚刀、分厘卡等。盗出去放在永大祥材账一下，再开一张发票，又以高价买进厂里来了，结果物回原厂，但周继美却从中贪污了大量账款。其贪污方式更是无孔不钻。一天，一个工人拿了一张领单向他领十把刀子，而他说只有两把，工人无可奈何只好领了两把再说。哪知道，等工人一走，把戏就演出来了，周继美大模大样地在领单上写了个十把字样。这样，八把刀子就顺利地塞进了他的腰包。周继美贪污了大量的国家物资，就过起他的荒淫无耻的生活来了。他经常请些资本家大吃大喝权且不提，就拿他的照相来讲，外国的上等胶卷还不在他的眼下，非得用价值八十万元左右一卷的、由香港进口的美国五彩片不可。当工人们听到这些罪行后，愤怒的心情真是难以形容。有的工人说："他妈的，咱们没有工具用，用脑筋、想办法，他却把工具贪污去。"也有个人说："大贪污犯陈桂祥一贯是个贪污王，是压在我们头上的板门神，新中国成立以后还留用他，心里不服气，这次把他打倒了，心里出了一口气。"会上群众一致高呼，要求法办他们。经过群众的揭发与要求，当场宣布了十八个人留厂反省，会场顿时掌声雷动，欢呼首战获捷，真是大快人心。

为了更好地击退资产阶级的猖狂进攻，活捉老虎，党委决定兵分二路，从各个车间抽调了八十八位职工全力奔走打虎战场。此时，全厂沸腾起来了，平静的生活改变了它原有的面貌，机器的马达声、打虎的怒吼声交织在一起，汇成了一股洪流，日夜不停地奔腾着，以它巨大的力量冲击着资产阶级的猖狂进攻，推动着生产的不断高涨。兵分二路的工人们纷纷相互保证：决心响应党的号召，打虎生产两不误。

一次更大的战斗开始了。

3月4日，沪西十二个国营厂联合召开了第一次坦白检举大会，到会的有四千多人。我们厂厂长李国符同志愤怒地控诉了我们厂的总务科科长杨安石的罪行："他不但与私商勾结，盗卖标底，盗卖国家财产，并在运动中丝毫不坦白，压制检举，阻止别人坦白。"顿时全场群众怒不可遏，立刻喊出了"抓起来，严办"的愤怒声。大会主席经过研究决定将杨安石撤职，送政府法办，并向其他贪污分子提出警告："面前已清楚地摆着两条路，贪污分子何去何从，迅速考察决定！"在打虎英雄们的猛烈围剿下，当场就有十四个贪污分子要求坦白。我们厂工人把业务科的大贪污分子陈桂祥拥上了台，要他坦白认罪，此时，全厂的火力是越攻越猛，英雄们的情绪是越战越狂，而一小撮的贪污分子像吓破了胆，落了魂似的低着头、哭丧着脸站在那里，一动也不敢动，再也不敢张牙舞爪地摆威风了。

此后，向贪污分子的全面进攻在我们厂开始了。打虎英雄们个个不辞劳苦、不怕困难、满怀信心地乘胜追击。材料科的贪污分子开始不认账，以为工人文化低，好欺侮，把一大堆的原账本丢在工人面前，强硬地说："你们去查好了，查出来我们愿受法律制裁！"可是背后贪污分子董全法却在大搞其鬼，将所有的重要单据乱丢乱藏。这一切也确实给我们的工作增加了不少困难。但是所有的战斗员们在党的启发与鼓励下，发挥了无穷的智慧，付出了很大的干劲，结果获得了巨大的胜利，查出了许多问题。这里，我们拿出一个看看，即可明了其大概：贪污分子们将一批破乱不堪、不能用的无缝钢次货以一亿多元的价格塞进了我们二机，使我们损失了九千三百多万元，在铁的事实面前，贪污分子们不得不逐渐低下头来认罪了。

贪污分子罪行的不断揭发，激起了群众的更加愤怒，于是群众的检举也越来越多了。工人们检举了业务科成品库的彭正荣，经常将库内价值三亿元的许多产品零件盗出去当废料卖，从中获利七千余万元。

在党的领导下，工人同志们的坚强战斗下，经过了慎重细致的审查与深入调查研究，终于全厂七大战场全面开花。战斗结果，捕获了十二只老虎与查出了四十七个贪污分子，他们的贪污总数竟达四亿九千六百三十三万四千五百元之巨。至此，资产阶级的猖狂进攻彻底破产了。

伟大的"三反"运动不仅打退了资产阶级的猖狂进攻，挽救了一些失足干部，而且大大提高了全厂职工的思想觉悟，使职工们进一步地划清了无产阶级思想与资产阶级思想的界限，特别使工人感动的是，党对贪污分子的处理是不分党员和群众，不分新老高低的。老工人陆启泉说得好："我活了几十年，只有看到共产党才能这样地反贪污。"

"三反"运动也锻炼、提高了一批工人积极分子。此时党为了更好地领导好生产，扩大企业管理的群众基础，决定大量提拔优秀工人到领导岗位上来。全厂职工像迎接大喜事似的欢迎着这一决定。经过了四天的热烈讨论，大家热忱推荐了一百多名工人骨干，经过了党委的慎重考虑，提拔了全国著名的劳动模范陆阿狗等三十一人担任副厂长、正副科长、正副车间主任等重要职务，此处还提拔了二十九人为一般行政干部，七十三人为工会干部，三十二人担任团的干部。当劳模陆阿狗提升副厂长时，工人们喜气洋洋，敲锣打鼓，工人普遍反映："眼下我们真正当家做主了。"从此全厂气象顿时一新，党内党外、科室车间团结互助，很多职工要求参加党团组织，党委、团委经过了慎重的调查，批准了六十三位同志光荣地参加了中国共产党，九十三人参加了青年团。从此党团组织大大地壮大了，这就更加有力地加强了党的领导，保证了全厂生产的顺利发展。

第四节　一面鲜明的旗帜——陆阿狗小组

1950 年 8 月间，我们二机接受了第一批大量订货，改装山西青华纱厂三万二千锭大索伸，从此，工厂便投入了比较大规模的生产活动。

为了适应生产的需要，厂子里改组了机构，重新划分车间，成立小组。就在这个时候，弹簧工场陆阿狗小组便正式成立了。陆阿狗小组共十九人，其中有十个技工、八个助理工和一个义务工。组长陆阿狗是个二十七岁的青年技工，组内周坤度是党员，又是厂工会的执委，并有七个是青年团员。

三万二千锭改装任务下达到陆阿狗小组后，工人们情绪非常热烈，有的老工人讲："这下子我们有机会大显身手了。"有的老师傅讲："这是我们工人阶级最好发扬创造性的时候了。"小组里马上召开了讨论会，细心研究行政上发下的图样和工作步骤，大家还提出了修正意见。此时，党员周坤度提议："学习东北马恒昌小组的经验，与行政上签订合约，来保证如期完成生产任务。"开始时有些工人不同意这个意见，认为像过去的包身工一样，可是也有好多老师傅说："我们已经翻身了，这个合约与过去完全相反了，今天不是给资本家干活。"最后小组一致同意，随即推派周坤度为代表和行政工会研究合约条件。经过几次小组的反复讨论和研究修正，在 9 月 14 日正式订立了弹簧工场陆阿狗小组与行政的集体合同，从此，一场轰轰烈烈的劳动生产开始了。

合同签订后，小组里画出了生产进度表，贴在车间里迎阳光的墙上，不时地报导生产进展情况，使每个人都了解任务完成的好坏，加强了对生产的责任感，有计划、有步骤地组织了劳动。

1951 年 1 月 17 日，先进的东北马恒昌小组向全国工人弟兄吹起了挑战的号角。当这个消息传到弹簧工场时，党员周坤度便和陆阿狗研究，准备应战。经过组内党团员的带头及全体组员在订立生产合同以后四个月学习的进步，大家一致同意应战，于是在 1 月 28 日，利用厂礼拜天，大家都集中到甘土根老师傅家中举行聚餐会，讨论应战条件。老工人陆启泉说："马恒昌小组做到提前完成任务，提高质量百分之九十九，我们生活虽然零碎，但也可以做到。"大家你一言我一语，讨论了整整一天，最后提出了六项应战条件：

一、尽量采用国产原料，利用废物，节省材料，保证产品质量合乎检验水平。

二、保证提前完成 1951 年本组生产任务百分之十，经常主动和行政签订爱国主义生产公约。

　　三、加强车间保卫小组，做好防火防特等工作，保证车间里人员的安全。

　　四、主动团结技术人员，向老年工友学习实际经验，遵守劳动公约，爱护机器，加强机器保养组织。

　　五、加强组织，开好小组会，经常学习时事，提高文化水平，每月举行时事测验两次。

　　六、老师傅们要把所有的经验教给参干军属和助理工，军属和助理工也保证虚心向老师傅学习技术。

　　上海工人向马恒昌小组应战的第一炮，就这样被陆阿狗小组打响了。在陆阿狗小组的影响下，全市各个工厂、各个小组就接二连三地打起了连环炮，向马恒昌小组应战。我们厂子里的黄梅狗、胡长禄等小组也先后应战。这样，爱国主义的劳动竞赛像波涛一样在厂子里广阔地开展起来了。

　　3月26日，对陆阿狗小组是个光荣的日子，因为这天他们提前了四百多工完成了1950年9月以来的第一期生产合同的任务，使三万四千副皮圈架子的生产获得超额百分之四十多的成绩。这光辉的成绩是怎样得来的呢？这是依靠党的不断教育、培养，发挥了他们高度的劳动热情，大家紧密团结，不断学习的结果。

　　下面我们看看他们组内的一些活动吧：

　　四十八岁的老师傅陆启泉，在小组应战以后，不声不响地用十二万元买了一副近视眼镜，大家一时感到意外："为什么陆师傅偏偏现在戴上了眼镜？"陆师傅没有很多话回答大家，只是工作得更热情，把戴着的眼镜凑到机器前埋头地干活，做一副皮圈架子的模子，从二十八工提高到二十二工，学习啊、开会啊，也积极参加。据说陆师傅以前对这些活动并不热心，每天只是默默地按钟头干活，但自从组内进行了尊师爱徒的动员后，青年们都主动地团结他，有了疑难也虚心向他请教，研究起技术来大家更会向他问长问短，陆师傅做了三十年工作来没有受到这样的尊敬过，又听到劳保条列实施了，越发从心里高兴，所以他后来说："想想过去，看看眼前，我怎能不下决心和大家一道进步，我买这副眼镜，就是要使自己像青年一样，争取应战的胜利呀！"

　　陆阿狗小组除了团结老年工人之外，还做到团结技术人员，他们按期请技师讲课，并印了讲义，大家学了钢的性质、制图法、硬度机的使用等理论知识，对提高技术、搞好生产起了不小的作用。

　　帮助学徒提高技术，小组内也做得很好，像应战开始时进厂的三个军属，起初每人每天不过做到十多只皮圈架子，后由于陆阿狗和老师傅们的耐心帮助，使他们很快地掌握了用角尺等技术，提高产量到七十多只，而且质量很好。

在党的不断教育下，陆阿狗小组的劳动态度有了显著的变化，过去做皮圈架子用的模子和铆卡，都是主要工具，但是工人们谁也不过问它的好坏，好工具做好活，坏工具做坏活，改不改、修不修是他们行政上技术部门的事。自从向马恒昌小组挑战以来，在陆阿狗的带动下，工人们已经显著地改变了，大家都想出色地完成合同任务，实现六项条件。因此，组员们动脑筋，想办法，互相研究，结果小组长陆阿狗首先把铆皮圈架子的铆卡改成了自动的，使生产效率提高了百分之四百，这对小组的影响很大。之后，组内又改进了模子，使原来规定一百九十二工减到七十五点九工，而且改进的工具使产品更加完美。

为了保证实现六项应战条件，使竞赛能经常化，全组又分工合作，各自负责，互相督促，他们健全了机器保养组和技术研究制度，又实行了检查第一次成品。第一次做好成品后，大家就凑在一起研究检查，然后再送到检验室去检查，有时还送到订货单位去实地试验，然后继续做下去，这样使组内基本上消除了废品。

批评与自我批评在陆阿狗小组也作为团结的武器运用着，车间黑板报上经常写着组内的批评与检讨。有一次组员任俊和甘土根因为争用钻头吵起了架，第二天黑板报上马上贴出了二人的自我检讨，二人又握手互相道歉，赢得大家为他们一阵掌声。甘土根说："我吵架的时候，把应战的条件简直都忘了，这一定要彻底检讨才行呀。"

每天午饭后一小时休息时间，在陆阿狗小组是最宝贵地利用着的，除了研究技术以外，其他如读报、时事讨论也都在这个时候举行。为了把时事学习学好，他们曾举行了二次时事测验，成绩平均在七十五分以上，好的还发给了学习本和铅笔等奖品。

正因为大家关心时事，所以美帝国主义侵略朝鲜和武装日本的罪行，使全组烧起了反抗的怒火，他们捐献了二百八十发子弹送给了朝鲜前线，并且每人写了一封慰问信，在青年工人参加军事干校的热潮里，组员沈海汶、周进生二人走进了空军和坦克学校，海汶又从前线寄来了信和照片，告诉当他远远地从报上看到组内成绩时，感到分外高兴，表示要更加努力学习军事，保护后方的生产建设。大家一读完这封信，高兴得连忙写回信，告诉组内要争取更大的成绩来支援他们。确实，他们团结在一起，忘我地劳动着，为了争取更大的成绩。

陆阿狗小组就是这样在不断地成长着、进步着。

1951年4月11日，这是一个春光明媚、鸟语花香的好日子，陆阿狗接到了总工会邀请他上北京到莫斯科去的通知，组内同志听到这个消息后，高兴得在机器旁边跳起舞来，纷纷争着叮嘱陆阿狗："阿狗，代表我们小组向毛主席问好呀！""阿狗，别挂心厂里的工作，去使劲学习一下。"陆阿狗兴冲冲地回答大家说："好，我一定替大家带回毛主席的话来，一定带回更多的经验，和大家把小组再提高一步。"

当列车吐着白烟，轰隆隆地离开上海车站时，陆阿狗问自己："不是做梦吧？"我陆阿狗在旧社会里是个被人骂作臭铜匠的普通工人，现在我凭什么才有今天这么一天？提起旧社会里受人欺侮的日子，陆阿狗真有一肚子的闷气。他出身贫农家庭，十三岁就进厂做工，那时因为年纪小，力气小，一次他失手把东西摔在地上，日本鬼子就上来一个耳光，陆阿狗不愿受这样欺侮，做了几年，他就不再做下去了。

抗战胜利前夕，陆阿狗重又回到厂子里来了。他看到国民党大官到处"劫收"，美国吉普车横冲直撞，物价一日几涨，最后连吃的东西都买不到了，他忍气吞声地做着苦活。

好容易盼到了新中国成立，新中国成立带给了陆阿狗新的生活：陆阿狗因为生产好，为人忠厚，1950年厂里弹簧工场成立时，工人就选他当了第二小组的小组长。今天，陆阿狗又坐火车去北京、去莫斯科，他想到这些不觉用手拭了一下眼睛，然后换了一口气默默地说："没有党的领导，没有共产党员周坤度的关心、帮助，没有全小组同志的努力，也就没有今天的陆阿狗小组，没有我陆阿狗这样一份光荣。"

自从陆阿狗去莫斯科后，组里的生产热情更高了。在一进门被阳光照着的墙上，贴了一副耀眼的红底金光大喜报，上面写着十三个大字："陆阿狗，上北京，光荣属于全二机。"一种无上的光荣感更鼓舞了组员们的生产热情，他们不满足于六项应战条件的实现，还要继续不断地改进、创造。

陆阿狗从苏联回来后，刚踏进工厂，工人们就一拥而上，大家都亲切地叫着阿狗，有几个组员挤到前面拉着他的手细细揣摩，然后说道："阿狗，你给我们带回来什么？""多着呢，苏联工人样样都值得我们学习。"他一面回答着，一面被几个组员拖着向小组走去。

到了车间，同志们都围上来了，陆阿狗就说开了他访问苏联的经过，介绍了苏联工人的幸福生活和劳动热情。陆阿狗的谈话进一步地激发了小组工人的劳动热情，大家一致表示，今后干活要更加卖力，支援前线，打垮美国野心狼。

5月间，领导上决定撤除一批贪污分子的职务，并积极准备提拔一批优秀工人当厂的领导骨干。5月31日，在工厂管理委员会上提拔了陆阿狗当副厂长。当这个消息被工人们听到后，各个喜气洋洋，敲锣打鼓，放着爆竹庆祝，特别是陆阿狗小组的工人更是乐得不可开交。

陆阿狗做了第二副厂长后，党委决定派应忠发去领导陆阿狗小组。随后陆阿狗被推荐到上海工人政治学校学习，小组里的工人像欢送他去莫斯科一样，叫他只管放心，好好学习，小组里的生产有大家全力担当，一定保持原有的光荣传统。

陆阿狗同志在学校里学到了更多的知识，觉悟大大提高了。他看看现在，比比过去，深深感到没有共产党就没有新中国，无数共产党员的英雄形象感动着他，他决心要向这些英雄的共产党员学习，把自己锻炼成一个光荣的共产党员。

6月25日，这是陆阿狗一生难忘的日子，这一天他被批准加入光荣的中国共产党，他庄严地站在党旗和毛主席像的前面，宣誓终生为共产主义事业奋斗，做一个好的共产党员。

陆阿狗从政治学校回来，正是国家公布第一个五年计划的时候，小组看到这个振奋人心的消息后，个个眉开眼笑，说不出的高兴。12月的最后一天，小组里开了一个会，同志们纷纷提出保证，决心提前完成五年计划。在会上，陆阿狗激动地说："我看到明年要开始实行第一个五年计划的消息，真正说不出的高兴。新中国成立以前二机越开越小，越开越瘪，新中国刚成立时，我们的二机原是个修配厂，经过三年功夫，在党的领导和苏联的帮助下我们厂里已经会造全套细纱机了。新中国的大规模经济建设就要开始了，这是全国人民的大喜事，我也保证在明年要进一步提高自己的政治文化和工厂管理水平，迎接伟大的第一个五年建设计划。"

陆阿狗小组更加怀着满腔热情迎接伟大的第一个五年建设计划的到来。

第五节　从修配厂变成了纺织机械制造厂

用我国工人制造的纺织机器装备起来的不少纺织工厂，早已在陕西、新疆等地开工生产了，其中很多的细纱机是我们工厂的产品。1952年在德国莱比锡开幕的国际工业品展览会上，我们厂生产的细纱机就是我国的展览品之一，在展览会上，深得国外人士的赞赏，为我们国家争得了很大的威望。我国的纺织工业已有七十多年的历史，纱锭有五百多万枚。但新中国成立以前，不但没有一个像样的纺织机械厂，更没有一个完全用自己制造的纺纱机装备起来的纺织工厂。而新中国成立后，我们二机的工人在党的领导下，发挥了巨大的干劲、无穷的智慧，用自己的原料和技术成套地制造纺织机器了。

我们二机在新中国成立前是一个小修配厂，可是仅仅经过三年的时间，它就从一个小修配厂变成了一个具有相当规模的制造厂，它是怎样变化的呢？它是依靠了在党的领导下的全厂职工群众建设祖国的高涨的劳动积极性和创造热情。

新中国成立后，人民政府决定建立自己的全新的纺织机器制造工业，于是把制造细纱机的任务交给了我们二机。接受这个任务后，党委、行政领导方面忙着制订建厂计划、购买原材料，技术人员忙着设计各种图样，工人们则在党和行政领导下夜以继日地开辟新的车间，改造和修理破旧机器，成立技术夜校，学习技术……

一个多月忙过去了，各种准备工作还没有做完，突然北京来了电报，说有一批细纱机订货，问厂里能不能承接。能不能呢？厂长、工程师们正在考虑，还没有结论的时候，北京订货的消息已经传到了车间，厂里有很多二三十年工龄的老工人，他们有很多技术经验和知识，在国民党统治时期是没有机会发挥出来的；当他们听到这个消息时，都满怀信心觉得可以做。于是，很多工人拥进厂长室说："接受下来吧！有困难，我们包下来，动脑筋，想办法。"劳动模范陆阿狗代表他的小组说："我们小组里已经讨论过了，我们可以和行政上订合同，保证质量，保证按时完成后任务，并且保证超额完成任务！"

国家的订货任务就这样接受下来了，同时各种困难问题也接踵而来了。首先碰到的是原材料问题，开始时有些技术人员怀疑用本国原料做不出产品。因为过去不论制造大小零件都是用美国或者是加拿大的材料，但是事实证明这些怀疑是不对的，制造锭子需要最好的钢，工厂领导方面决定用抚顺的钢，有些人就表示信心不足，但结果证明，抚顺钢就是制造锭子最好的钢。原料的问题解决后，技术上又发生了很大的困难。在整部细纱机的将近五百种零件中，过去我们有百分之八十以上没有制造过。作为重要零件之一的钢领圈，过去不但没有做过，而且连内部构造也不清楚，这对初次制造细纱机的人们说来确实存在着不少困难的。但怎么办呢？向困难低头吗？不，绝不能。此时，党支部及时地提出了"苦战，苦钻，发挥集体智慧，战胜困难"的庄严口号。工人们在党的鼓舞下，以充沛的热情，满怀信心地干起来了。但还是有些人仍抱有怀疑，总是说："这怎么能制造呢？"钳工董林听到后，很干脆地回答了他们："能不能制造，等造了再说，没有动手，怎么知道不能制造了?"于是工人们和技术人员拆去细纱机上的铜领圈破开、剖开来加以研究，熟悉它的构造，并且派人到青岛、天津等城市找有关方面商量，吸取他们的经验。结果，在工人们苦战苦钻的热情劳动下，铜领圈制造出来了。细纱机上的全部零件用同样方法制造出来了。

第一台细纱机刚刚试制出来，新的问题又产生了。细纱机上最重要的构成部分——锭子，经常有百分之四十校断，变成废品。其余的硬度也不够标准。这是关系细纱机质量的关键问题。"这样下去，我们怎能制造出好的细纱机来呢!"校调锭子的老师傅陶菊生黑夜白天地想着这件事，可是一直没有好的办法。有一天，他猛然想起平常校对一块不平的洋铁板时，如果从凸出部分施以压力，铁板就会猛然跳起来，而且越校越平。想到这里，他突然得到启示，决定改变过去的老一套校调办法，从锭子的凹陷部分校调（过去是从锭子的凸出部分校），结果便创造出一套科学的锭子校调法。用这种方法校调锭子，不但不出一件废品，锭子的硬度也提高四十八度到五十三度，赶上与超过了一般国外锭子的硬度（一般外国锭子的硬度是四十八到五十度），这样就提高了锭子的质量。

就这样，在党的领导下，工人们经过了夜以继日的艰苦奋战，克服了重重困难，终于第一台细纱机制造成功了。第一台细纱机制造成功的喜讯顿时传遍了全厂，此时，厂里就好像滚滚的海涛一样沸腾起来了，锣鼓声、欢笑声、鞭炮声响彻了全厂。到处挂满了鲜艳的红旗，车间里更是色彩缤纷……人们到处奔走相告，祝贺我厂第一台细纱机的诞生。

第一台细纱机诞生后，生产任务也增加了，1951年二机的生产任务比1950年增加了二倍多。也就是说，他们二倍、三倍地提高生产效率。为了完成国家给予的任务，职工们都积极开动脑筋，从改良设备和提高技术方面想办法。由陆阿狗小组发起，全厂工人一致提出了"旧机器发挥新效率，把机器自动化"的口号（国民党反动政府留下来的旧工厂虽然是机器生产，但实际上许许多多零件都是手工艺性质的）。陆阿狗首先把铆皮圈架子的铆卡改成了自动的，使生产效率提高了百分之四百。接着，老工人蔡根囡创造了"多效割锭矩"，使生产效率提高了百分之三百。从此，厂里就形成了钻研和改进技术的热潮。但要使机器自动化，并不是一件容易的事。例如，制造锭子的工人韩阿富经过一个多月的努力，把一部车床改成自动车床了，但一实验，锭钩柱就从机子里飞了出来，模子毁了，切刀断了，实验失败了。面对这样的困难，工人们发挥了高度的顽强性，终于把困难克服了。韩阿富经过了仔细耐心的提高，发现了毛病的所在，这就是由于锭钩柱毛坯大小不一，夹毛坯的模子夹不牢，于是他就想出办法在模子上装上了自动螺丝，随着毛坯的大小能伸能缩。结果一种完全自动化的制造锭钩柱用的零件终于改装成功了。产量比过去提高了百分之七百。全厂这样"自动化"的创造是很多的，这些创造，解决了设备的困难，使全厂的生产大踏步地向前迈进。

我们二机在新中国成立前只有三个混合车间、四百多个工人，除了修配一些机械零件之外，有时就是替达官要人修修小汽车的修配厂，在新中国成立不过三年，厂的面貌就大大改观了，变成了一个拥有十四个专业化生产的车间，二千多工人的纺织机械制造厂。这一切都标志着我国纺织工业已经到了一个新的历史发展阶段，正以它飞快的速度向世界先进水平迈进着。

第六节　生产发展，企业管理改革及职工生活福利的改善

国营二机在新中国成立前是一片小修配厂，在新中国成立后回到了人民的怀抱，成了人民的二机。工人也真正成了工厂的主人。

在上海解放的当天（5月28日），工人们立即开工生产了。大家发挥了最大的智慧和干劲，夜以继日地把解放前认为装配不成的OMB细纱机机件加以整理，改装成了十来台细纱机，并在国棉第十八厂进行试车，作为我们工人向上海解放的献礼。

为了使我们厂能够担负更大的修配任务，并为今后的方向——制造细纱机——做好准备起见，在1940年年底和1950年年初厂里成立了钢领、罗拉、锭子和机工四个工场。国家还为锭子工场添了部分新机器。从此，我们厂走上了专业制造的道路，专门制造细纱机上的三大件：锭子、罗拉、钢领。

1950年5月29日，中纺决定将三机合并于二机（有一部分并于一机），这样就使原来只有53台生产设备能力的二机扩大成为有528台生产设备能力和十二个工场的机械厂了。此外，为了适应生产的需要，组织机构也有了相应的变更。9月间，我们厂参照了苏联的机械工厂的组织制度实行了三厂长领导制，并把原来的三个科室扩大到十个科室，由三个厂长分头领导：厂长直接管理计划、财务、保卫三科。第一副厂长直接管理生产、技术检查、设计、技术四科。第二副厂长直接管理业务、总务、材料三科。这样，使我们厂逐渐走上了领导健全、分工精细的道路，为生产的发展创造了一定的有利条件。

二、三机合并后不久，紧接于1950年9月23日至27日召开了全厂职工代表大会。大会通过了三项决议：

（一）填写生产纪录片的决议；

（二）成立职工经济互助会的决议；

（三）工会执委会应以面向生产、深入车间、深入小组为今后工作中心的决议。

会上还成立了有七个委员组成的工厂管理委员会。这是我们厂工人有史以来第一次参加了工厂管理，大家都觉得现在是真正成为工厂的主人了。

工厂实行管理民主化后，工人们进一步地发挥了主人翁的自觉来积极管理和推动了生产的发展，再加上 1950 年厂内展开了声势浩大的抗美援朝运动，使全厂职工的政治觉悟普遍高涨，给生产带来了巨大的动力。因此，在 8 月，行政上承接了山西晋华纱厂三万二千锭日东式大牵伸改装订货的生产中，工人们冲破了万重难关，经过了半年的努力，终于做成了一部试车。试车结果质量很好，不但断头少、条干匀且拉力强。山西晋华纱厂知道后非常满意，特地打来了电报，向我们厂的工友祝贺优良的生产成绩。

华东纺织管理局自接管官僚资本企业中纺公司以来，由于经验不足，两年来在经营管理方面，基本上沿用中纺公司老的一套，工厂单纯地负责加工，一切经营均集中于管理企业的公司，如销贷收入、销贷成本全部划局，工厂不必自结盈亏。换句话说，要买原材料向局拿钱，要发工资向局领款，对产品的积压、资金闲搁、成本高昂，工厂不必过问，因此其经营的结果是上下壅隔，浪费丛生。但接管后，由于企业性质的根本改变，广大职工的生产热情空前高涨，自 1951 年开始，二机生产逐渐走上了发展的道路，加工订货的任务日益繁重。因此，这种老的经营方式已经不能适应生产发展的需要，已使生产积极性不能充分发挥，阻碍了生产的进一步发展。为此，纺管局于 1951 年 5 月间提出，从 7 月开始以我们厂等五个厂为典型，首先推行独立经营，以便发展生产。消息传到厂内后，工人们都欢欣鼓舞，很热心地自动加紧生产、节约用材来庆贺独立经营的顺利展开。

6 月 7 日，我们厂成立了以厂长为领导的"独立经营推行委员会"，下面又分设了"流动资金核算小组""固定资金清理估价小组""计划小组""车间成本管理小组"四组，来全面推进独立经营的工作。通过各项资金的核算，领导上决定我们厂为保本自给厂。当时核定资金为流动资金 41.3 亿元、固定资金 2663 亿元。

7 月 1 日，我们厂正式实行了独立经营。

经营管理上的根本改革，使我们厂的生产积极性得到充分发挥，全厂职工又通过了以抗美援朝为中心的几次群众运动，政治觉悟都有了极大的提高，再经过工会在各车间普遍成立了车间委员会，运用了组织的力量，推动各小组订立了爱国生产公约，并建立了奖励制度，因此使生产在 1951 年中达到了前所未有的高潮，扭转了我们厂历史上年年亏损的现象，第一次获得了盈余。根据1951年"国营二机报告"的记载，到11月1日为止，其生产情况是：已完成的生产任务主要有山西晋华纱厂改装的74台牵伸、19台梳棉机，整理了7000锭的二道粗砂和细纱机以及97台50型经纱机。1951年，由于工人同志们的劳动热情的不断高涨，大家都动脑筋想办法地提了不少改进工具和工作方法的合理化建议，又在各个车间大规模、有步骤地广泛应用了夹具钻模以及工作量具和检验量具来加速生产控制品质。因此，1951年的细纱机成本也有了显著的减低，如1月的计划工数每台为1600工，计划成本为2.4亿，而至年末就降低到每台耗用工时为850工，成本减低到1.7亿元。不仅如此，我们厂还提前二天完成了1951年的生产任务和超额完成了1952年第一季度的交货任务。由于我们厂在1951年中获得了空前的巨大成绩，因此在1951年7月的全国纺织会议上得到了中央纺织部部长的口头表扬，以后又得到华东纺管局的书面表扬。

1951年，由于生产上的巨大发展，因此在我们厂的设备人员上也有了相应的增加和扩大。如在劳动力方面，据11月的统计，就由1月的962人增加到了1734人，总共增加了百分之五十强，机械设备由1950年的528台增加到1592台，其中运转的工作机就由原来的324台增加到了438台，更由于我们铸工场的生产能力赶不上生产发展的需要，因此从八月间就着手将铸工场迁至沪东（从前第三机械厂的原址）成立了沪东工坊。从此，铸坯的供应适应了工厂的生产需要。

1951年的生产任务的胜利完成，给全厂职工在1952年获得更大的成绩增加了巨大的希望。全厂职工都有一致的信心来完成1952年扩大生产的计划（1952年生产计划为经纱机292台、纬纱机120台、增产细纱机40台、锭子十万套、钢领圈十万只、梳棉机盖板链条1200余根等）。

1952年2月初，厂里开展了轰轰烈烈的"三反"运动，这一伟大的政治运动更激发了工人们的政治觉悟，工人的生产积极性又达到了一个新的高潮，但另外，由于不法资本家的兴风作浪，贪污分子的消极抗拒，使我们厂在1952年中遇到了材料供应、人手减少、资金周转不灵等巨大困难。但经过了历次政治运动教育的工人同志们发挥了高度的政治热情，想尽了办法来克服各方面的困难。如"三反"期间，每个车间都有百分之五到百分之十的工人脱离了生产，参加打虎和检查工作，这样就给车间带来一定的困难。全厂工人就发挥了高度的生产积极性，以一个人看管两台以上甚至四台机器等办法来解决生产。因此，1952年虽遇到了巨大的困难，但在全厂工人的努力下，没有受到点滴影响，还是完成和超额完成了全年的生产计划，并在1952年的原增产计划上又增加产量四万锭。综计 1952 年比原来中央分配的生产任务增产了百分之四十二点五，生产数量等于 1951 年的百分之三百八十二。更由于劳动生产率的提高，1952 年生产细纱机的需要工数——据第二季度的统计，就比 1951 年第三季度降低了百分之四十二。在成本方面也有了巨大的下降。据 1952 年 7 月的统计，就比 1951 年 9 月的成本降低了百分之二十五点九六。1952 年，我们厂不仅在生产细纱机的数量上有了巨大的发展，而且在细纱机的质量上也有了显著的提高。因此，我们厂的细纱机就在生产上巨大发展的 1952 年非常荣幸地参加了德国莱比锡国际博览会展览，并且获得了国外人士的好评。这是我们厂生产发展上的巨大转折点，给我们厂带来了无上的光荣、巨大的威望。

新中国成立以来，随着生产的不断发展、物质的稳定，我们厂工人在政府的亲切关怀下，物质文化生活和劳动条件也得到显著的改善与提高。新中国成立前那种吃不饱、穿不暖的生活已经一去不复返了。新中国成立后无论吃的、住的、穿的都起了巨大的变化。国民党时代逢年过节都吃不上的大米、白面，新中国成立后已成为工人们的主要食粮了。上海解放不久的 8 月 6 日，又办起了从未有过的大伙食团。此时开始，工人们就可以安适地坐在饭厅里，吃着热腾腾的米饭、营养丰富的菜肴了。再拿穿的、用的来说，在厂里做了许多年工的罗拉工场的温宗尧老师傅，新中国成立前连饭都顾不上，有时还要捡菜皮糊口，而新中国成立后，光是 1952 年一年，他自己添了七件新衣服，连最小的孩子也添了五件，真所谓男女老少的四季衣服人人俱全。再看锭子工场的李学敏，新中国成立前一日三餐的清汤饭也顾不上，更不要说吃饱肚皮了，新中国成立不到三年，不但大人、小孩吃饱穿暖，而且家里又添了不少家具，钞票还有余，又去百货公司买了一辆自行车，首饰商店买了一个金质毛主席徽章挂在胸上，真是"吃水不忘挖井人，解放不忘毛主席"。再如，1952 年 9 月百货公司推销脚踏车，我们厂工人一下子买了二百多辆，这件事在新中国成立前不用说买了，就是想也不敢想。

1951 年 2 月，政务院公布了劳保条例，我们二机同年 6 月执行了劳保条例。此后，每月都有大量的劳保金支付给工人，仅 1952 年中劳动保险基金支付于疾病救济、非因工残废救济、伤病补助、供养直系亲属以及养老生育等补助费就达一亿四千六百多元（旧币）的巨大数目。从此，职工的生老病伤残死等重大问题都得到了妥善的照顾，像患半身不遂之症已近二年的工友钱小×，在新中国成立前只有死路一条，享受劳保后，不但免费诊病，而且每月还拿五十多万元（旧币）的工资，一家老小的生活还是过得很好。劳保的实施，怎么不使全厂职工无限感激党的关怀呢？好多身受几十年痛苦的老工人都感慨地说："过去说老来靠小，但哪里可靠啊！现在才真的有靠了，可以靠劳保这座泰山了。"

随着厂里生产的不断发展，工厂对工人的关怀也在不断地完善。1951年1月1日，为了进一步地照顾工人健康，厂里又举办了营养食堂，据统计办至1952年年底就收容了营养员935人，每人每期在营养食堂内用膳一个月，劳保津贴每人2600元。工友们经过营养食堂用膳后，体质都有明显增强，根据统计，每人每期平均增重体重要在一磅半以上，多的如车架工场曹本高就增加了十二磅。1952年7月1日，在厂内正式成立了一所工人业余休养所，迄今为止办了六期，参加休养的有192人。

在党的无微不至的关怀下，厂里又相继地扩建了医务室、浴室，设置了理发室等福利事业，行政每月都要拨发大量的费用，仅1952年度用在医务室、浴室、食堂、职工宿舍等费用就达1，375，138，704元之巨。

在上海的西北郊，政府又为工人修建了一幢幢又高又大、光线充足、环境优美的西式楼房，工人生活在里面，真是夏天凉快宜人，冬天温暖如春。这与新中国成立前住在夏暴雨冬怕风的又矮又破的烂房子里怎能相比呢？新中国成立后，我们二机的工人一批批地迁入新居，有的住在曹阳新村，有的住在宜川三村……当时工人们常为住新房而欢唱："住新房，真开心，千万莫忘共产党，加紧生产支前线，保卫我们永太平。"

新中国成立后，工人不仅在政治上、经济上翻了身，而且在文化上也有了提高。新中国成立后，厂内举办了业余学校，好多工人都上了学，不少工人摘了文盲帽子。厂内还设立了图书馆，办了大众壁报，成立了话剧组、歌咏组等娱乐组织。

新中国成立后，我们厂工人在劳动条件上也有了巨大的变化，各个车间里都装置了通风管、马达风扇等通风设备。第一机工场和抛车工场都装了吸尘器，车床、马达都安上了防护罩。在炎热的夏天，每天早上又供给豆浆；在高温工场，又增供了大麦茶、绿豆汤，且时常散发薄荷油。因此，每年在这方面的费用更加巨大了，如1951年用在劳动保护上的就有五亿三千多元，而1952年的费用更大，计十二亿余元，比1951年增加了125％，安全设备的装置对工人的健康确实起了不小作用。

注：本节币制均指旧币。

第五章　第一个五年计划

第一节　第一个五年计划的灯塔
——过渡时期的总路线

我们勤劳勇敢的祖国人民，在新中国刚成立之初就立下庄严的誓言，用我们的双手将祖国建设成一个强大的社会主义国家。全国人民在英明伟大的领袖毛泽东同志领导下，如同我们民族的摇篮——黄河，以汹涌澎湃、波澜壮阔之势，席卷祖国的大地，横扫那近百年来的落后局面。胜利的捷报像雪片一样，一个接着一个，飞向北京。

新中国成立短短四年，我们取得了土地改革、抗美援朝、三反五反的伟大胜利。我们以最短的时间医治好战争创伤。现在，我们又以新的脚步踏上有计划建设时期。中国人民以忘我的劳动，改变着祖国的面貌；以铁的事实，粉碎了西方的嘲笑和谎言。

1953年，党中央又发出了新的战斗命令：在一个相当长的时间内，逐步实现国家的社会主义工业化，并逐步实现国家对农业、手工业和资本主义工商业的社会主义改造。根据这条总路线，我们就开始了第一个五年计划的经济建设。

总路线像春天的花朵，开遍了祖国的大地，开遍了每个人的心头。全国人民根据总路线所指引的方向，又投入了新的战斗。

我们厂在大张旗鼓地宣传总路线后，全体职工真是人人喜气洋洋，个个笑容满面，都说："这下可有了方向。"过去只听见积极分子喊社会主义，我们不相信，现在才有数了。十五年这个时间并不长，看得见，摸得着了。社会主义就要在我们这一代建成，就是我们这些平凡的劳动者用双手来建成社会主义。怎么能不叫人感到兴奋和骄傲呢？七十四岁的老工人郭荣奎说："社会主义是为了子孙万代过好日子，我今年虽然已经七十四岁了，但是还不算老，为了下一代，我还要继续努力生产。"同志们更以自己的亲身经历来诅咒万恶的旧社会，歌颂如今的新社会。青工张金根八岁时，家被日本鬼子烧得精光，父亲为了报仇参加了八路军。家里剩下年老的祖母和十一岁的姐姐，老的老，小的小，无以为生。姐姐只好去帮地主烧饭洗衣。八岁的张金根就替地主放牛。张师傅说："狼心狗肺的地主，总想尽办法折磨我，我放牛回来早，就说我偷懒，不给晚饭吃。回来迟则又说我贪玩忘了时间，也不准吃晚饭。牛大人小，牛不听话，有一次，牛把我撞出两三丈远，晕在地上好几个钟头，醒来后忍痛擦干净身上的血迹，寻到了牛，回到家里，又遭地主一顿臭骂。那时，我们穷人眼泪往肚子里咽，去向谁诉苦呢？只能偷偷和姐姐抱头痛哭一场。后来，我又去拾垃圾，寒冬腊月下雪天，赤着脚，呼呼的西北风吹来似刀刮过，一直痛到心头，冻得直哆嗦。脚冻裂了，血一滴一滴滴下来，红色的血和白色的雪溶化在一起，然后再凝结成冰，一步一个血印地挨到了家里。老祖母一看见，抱着我那双肿的发紫的小脚，心痛地哭着说：'苦命根子，啥时候才能熬出头？'"听到这血泪的控诉，人们的眼泪禁不住哗哗地流了下来。谁无父母子女，谁再能忍心自己的子女去遭受如此的折磨，谁给这些天真无邪的孩子们带来如此深重的灾难呢？万恶的旧社会。接着张金奎又以感激的心情说："新中国成立了，党使我们苦难的日子熬出了头，我进了国营二机做工，手摸着机器，学上了文化，穿是的卡其棉、呢大衣、新皮鞋，吃的是鱼肉和新鲜蔬菜。过去是地主的奴隶，现今是国家的主人。学习了总路线，我扳起手指头数一数，几个五年计划之后，社会主义就来了，我要以主人翁的态度来贯彻总路线。"人们齐声为张金根的翻身而欢呼，同时也为自己能生长在这样的新社会而骄傲。

　　两条道路的认识过程，究竟还是一个斗争过程，特别是新中国成立后，新工人队伍的迅速扩大，成分上发生了变化，斗争也就变得复杂。如第二机工场龙筋小组共是十七人，而其中新工人即占十二人，成分包括农民、店员、学生等，这样就给工人阶级队伍带来了或多或少的资产阶级和小资产阶级的思想影响。同时，部分年龄较大的工人，由于长期生长在旧社会，沾染了一定的资本主义思想作风，因而在部分群众中，资产阶级的剥削思想有所增加，有的想当老板，有的就包工，甚至个别少数人放高利贷。但是通过新旧社会的对比和两种制度的对比，特别是苏联工人与印尼工人生活的对比，看看四年来国家所取得的伟大成就，工人阶级政治地位的提高，经济文化生活的显著改善，在这些活生生的事实面前，这些同志无法再隐瞒自己内心的痛苦了。在党和同志们的耐心帮助下，这些同志开始自觉地批评自己的错误。老工人范林福说："新中国成立后，我一直不安心在国营二机工作，一心想做老板，这样可以吃得好，穿西装，坐小包车，因此赚钞票是我的中心思想。"事实上，范师傅也正是在向这个方向努力。每天下班后跑到外面去做包生活，几个钟头就可以拿五六元钱，虽然如此，还不满足，于是就搞了些工具，加上早就准备好的车床和全套机件，和同厂另外两位工人就准备开小厂了。听了总路线报告后，他在思想上引起了很大的斗争，晚上睡在床上，翻来覆去地睡不着，仔细想想，越想越不是滋味，过去受尽资本家打骂剥削，可如今自己怎么又忍心去剥削阶级弟兄来了？第二天，他就在小组检查了自己的错误思想，并请工会证明卖掉了机器，获得的六十元钱全部买了公债。范师傅最后沉痛地说："我过去认为资本家是发财大道，差一点由一个光荣的工人变成剥削别人的资本家。幸亏总路线救了我。"俗话说"近墨者黑，近朱者赤"，生活在资本主义思想和小资产阶级思想包围中的工人阶级，难道能不受到这种思想侵蚀的影响吗？回答是肯定的，但是在总路线的光辉照耀下，他们拂起了灰尘，就又发出了原来的光芒。不信请看装配小组，原来二十五六个工人，一天连一台机器也装不好，这样加班加点就能多拿钞票，可是学习总路线以后，他们认识到这是资产阶级个人主义思想，是可耻的，因此劳动热情就大大提高，由每天装一台而跃为每天装三四台。全厂工人在"一切为了总路线，一切为了社会主义工业化"的鼓舞下，以千军万马之势投入了生产，展开了新的竞赛。

在总路线的光辉照耀下，工人明确了个人利益与国家利益的一致性，眼前利益必须服从长远利益。新中国成立四年以来，随着生产的发展，工人的物质、文化生活已有显著改善，党和政府领导生产的目的就是改善人民生活。咱们工人创造的财富，一部分用来建设社会主义，这是工人阶级以及全国人民的长远利益。一部分用于工资、福利，这是眼前利益。只有实现社会主义，才能过更幸福的生活。因此，今天的小改善要服从明天的大改善，生活的提高必须服从生产的发展。例如，过去在工作升级问题上，少数人就存在着不要技术标准，普遍升一级的平均主义思想，甚至有个别工人说："什么主义都好，只要大拉斯就行。"通过算账，大家普遍反映："去年国家花了两万八千亿元为我们造工房，就等于我们厂里八十年的上缴利润，毛主席会当家，看到了我们的长远利益，又看到了我们的眼前利益。"有的工人说："好比吃鸡蛋，老母鸡生一只蛋吃一只，鸡死了，一只蛋也吃不到，少吃一点，把鸡蛋孵成小鸡，小鸡再生蛋，越生越多，还是少吃一点好。"王汉臣师傅常常因发工资闹情绪，听了报告，自己检讨说："以前我不升级就不高兴，本来可以做一百八十只生活，现在只做一百二十只，也不管质量的好坏，现在想想是不对的，为了工业化，子子孙孙过好日子，我一定要努力生产。"有些不愿做专业化的工人也有了转变，青工杨福全认为专业化没有前途，头发白了还是三级工，刨来刨去还是一块中间板，没有办法提高技术，工人们批判说："我们的前途不是八级工，而是社会主义。"

在全厂工人普遍提高社会主义觉悟的基础上，召开本厂职工代表大会，进一步发动全体职工，开展经济性的劳动竞赛，以推进作业计划为中心，提高企业管理水平，保证均衡、全面的超额完成1954年度的生产计划。

1953年开展红五月竞赛以来，取得了不少成绩，出现了将龙门刨改成龙门铣那样重大的技术改革，涌现了一个先进车间、四个优胜车间、二十个先进小组、三十二个优胜小组、五十位先进生产者、一百三十四位优秀生产者。但是在竞赛之初，方向尚不够明确，特别在基层单位竞赛中单纯依靠工人的劳动热情，没有很好地发动群众开展技术革命，所以拼体力现象普遍存在，加班加点虽已被明文取消，可是偷偷摸摸的义务劳动仍然不断发生，甚至有的车间主任怕加班加点被领导知道，于是就亲自出马，站在车间门口望风，以防领导的检查。有些小组在竞赛保证书上写着："加油干，加油！"到月底更是紧张万分，车间干部全部出动，搬的搬，干的干，这种以拼体力为主，不动脑筋的竞赛后果当然不会好的，同样不可能支持太久，相反给生产带来不少损失。那时缺勤率高达9％左右，工伤事故每月在三件以上，同时质量不好、退修、报废的很多。很多同志反映："到了家，腰酸背痛，困得在床上翻都翻不了身，想想竞赛日脚蛮长，光靠硬拼是不行的。"这样就在领导面前提出两个比较尖锐的问题，是继续这种不能持久的拼体力竞赛呢？还是另寻出路走技术革新的道路。装配车间的同志体会更深一些，因为工厂成批生产细纱机还不太久，装配方法还是旧的一套。虽然是10月初冬天气，但车间里七八只电风扇却还呼呼地向车间吹送着冷风。人们的额头上还不时淌着汗水。工人们说："增产四十台是我们大家提出的，不能不完成，只得拼一下。"车间主任应爱娥听见后，反问自己道："这样拼下去能拼持久吗？为什么不动动脑筋找些窍门？"这个年轻的车间主任想起了《苏联车间主任经验谈》一书中的名言："每一个苏联技术人员，不但应该是个好的专家，还要是个聪明的组织者。"他想到过去的合理化建设运动太被动，应当改变。应该是深入每道工序去发现问题和解决问题。他把这种想法告诉了支部书记，党立刻给予他表扬和支持。这样，以一个党支部为核心，由车间主任、技术员、各小组有威信的技术工人组成的小组成立了。他们想起了在大风雪中，出入崇山峻岭，发掘祖国地下宝藏的勘探队员们，因此小组就称为"潜力勘探小组"。他们的口号是："窍门不怕小，找到就是宝。"小组第二天就深入车间，一小时工作的结果，就发现了二十一处潜力的源泉。仅工人陆泉渭提出的一项建议就可减少一道工序，提高效率 20％，部分群众"窍门找尽，生产到顶"的思想空前高涨。在 1953 年第四季度，全车间就提出了 131 件合理化建议，成本降低 32％，质量提高 40％。

这真是：

| 工人动脑筋 | 智慧当神仙 |
| 工人出了力 | 困难尽解决 |

1953 年年底，在总路线的推动下，全厂全面推广"潜力勘探小组"的经验，取得了很大成绩。例如第三机工场，1953 年老是完不成任务，可是 1954 年第一季度吸取经验，成立了"潜力勘探小组"，解决了生产上一系列问题。过去刨一根罗拉的牙齿要七刀才完工，余根源师傅建议在开头几刀特别注意些，最后就可省掉一刀，这样每十根罗拉就可节省七分钟。同时，王文松师傅又建议将皮带盘加大二寸，加快车速，产量又提高 20％，质量也大大改善。这样一改，原来七部刨床就发挥了八部刨床的效率，小组提前七天完成了计划。由于生产中关键问题的解决，整个车间不仅完成了 1954 年第一季度计划，而且还为国家增长了五万四千六百元的财富。

本厂火车头小组——陆阿狗小组，为了实现他们第一季度向全市工人的保证，当"潜力勘探小组"工作在全厂推广时，更是积极向上，全组每人提出合理化建议一条，提高产量 80％，尤其重要的是全组在这次技术革新中，向自动化方向迈进了一大步。在应忠发师傅的带头下，试制成功的一副半自动的"皮圈架前支脚"的打弯模子，就使生产效率提高了三倍半。工人操纵这台冲床时，只要把预备打弯的许多片子一起放到"进料漏斗"里去，开动机器以后，这副冲模就会自动地把一块像豆腐干大小的片子按此推进去，自动地打弯，然后自动推出来，工作效率大大提高，劳动强度也降低了，而最重要的是冲床再也不会咬人了，冲断手指的危险就一去不复返了。

从全厂来看，这一先进经验推广以后，仅 1954 年 1 月就提出了 427 条合理化建议，比过去任何一季度都要多得很，这就促使 1954 年第一季度的生产超过去年第四季度 11.61％，缺勤率也从去年第三季度 9％左右下降到今年第一季度的 5％，工伤事故大大减少了。

1954 年，是我们国家第一个五年计划的第二年。这一年在总路线的照耀下，工人群众明确了方向，看到了社会前途，因此生产积极性和创造性大大高涨，厂里的竞赛办得轰轰烈烈，技术革新如雨后春笋，蓬勃发展，因而超额地完成了 1954 年的生产计划，这真是：

> 胜利捷报雪片粉绕，　　　总路线的光芒万丈。
>
> 技术革新犹如花朵，　　　欣欣向荣问遍全厂。

第二节　选举自己的代表

在大张旗鼓宣传总路线时，我们又迎接了第二件大喜事。全体同志参加了咱们祖国有史以来的第一次全民普选。选举这天，厂里好像过节一样，到处喜气洋洋。人们穿着新衣服，满面笑容地走进了选举站，姑娘们也都穿上了漂亮的花衣服，拥进了会场。大家拿着选民证，庄严而又激动地投下了这神圣的一票。

同志，这神圣的一票来得多么不容易啊！是多少先烈抛头颅，流鲜血换来的结果。吴玉山师傅拿着选票，痛苦地回忆起过去的非人日子。新中国成立之前，吴师傅在阜东面粉厂做工，有次老板叫吴师傅去答话，资本家一见到吴师傅就皱起了眉头，嫌恶地说："你站远些和我讲话，你身上很臭的。"吴师傅气愤地说："你看，旧社会是怎样不把我们劳动人民当人看待。"是呀，在旧社会，咱们工人哪里还谈得上什么政治权利，所谓"代表"也是些土豪劣绅和有钱有势的人，只有在今天，咱们工人掌握了政权，才能亲手选出自己的代表。

过了几天，我们二机召开了选举总结大会。厂里挂灯结彩，会场里挂满了各色美丽的花彩。主席台正中挂着毛主席的像，他老人家神采奕奕的眼睛，欢乐地望着喜气洋洋的人们，好像在说："你们选了自己的代表，应该欢乐呀！"礼堂里坐满了人，窗口外面站满了，最后连门口也挤得不通了。每个人都睁着眼等着看看自己选出来的代表，想亲口向代表说几句心里话，台上的几面彩旗似乎也被他们的欢乐情绪所感染，哗哗地动荡不休。

刹那间，大家都静了下来，主席宣布开会，当工作队长宣布陆阿狗等四位同志当选为普陀区人民代表时，全场爆发出一片热烈的掌声。选民们立即在人群中找到自己的代表，簇拥着把代表抬上了主席台（有照片，在《解放日报》1954 年 1 月 18 第三版）。这时欢呼声和掌声响成一片，五彩的纸屑像雨一样洒在代表们的身上。陆阿狗同志——这位在生产战线上出色地完成战斗任务的劳动模范，满面笑容挥动帽子，亲切地和从前在一个小组工作过的工人和全厂其他工人们招呼。

厂里的先进工作者黄长根亲手替代表戴上了大红花。年轻的女工跑上主席台给每一个代表献上鲜花。工作队长代表选举委员会郑重地把人民代表的当选证书发给了代表，会场又响起一阵暴风雨般的掌声。陆阿狗小组组长应忠发向代表说出心里话："我们信任我们亲手选出的代表，也一定用实际行动支持和拥护我们的代表。"就是这个小组在 1952 年 12 月 15 日超额完成了1953 年的生产任务。他们保证 1954 年提前五天完成 1954 年第一季度的计划，争取质量达到 99.8%。黄长根师傅在普选运动中，首先推广苏联科列索车刀法，使工作效率提高 150%。

应忠发接着说："我们希望代表们和我们密切联系，经常把我们的意见带给政府，把政府的政策决议告诉我们。"有些来不及说话的选民们当场把写好的信交给了代表。

在这种欢乐的气氛中，人们想些什么呢？二机陆阿狗小组的工人郁全英一直用尊重而亲切的眼光望着陆阿狗。她不能忘记的是在这位老师傅的耐心教导下，她成为一个出色的五金工人，半个月来红旗没有离开过她的车床。她想：不单是为了当过自己小组长的人当选为代表，还是因为是我亲身选出了代表，代表的光荣也同样有我一份。

我们厂里还有应忠发当选为上海市人民代表。1954 年 8 月 17 日下午，出席上海市第一届人民代表大会的全体代表，以无记名投票方式，隆重地选出了上海市出席第一届全国人民代表大会会议的代表六十三人，陆阿狗同志也光荣地当选。这不仅是陆阿狗同志的光荣，也是我们国营二机的光荣。

第三节　轰轰烈烈的增产节约运动

1954 年原棉的减产，给本厂发展带来极大的影响，少数同志的"右倾"更助长了这种副作用。他们没有认识到社会主义制度下农业生产飞速发展的可能性，而是过分强调了消极因素，以致使本厂的生产能力遭到很大的破坏。逐步建立起来的生产组织全被打散，引起了生产管理上的混乱。

1955 年 3 月，纺织部召开厂长会议，决定减产。我们厂由年产一千台细纱机的能力，下降年产 470 台，全年生产总值较 1954 年减少 45%，并且预示1956—1957 年仍将继续减产。在机械局的指示下，厂领导采取了紧急措施，把大批技术工人调出培训，同时在纺织工业不要高级技工思想的指导下，大部分高级技工抽调支援重点建设单位，这种目光短浅的决定显然是错误的。他们没有充分认识到社会主义制度的优越性，以及广大人民群众日益成长的需要，这样做的后果是挫伤了广大职工的生产积极情绪，因此有的工人说："国家在发展，我们纺织机械却在倒退。"因此，干部要求工厂转业，工人认为纺织机械没有前途，给政治思想工作带来一定的困难。

1月，本厂根据中共上海市委指示，展开规模巨大的共产主义道德品质教育。几年来，我们厂工人在党委的正确领导下，经历了各项巨大的政治运动，特别是在通过大张旗鼓的总路线宣传后，广大职工觉悟普遍提高，新的道德品质迅速成长。社会主义的劳动热情普遍高涨，表现在生产上发挥了高度积极性和创造性。因此，本厂每年生产任务均能顺利完成，甚至大大超额，这是我们厂职工和青年精神面貌的基本方面。

但是资产阶级思想仍然会不可避免地影响到本厂少数职工，尤其是青工。由于上海过去长期处在帝国主义和官僚资本家统治下，虽然新中国成立数年来的社会改革，可是遗留下来的资产阶级唯利是图、损人利己的道德观点，以及他们腐化堕落的生活方式，逐步在少数意志薄弱的青年中发生腐蚀作用，具体表现则为轻视劳动、不守纪律、弄虚作假等方面，导致个别青年发展到生活上腐化堕落，有成为罪犯的危险。

党委认为，这不仅是一个思想问题，而且是一个政治问题；不仅是青年问题，而且是一个社会问题。因此，党委和团委结合当前生产，开展了共产主义道德品质的宣传教育运动。以青年劳模的先进事例，教育职工和青年热爱劳动，热爱集体，勤俭朴素，力求进步，为祖国社会主义事业做出贡献。同时，贪图享乐、损人利己、极端个人主义思想是可耻的。以马承伦由一个贫农出身的青年堕落为"阿飞"的事例来教育全厂职工和青年。

从小受尽地主、资本家压迫剥削的马承伦，新中国成立后应该说是彻底翻身了，但是由于自己意志的薄弱，经不起资产阶级生活方式的引诱，最后在资产阶级思想面前屈服了，堕落成为一个"阿飞"。1954年5月，因为在大都会舞厅大打出手，而被公安局第11次拘捕。释放后，在公安同志的耐心教育和启发下，他开始逐渐悔悟，过去的痛苦、心酸的生活，像电影一样，一幕一幕在他眼前闪过，他流泪了，他悔恨自己，决定要痛改前非。释放后，在党团组织和同志的热情帮助和关怀下，他开始体会到组织和集体的温暖。马承伦转变了，他走上了正道，并且在生产上取得了一定的成绩，被评为厂的先进工作者和市的劳动模范。

共产主义道德品质教育的开展，使全厂变成一个生气活泼、友爱团结、充满着朝气的大家庭。

6月，党中央号召开展以"厉行节约，提高质量"为主要内容的劳动竞赛。由于劳动竞赛是在进行共产主义道德品质教育基础上开展的，所以运动很快就轰轰烈烈地蓬勃展开了。

青年，这个光荣而漂亮的名称，象征着热情和斗争。哪里有青年，哪里就有朝气蓬勃、充满生命力。哪里有青年，哪里就存在着战斗和斗争。在党抚养下成长的我们厂青年，在响应党的号召上，无愧于时代。这次又是青年人一马当先，向浪费、向保守发动了猛烈的攻击。全厂在团委领导下成立了八个青年节约队和一个青年监督岗，在"厉行节约，提高质量"运动中，打响了全厂第一炮。

工保团支部的青年遥遥领先，他们以排山倒海之势向节约进军。三十余人的青年突击队，在队长的带领下，浩浩荡荡奔向十余年无人问津的仓库，他们以忘我辛勤的劳动，挖掘了大批目前急需、而又长期搁置不用的国家财富：掏纱杆、罗拉工字架。经过几昼夜的拆、洗、分类，使这批"废物"又重新发挥原有的效用。

战斗的第一次胜利总是吸引人的，科室同志又怎能袖手旁观，他们在党支部的领导下，根据自己工作的特点，举办了"图纸质量展览会"，来堵塞因图纸设计错误和设计质量不高而造成的漏洞。根据不同原因和根源，选出典型的例子展出示众。打入"冷宫"的价值 15，000 元的退火炉，从诞生至今一共用了三次；花了 5000 多元制造的"轧不平"的轧平机，因为工艺规程漏掉一道工序，造成 10 台罗拉齿脆报废，损失国家财产 11000 余元的教训……这些闭门造车、不切实际的"设计"，给国家造成了多大损失呢？两年来，全厂制造好而不能用的和设计好而不制造的共有 15 大项，浪费的资金折成大米，足供技术科 40 余位同志维持 25 年。从这些生动有力的事例中，那些感到科室无浪费的同志，怎能一点不心痛？

走进一金工场，那引人注目的"车间个人竞赛进度牌"常是人头丛丛，在最长的一条红线下，写着曹永康三个大字。

刨工曹永康，这位优秀的共产党员，他以生产上的优异成绩，回答了党的号召。从 1953 年到 1955 年 11 月的工作量，是他走在时间的前面，提前完成了第一个五年计划，是他一个人操作两台牛头刨床，三年没有出一只报废，他以模范的行动，影响了整个小组，在运动中他起到了一个党员应有的作用。

再看咱们厂的先锋——陆阿狗小组，在节约反浪费的运动中仍然高举先锋旗帜，他们将冲锭钩的铁皮，从每条冲 92 只，提高到冲 108 只。又将冲锭钩座落料时，将每只间距离缩短十丝，这样使原来只能冲 25 只的铁皮，提高到 26 只。小组全年提出合理化建议 50 件，全年超额完成任务 8.43%，节约钢板材料 4855 千克，合计人民币 11，887 元。

节约反浪费运动取得了显著的经济效果。1955 年虽是减产年，但是由于同志们在党的领导下，发挥了高度的积极性，虽然总产量比去年减少43％，可是产品总成本却比1954年降低了16.2％，为国家节约了38万元财富。节约计划完成17，5011元，合理化建议499件，采用351件，节约财富153，650元。

更重要的是通过"厉行节约，提高质量"的劳动竞赛，使全厂职工受到了一次生动的实际教育，培养了人们爱护国家财产和维护集体利益的共产主义道德品质。

第四节　一九五六年　高潮年

1955年下半年，城乡社会主义"三大改造"运动飞速地展开了。全国98％的农户加入了生产合作社，70％以上的城市基本上实现了手工业合作化和资本主义工商业的全行业公司合营。这就使得我们国家的政治面貌，发生了根本的变化。全国人民无不欢欣鼓舞，满怀激情地投入五年计划的建设中去。

"三大改造"的胜利，进一步奠定了社会主义的思想基础，大大鼓舞了全厂职工建设社会主义的信心。农业上的丰收，推动了工业的发展。棉花增产了，纺织机械部门怎么办？1956年1月，局里召开了厂长会议，确定了二机细纺机的生产任务，由原来的396台增到864台。后来又要求增产50台，就是说任务比1955年增加1.34倍。这一改变，真是180度的大转变。厂里立刻就引起了两种反映：工人们欢声雷动，干部们且喜且忧。你知道为何还要忧吗？原来1955年是个减产年，为了适应生产情形，厂里输送出四百多名高级技工，压缩了材料和工具的批量，而且生铁和焦炭也由于和中机合并，库房里"空空如也"了。这回，一下子要增产这么多，劳动力、材料、工具等，都存在很大的困难，你叫干部们如何不忧？

工人里头的情形可就不同了。1955年一年由于减产，弄得大家英雄无用武之地，如今一听，任务要翻一番，憋了一年的劲儿，一下子就鼓出来了。

党委正确地分析了其中的情况，于是决定抽调回培养班的413名学员，搬回已合并到中机的铸工车间。另外，组织全厂职工进行农业纲要四十条的学习，使每个人进一步看清社会主义的美好远景。因此，群众的劳动积极性就大为高涨。沪东工场在传达农业纲要报告后的第一天，就在生产上掀起了高潮，四个锻工小队都超额完成了当天生产任务，最多的超额28.7％。很多工人突破了当天的生产计划，最高的超过计划33％。先进工作者汪秉久学习农业纲要四十条后,切削效率即从 99 米提高到 480 米。

针对这种形势,党委决定在全厂开展"表扬先进,带动落后,人人提高,个个进步"的社会主义劳动竞赛,同时根据中央的指示,进一步加强做人的工作。

竞 赛

竞赛是从参加上海市的厂际竞赛开始的。在那场竞赛里,我们厂提出提前 16 个半月完成第一个五年计划,党委为了确保这一保证实现,就准备把厂内和厂外的竞赛连接起来。

2 月,在党委领导下,工会进行了 1955 年第四季度的竞赛评比。这次评比,由于做到了民主深入、合理,并且与总结先进经验结合起来,因而给下次竞赛打下了良好的基础。不久,厂内的竞赛开始了,先是车间之间,后来科室之间,再后来是车间内部同工种同业务,最后连勤杂、警卫、医务等,全都卷入了竞赛。整个工厂,这时就成了一片轰轰烈烈的竞赛火海。

正当厂内竞赛安排就绪的时候,全国先进生产者运动展开了。厂党委为了扩大竞赛面,提高竞赛质量,就把先进生产者运动和竞赛结合起来。先评出第一季度先进人物 450 名,又发动群众讨论,使大家有了具体的目标,越发奋勉激励,力争上游。在群众积极性的提高下,全厂 90% 以上的人都订了个人保证条件,争取做个先进生产者。竞赛在这个基础上更加红火了。

党指示,在先进生产者运动中,必须改变领导作风,关心职工和了解职工;特别强调要加强以先进带动落后的思想工作。过去对一些所谓落后人物,除黑板报和广播台批评以外,平时很少关心他们,现在能注意到这些人的变化及时鼓励他们,使他们看到自己的成绩,领导上的关怀使他们很感动。例如,工具工场吴连庆和陆瑞龙说:"过去我们表扬是没有份的,黑板报上批评总是有份的。"由于改变了对他们的看法,关心他们的生产,如有小建议或成绩就进行表扬,下车间向他们祝贺,使他们大为感动,大多数批判了自己过去的错误思想,在生产上积极起来。例如,陆瑞龙在 4 月就改造了车推拔靠模,提高产品质量六倍。

又如一金车间青工徐炳炎,过去只爱溜冰、跳舞,生产经常完不成计划。1954 年 5 月,因旷工受过处分后,情绪消沉,自由散漫。1955 年第一季度参加同工种竞赛后,党支部以马承伦从落后转变到先进生产者的具体例子耐心地启发他,因此他逐渐转变,向老师傅虚心请教,不断改进操作和工具,不断突破定额。由于他生产上和思想上的显著转变,在第一季度党支部就撤销了他的大过处分,而他连续在三个季度中被评为优秀生产者和先进工作者。

又通过他的转变例子来教育新进的工人。

在关心人的工作中，4月党委又通过工会对全厂职工生活做了全面了解，补助困难职工171人。6月又分各系统，进行个别访问，对132人给予长期补助。在生产上则一再加强劳动保护措施。天热时，高温车间每人每天供应两瓶盐汽水，增加了两只高速喷雾器，铸工段每天供应冰块一吨，并实行了工间休息。天冷时，则又加强保暖措施，对困难职工进行棉衣补助。这种无微不至的关怀，使广大职工进一步体会到温暖和阶级弟兄的爱。

党的关怀，更加鼓舞了个人同志的劳动积极性，群众情绪更加高涨。竞赛越来越激烈，先进的单位、先进的人物一浪接着一浪，潮水般地涌现出来。

一、淬火工场三夺红旗。车间之间的竞赛是这样划分的：一金对三金，二金对装配，工具对保全，淬火对沪东。在这场竞赛中各车间真是八仙过海，各显神通，而其中淬火工场尤为突出，接连在三个季度中夺得了胜利红旗。

提起淬火工场，真是赫赫有名，1956年以前，谁讲到它都摇一摇头，计划月月完不成，质量真是一塌糊涂，好好的产品送去淬淬火，回来就得报废，追究起责任来，他们又踢皮球，推来推去，弄得别人没办法，只好称他们为"关键"工场。这"关键"工场，在1956年的竞赛中连中了"三元"，所有的人都不能不被它震惊。

过去淬火工场的行政领导存在着很大问题，做事不和群众商量，车间主任一意孤行，大大挫伤了广大群众的积极性。竞赛一开始，广大职工在"三大改造"胜利的鼓舞下，劳动热情盛况高涨，一致要求改变车间的落后面貌，他们说：我们要亲手拿掉这块"关键"车间的黑牌子。我们党是支持这种正当要求的，考虑到淬火车间领导的薄弱，于是将劳动模范应爱斌同志调到淬火工场做主任。应爱斌，这个党一手培养起来的年轻的车间主任，虽然他对淬火技术不精通，可是他懂得作为一个共产党员，就应该虚心向群众学习，了解群众疾苦。群众路线是我们党坚定不移的路线。小应一到车间，就虚心征求群众意见，改进行政工作，带领大家投入争夺红旗的竞赛中去。工人的满腔劳动热情，像火山一样喷射出来了。

1月，车间里首先抓指标，天天开调度会，突击重点，并且把每天计划完成情况，用红绿牌子告诉大家。大家树立了集体荣誉感，都不希望绿牌子出现（完不成计划），于是互相协助，围攻关键。各班之间互相观摩学习，中班工人看早班工人操作，夜班工人再向中班工人学习。结果犁片淬火量急线上升，由每炉250片上升到290—350片，直到448片的新纪录。经过一月苦战，终于第一次完成了计划，同时质量也大大提高，合格率达到99.97%，这是从来没有的水平。这一下，工人热情更高了，车间趁机召开群众大会，总结成绩，订出目标。2、3月的计划就在这基础上顺利地完成了，车间获得了第一季度竞赛红旗。

第二、第三季度，淬火工场又遇到了两大困难：一是材料不足，二是潮水进犯，但是，在发挥了高度积极性的工人面前，这些困难又算得了什么？材料不足，工人们就开动脑筋用代用品，如以黄血盐代替氯化钠，就解决了氯化钠缺货的困难。潮水进犯，大家就全力以赴，昼夜奋战，与潮水斗争。几个月下来，淬火工场的工人们，终于在极端困难的条件下，完成了任务，保住了红旗。

竞赛就是这样使一个落后工场变成了红旗车间。

二、优胜科室供销科。竞赛也在科室里开了花。今年困难最多的要算供销科：生产任务翻了一番，市场上材料买不到，各车间派人到科室催货，科里的人忙得团团转，还是应付不了。整个供销科，乱得就像个交易所。

竞赛一开始，科里就成立以党支部为核心，行政、工会参加的中心组来领导竞赛。科里首先调整组织，改进了企业管理，把全体计划、采购、提货、收货、保管等工作人员，分成了三条线，分别负责大五金、小五金的外包件供应，这就使采购人员了解库存情况，保管员和收货员知道到货日期，初步保证了供应。

但是，没有总归没有，许多货物市场上买不到，仓库里也找不着，怎么办呢？特别是钢铁，生产上的需要刻不容缓，市场上却偏偏供应紧张，用什么办法弄到手呢？

"世上无难事，只怕有心人"。供销科的工作人员在中心组领导下，为了度过"材料"关，真是绞尽了脑汁，挖空了心思，经过多方摸索，他们终于总结出一条办法，那就是一挖，二借，三催，四换。"挖"就是挖掘潜力，利于残余材料；"借"就是向别的厂借；"催"就是组织催货队，催钢铁厂如期交货；"换"就是以有易无。凭着这套办法，他们胜利地完成了艰巨的供应任务，确保了生产上的跃进。以后，来供销科催货的人就越来越少了。

1956年第一、二季度，供销科被评为竞赛优胜科室。

三、三金车间，热烈如火。竞赛越来越深入，不久，各车间内部也就展开了同工种竞赛。5月初，三金车间的同工种竞赛达到了最高潮。5月3日，三级女车工叶馥仙突破定额154%，得到了红旗。5月4日，张金根突破定额170%，夺取了红旗。5月5日，叶馥仙又以170.2%，抢回了红旗。不久，邱国华又以202%把红旗拿走。这样，个人与个人、小组与小组、工段与工段不断地突破定额，定额也就不断提高，产量大大增加了。全车间的竞赛真是青年赛赵云，老将赛黄忠，先进带落后，仗仗打成功。

产量增加以后，竞赛接着就向纵向发展。由三金开头，全厂又掀起了一个优良品质竞赛运动。每个生产工人都有一个质量卡，检验员每天在上面画记号，全是优良的就可得到红旗。与此同时，厂级也增加了巡回检查，进行技术改进，大大提高了产品的合格率。

大规模的竞赛运动，掀起了生产的热潮，但也出了一些偏差。个别工人在竞赛中滋长了个人锦标主义，只管自己不顾别人。至于交接班关系搞不好，工具各借一套，甚至吵架，为了克服这种现象继续发生，党委指示工会，根据上海电机厂的经验，发动组织工人签订兄弟合同。

兄弟合同，是从三金劳劳模李金奎开始的。三金有个有名的"老油条"，名字叫作陆明高，他来厂还不到两年，就几乎游遍了全厂的所有车间，调来调去，什么地方也放不下，大家听到他的名字就头疼。生产吊儿郎当，计划根本完不成，这次，厂里要签订兄弟合同，李金奎根据党支部的决定，主动找上了他。他初是一惊，接着就破口大骂，说李金奎不该吃他的"豆腐"，李金奎为了帮助他，不讲第二句话，一次又一次地耐心和他协商，最后总算打动了他的心，答应签订合同。合同一签订，李金奎就在技术上、思想上和生活上对他进行帮助。李金奎把自己的两件合理化建议与陆明高商量，推广到他的车床上去，并利用星期天到陆明高家中去访问。发现他小孩生病，经济发生困难，就立即得到了补助，因此陆明高很感动，在各方面都积极起来。四五月车间评比，陆明高评上了优秀生产者。由于技术上的提高，下半年还升了一级。自此，家家传开了这件事，都说："兄弟合同，使两人变成了一对亲兄弟。"于是兄弟合同也就普遍订开了。

兄弟合同，使全厂工人团结得更加牢固。大家抱了一条心，为了提高生产，建设祖国，昼夜奋战。这样全厂产量和质量的指标，就直线形地飞速上升起来。

总结经验　喜庆丰收

在劳动竞赛中，工人们发挥了无穷的智慧，全年共提出合理化建议2175件，其中经审核采用的有1093件，节约339，340元。除了建议之外，在个人中还有许多土生土长的经验，譬如：二金车间陆根松点焊的经验、沪东周根宝的手工造型经验等。对这些经验，厂里也都进行了很好的总结，并加以推广。这一切都对促进生产起了很大的作用。

在农业社会主义改造的推动下，党委和工会组织全厂职工学习了农业纲要四十条后，职工在思想上有了进一步的提高，更加明确了加速社会主义工业化建设的必要性。党对群众无微不至的关怀，进一步鼓舞了职工群众的劳动热情，在党委的正确领导和全厂职工共同努力下，我们完成了跃进任务。

1956 年，厂里一共出了细纱机 872 台，完成计划 100.35％，在缴了利润 202.8 万元，完成计划 104.11％。更伟大的是 1956 年 12 月 12 日，在总产值方面，提前一年零二十二天完成了五年计划。其他方面，如产量、成本降低等，也都分别提前了一年多，五年计划四年就完成了。

第五节　产品质量的提高

1953 年，国家进入了有计划经济建设时代，本厂也进入了一个新的历史时期。在过渡时期总路线光辉照耀下，全厂职工以辛勤忘我的劳动，提前一年零 22 天，完成了国家第一个五年计划，为祖国工业化做出巨大贡献，在中国纺织史上写下了光荣的一页。

年度产量比较表

单位：万元

年度／百分比／项目	1952 年	1953 年	1954 年	1955 年	1956 年	1957 年
总产值	100	112.92	177.4	101.6	183.86	188.84
细纱机	100	96.42	161.65	84.76	156.27	98.92
上缴利润	—	100	148.03	86.8	62.36	89.71
单位成本	—	100	74.98	65.31	65.9	61.23

五年来，上缴利润总额是 1，570，800 元，比 1957 年的固定资产还多约 50％，也就是说五年为国家积累的资金，可以建造一个规模比本厂大一半的纺织机械厂。五年中，共生产细纱机 3318 台、133 万锭，可以装配像北京国棉二厂这样十万锭纱锭的纱厂 13 个。生产的细纱机供应了全国 40 余个新建和扩建的纺织厂，特别是西北及河南等新兴的纺织工业区，细纱机几乎都是本厂供给。这样，祖国生产棉花的地区，也能够大量生产布匹，来满足广大人民日益增长的需要。

本厂制造的细纱机，不仅供应国内需要，而且还有部分出口，支援了朝鲜、越南、缅甸、埃及等亚非国家的建设。

质量的提高

五年来，不但产量稳步上升，而且质量也日益提高。1953 年，我们在细纱机上加了吸棉装置，吸除车上的飞花，保证了纺织工人的健康。同时，锭子由老式的三社式改为滚珠轴承式。转速由每分钟 11,050 转提高为 13,000转，加大了牵伸，提高了质量。1954 年，装了公尺记录表，使产量有了正确的计算。1956 年，则又把细纱机上的加压重锤改小，每台节约生铁 160 千克。当然这些零星的改革，对提高质量有着很大的意义。但重大的改革还是将1291 型改为 1293 型，试制成功综合式大牵伸细纱机。

1956 年，在苏联专家霍道谢维奇同志的指导下，本厂和国棉十一厂、山西经纬纺织机械厂、纺织机械局设计公司等单位共同努力，于 1957 年试制成功综合式大牵伸细纱机。它的特点是：均匀度好，质量高，纺出的纱都达到国家一等一级标准，牵伸倍数提高到 62 倍，这样就由二道粗砂过程缩减为一道粗砂过程。如果一个十万纱锭的纱厂，使用这种综合式大牵伸细纱机，就可以在前纺部门省去 35 台粗纱机，也就等于节约了 210 吨钢材和 1790 平方米的厂房面积。

在上海，用这种细纱机和各国在沪细纱机做了一次纺纱试验比赛。结果，超过一切英、美、日、意、瑞士纺织机的品质。

1958 年，综合式大牵伸细纱机投入大批生产，就这样，中国人民以自己的智慧和创造性的劳动，结束了细纱机仿造的历史，从而充满自信地走上了独立创造设计的道路。

从细纱机出国展览和出口国外的事例中可以看出提高之一斑。本厂生产的细纱机在国外受到相当欢迎，因为它价钱便宜（比日本便宜 3 倍，比英国便宜 2.8 倍），质量又好。1953—1957 年的五年，本厂细纱机先后在莫斯科、莱比锡、大马士革、阿富汗、印度等地展出，每次都获得极好的评价，参观者络绎不绝，有的甚至学习我们的设计，也有的怀疑是否中国制造，但是在得到肯定答复后，不得不表示十分钦佩。

五年中，细纱机共出口埃及 85 台，约 34,000 锭；缅甸 52 台，约 20,800锭。

开始他们不相信中国能制造细纱机，即使会制造，质量也一定很成问题。可是事实胜于雄辩。不信，就请过来看看吧！1956 年，埃及司巴海纺织厂极其精明的总经理司巴海就两次访问本厂，实地参观了制造过程，虽然相信了，但是还有点放心不下，因此，开始只是小批订货。有趣的是在安装后还特地和法国货做了一番比较。25,000 锭等时比赛结果是：法国的 198 千克/小时，我们的 260 千克/小时。中国细纱机的优越性，使这位精明的老外下定决心，大批向本厂订货。

出口缅甸情况略有不同。1956 年，缅甸总理吴努来中国访问，当参观北京国棉二厂时，对细纱机质量大为欣赏，开始以为是外国货，后来一打听，知道是咱们自己制造的，于是坚决要求订货。日本商人知信后，大为惊慌，极力破坏这项贸易成交，并且一再吹嘘日本细纱机是如何好。但是美帝国主义附庸的本质决定了日本的失败。他们出售细纱机的条件是：除美元外，什么都不要。可是解放了的中国人民，是深刻懂得帝国主义剥削压迫痛苦的，中国共产党领导下中国人民是以国际主义精神，无私地援助一切经济落后的国家，为了帮助民族主义国家经济上的独立，我们接受了缅甸剩余大米的交换。接着又展开了第二场斗争，这次的对手是咱们的死对头美帝国主义。美帝国主义在百般破坏这宗贸易无效的情况下，被迫供应给缅甸两万锭细纱机。这样，两个相隔很近的纺织厂，装置着从两个不同社会制度来的细纱机，必然引起了一场竞赛。看吧：咱们中国细纱机全部都漆成深绿色，那深绿色的车身，犹如披着绿纱的天上织女来到了缅甸，那均匀而又平稳的沙沙声，听了简直使人着迷。再看美国的细纱机吧，那涂满克罗米①的车身格外耀眼，粗看上去，似乎外表比中国的要好看些，谁知是一个外强中干的大草包。比赛结果，咱们国营二机的细纱机，无论在产量上还是质量上，都大大压倒了美国，原因何在？道理很简单，唯利是图的本质决定了他们的失败。美国细纱机是按美国长纤维棉设计的，因此缅甸必须每年耗费大量的外汇去购买美棉，同时零件损坏后，非向美国这一家公司购买不可，因为缅甸无法配制。可咱们中国的细纱机呢？是根据缅甸的天气和缅甸的棉花纤维长短而设计的。这样，他们就可充分利用本国棉花织成布，卖给本国人民。中国人民真诚无私的援助，使缅甸朋友有可能在经济上进步，摆脱对帝国主义的依赖。因此，这次比赛的结果，不仅缅甸朋友感到非常满意，就连英国和日本的工程师也不得不在私下里承认"中国的好"。

在这场两个不同社会制度的科学技术竞赛中，我们二机的工人以忘我的劳动积极性、高度的创造性，给了美帝国主义一记响亮有力的耳光，咱们没有辜负党和毛主席的希望，为祖国争得了荣誉。

我们在第一个五年计划期间所获得的成就面前，回顾一下本厂的过去，今昔有着不同的对比，的确令人振奋。新中国成立以前，它就是一个纺织机

---

① 2019 年编者注：克罗米，即 chromium，铬的音译。

械的修配厂，国民党曾一度想制造 20，000 枚纱锭，结果由于官僚资本的腐败和内部矛盾重重，虽说花了两年多时间，可是连一根锭子也没造出来。今天，当企业回到人民手里的时候，只经历了很短的时间，就由一个修配厂变成为一个能大量制造纺织机的专业工厂。五年来，它生产了大批的细纱机，这些产品不仅有力地支援了全国棉纺工业的发展，而且开始向国外输出，帮助亚非友好国家的工业建设，这在我们厂以至我国的历史上都是空前的。这一巨大的改变，生动地表明了社会主义企业的优越性。这是全厂职工在党的英明领导之下，贯彻党在过渡时期的总路线和提前完成第一个五年计划，辛勤劳动，虚心学习，充分发挥积极性和创造性的结果。

党 的 领 导

党的领导，保证了我们厂沿着一条正确而又多快好省的道路迅速发展。中央明确地提出"要在建设新工业的同时，充分地、合理地利用原有的工业企业，发挥其潜在的生产力量"的方针。这一方针，对于我们老厂来说，是非常正确的。随着工农业生产的发展和人民生活的提高，要求轻纺工业特别是纺织机械工业也要有相应的发展，来满足人民群众日益增长的需要。在这样的形势面前，我们有部分同志信心是不足的，认为厂里设备陈旧，大都是用了几十年的老爷机器，效率很低，要求国家增加投资，扩充设备。厂党委明确及时地指出这部分同志的错误看法，在第一个五年计划期间，国家应当集中大量人力、物力来保证 156 项重点工程的建设，我们不仅不能因要求国家增加投资而影响重点建设，相反，我们应该从增加生产、厉行节约的实际行动为国家重点建设提供资金、设备和技术人员。党委号召全体职工"利用旧机床，发挥新效能"，引导大家走上技术革新和建立社会主义经营管理制度的道路。五年来的发展，充分地说明了这一方针的正确性。广大工人和技术人员在党的方针指导下，对旧有设备广泛地进行了技术改造，将全部老式无轴传动皮带床改为安全适用的单轴马达车床，生产效率因此大大提高，如车工韩阿富的老式车床改为自动车床后，产量立刻提高了 13 倍。一金车间大件组的龙门刨改龙门铣后，产量提高了 3 倍到 6 倍，通过改装旧车床，自制专用机床和改进工艺设备的结果，不仅使我们厂的面貌一新，而且节约国家投资约 300 万—500 万元。

党的领导不仅体现在党的正确的方针政策上，而且还表现在党的政治思想工作方面。党不断地以共产主义的思想教育全厂职工，以树立先进、带动落后的方法不断提高广大职工的阶级觉悟。几年来，陆阿狗先进生产小组在党的培养教育下，不断改进技术，突破定额，一直是本厂全体职工学习的先进榜样，带动着全厂职工前进，使劳动竞赛蓬勃发展。并且党教育全体党员要从政治上、生活上关心群众、了解群众。特别强调对少数落后工人的耐心教育帮助，真正做到了调动一切积极因素。

除了积极培养先进、表扬先进以带动落后外，党也不断地对职工中存在的某些不正确的思想行为，进行正面的教育批评。例如：在1953年年底宣传过渡时期党的总路线时，对少数工人不安心工作，晚上在私营厂干活，企图走资本主义的做法，进行了深入而具体的教育，加以纠正，使全体职工都明确了社会主义道路的光明前途，从而生产积极性空前高涨。

在加强思想政治工作的同时，党还注意根据生产的发展和劳动生产率的提高，逐步改善职工群众的物质文化生活。五年来，仅福利事业费的支出即达7,961,676元，使得职工更从物质利益上体会个人利益和国家利益的一致性。

由于党的培养和关怀，我们厂建立了一支有觉悟、有文化、有技术的生产大军。有了这支大军，我们才能克服生产上的一切困难，胜利地提前完成第一个五年计划。

职工群众的积极性和创造性

几年来的生产发展，是我们厂全体职工辛勤劳动的结果。当我们厂进入第一个五年计划建设时期，全体职工以主人翁的劳动态度投入生产，热烈地开展劳动竞赛，在陈旧的机床设备上，千方百计地克服一切困难，挖掘潜力，改造技术，节约原料，突破定额，使劳动生产率不断上升。

1957年，平均每个工人所创造的价值为16,245元，比1952年提高了60%，比1950年则增加15倍。五年来，一共提出6175条合理化建议，经研究采纳的共有3372条，每年为国家节约134万余元财富，生产上涌现了大批先进生产者和先进单位。以1956年为例，共评出6个先进车间，7个优秀科室，24个先进小组，102个优秀小组，先进生产者达2970人次，优秀生产者达1548人次，劳动模范1954年只6人，1955年则增加为10人，这些同志不仅生产上出色完成任务，而且在政治上和思想上都给全厂树立了学习的榜样，他们之中有一人管二部刨床、三年完成六年八个半月工作量的曹永康；有在"老爷"机床上陆续改进六种工具、一年完成了二年七个月工作量的梅凤坤；还有五年来仍然保持陆阿狗先进小组称号的应忠发组长。这些同志受到党和政府很大的荣誉和鼓励。

不少同志，经过党长期的培养教育，在历次政治运动中不断地提高了政治觉悟，参加了党的伟大行列，为党的队伍增加新的血液。五年来，有288

名职工光荣地加入中国共产党，共青团的组织也有很大的发展。几年来，吸收了 274 名先进青年加入共青团。党团员不仅在生产上出色的完成任务，而且在各项运动中团结全体职工，带头响应党的号召，模范地执行党的政府的一切政策法令，在提前完成第一个五年计划中起了巨大的作用。

苏联无私的援助

我们厂的成长和发展是和苏联老大哥对我们的无私援助分不开的。苏联四十年来社会主义建设，有着丰富的经验和高度的技术水平。学习苏联的建设经验，对我们厂的发展和改造起了很大的作用。1950 年，我们根据苏联的经验建立了科室和车间，用社会主义经营管理原则组织和领导了全厂生产。几年来，由于在生产技术上推广多种苏联先进经验，如科列索夫车刀法、奥达罗拉工作法、席乐夫铣孔法、电火花法、阶梯铣削法、旋风切削法、渗氧化法淬火、罗拉防锈法等，大大提高劳动生产率。例如：1953 年推广科列索夫车刀法的 49 台机床，平均提高产量 30%－40%，最高的 100%。陆阿狗小组在 1955 年推广苏联先进经验，劳动生产率在 1955 年年底比年初提高 34.4%。

苏联不仅以很多的先进技术经验供我们学习，而且还派出许多优秀专家来我国帮助建设。前面说过的综合式大牵伸的试制，就是在苏联专家霍道谢维奇的建议和具体指导下由中国专家设计出来的，使我们厂在细纱机的设计和制造方面大大地向前迈进一步，赶上和超过了许多资本主义国家的同类产品，特别是 1955 年，苏联专家布留亨·波波夫、巴巴夫·柯奇金、基谢尼柯夫等同志先后到我们厂参观，召开座谈会，向我们介绍了许多宝贵的经验，并全面对我们厂的计划管理、技术管理、技术改进、劳动保护等提出 180 多条意见，苏联专家的建议使我们厂的经营管理水平进一步提高，设计制度更加完善，使产品质量得以攀上世界水平的高峰。苏联社会主义建设的成就，永远是我们学习的榜样。

第六章 大跃进

第一节 经整风 全厂大跃进

1957 年，祖国满载着巨大的荣誉和成就迈进了新中国成立之后第八个年度。在过去的七年中，通过了一系列的政治运动和社会改革，我国的面貌已发生了巨大的变化，农业、手工业、资本主义工商业的社会主义改造已取得了决定性的胜利。现在我们伟大的祖国正在由社会主义革命时期进入社会主义建设时期。

这是一个新的、剧烈的、伟大的历史转变时期，国内的社会关系发生了根本的变化。就在这个时候，毛主席发表了"关于正确处理人民内部矛盾问题"这一部伟大的历史文件，提出了划分敌我矛盾和人民内部矛盾的界限，提出了正确处理人民内部矛盾的问题，以便更好地团结全国各族人民，把我国尽快地从落后的农业国变为先进的社会主义工业国。

为了更好地调动一切积极因素，团结一切可能团结的人，并且将消极因素转化为积极因素，为建设一个伟大的社会主义国家而奋斗。1957 年 5 月 1 日，中共中央决定：以毛主席提出的正确处理人民内部矛盾问题为主题，在全党进行一次普遍的、深入的反官僚主义、反右派主义、反主观主义的整风运动。

1957 年 5 月 1 日的早晨，晴空万里，阳光明媚，全上海一片红旗，大街小巷锣鼓喧天。雄伟的游行队伍在行进着，人民振臂高呼："庆祝五一国际劳动节""中国共产党万岁""毛主席万岁"……

远处，白鸽舞弄着春风，彩色的气球带着长条标语缓缓上升，天空上荡漾着歌颂劳动、歌颂工人阶级的歌曲："我们是工人阶级，是劳动战线的主力，我们是社会主义的主人，这世界是我们创造的……"

这真是一个大好艳阳天气，全民都沉浸在节日的欢乐中。

喜上加喜，就在这一天，中共中央发布了"关于整风运动的指示"。工人们怀着兴奋的心情争阅当天的报纸。一面看，一面点着头，深深地为党的正确伟大而感动。有的说："共产党真伟大，不怕暴露缺点。"有的说："只有我们自己的党，才敢公开'整掉'自己的缺点。"有的同志难以抑制心中的激动，写下一首诗：

> 整风整风真正好，三大主义要反掉，
> 尽情倾吐心中言，足见人民地位高。

广大的人民群众，尤其是工人阶级就本着爱护党、加强党的目的，对党提出了许多的批评和建议，二机党委会吸取工人群众的意见，召开了许多次座谈会，很多同志在会上提了意见，党对这些来自群众的意见是十分欢迎和重视的。

但是，另外有一种人，他们不甘心资本主义制度的死亡，不愿意社会主义制度的胜利，借助帮党整风之名，大肆发表谬论，否定八年来的成就，污蔑党的各项方针政策，打击干部和积极分子，企图从根本上推翻党的领导，复辟资本主义。晴朗的天空，突然翻滚起团团的乌云，右派分子向党、向社会主义发动猖狂的进攻了。

在社会上，右派分子恶毒地污蔑党的领导是"党天下"，干部是"大和尚""小和尚"。章伯钧想搞八个资本主义的"政治设计院"，罗隆基也要为他的反革命伙伴平反了，《文汇报》上出现了大量反动的、煽动性的文章，最后，冲出了一个红着眼睛杀气腾腾的葛佩奇，叫嚣着要杀共产党人……

右派分子越来越疯狂了，他们脑袋已经膨胀到"昏"的地步，在他们看来，无处不在反对共产党，天下已经大乱，共产党就要垮台，简直已经到了取而代之的地步。

然而，坏事变成了好事，右派分子越是猖狂，就越明显地暴露了他们的反动面目，就越使自己陷于孤立，就越使工农群众清楚地认识这些牛鬼蛇神。

国营二机的工人早就看穿了这些丑恶的真面目，对右派分子的谬论早已忍不住了："这是什么说""这还成个什么样子""这些人一定不是好东西"。等到 6 月 9 号报上登载了葛佩奇的反共谬论后，工人们愤怒极了，坚决表示反对这些胡说八道。大家在吃饭的时候，在休息的时候，纷纷集会声讨右派分子，批驳右派分子的谬论。6 月 10 日，报上登载了葛佩奇反动言论的第二天，在我们的党报——《解放日报》上出现了国营二机工人们愤怒的谴责和声讨："葛佩奇讲群众要推翻共产党，要杀共产党人，这是什么意思？这是站在什么立场上来讲这些话？除了帝国主义反动派和地主阶级还有谁？"参加过三次武装起义的老工人舒生城的话，充分地表达了大家的意见："我们工人都体会到没有共产党就没有工人和劳动人民的一切自由幸福，葛佩奇的话是造谣，是污蔑，是别有用心的！"

6月11日，《人民日报》发表了社论"工人说话了"，发扬了工人阶级对党对社会主义事业的无限忠诚，领导和支持工人阶级反对右派。二机工人热烈地欢迎这个社论，因为这是代表我们工人在讲话啊！

工人的斗志越来越高扬，各车间、各小组纷纷开会，痛斥右派分子。老年工人沈荣林等三人写信给《解放日报》："我们要问问葛佩奇讲师，你说共产党亡了，中国不会亡，不要共产党领导，人家也不会卖国，那么美军在台湾枪杀刘自然无罪，蒋介石反倒向美国磕头求拜，这事应作怎样解说？你说人民生活水平没有提高，我们厂里的陆阿狗，他原来是个不识字的工人，现在进入人民大学，这你知道的吧，那不是工人生活提高的实例吗？葛佩奇，你身为大学讲师，怎么睁眼不看事实，净说这些瞎话呢！"

工人们对右派的反击，绝不仅是口诛笔伐，跟在后面的是一连串的实际行动。看吧！全厂以空前的劳动热情超额完成8月生产计划，一金车间的风管组一再突破新定额，许多老师傅保证全年不出一只废品。翻开这一时期的厂报，工人们无人无时不在用生产成绩打击右派。工人们以实际行动表示了他们对右派分子的无限仇恨，对党、对社会主义的无限热爱。每一张保证书、挑战书或会议记录后面都会看到同样的誓言："以实际行动打击右派。"

右派的猖狂进攻，终于在全国人民尤其是在他的领导阶级——工人阶级的反对下，全线溃退了。在这一场政治上、思想上的社会主义革命中，事实证明了工人阶级是党和社会主义事业的忠实捍卫者。

反右斗争已取得了决定性的胜利，扫除了前进道路上的障碍，整风运动又可以顺利地进行了，这一场斗争真是：

右派分子迷心窍，竟向人民开大炮

奸谋揭破原形现，毒草如今做养料

在全国的反右派斗争取得决定性的胜利后，二机开始了整风。

1957年9月初的一个下午，大饭厅里挤满了人，台上党委书记王炳文同志正在向全厂职工整风动员报告，号召全厂职工行动起来，大鸣大放，利用会议和大字报形式，对党和领导提出批评和建议，帮助党整风，二机的整风运动便开始了。

在动员报告之后，群众性的大鸣大放高潮立即形成。工人们以主人翁的责任感和对党的无限热爱，怀着满腔的热情，向党提出了许多宝贵的意见，尖锐地揭露了工作中的缺点和错误，以及由此造成的损失，在不到一个月的期间内，就提出了一万多条意见。

大字报在整风中起到了特别重要的作用，工人们喜欢它，因为它方便，有意见可以直截了当地提出来，而且又尖锐，贴在墙上大家都可以看到。工人们用数以万计的大字报，横扫了三大主义，工人王发义为大字报作了一首歌：

> 大字报那个大字报，又像星星又像炮；
> 星星放光亮闪闪，亮闪闪的红光是那大字报。

无数的大字报首先批评了某些干部官僚主义主观主义等工作作风，在一首题为"陈厂长的作风"的大字报上，批评了陈厂长的官气：

> 厂长陈文禧，做事有官气；
> 遇到勿高兴，态度坏来西。

铸工车间张修礼也向党支部提出了意见：

> 支部书记坐高楼，看看文件和报纸；
> 了解情况听汇报，碰到群众不照应；
> 工人有了知心话，不敢向他把心交；
> 党群关系搞不好，这种关系不得了。

一金车间第四小组也对技术人员中的官僚主义和主观主义作风提出了批评，题为"实在太糊涂"：

> 工具计件组，做事太糊涂；
> 工资拿得多，起的作用小；
> 做事工作不像样，十里有九出毛病；
> 倒霉倒在工人手，闭门造车要不得；
> 希望今后要改进，牢记在心最要紧。

其次，大字报对生产上所存在的问题和机构庞大浮夸进行了无情的揭露：

供销科长管点啥？

供销科长管点啥？材料脱节不管账，

一天催了无数趟，嘴上应付快来了；

半天时间过得快，材料还是未来到；

等工待料损失大，财富白白浪费掉；

增产节约顶重要，完成计划个个晓。

请问供销科长知道不知道？

（二金　李美瑛）

人多事好办

我厂自去年年初到现在，生产工人基本没有增加，产量也增加不多，可是行政人员却增加了近二百人，为什么要增加这么多人呢？据说是为了人多事好办，于是科室里领肥皂有专人，开门票有专人，也有抄文件的专人，也有听电话的专人，真是分工精细，各有"专职"，可惜是层次太多，效率太低，我看整风整风，此事也该是整一整了。

（财供科　郑志瑜）

同时，全厂职工对生活福利上所存在的问题，也提出了意见：

自认蛮好

烧饭师傅经常吵闹，环境卫生做得不好；

小菜品种非常单调，他们自认已经蛮好；

实实在在有些骄傲。

（人保科　奚荣宝）

浴室太糟糕

浴室又暗又小，东西时常遗失；

浴室设备不齐，冬天冻得骨头抖。

（供销科）

小病变大病

生了毛病去看病，排队挂号伤脑筋；

耽误辰光真不少，小病要变大毛病。

（三金）

戈壁滩

整风前，整理工段；

高低不平，灰沙飞满天。

一到下雨天，泥水污得像农田；

过路同志，怨气冲天。

（煌）

工人同志提出的这些意见，绝大多数是正确的，是从有利于工作和与人的善出发的，这就为改进工作、改变作风提供了基础。

大鸣大放的高潮，带来了大争大辩，因为在数以万计的大字报中，存在着少数错误的、甚至有害的意见，那是必然的。为了弄清问题的真相，为了解决问题，必须展开争辩。

一张题为"从上到下的坏作风"的大字报，引起了大家的注意，这张大字报认为拍马屁是"我们厂里有历史性的坏现象、坏作风"，而且"上至厂长，下至小组长"都有拍马屁现象。很多人看到后表示不能同意这种看法，说他是无中生有。许多同志举出大量事实来反驳这一荒唐说法。吴豪同志问道："刚解放，我厂获评有几十个护厂和清点的功臣，并史无前例地在大光明戏院授了奖，那时生产管理还算正常化，党组织还没有公开活动，这些功臣是怎样拍得来的？又如当时弹簧工场有位陆阿狗老师傅，为人老实，全厂知名，他既没有和军代表经常接触，也没有和厂长交往，也不善于东谈西扯，甚至连自己的名字都写不来，只因为他不怕坏分子的威胁，带头推动了生产，被评为劳模，到苏联参加"五一"节观礼，后来还被选为副厂长，1954 年到人民大学学习了。以上情况哪一点能说是拍马屁得来的呢？"围绕这个问题，在全厂范围内展开了讨论，陈乐夫的一张大字报提出了三个问题，责问"从上到下的坏作风"的作者林璋："一、整改前你每月 40.27 元，整改后每月工资为 58 元，每月增长 12.73 元；二、你住了宜川新村家属宿舍；三、过去你干描图工，你现在提升为技术助理员，以上这些都是拍马屁、吹牛皮得来的吗？你能说你所拍的对象是谁吗？"辩论越来越激烈，是非越来越清楚了，经陈乐夫这么一问，林璋再也说不出来了，事实证明林璋的大字报是错误的、无中生有的。

　　另一个引起争辩的是生活水平问题，一小部分工人尤其是一些青年工人中认为现在的生活水平也不过如此，有的甚至认为没有过去好，更有的人说："王小二过年，一年不如一年。"全厂职工就生活水平问题上展开了广泛的争辩。老年工人们对过去这些讲法表示最坚决的反对。三金车间童维汉同志说道："有些同志认为现在的生活没有以前好，我认为不对。拿我来说，过去做工得的工资，维持一个人生活还不够，常常衣食保不全，吃六角粉①过日子，而且常给资本家欺侮，把穷人不当作人，现在新社会工人当家做主，生活有了根本的好转。目前，我拿三级工资，家中大小八口，由于小孩子读书治病都是公家的，生活还过得去。小孩也有卡其布和花布穿，遇到有特殊困难，工会也会帮助解决，补助我。所以使我感到温暖。国家现在正在建设社会主义，也有很多困难。我们工人应当服从国家长远利益，只有国家不断发展，我们的生活才会幸福。"老工人姜金宝以自己的经历驳斥了这种错误的说法："我以前在轮船上工作，长年累月地跟着轮船东跑西去，所得的工资还是不够维持一家生活，经常跑当店，受饥挨饿，还给人家看不起。新中国成立后，我们国家的制度有了根本的变化，工人阶级翻身做了国家的主人，掌握了政权，生活水平大大地提高了。先不说别的，最近，我生了高血压病，领导几次三番的问候和关心，使我深深感受到新社会的温暖和社会主义制度的无比优越性。"接着，他说："有这样一位同志，进厂时身上穿的不仅没有毛货，就是连脚上的袜子也穿不全，现在手表、毛料中山装样样齐全，嘴上还说什么现在生活水平没有提高，真是身在福中不知福。"

　　工具工场最近发生的一件事有力地驳斥了这种错误的言论。工具工场钳工谈朝坤身体一向瘦弱多病，自调去汽轮机厂后仍然如此。有一天，心头突然剧痛，咳出大量的鲜血，足有一痰盂之多，顿时昏迷，经急诊后，说是血管爆裂。厂方知道后，立即派救护车从闵行急送沪西中山医院，由最好的医生主持胸腔开刀，采用血管人工结合。经急救后，谈朝坤才起死回生，目前已脱离危险。许多同志在谈论中认为："花在他身上的医药费起码几千元以上，假如在过去，碰到这种祸事只能一命呜呼了，真是新社会救了他。"

　　全厂职工以无数的事例做证：说现在生活水平不如过去的说法是极端错误的，通过摆事实、讲道理、算细账、回忆对比，使这些持有错误言论的同志清醒过来，承认了错误。

---

　　①　2019 年编者注：六角粉为吴语方言，即玉米粉。

通过以上一些问题的争论，真相大白了，许多同志觉悟大大地提高了。但是在争辩中也发现一些问题，有些人并不是从善意出发的，而是鱼目混珠，借题发挥，别有用心地散布谬论，在争辩过程中，工人群众也发现了这些败类。

大鸣大放、揭露缺点的目的是解决问题，搞好工作和改变作风。二机党委会在大鸣大放以后，即根据群众的意见大整大改，整风运动的伟大成果在这时显现出来了。

各级干部在整改中表示了极大的决心，许多领导干部在听到群众意见之后，都亲自向提意见的工人表示了态度，有的做了自我检查。党委副书记张永才同志深入计划科小组向提意见者表示感谢，并且表示今后一定要和职工同志打成一片。厂长张腊良也在一次职工会议上做了自我检查，批评了自己工作上和生活上存在的一些问题。三金车间工段长顾士豪同志过去作风随便，态度粗暴，有事不跟群众商量，犯有命令主义，群众在鸣放时给他贴了大字报。这次，他根据群众的意见，做了深刻的检查。

工人群众对领导的整改决心表示满意，有的深受感动。在一次厂长自我检查的会上，老工人丁祥云感动万分地说："我在旧社会里生活了40年，做了25年工，过去我们看到厂长，不要说不能批评，就连说一句平常话也不敢。只有共产党真正做到了大公无私，使我体会到党的伟大。"三金车间胡祖元老师傅在鸣放时给工段长顾士豪贴了大字报，心中不相信他会改过来。可是当顾士豪同志以实际行动整改之后，胡祖元同志激动地说："当时我觉得一个人江山易改，本性难移，对他提意见也是没有用的，可是没想到顾士豪同志亲自下小组真诚邀请我参加座谈会，要我提意见，星期天挤出时间到我家里，向我道歉。并说他最近两年变了，变得脱离群众了，要我帮助他。我被他的话感动得当场流下了眼泪，我真正体会到共产党的伟大。"

为了进一步搞好党群和干群的关系，党委书记、厂长、车间主任、支部书记都深入车间，参加体力劳动，实现三结合，工人看到领导干部和自己一道劳动，生产劲头更加高涨。有的工人说："第一次看到领导干部在我旁边劳动，我摇手柄来也感到轻松好多！"

关系群众的生活福利是我们党的优良传统，党委根据群众的意见采取了一系列的措施，大力地整改，现在我们就根据鸣放时揭露出来的几个问题来听听群众的反映吧：

1. 食堂好
食堂工作已改善，服务态度有好转；

相骂现象已杜绝，购买饭菜不困难；

小菜点心多样化，大众异口齐称赞。

2. 浴室好

浴室改变新面貌，不分班次可洗澡；

身体受益真不少，大家称赞好。

3. 保健站改得好

保健站有转变，随叫随到随看病；

下车间来找病人，不再等客来上门；

药品配得有分寸。

（计划科　陶阿宝）

4. 整风整掉"戈壁滩"

整风后，整理工段一新；

领导整改，光滑又平坦；

不管晴雨天，行走通车都方便；

过路同志，欢天喜地。

（姚祖礼）

　　一系列生活福利问题，经过大整大改，得到了妥善的解决。

　　针对生产上、体制上存在的问题，也进行了深入的整改。例如：材料脱节问题。供销科全体同志不分白天黑夜，不顾风吹雨打，奔走全国各地，购买材料。技术科的同志在设计某一种产品时能深入下面，与车间工人互相研究，劳技结合，不再闭门造车，因而减少许多不必要的损失。在体制上精简了机构，科室由原来的16个减为6个，行政人员由原来的644人减少到391人，其中有112位同志响应了党中央上山下乡的号召，走向农村，还有161人下到车间，进行劳动锻炼。这样不仅为国家节约了大量的人力、物力，给干部提供了劳动锻炼的好机会，而且随着机构庞大、人浮于事现象的消灭，官僚主义现象也已经绝迹，工作效率反而大大提高了。就以财务科为例，现在能提前上班，把夜班工人工资送去，全厂七十多个退休工人也不再需要他们到厂里来领劳保金，而是按时送上门。检验科过去检验优钢要十天，现在只用一天就可以了。技术科过去逢到更改材料规格，总是先要设计科同意，工艺科盖章，然后再来签上一笔。体制改革后，一次在技术科就能解决了。工人同志对体制整改很满意，他们说：

　　整风运动真正好，思想觉悟能提高；

行政人员下车间，劳动锻炼思想好；

过去，有事我推你不管；现在，互相协助工作好。

随着整风运动的不断深入，群众的认识也在不断提高，客观形势的飞速发展，给整风运动带来新的重大的课题，就是解放思想，大反保守、浪费。1958 年 2 月，整风运动中最大的一个浪潮、最高的一个洪峰——声势空前浩大的"双反"运动来到了。

大字报　大字报
又像星星又像炮

不久前，大字报曾经在帮助党克服三大主义时先后发挥过它强大的威力，现在繁星般闪耀着光辉的大字报，又把它的炮口集中到保守和浪费这两个星星上去了，这一次的攻势是空前热烈的。

工人们把写大字报当作重大的政治任务来完成。他们的口号是："多写一张大字报，就是为国家节约一笔财富"，在这个口号下，多少工人进行了通宵达旦的备战，大字报越来越多了，他们在春节前十天写了一千九百张，而在节后一天就达到七千到八千张。一金车间组织了青年突击队，他们摩拳擦掌地表示一定要苦战几个晚上，搜尽浪费，不搜干净，决不收兵。三金车间到处摆着写大字报的小摊位，每个摊头上总是人头攒动，大家争着要旧报纸和毛笔。

大字报横扫了浪费、保守，对各种浪费、保守现象进行了无情的揭露和严厉的批评。一张题为"建设社会主义的大少爷"的大字报，揭露了积压国家资产的严重浪费现象，"我厂对于添置新设备是不甘后人的，反正钞票是国家的，有了设备，用不用是另外一个问题，这就像有些不通文墨的大少爷偏要别上一对派克金笔一样。举个例，花了十一万多元（注意这是外汇）买了一套高频率电炉，至今只能供人参观而已，何时才能投入生产，恐怕连总工程师也不能保证。我要问，难道生产就允许把这样好的设备搁上一年半截?"大字报对由于工作上的粗枝大叶而造成的损失也进行了揭发："永安二厂钢拎底座本来订 3，000 只，可是不知那位经办的同志多写了一个奇怪的字，就变为 13，000 只，订户提出 3，000 只，现在 10，000 只在库里睡大觉，以二角一只计算，损失国家资金 2，000 元。"对其他方面所存在的浪费现象也进行了无情的批评。

工人不仅批评领导，批评别人，而且也进行相互的批评和自我批评。居述连同志的大字报写着：

> 做活磨洋工，吃饭打冲锋，有些同志们，
> 劳动纪律松，提早五分钟，饭厅把碗捧，
> 跑在时间前，不像主人翁，
> 四点三刻钟，准备就下工，浪费时间人，
> 可耻不光荣。

看到一部分工人不爱关机器上防护罩现象，安装技工韩阿富写了"防护罩自叹"说："我的名字叫防护罩，保护手指不轧掉，只恨我主人不好，到处把我乱抛，我看到大扫除最怕，怕的是要进垃圾车，主人啊，请你算，要浪费国家多少钞票。"

光是用大字报揭露还不够，各车间工人都搞起反浪费实物展览会。原来搞个展览会总是感到很吃力，现在由于大家动手了，花了一天的时间就搞好了，会场设在全厂总的走廊上，大家看到之后，印象极为深刻。有的工人说："看到这许多浪费，心里实在难过。"有的说："本来认为浪费总是多少有的，对浪费现象有些麻痹，看了展览会以后，才大吃一惊，感到浪费现象的严重性。"

工人同志深感某些制度是产生浪费的根源，三金车间顾再兴同志写了一首打油诗，题为"制度重如山"：

> 制度规定老虎钳，只可借来不可还；
> 沪东工场铁堆中，捡出鬼钳完全的；
> 漆过以后宛如新，呆板制度活人订。

工艺科也揭露了由于保守思想的危害，造成了大量的浪费。以制造大铁棍为例，每年要浪费22吨材料；以制造钢领毛坯为例，每年要浪费9吨材料，他们要求领导快想办法来改进，保守思想快抛弃。

"双反"的烈火燃烧起来以后，半个月中，全厂共贴出大字报六万张，揭露了生产上、管理上、生活上、思想上等各方面所存在的问题，横扫了干部的"三风五气"。

在党委领导下，各科室、各车间进行了深入的整改，根据群众揭发出的浪费现象，进行分析和处理，可以解决的立即动手解决，属于思想上的问题，及时地进行教育。不合理的、束缚群众积极性的制度加以取消，从而从根本上阻塞漏洞，杜绝浪费。

经"双反"运动之后，群众的积极性更为高涨，共产主义的思想已在工人中展翅飞翔，他们热烈地响应了党中央十五年之内赶上和超过英国的号召，提出我们要三年之内超英国的奋斗目标。

在这个奋斗目标之下，全厂职工鼓起了革命党的干劲，力争上游，创奇迹，搞革新，生产记录像火箭一样突飞猛进。淬火车间的同志4月比1月生产率提高45％。一金车间技术组的全体同志在短短的几天内提出了85件窍门，其中除节约工具外，很大一部分是属于节约钢材、节约铸铁的建议。预计全年可为国家节约钢材铸铁112吨，三金车间罗拉淬前大组的张文亮、蔡春根两位同志也突破了定额30％，装配车间木工也解放了思想，取消了装箱所用箱盖上的企口，这样一来既可节约人工，又可全年为国家节约五千元财富，而且不影响质量……

经"整风""双反"后的新气象是难以形容的，生产仅是一个方面，工人的共产主义风格、人与人之间亲密的关系、干部与群众打成一片等方面都发生了巨大的变化，全厂空前一致团结，像一个人一样！

本厂的整风运动经大鸣大放、大争大辩、大整大改、"双反"运动，直到1958年5月的宣传和贯彻党的总路线，人们共产主义思想觉悟大大提高了，政治挂帅深入人心，在思想提高的基础上，生产呈现一片跃进景象。

在整风运动取得了决定性胜利的基础上，人民内部团级得更紧密了，对运动中暴露出来的右派和政治上坏分子，工人阶级再也不允许他们继续为非作歹了。从1958年8月开始，在党的领导下各车间各科室组成了反右反坏大军，高唱着自己写的战歌：

> 右派分子你睁开眼，阴谋梦想你早破产；
> 彻底坦白快交代，要想过关难上难；
> 共产党领导人人爱，人民江山谁敢翻；
> 谁敢白日做梦来破坏，头破血流准完蛋。

反右反坏大军以雷霆万钧之势和右派展开了坚决的斗争。

大字报像海洋一样包围右派和坏分子，像一颗颗炮弹打向敌人，揭露敌人的阴谋、丑恶，表示我们对社会主义的无限忠诚。

老工人韩林宝用切身体会严厉地驳斥右派陆德清的谬论："听到陆德清讲党委、工会、行政是新中国成立以后新的三座大山，我非常愤怒，坚决反对这种说法。新中国成立以前，我十一岁开始学生意，过着牛马般的生活，早晨六时起一直做到深夜十二点半才能睡，更谈不上星期天休息，因此我的身体被折磨得很差，患了严重的肺病，路也走不动，经常吐血，那时，无人来管我。新中国成立以后经长期的医疗，党和国家花了无数的钱，才使我恢复健康。没有共产党，我的骨头早已烂掉了。党委、工会、行政无微不至地关心我们，这不是什么压在我们头上的大山，而是我们工人阶级的靠山！"

受过旧社会千辛万苦的彭重根老师傅说："我从小学剃头，全家就依靠一副剃头担子为生，因没吃没穿，父亲只得送掉了十岁和八岁的两个妹妹。以后，因为我眼睛不好，无法做下去，只好去拉黄包车，受尽了欺侮，后来又去做码头工人，所受的痛苦几天几夜也说不完，幸亏新中国成立了，才算翻了身，不再愁吃愁穿，吃上顿没下顿了，这都是党带来的。陆德清，你这个没有良心的狗东西，你要推翻党的领导，我要和你斗争到底！"

工人阶级就这样深刻地体会到：党的领导是一切幸福的源泉，右派要推翻党的领导就是"要我们重新过悲惨的生活"。

在二金车间，斗争会在激烈地进行……

老工人杨惠泉神情激昂地指着王政川问道："你说日本人好，好在什么地方？只有汉奸走狗才会讲日本人好！我就受过日本人的痛打，我的外甥就是在水上给日本人推至河里活活淹死了！"

杨惠泉同志的发言深深地打动每一个人的心，激起了对王政川的无比愤怒，几十只手同时举起来要求发言，要求控诉！

陆启泉同志站了起来，他的发言把大家带到了十七年以前的一天：一只帆船载着无法生活而回乡的陆启泉同志的妻子和儿子，在吴淞口慢慢航行，突然迎面驶来一只日本军舰，向帆船猛碰过来，船老大急忙将船避开，但已来不及了，帆船被撞为两截，船上大哭小喊，狂呼救命，日本军舰扬长而去，陆启泉一家大小竟惨遭没顶……

谈到这里他已抑制不住内心悲痛，眼泪夺眶而出，向着王政川："日本人好在什么地方，你说？"

会场上每一个同志，眼眶都含着泪水，有的痛哭起来，有谁比工人阶级受苦受得更深呢？有谁比工人阶级对右派的谬论认识到更深刻呢？

发言一个紧接一个，个个声泪俱下，愤怒中痛斥这个人民的败类，面对正义的控诉信，王政川不得不低下头来："我是有罪的。"

在同一个战线的另一个战场，三金车间的工人揭露了暗藏在生产工人当中的三个政治上的坏分子，现在正在斗争其中一个：坏分子沈宝康装着一副哭腔，"鸣放"时的那般威风不知到哪里去了，人像一个泄了气的皮球，装模作样地在做检查："我到厂之后专门把长洋元藏起来（注：此种生活好做，钱拿得多）……把做坏的东西放在铁屑中……同时在团结上也有问题……我有白旗思想。"他企图以一般的思想问题来混淆政治问题。工人们的眼睛是雪亮的，决不允许他滑过去，一个老工人直截了当地问他："你不老实，自己一贯的反动言论为什么不检查？你曾说过我们国家的总路线是造币厂桥到甘泉新村，总任务是每天三顿饭，这是什么意思？"

青年工人陈永兴接着提出一个问题："你说我们党好像太平天国一样，这是什么人讲的话？"

坏分子沈宝康经这么一问，可噎住了，结结巴巴地回答不出来。

一个中年工人站了起来，说我在庆祝苏联十月革命节时写了一首诗，歌颂苏联人造卫星上天，其中有这样一句"苏联科学最领先"，沈看了之后，气鼓鼓地跑过来问我："你怎么知道苏联科学最领先？美国的卫星比苏联的高，你这是什么意思？"

忻林忠同志的揭发，回答了上面的问题："他曾做过跑街，尝过美国人的甜头，因此什么都是美国好！"

经过大量的揭发，沈宝康不仅一贯破坏生产，而且是一个反党反社会主义的坏分子，在各路反右反坏大军的痛击下，右坏纷纷溃退投降。全厂揭发出右派六人、政治上的坏分子四人。

国营二机的整风运动，从 1957 年 9 月开始，经大鸣大放、大争大辩、"双反"运动、反右反坏、总结等阶段，在取得了伟大的胜利后，于 1958 年 9 月胜利结束。

整风运动给工人们留下了难忘的印象，他们说：

> 整风好，整风好，整风收获真不少；
> 三大主义整垮了，浪费保守烧光了。
> 整风好，整风好，整风收获真不少；
> 陈旧制度撕破了，新的规章已开花。
> 整风好，整风好，整风收获真不少；
> 干部走出办公室，来和机器打交道。
> 整风好，整风好，整风收获真不少；
> 生产劲头大提高，富过猛虎下山岗。

第二节　在总路线光辉照耀下

经过伟大的整风运动和反右派斗争，全厂职工的政治觉悟和社会主义积极性大大地提高了，他们心情舒畅，对社会主义建设事业热情高涨。

早在 1958 年年初，党发出了"十五年赶上和超过英国"的号召后，工人群众的冲天干劲已显暴出来，他们说："我们赶上英国用不了十五年，只要五年！"在五年赶上和超过英国的目标下，全厂各项工作千军万马般奔腾起来，生产指标一翻再翻，从 15 万锭到 30 万锭再到 35 万锭、45 万锭。为了完成年产 45 万锭的任务，全厂职工动脑筋、找窍门，开展了比先进、比多快好省的运动，就 3 月上旬一次全厂性的擂台比武中，一下子就提出了 411 件革新建议。行政人员也提出"科室人员大跃进，要与生产工人比干劲"的豪迈口号，全厂出现一片跃进景象。

5 月，党的八届二次会议制定了"鼓足干劲，力争上游，多快好省建设社会主义"的总路线后，工人们更是欢欣鼓舞，他们说："这真是我们的要求啊！""多快好省搞建设，社会主义早来到，幸福生活保得牢。"6 月 4 日下午，党委书记向全体职工传达了党的八届二次会议报告，他说："整风运动已取得了伟大胜利，现在党根据八年来的建设经验和整风以来大跃进局面，制定了鼓足干劲，力争上游，多快好省建设社会主义的总路线，这就要求我们，更加发扬敢想敢说敢做的共产主义风格，破除迷信，大胆创造革新，马克思预言的一天等了二十年的时代到来了。"书记的话不断地被人们的掌声和欢呼声所打断，报告刚一完，全场就沸腾起来，一位老师傅当场唱出了四句快板：

> 总路线像太阳，普照大地放光芒；
> 照得我们心里亮　赶上先进把北京上。

每一个人心里都激动非凡，尽快地建设一个强大的社会主义祖国的目标，鼓舞着每一个中国人。当夜，应忠发小组开会，把 6 月的任务提高为 3 月的一倍，并立即人人动手闹革新。陈勇小组、钢铃小组、大件组……等不甘落后，立即也制订跃进计划，向党、向全厂保证，总路线进一步激扬了工人群众的冲天干劲，发挥着原子爆破般的威力。正是：

> 东方旭日平地起，总路线光芒照大地；
> 车工学了总路线，车头飞速追火箭；
> 钳工学了总路线，榔头凿子劲头提；
> 刨工学了总路线，拖板来回如闪电；
> 铣工学了总路线，十台铣床一人兼；
> 锻工学了总路线，铁锤敲得震天地；
> 铸工学了总路线，铁水浇件亿万计。

在总路线光辉照耀下，为了社会主义的早日来临，为了保证有显效的纺织机器，把今年的丰产棉及时地纺织成棉布，原定 45 万锭的指标，已不能满足国家建设事业的需要，指标又上升为 54 万锭，力争 60 万锭。最后确定为确保 60 万锭，力争 70 万锭。从 1958 年年初的 15 万锭一下子翻了四番，成为 60 万锭，这在过去是不可想象的。

说到做到，向来是工人阶级的本色。为了实现这一指标，职工个个意气风发，他们开展了一个比 3 月更为高涨的比思想、比作风、比干劲、比智慧的社会主义劳动竞赛。

应忠发小组首先找了普陀区红旗厂诚孚铁工厂为对象，掀起了学诚孚、赶诚孚的运动，并且在小组内部开展了班与班、道与道及小组之间的竞赛，党委在全厂总结了应忠发、钢领、陈勇、大装配、小装配、大件六个风格高、成绩大的红旗小组的先进经验，予以推广。于是，万箭齐发，形成了一个全厂性的空前规模的"比""学""赶"热潮。什色组首先提出要猛赶陈勇小组，接着罗拉一二组和新锭胆组也在力追钢领小组，一向是二机薄弱环节的沪东翻砂工场居然提出了保证："多浇铸件，让加工车间吃饱。"加工车间也立刻答复："来多少，吃多少。"

在大跃进的日子里，上班和下班的概念人们已忘记了，他们头脑中唯一想法是争取先进，为社会主义多贡献力量！早班从早上六时上班一直干到深夜。中班一直干到天亮还没回家，瞌睡了，用冷水洗把脸再干，困极了，稍一闭眼又来了，后来许多人干脆把铺盖搬进了车间，他们新唱着自己编的歌：

> 车间当战场，
> 工具当刀枪，
> 电灯当太阳，
> 不完成任务不离厂。

全厂职工为着实现 60 万锭的宏伟目标，夜以继日地苦战，每一个人都是英雄好汉，不甘落后，如果有人在这里，一清早跑到二机，问哪个小组最先进？这个问题就很难回答，因为昨天某一个小组领先了，说不定今天已经位居第二、第三。昨天的落后组，今天有可能异军突起，一跃而居首位，在这些日子里，先进和落后的变化差不得一天二天。

科室人员也发挥了巨大的干劲，他们不仅远至零下三十七度的佳木斯，千方百计地采购原材料，而且自己动手炼焦煤、炼钢、制水泥、制胶木模子，解决困难。他们还夜以继日地与工人在一起试制新产品，搞革新，并且在深夜还组成跃进服务队，把热腾腾的点心、茶水送到工人手里。

我们的竞赛是共产主义精神的竞赛，我要赶上你，但反过来又要帮助你来赶上我，到处是友谊和协作。今天警卫员在炎热的太阳下帮助司机外勤组卸货，明天厨房间表扬了司机组利用休息时间帮助运输蔬菜，后天工具车间又支援一金车间解决人力不足的困难，六天完成罗拉工字架打眼一万只……类似这样的事太多了，是说不完、唱不尽的。

生产任务跃进了，必须进行技术革命，才能多快好省地完成任务。党委号召"人人动手动脑筋，道道工序闹革新"。工人们热烈地响应了党的号召，破除迷信，解放思想，以敢作敢为的大无畏精神，大搞技术革命，竞放"卫星"。工人们把一批又一批的喜报送到党委会来，向党汇报他们的成绩：一金车间大件组双胞胎龙门刨试制成功，产量提高 1 倍；五子登科镗床于昨天完成，产量提高 1 倍；应忠发小组的青年组员制成一台土锯床；三金青年突击队苦战十六昼夜，制成锭胆培林；凌顺根老师傅干劲加钻劲，将手工操作的卡机钻孔，改为冲床钻孔，产量提高了 305 倍；世界尖端科学之一静电纺纱，我们厂已能将六个头连纺七小时，而美国要到 1968 年才开始试验。

每一张喜报、每一条消息包含着工人阶级多少智慧和毅力啊，每一个成就是经过多少奋斗啊！让我们来看看其中的几件吧。

土装配组有个张根亭同志，他很早就建议把锭带盘开涨轮加压装置改为弹簧式加压装置，可以省去重锤等六个零件，而技术科有些同志则认为外国理论书上从来未有过弹簧重锤，不同意试制。技术革命高潮掀起后，张师傅又提出来，得到车间党支部的大力支持，决定试制。而技术科仍不同意，理由是弹簧张力不能永远保持不变，变了以后影响锭子转速，但是张根亭同志在党支部和小组同志的支持下，经过多次的试验，证明弹簧压力是可以用来控制的，经国营上海第二纺织厂试验后，二纺工人大为赞扬，最后借了仪器来实地测量后才彻底地打破了洋教条的迷信。这个措施实施后，全年以 60 万锭计，可以节约生铁 422 吨、圆钢 83 吨。

沪东翻砂工场木模组解放了思想，两天之内实行全组机械化，大大地提高了劳动生产率。本来，沪东翻砂工场是本厂比较薄弱的环节，翻砂能力不足，常常拖住金工车间的后腿，而翻砂的第一道工序——木模制造能力不足又常常拖住翻砂工场那个的后腿。过去木模组工人认为"木匠工，几千年来，就是刨刀加锯子，是无法革新的"，但眼看着金工车间因铸件不足而吃不饱，他们心里是多么着急啊，再加上党组织带大家去参观前进模型厂，看到前进厂的兄弟敢想敢做，二十天搞了全厂机械化，为什么我们不行呢？于是首先

有工长张盛荣（党员）提议集体搞一次浇锯机，结果成功了，效率提高了 4
倍，大家尝到了技术革命的甜头，劲头和信心更足了，四个师傅带了二三十
个徒工以两天的时间分工协作，制成了木车床、木刨床、木锯床、木铣床、
切头机等八种机器。至此，木模组的主要工序已全部机械化，生产能力大大
提高。十七岁的青工徐炳坤和孙鲁章师傅合作制成的磨转机，工作效率比原
来的提高 10 倍。几千年来始终被手工劳动所束缚的木匠终于在一些敢做敢为
的人们手中解放出来了！

木模组的巨大成就鼓舞着全厂职工。三金车间磨工谢佰元同志把无心磨
床的靠轮由 40 转提高到 53 转，罗拉通磨由每班 720 根提高到 1200 根，铸工
车间制造了叠箱浇铸法，翻出来的铸件像一棵"苹果树"。一棵树上浇了成串
的零件，二金车间应忠发小组制造了自动弹簧机，效率提高 25 倍……技术革
命把生产率又提高了一步。

技术革命不仅表现在提高产量方面，而且也表现在试制新产品上。为了
建造世界上第一流纺织机——新产品 A563 超大牵伸细纺织机，试制工作正在
紧张地进行。原来，在棉纺机方面，近二三十年来，老牌资本主义英国落后
了，皇冠让了日本名牌 OMS，虽为名牌，但缺点也很多，结构太复杂，罗
拉有五对，每天锭子还需装一只棉花筒，价格很高，操作又不方便。在技术
革命号召之下，二机的技术人员和工人一起，想制造一台超大牵伸细纱机与
日本的 OMS 比一下高低。原定两个月完成：一个月设计，一个月加工，作为
1958 年国庆的献礼。但两个月太长了，史伯佑等工程师打破了旧的一套设计
规程，以六天的时间完成了一个月的任务，工人们也发挥了干劲，提早完成
了 A563 超大牵伸细纱机，它的牵伸倍数达到 450 倍，打破了纺织工业史上的
最高纪录。它的结构简单，只要用四对罗拉，就可以省去粗砂这道工序，纺
出来的纱是一等一级。这样，二机的细纱机在有些方面已经压倒了日本的
OMS，而登上了世界先进水平行列。

就是全体职工的这种干劲和钻劲，全厂实现 1975 件革新，使生产力大大
提高。例如，一金车间 4 月每台细纱机需要花 550 工时，现在就只要 350 工
时。三金罗拉从 1252 工时下降到 1120 工时，钢令从 242 工时降低到 192 工
时，锭子从 347 工时降低到 227 工时，沪东每一个工人翻砂产量由 10 吨提高
到 16.9 吨。

总路线和技术革命不仅生产大跃进，而且使人们的共产主义精神焕发，
原来先进的更先进了，原来落后的急起直追了，越来越多的人们积极地投入
革命的洪潮中。

在一金车间罗钳组，盛传着"鸭子飞了"的故事，原来组里有个四级工

徐炳炎，手脚快、头脑灵，但就是经济观点重，技术保守。在工作时，依靠自己的技术，每天超额完成，买"一只鸭子照牌头的"；但自己超额，就是不肯把技术公开出来。但大搞技术革命以后，每一个人都在快马加鞭。徐炳炎火热的心再也不能平静了，感到在这样的形势下，为个人打算是可耻的，他看到闷头螺丝去外毛，手工操作吃力、效率又低，于是动脑筋搞手摇机，有人与他开玩笑："你何不等定额订好以后来革新，六个月的奖金可以稳到手。"徐炳炎严肃地回答："你别再从门缝里看人了。"那人又说："那不是一只鸭子要飞走了吗？"徐说："飞去的是一只鸭子，却促进了社会主义。"青年人看徐炳炎师傅转变，大伙也纷纷搞起革新来，经过几个月的苦战，终于使一个落后的罗拉钳组成为红旗小组。

正在人们夜以继日忘我劳动的时候，9月19日黑板报上刊出了一幅稿子，吸引了无数的人，连推小车的工人也把车子停下，挤到人群中去看，原来是装配工场的陆永智师傅写的一篇要求取消计件制的稿子，上面写着：

> 计件工资坏多好少，建议领导赶快改掉；
> 过去实现计件制，刺激生产有点好；
> 目前存在计件制，坏处多来好处少；
> 坏处到底有多少，且听我来表一表：
> 一、直接工与间接工，相互关系搞不好；
> 　　计件工人加紧干，辅助工人慢吞吞。
> 二、计件只求产量高，不顾质量好不好；
> 　　检验人员说不灵，影响团结常争吵。
> 三、恐怕定额修改高，等待半年再来超；
> 　　甘居中游不动脑，阻碍生产往前跑。
> 四、工资等级虽然低，收入每年也不少；
> 　　学习技术都忘掉，升级二字无紧要。
> 　　赶快解放生产力，共产主义早来到。

这篇稿子说出了工人同志的心事，那就是：难道我们为社会主义的实现而把劳动生产率提高了几倍、甚至几十倍，却要国家计件给钱，并付加班费吗？绝对不要！因此，当这篇稿子刊出以后，立刻燃起了燎原之火，9月21、22、23日三天，锣鼓声从早到晚简直没有停过，大红的保证书一张又一张地贴满了党委办公室的墙壁，连走廊也被大字报贴满了，他们要求取消"计件制"。

　　毛整工段的大字报上说："我们劳动是为了子孙万代的幸福，不是为了几张钞票。"新锭胆组的同志进一步揭露了计件制的缺点，他们说："计件制有十大罪状。定额保守，忽视质量，工具机床损耗大，影响团结，增长个人主义，投机取巧，不顾集体利益，技术提不高，自由散漫。"因此，坚决要求取消，他们并且保证，在取消计件制后，产量从原来每工 2500 根提高到 2600—2，800 根，并且消灭退修品。

　　磨刀组要求取消他们不合理的奖金制度，并且保证取消后，要把刀磨得快，磨得好，配合生产小组跃进再跃进。

　　其他许多大字报都提出了大搞技术革命、挖潜力、提高质量产量等具体指标，向党委表示他们要求取消计件制的决心。

　　党委和行政在仔细分析了计件制对生产大跃进的阻碍作用后，接受了职工的要求，宣布从 10 月 1 日起取消计件制和不合理的奖金制度。计件制取消后，工人的实际收入虽有所减少，但生产却在持续增长。一金车间的许多工人讲："过去总想尽自己力量多做些生活，但总怕别人讲我是为了钞票，以致不敢使出十分劲头来，现在可以挺起腰杆大干特干了。"果然，有许多工人产量超过 9 月下旬的 20%。大装配组过去锉钢令板每工做 2 台半，现在做 3 台了。三金车间有个郭敖泉，过去认为生活做多做少是自己的事情，工作时间不抓紧无所谓，现在生产责任心加强了，脱下了生产任务晚上觉也睡不着，三点钟就来上班了。淬火车间的乔妙金同志，过去是校条四级工，工资是 80 多元，计件后常常拿 180 多元，比厂长和把技工工资还要大。这次他主动要求取消，他说："虽然我多做了些生活，但拿了那么多钱，自己不大好意思，而且影响团结。"取消以后，他不但生产积极，而且对社会工作也热心起来。

　　这就是中国工人阶级的共产主义风格，在此地"鸟为食亡，人为财死"的腐朽说法不知被抛到哪里去了。工人阶级深深地懂得，我们的劳动是为了子孙万代，不是为了几个钱，用钱来衡量我们的劳动，就是对我们的侮辱！

　　技术革命的高潮来到以后，文化革命的高潮也随之而来到了。工人们在生产斗争中迫切地需要文化，他们说：

　　　　生产要跃进啊，
　　　　技术要革新啊，
　　　　我们是国家的主人，
　　　　没有文化怎么行？
　　　　快定出规划，
　　　　要苦战苦斗，

301

攻下科学的堡垒，

向文化大进军，大进军！

工人阶级向文化进军了，为了扫除文盲向 1958 年的国庆节献礼，9 月下旬，二机专职教师和一部分复旦大学来厂勤工俭学的学生组成了一支 60 多人的扫盲大军，在党委和各支部领导之下，大力进行扫盲工作，经过近十天的奋战，扫除文盲 106 人，剩下 18 个文盲，除 4 人病假外，其余 14 人也能识 40％－70％的生字，再经国庆以后的巩固工作，继续扫除文盲，到 1958 年年底，文盲已全部扫除。

在扫盲工作上，工人们也发挥了冲天的干劲，有的同志为了摘掉文盲帽子，整天书不离手，文不离口。毛整工段的沈林生说："我一定要摘掉文盲帽子，向国庆献礼，参加国庆游行。"扫盲的同志也有的抱病大战，有的放弃休息，像夏春根同志出差刚回来，听说要扫盲，毅然放弃了休假，参加扫盲战斗。也有的同志自己刚摘掉文盲帽子，立刻帮助别人，做好小先生。经过全厂同志的奋斗，二机终于在 1958 年扫除了文盲。

同时，为了适应形势的要求，在 9 月，在党委直接领导下开办了业余中专和高专学校，提高工人的技术水平和文化水平，为祖国培养具有高度觉悟的有技术的有文化的工人。

在生产大跃进和技术革命的进程中，为无产阶级服务的文化队伍形成了，工人们不仅用手创造了奇迹，而且用笔反映奇迹，用嘴来歌唱奇迹。他们写出了千万篇诗歌，唱着千百支歌谣，表现了他们的信心、决心和干劲，他们说：

创作，创作，大胆地制作；

我们要把劳动感情、生产热情、工人阶级的特征写成作品。

歌唱，歌唱，大家都来唱；

我们要做到自编自唱，歌颂先进；

比先进，学先进，唱成歌声。

紧紧地围绕着政治任务，二机的文艺大队出现在各个场合下，他们用各种调子、各种形式歌唱工人阶级的豪迈气概和他们的高尚志向，歌唱祖国一日千里的社会主义建设事业，歌唱光荣、伟大、正确的中国共产党。

工人阶级已克服了旧社会给予他们的没有文化的创伤，必将以一个具有高度文化的阶级出现于全国人民的面前。

第三节 钢花飞溅 土机床林立

1958 年，中共中央出了全民炼钢的号召。为了实现 1070 万吨的宏伟目标，全中国、全上海都掀起了全民炼钢的热潮，真是：

> 海关钟接更行夜，火光熊熊满城红。
> 仰望四处钢花飞，俯瞰遍地沸钢花。

就在这个时候，二机的一场群众性的炼钢战斗也正在蓬勃地进行着，大军云集，斗志昂扬，阵势雄伟，气概豪迈。转炉、铲炉、反射炉、再生炉、喷砂炉、炼钢炉、焦炉……到处都是，真所谓小高炉全厂林立，小土群遍地开花。

你看，在一金车间的炉子旁正展开着热烈的竞赛：甲班能得红旗，丙班能得红旗。为什么就是我们乙班不行？当这个问题提出以后，立刻展开了讨论，全体同志下定决心要争取红旗，终于以加料多、进料后多抄多翻的方法获得了胜利，在竞赛牌上升起了乙班的第一面红旗。在那淬火车间的炉子旁，男女老少行动起来，有的运料，有的担钢水，像穿梭似的往来不停。扩音器里正在播放着高产的消息："同志们，全天全厂高产卫星满天飞，炼钢战斗大捷，计划科是一马当先，三金的炉子一天完成了三天的任务，二金、淬火组也超额……"报喜的队伍也川流不息地来到党委门口，向亲爱的党汇报战果。眼看着钢锭一块块堆成了小山，而人们的战斗热情越来越高涨。这时，东方已发白了，人们知道又是一个新的工作日来到了。

这样的热烈场面是不容易看到的，翻开二机三十几年的历史，是从来没有过的，有哪一年曾经出过一块钢锭来呢？在过去，机械厂要炼钢，那是不可能的。可是在今天，他们在党的"一切为了钢""以钢为纲，带动一切"的号召下，二机工人创造了前所未有的奇迹。

还早在七八月间，当本厂要在江湾建立炼钢车间的消息传开后，人人欢欣鼓舞、跃跃欲试，有关部门立刻投入了制造炼钢设备的战斗。动力科的工人们为了赶制冶炼设备，已经有好几天没有好好睡了，星期天也成了他们工作的日子，曹永康、何仙乐等老师傅刚从休养所回来，他们马上投入制造鼓风机的紧张战斗中。从开始制造到完成任务的一段日子里，几乎没有一天睡过三小时以上，有些零件本厂无设备进行加工，可是他们动脑筋，搞革新，改建了刨床镗孔的工具，保证了任务的完成。在全科工人的努力下，苦干结合巧干，使整个鼓风机的制造任务，从图纸—炼铁—金属加工—热处理—最后的完成，仅花了十四天十四夜的时间就完成了，而按照一般的进度起码要四个月，四台鼓风机在江湾炼钢车间及时地安装完毕，保证了炼钢车间提前出钢。

与此同时，本厂沪东铸工场正处在赶制钢锭模的战斗中。一切为了钢，分秒必争，车间全体同志不论检修、水工、冷作等工种，都打破了常规，主动实行"七进七出"十二小时的工作制，为了保证八百只钢锭模子的完成，全车间的同志差不多都搬到厂里来住了，他们说："不完成任务，不离厂！"

在江湾炼钢车间的工地上，党委书记江陵同志亲自指挥作战，不分钳工、电焊工、起重工、白铁工、木工，都在那里紧张地劳动着。大家都发挥了冲天的干劲，也发挥了他们无穷的智慧。泥工组的同志砌炉已不再用自下而上的砌法，而是采用了顶底一起砌、中间留缝的办法，同时还采用了敲、运、砌分工流水操作法，使过去需要八天才能完成的工作，现在仅花一天两夜的时间就突击完成了。起重工作在起吊高炉最高一节炉顶时，由于起重设备的高度不够，不能够安装，他们就把两节预先安好，再一起吊，不但解决了设备能力不足，加速了施工速度，而且也替冷作工的高空作业创造了有利的条件。在全厂忘我的奋战下，以三个月的时间一座一个半吨、一个一吨的高大的炼炉车间，屹立在江湾的田野上，人们为它写了一首赞词：

> 上月来此荒田一片，本月来此厂房俨然；
> 昨天烟囱刚划破白云，今日钢水已映红半天！

在10月9日午夜12：38的时刻，无数双眼睛都紧紧盯在滚动的转炉上，每一个人的心都剧烈地跳动着，面部充满着无限的期望。就在这万事俱备只等钢水出来的时候，发现化铁炉的自动加料装置不能转动了，这时工人们就喊出了响亮的口号：用人工加料。顿时从平地到半空形成了一架人梯，把笨重的生铁和焦炭等原料送到化铁炉中，这真是一场动人的场面。突然，在鼓风机的轰鸣声中，隐隐地听到一声："同志们，来了！""啊，真的来了！"通红通红的像一条奔腾的火龙奔了出来，二机的第一炉钢水奔出来了。顿时响起了一片热烈的欢呼声和鼓掌声，人们怎能不为它的出现而欢欣鼓舞呢？多少人披星戴月、废寝忘食地辛勤劳动，现在终于开花结果了。

随着江湾炼钢车间的建成，小土炉也打破了"厂小、没地方造土炉子"的说法，像雨后春笋一般地出现在二机的各个角落。各车间、各科室都有着他们自己的小土炉。一部分生产工人、行政人员都变成了炼钢战士，小土群发出了强大的威力。

小土群的增长绝不是一帆风顺的，它碰到了无敌的困难。在初创时，由于缺乏经验，炉子修了拆了，拆了再修，经历了曲折的道路，才摸到了一些经验，掌握了小土炉的特性，才炼出了一块块的好钢。

然而困难接踵而来，首先发生是铸铁没有了，怎么办呢？眼看着要打炉了，但困难吓不倒无畏的炼钢战士，他们说"巧媳妇要做无米炊"，大胆尝试用车间生产上剩下来的熟铁末子来代替铸铁炼钢。熟铁末子没有了，就用生铁末子来炼钢，过去散放在全厂各角落为人讨厌的铁末子突然成为宝货了。

铸铁没有的困难克服不久，因全国都在炼钢，加上运输的关系，煤块的供应发生了困难。困难越多，工人的智慧越大，淬火车间工人同志创造了好办法，他们在炉膛底下放煤球，煤屑加水后放在上面，中间留一些空隙，让火力蹿出来，这样，煤块没有的困难又被克服了。

小土炉还经常遇到炉子要坏的困难，严重地影响生产。然而炼钢战士们还是用自己的智慧和毅力克服了它。三金车间的红炭炉就是很好的例子。

三金红旗反射炉从开始一直到最后超额完成任务为止，炉龄是 576 炉。有人要问："难道这个炉真的没有坏过吗？"不是的，这是工人忘我劳动的结果，在平日，工人爱护它就像爱护自己的眼睛一样，在操作中贯彻勤抄、勤打、勤通、勤检查。一有小毛病，就立即研究解决。但是就在"苦干十天"中，炉子中间的缝道火砖掉下来了，炉子坏了，如果拆了重砌，不但要两天两夜的时间，还要花去五百元钱，怎么办？大家决定修。他们马上在炉子里面喷上了水，使温度降低到一百多度，人就戴上防护面具从炉门中爬进去，然后用白泥和火砖一块块地补上，上面压下来很热的水蒸气，下面也是高温发烫，人是难以忍受里面的味道的，但党员吴广法、郑祝根等都毫无顾虑地带头爬了进去，你进去十几分钟，我再进去十几分钟，就这样终于修复了炉子。可是一波刚平一波又起，当离小组跃进指标还差八吨时，煤膛又坏了，许多同志认为这次没有办法了，只有拆了重建。经党支部研究，认为困难确实是大的，不过还可以想办法修，全体炼钢战士积极地响应了党的号召，开动脑筋，积极地进行修理。煤膛是直的，爬无法爬，怎么办？有人提出用倒挂的办法，头朝下、脚朝天，从煤膛上钻进去补。立刻大家都争着干。这时，里面的温度虽已降低了，但还是热气逼人，白泥涂上去浇上水，水蒸气冒上来就像在蒸笼里一般，何况这时两只脚还吊在上面。煤膛又小，真是连呼吸都困难，一不小心，面孔、手指被炉壁上的煤尖拉破，当共产党员郑祝根从里面上来时，耳朵里直流鲜血，每个人上来时脸都红得像关公一样。就是这样，终于在六个小时当中，又一次胜利地完成了修理任务，当大家都以能保持炉龄而高兴时，一场紧张的炼钢战斗又紧接着开始了。

小土群就是这样，通过英雄们的忘我劳动，摆脱了重重困难，发挥了强大的威力！

"炉中炼钢，炉旁炼人！"这是炼钢英雄们的战斗的口号。铁经过了炼打变成了坚强的钢，而人也经过炼钢变得更坚强了。

炉中的温度通常是一千多度，炉旁无论是抄钢的、当钳的、捶打的都被火烤得发烫，衣服鞋帽有时会"吱吱"地冒烟烧了起来，弄不巧，钢花飞射出来，还会烫伤皮肤。但是这些不但吓不倒炼钢英雄们，反而把他们练得更坚强、更勇敢了。三金红旗甲班炉长陈金祥同志，自始至终在炉前担任最艰巨的抄钢任务，炉中的高温直逼在他的脸上，时间一久，他的胡子被烤黄了，当同志们发现了这一"奇迹"后哄堂大笑起来，陈金祥同志风趣地说："好呀，以后不用再刮胡子了。"担任敲打通炉的马德良同志，不知怎么搞的，眉毛被烧焦了，这又引起了哄堂大笑，人们为他们俩写了一副对联："老黄忠胡子发黄劲更足，小罗成眉毛烧焦力益大。"革命的乐观主义精神洋溢在炼钢炉旁，在这里，人们不怕什么困难，而困难都怕这些坚强的炼钢战士。

炼钢需要高度的协作，特别是在出钢的紧张时刻里，更需要全体炼钢战士结合得像一个人那样紧张地劳动，谁想松一口气，歇一歇，就会加重别人的负担，甚至影响到顺利出钢，这就要求全体炼钢战士有高度的集体主义精神。

你看淬火车间炉子出钢了，一场紧张的劳动开始了，抄钢的紧张地注视着炉中钢锭的变化，当钳的紧提夹钳，夹着火红的钢块左右翻动，捶打的飞快锤着钢块，使它结实起来。每个人想着多干一会儿，让同志多休息一会儿，而休息的同志，榔头柄刚一脱手，马上又来换掉……在这里，谁只顾自己、不顾别人就会显得特别渺小可怜。请设想一下吧，大家都在你抢我夺地干活，而有个人却想多休息一会儿，站在旁边待着，这是一个多么可悲的角色，"我为人人，人人为我"的共产主义精神在炼钢中得到了最充分的体现。

炼钢再一次地扫除了"三风五气"，干部和行政人员以普通的劳动者的身份，积极地参加了炼钢，他们当中形成了一种风气——不炼钢是不光彩的。身体强的同志直接地与工人一起锤打、通炉，身体弱的同志也不错过这个好机会，在炉旁做辅助工作。像计划科的张科长，平时很少劳动，这次也拿起榔头来。他们参加炼钢后，与工人群众同掌钳子、合打榔头，同语言、共呼吸，关系更加密切了。过去干部和行政人员参加劳动有些群众认为是"为劳动而劳动"，这是形式主义，自炼钢后，由于他们和群众打成一片，共同紧张地劳动，合享出钢时的愉快，群众还可以向党委书记、向厂长下命令："锤轻一些""快一些"，群众心情舒畅，改变了以上的看法，与干部及行政人员结成最致密的友谊。在炉旁根本没有人叫"张书记""陈厂长""王科长"之类的名字，而代之以"老张""老陈""老王"了。

炼钢也进一步打破了陈旧的规章制度。例如，铸工车间制造钢锭模子时，按照常规进行图纸、设计、材料准备等事前准备的工作，起码要花一个月的时间，但为了早出钢，工人和技术人员们把两个实心馒头一吃，说干就干起来了。边设计边制造，结果在很短的时间内就造成功了。

确实说为了炼钢，干部和群众什么都干，什么都会干。水泥匠原来全厂只有四个，为了砌炉子，全部炼钢工人都成了水泥匠。

炼钢推动了生产，炼钢炉和所属的车间都展开了友谊的竞赛，互相推动，有些经过炼钢的同志，回到车间以后，把炼钢的劲头用在生产上，大显身手。例如，三金车间的刘玉农同志，原来做锭子头道打眼，每八小时做 800 只，现在用六小时就完成了。马德良同志，做锉锯脚内外圈工作，计划是 320 只，过去最高产量是 350 只，这次一下子就达到了 450 只。这些事实生动地说明了，炼钢炼人给生产国带来的好处。

"以钢为纲，纲举目张"，二机党委正确地执行了中央的指示，不但使全厂钢花飞舞，而在其他战线上也纷纷面貌大换。当时，厂内不少零件的生产，因为要为钢帅让路，生铁原料缺乏供应，处于半停工状态，可是党委却将不利因素化为有利因素，教育职工长线放远鸽，自造必要的生产设备，克服机床不足的困难，为明年生产更大的跃进打下基础。于是以炼钢的干劲，在全厂掀起了一场轰轰烈烈的大造土机床的运动。

1958 年 12 月中旬，炼钢战线上土洋并举、捷报纷飞的时刻，厂中央的大走廊里，也挂灯结彩，摆满了一排排新式机床，两旁写着"不做伸手派，机床自己造"的大幅标语，它与四周发射炉的钢花相映成趣，构成了二机 1958 年年终大跃进的灿烂图画。

两面陈列的机床，从外表来看，并不十分漂亮，机身是用废旧料拼凑起来的，显得不十分调和，外面还涂着不甚干透的普通油漆，漆得既不平滑又不光洁，但是，在油漆上面印着一般机床所没有的，用红漆写着"青年号""跃进号"等字样，闪耀着一种特殊的光彩，吸引着每一个过路的工人和一百多个兄弟厂的来宾，他们仔细地察看了每台机床的构造，询问了它的性能和用途，个个点头称赞，有的干脆拿了纸笔来，画下草图，以便回去参考。

究竟是什么使这些普通的机器，具有这样大的吸引力呢？还是让我们也去看看这些展出的机器吧！

一进展览会的大门，首先映入眼帘的是一台台以废龙筋（纺织机上的骨架子）为机身的打孔车、割槽车，别以为它构造简单，没有什么了不起，热情的讲解员会告诉你，就是这些机床却可以用来代替六角车床和一般的精密车床。原来培林锭胆的加工中，打孔割槽都是关键，任务要跃进一步，三金车间原有的机床就不能适应需要，可是有了这些工人自己造的土机床，不但国家可以不调进一台洋机床，还可以使组内原有几台六角车床调出，支援其他小组。同时，由于这些土机床适应锭胆生产的特点，结构简单，操作容易。一般学员只要稍加指导，就可以熟练地操作。工人的劳动程度也得到减轻，这样就根本解决了设备能力不足，跃进生产任务得到了可靠的保证。怪不得一般来宾称赞不绝。往里面走，像这类机床很多，如三金车间土无心磨床，可用来磨罗拉，从而可把那台"洋"无心磨床调出，支援锭子工场的需要，解决锭样生产的设备关键问题。一金车间的罗铣塑挖制管自动轧辊机，不但产量可以提高 7 倍，还可以腾出两台相当新颖的自动车床，诸如此类，不胜枚举，真是"以土代洋办法好，解决设备关键道"！

如果你再往里走，就可看到许多特别吸引人的多头机床。这里是双头钻、三头钻，那里是横直钻、两面钻，再过去是大名鼎鼎的九头排钻、五头镗床等，使人眼花缭乱、美不胜举。单以九头排来说，用它来代替过去的单头钻床，在精纺机零件龙筋上打眼，九个孔子一起打，效率就提高 4—5 倍，而其他各种形式的多头机床，无不提高效率 1—2 倍。这就不但解决了设备能力的问题，而且大大提高了劳动生产率，真是"九头飞龙下人间，生产加倍有保证"。

在展览会的里面，有一些并不惹人注目的小型机床，如果你能细细研究一下的话，你就一定会特别喜爱上这些小家伙，因为它会告诉你一个可喜的消息：钳工的某些劳动可用机器来代替了。这里有土造的倒角铣床，用它来代替皮卷削锉圆势的粗锉，可提高效率 15 倍以上。用这里的排准机代替手工排准，可提高效率 10 倍，其他如铆钢机、冲斜口机等均是如此。更巧妙的是新试造成功的锉刀机，只要机器一开，锉刀就自动来回，按照工人的意志把工作物锉成所需要的形式，用这些机器来操作，工人的劳动强度可大大减低，过去一金车间罗钳组工人，在 12 月里劳动，穿了汗衫还做得满头大汗，到大热天，那真是做事头昏眼花，产量很低，现在工人们用自己的智慧和双手改变了自己的劳动条件，打破了技工不能用机械代替的迷信。

这各种形式的土机床，给生产带来了巨大的好处。然而它的产生却不是容易的，多少工人为它苦战达旦，花尽心血。熟悉这些机器来历的讲解员会告诉你每一台机床诞生的经历，这里面有多少动人心魄的事迹，使你听了以后会更爱上这些机床，会感到这些机床都闪耀着工人阶级智慧和毅力的光芒。

要建造这些机床，第一个难题就是缺乏材料，不要说是完成的材料没有，就是废旧的材料也少得可怜，工人们懂得不做伸手派，向领导要也不能解决问题，因为领导上也十分困难，不能凭空变出一些材料来。因此，工人们就决心自己寻找了。他们千方百计，从沪西找到沪东，从厂内到厂外，到处找废旧材料。三金锭胆的几个青年小伙子在车间动员大会的休息时间，说干就干，到篮球场上把几根废龙筋抬进车间，到沪东铸工场去找材料，找到一些龙筋，二人抬了就走，一路上走走停停、停停走走，后来才算碰到了厂里的卡车，把龙筋带了回来。

虽然找遍了厂里的各个角落，但是材料仍不能满足需要。工人们又在厂附近纺织医院门口，发现一大堆废铁，其中有些正合用，可是不能拿，正好这时，普陀区委副书记忻元锡同志在我们厂里，工人们立刻要求忻书记同意将废铁堆中的材料批给我们。忻元锡同志满口同意，开了一张纸条，从此，各车间的工人像找宝一样，在废铁堆里，一批又一批地找回大批有用的材料。

材料的来源解决了。但这些大小形状的材料并不是那么合乎理想的，工人们采用了因料生产的设计方法，根据已有的材料来设计土机床，使这些材料都能得到合理的利用。有的材料太大，用锯条锯太慢，工人们就用钻床打洞，然后把它敲开。有的太小，工人们就用电焊、用锻丝把它拼凑起来。在全体同志的干劲和智慧面前，材料关被闯过了。

有了材料，没有加工的机床，还是造不出土机床。厂内仅有的一些工作母机，不是生产任务很紧，就是各个组都要用。这使原来没有工作母机的小组，制造土机床发生了困难。一金车间的检验组、三金车间的试校组，自己组内一台工作母机也没有，但是土机床还是要造，怎么办呢？工人们就设法钻空档，只要机床有空，不管白天黑夜，上班下班，抢着就干，机床的空隙时间，被充分地利用起来。一金车间徐炳炎同志，因为车床从明天起就没有空了，他一口气干了二十四小时，保证了土机床零件及时完成。有时因为钻空档的人太多了，机床实在排不过来，工人们又设法找寻到加工办法，如三金锭胆组的同志们，因刨床没有空，就设法用大型砂轮来磨，零件面磨得又光又快。电焊没有空，工人们就用螺丝铆紧的办法来代替，这样设备关又闯过了。

有了材料，有了机床，没有人，土机床还是搞不出来。当时，接近年终，钢厂正在升帐，生产任务也很紧，特别是出口保加利亚的 36 台细纱机可提前完成，这就使各车间人力呈现紧张状态，再加上一部分技术较高的老师傅被调到保金车间制造机床，剩下的力量更是不足了。大部分是二、三级技工与来厂不久的学员，要保证土机床的及时完成，人力不足是最大难关，可是在工人群众的冲天干劲面前，这个困难也被冲破了。

人人动手是保证冲破这个难关的关键，各车间不但二、三级技工全部出动，分工包干，连学员都积极参加了，他们说："我们技术不行，帮师傅搬搬弄弄也是好的。"老年工人们更是老当益壮地纷纷报名参加，平日对技术革新不大关心的同志，这次也动了起来，这就形成了一个群众性的大搞土机床的热情。人多了，事情就好办，个个都干劲冲天，其力量更是不可限量。不少同志在上班时，抓紧时间保证生产任务的完成，一下班手也不洗，点心也不吃，就积极地干起来了。早班（从六点到十四点半）干到下午八九点才回家，几乎成为一种常规了。有的工人更是连做二班、三班，甚至四班，他们说："理想实现了，疲劳抛云霄。"很多工人为了节约时间，干脆把铺盖搬到厂里来了，做得疲劳了去躺一会儿起来再干，车间领导关心工人的健康硬叫他们休息，工人们当面答应，一转身又干起来了，最后车间主任只好逼着他们去洗澡休息，工人们才依依不舍地离开机床去休息几个钟头。三金车间新锭胆组党员陈永兴同志身体很差，两次进过休养所，但积极地参加了大搞土机床。早晨八时来厂，晚上做到半夜二点还没回家，一次在搬旧料时，昏了过去，醒来时，同志们要他休息，他坚决不肯，仍和同志们一起苦干。一金车间罗钳组的李福祥、卢小元、李大料等同志因发寒热，医生叫他们休息，他们不但仍坚持八小时工作的生产劳动，而且下班后，还和大家一起搞土机床，坚持战斗。

在大家不顾一切地忘我劳动下，克服了人力不足的困难情况，保证了土机床制造任务的胜利完成。

这些陈列在展览会上的土机床就是克服了种种困难，经过了工人同志几十天的苦战才得来的。

在整个"以钢为纲"的年终大跃进中，群众的干劲冲天，情绪由消极转为高涨。尽管在这一阶段中，困难特别多，时间那么紧，任务那么多，材料如此缺少，可是在群众苦干、巧干下，任务是全面地完成了。全厂共炼钢937吨（其中小土炉284吨），造出土机床133台，提前一个月完成了出口保加利亚的36台细纱机。

这些伟大的成就是全面整风运动的结果，是党的多快好省建设社会主义总路线贯彻的结果，是党的领导各工人群众发挥冲天干劲的结果。两三个月的事实证明了党关于在工业中大搞群众运动和两条腿走路方针的无比正确，也体现了"以钢为纲，带动一切"方针的伟大力量。

工人们的干劲为什么这样足呢？工人们会立刻告诉你："这是由党的领

导。"他们说:"千重要,万重要,党的领导最重要""千条万条,政治挂帅第一条",工人的干劲和党的领导是分不开的。

在两个月以前,炼钢战斗刚序幕,党委书记江陵同志亲自住在江湾,指挥炼钢车间的筹建工作。各车间支部书记也亲自挂帅,建造小土炉,这就大大地激励了士气,鼓舞了工人同志。这还不算,党教育了全体工人,使他们思想武装起来,懂得为钢而战的伟大政治意义,就为炼钢战斗中所出现的冲天干劲,奠定了思想基础。

党不仅从思想上,而且从组织上保证了"以钢为纲"方针的贯彻,一方面从车间抽调大批优秀干部支援炼钢战线,另一方面加强了对日常生产和大搞土机床的领导,从而形成一马当先、万马奔腾的形势。

党还无微不至地关怀炼钢战士的劳动条件和生活问题,尽可能地帮助解决。每一个炼钢战士都感到党的温暖和亲切,他们从这里吸取了力量,以更大的干劲、更好的劳动来报答我们亲爱的党。

在土机床战线上,亦同样如此,是党发动了群众,帮助群众铲除了迷信,使广大群众能摆脱保守思想的束缚,充分地发动起来;是党组织了经验交流、评比,使运动日益高涨。同时,党还随时随地关心群众,使工人的干劲越来越高,保证了土机床任务的胜利完成。

各级党的干部和广大的共产党员在各个战线上与群众在一起忘我地劳动,这深深地感动了工人群众,他们那种吃苦在先、享乐在后的高贵品质,脚踏实地的工作作风,深刻地影响群众,为群众树立了榜样,这也更加鼓舞了工人的劲头。

是党,是党鼓舞了我们建设社会主义的干劲,是党给了我们无比的力量。党,我们永远遵循着您所指出的方向走向胜利!走向光明灿烂的共产主义!

1958年在跃进锣鼓中过去了,新的一年——1959年来临了,二机在党的领导下,将更大地跃进,造出更多更好的细纱机来支援纺织工业建设,为祖国的社会主义事业做出更大的贡献!二机在飞速前进着!